JN436473

의례 역주 儀禮譯註

향음주례 · 향사례

【二】

역주자 박례경(朴禮慶)

연세대학교 대학원 철학과에서 석사 및 박사학위를 받았으며, 서울대학교 규장각한국학연구원 책임연구원을 역임하였고 현재 대진대학교 학술연구교수로 재직 중이다. 역대 예제와 예제 현실의 예경학적 토대에 관한 연구를 진행해 왔다. 논저로는 "조선시대 국장에서 조조의 설행 논의와 결과"(2007), "규범의 근거로서 친친 존존의 정당화 문제"(2008), "주자가례 속의 인간과 사회－새로운 종법 이해와 재구성의 고례적 맥락에 대한 성찰"(2010), "덕치의 상징체계로서 유교국가의 즉위의례"(2011),『왕실의 천지제사』(공저, 2011), "정현 예학의 지향점"(2013) 등이 있다.

역주자 이원택(李元澤)

전남대학교 정치외교학과에서 석사학위, 서울대학교 정치학과에서 박사학위를 받았다. 현재 동북아역사재단에 재직 중이다. 저서(공저)로『한국유학사상대계(법사상편)』(2008)가 있으며,『다산과 석천의 경학논쟁』(2000),『다산의 경학세계』(2002),『시경강의』(2008) 등을 주해하였다. "개화기 '예치'로부터 '법치'로의 사상적 전환"(2008), "17세기 복제예송이 18세기 복제 예론에 미친 영향"(2008), "성호의 정치사상과 '유교주의'"(2010), "성해응의 지정학과 울릉도·우산도 인식"(2012) 등 다수의 논문이 있다.

의례 역주[二] 儀禮譯註 二

향음주례 · 향사례

1판 1쇄 인쇄 2013년 12월 17일
1판 1쇄 발행 2013년 12월 27일

—

역주자 | 박례경 · 이원택
발행인 | 이방원

—

발행처 | 세창출판사

신고번호 · 제300-1990-63호 | 주소 · 서울 서대문구 냉천동 182 냉천빌딩 4층 | 전화 · (02)723-8660
팩스 · (02)720-4579 | http://www.sechangpub.co.kr | e-mail: sc1992@empal.com

—

ISBN 978-89-8411-399-2 94380
978-89-8411-397-8 (세트)

—

· 이 책은 한국연구재단의 지원으로 세창출판사가 출판, 유통합니다.
· 잘못된 책은 구입하신 서점에서 바꾸어 드립니다.
· 책값은 뒤표지에 있습니다.

—

이 도서의 국립중앙도서관 출판시도서목록(CIP)은 e-CIP홈페이지(http://www.nl.go.kr/ecip)와 국가자료공동목록시스템(http://www.nl.go.kr/kolisnet)에서 이용하실 수 있습니다.(CIP제어번호: CIP2013026873)

의례 역주 儀禮譯註

향음주례 · 향사례

The Translation and Annotation of **"Yili"**

【二】

박례경 · 이원택 역주

세창출판사

본서는『의례』17편의 경문과 이에 대한 최초의 완정한 주석이자 후대『의례』주석의 전범이 되었던 '정현鄭玄의 주注'를 함께 우리말로 번역하고 주해한 것이다. 또한 번역과 주해 속에『의례』의 명물도수名物度數에 관한 도상圖象, 정현의 주석을 둘러싸고 일어났던 예학사 상의 논쟁점, 새롭게 보완된 후대의 주요한 주석 등을 함께 정리함으로써 독자들로 하여금 본 번역을 통해『의례』와 그 주석사의 맥락을 이해할 수 있도록 하는 데에 주안점을 두었다.

『의례』는 한초漢初 고당생高堂生으로부터 전승된 것으로, 후에『예기』,『주례』와 더불어 '삼례三禮'로 칭해지게 되었다. 후한 말 정현이『삼례목록三禮目錄』을 작성할 당시『의례』의 전본傳本에는 '대대본大戴本', '소대본小戴本' 그리고 유향劉向의 '『별록別錄』본本' 등이 있었다. 정현은 '『별록』본'에 의거하여 주석 작업을 하였고, 이것이 오늘날 우리가 보는『의례』17편이다.

정현 '의례 주'의 특징으로는 '훈고訓詁'의 측면에서 ① 여러 이본異本들을 대조하여 글자에 대한 교감을 가하였고, ② 전 · 후한 시대 금문학파의 번쇄한 주석방식에서 벗어나 여러 학설을 망라하면서도 핵심적인 논점을 중심으로 종합하여 관통시키는 '회통會通'의 방식을 취하였으며, ③ 간략하면서도 심오한 기록 탓에 난해하였던 고례古禮의 행례 절차와 배경들을 구체적으로 이해할 수 있게 하였다는 점을 들 수 있다. 이와 함께 '의리義理'의 측면에서 보면, ① 외형적 행례 절차를 기록한 '경문'을 가시적으로 형상화시키면서 동시에 경문의 행례 과정이 담고 있는 예학적 의미를 밝혀냈고, ② 『의례』 외에 『주례』와 『예기』 등 '삼례서三禮書' 전체에 대한 주석 작업을 통해 정현 자신이 도달한 성찰, 즉 고례의 원리와 체계에 대한 구조적 성찰을 반영시킴으로써 고대 예학의 세계상을 이해할 수 있게 하였다. 말하자면 정현의 주는 '삼례'의 원융한 예의 체계를 구축하고, 그 체계 속에 모든 경서를 정합적으로 포괄한다는 정현의 학문적 영위의 일환으로 저술되었던 것이다. 후대에 '예학禮學은 정학鄭學'이라고 칭해질 정도로 정현의 삼례주三禮注는 중국 고대 예학 연구의 토대가 된다. 정현의 주석에 의거함으로써 우리는 비로소 '난독지서難讀之書'·'망이생외望而生畏'로 알려진 『의례』에의 접근이 가능하게 된 것이다. 『의례』의 경문과 더불어 '정현의 주'를 함께 번역하게 된 이유가 여기에 있다.

최근 한·중·일 동아시아 3국에서 예학연구는 새로운 각도에서 조명 받는 학문영역 가운데 하나이다. '근대의 망루'에서 '예'는 동아시아 근대화를 가로막는 사상적 근원이자 제도적 고착으로서 비판받았다. 그러나 근대 자체가 상대화된 이후 이제 오리엔탈리즘의 시각에서 벗어나 그 '예'의 실체가 무엇이었으며 그것으로 지탱되던 전통시대 사회시스템의 실체는 어떠했는지를 객관적으로 구명하고자 하는 것은 시대적 요구가 되고 있다. 학문적 차원에서도 조선시대의 예송논쟁뿐 아니라 국가전례의 구체적 실상, 조선과 중국의 종묘제론, 종법론, 상복제도 나아가 일반 생활사의 영역에서도 예학에 대한 관심이 고조되고 있고, 새로운 시야가 개척되고 있다. 이러한 연구는 당연히 의식의 구체적 행위절차를 규정한 『의례』에 대한 접근을

선행 조건으로 해야 하며, 따라서 엄밀한 학문적 차원에서 『의례』 등 주요한 예서를 역주하는 작업이 바탕이 되어야 할 것이다.

본서는 리쉐친(李學勤) 주편 십삼경주소정리본十三經注疏整理本 『의례주소儀禮注疏』(北京, 北京大學出版社, 2000)를 저본으로 삼아 번역한 것이다. 이 저본은 가장 최근에 간행된 『의례』본으로 『의례』의 경문, 정현의 주, 가공언의 소를 단락별로 제시하였을 뿐 아니라, 다양한 판본에 대한 치밀한 교감이 이루어져 있기 때문이다. 우리말 번역에서도 표점은 기본적으로는 이 저본의 표점 원칙을 수용하였지만, 현재 우리나라에서 진행되는 각종 정본 사업의 표점 원칙을 반영하였고, 또 옮긴이들의 관점에서 필요한 표점 방식을 만들어내어 적용하였으며, 인용부호, 강조점 등은 우리말 어법에 맞추어 바꾸었다. 리쉐친 『의례주소』본의 표점에 오류가 있는 경우 역시 정정하였다.

옮긴이들은 정현의 주에 의거하여 경문을 번역하는 방식을 취하였는데, 정현의 해석은 매우 간오簡奧하기 때문에 한대의 언어학적 맥락을 짚어내지 못한다면 그 행간에 담긴 함의를 간취하기 어려운 측면도 있다. 따라서 경문과 정현의 주에 대한 후대 주석가들의 해석을 동원하지 않을 수 없는데, 이 점에서 청대 호배휘胡培翬의 『의례정의儀禮正義』는 매우 유용한 정보를 제공해 준다. '표준적 해석'이라는 뜻에 걸맞게 『의례정의』에는 송대의 오계공敖繼公·이여규李如圭를 비롯해서 명대의 장이기張爾岐, 청대의 오정화吳廷華·채덕진蔡德晉·저인량著寅亮·호광충胡匡衷 등 역대 주석가들의 논점을 정합적인 논거와 비판적인 안목으로 각각의 정현 주 아래에 덧붙여 소개하고 있다. 약간 번잡한 느낌이 없는 것도 아니지만, 이들 후대 주석가들의 논점을 주석에 상세히 정리함으로써, 『의례』 해석의 시대적·역사적 변화를 드러낼 수 있도록 함과 동시에, 해석의 정확성을 최대한 높이고자 하였다. 또한 매 편의 표제 아래에 정현의 『삼례목록』을 번역하여 넣음으로써『의례』 17편에 실린 각 의례의 역사적 연원을 이해할 수 있도록 하였다. 그리고 각각의 행례 절차가 시작되는 앞머리에 의례의 연원 및 의미, 그리고 각 의례의 행례 장소와 전반적인 행례 과정에 대한 간략한 개요를 제시하여 '해제'로 붙임으로써, 복잡한 각각의 의례 절차와 의의를 일목요연하게 파악한 후 본문 이해에 들어갈 수 있도록 하였다.

『의례』는 상대적으로 예의 이론적 측면을 논하는 『예기』와 달리 구체적 의식 절차를 기록한 매뉴얼이다. 따라서 그 번역은 단순히 우리말로 옮기는 것뿐 아니라, 그것의 실체를 입체적이고 구조적으로 이해할 수 있도록 궁실, 의복, 기물, 건축물 등 명물도수名物度數들에 대한 도상圖象과 도해圖解를 제시할 필요가 있다. 따라서 본 번역에서는 송대 양복楊復의 『의례도儀禮圖』·섭숭의聶崇義의 『삼례도三禮圖』, 명대 유적劉績의 『삼례도三禮圖』, 청대의 『흠정의례의소欽定儀禮義疏(禮器圖)』·장혜언張惠言의 『의례도儀禮圖』·황이주黃以周의 『예서통고禮書通考』 등에 수록된 도상과 도해뿐 아니라 양톈위(楊天宇), 이케다 스에토시(池田末利), 다니다 다카유키(谷田孝之) 등 현대 『의례』 연구자들의 성과물을 적극적으로 활용하였다. '번역'이란 원문의 의미를 손상시키지 않고 타국의 언어로 이를 고스란히 되살려 내는 작업일 뿐 아니라 비전공자들도 쉽게 읽을 수 있도록 가독성을 높여야 한다는 상호 모순을 해소하는 과정이기도 하다. 『의례』와 같은 고문헌을 번역할 때에는 그러한 고심이 더욱 깊어질 수밖에 없는데, 특히 제기 등 기물의 명칭을 어떻게 우리말로 옮길 것인가를 두고 번역과정에서 여러 논란이 있었다. 가령 '변籩'과 '두豆'의 경우, '변'과 '두'로 옮기는 것이 가장 정확한 번역일 수 있지만, 『의례』 안에는 수많은 제기, 궁실, 건축물, 의복, 음식 등의 명칭이 등장하는데 이를 모두 원래의 명칭 그대로 표기하게 될 경우, 번역문은 거의 기호의 나열이나 다름없어 가독성에 심각한 문제가 발생할 것으로 판단하였다. 이에 따라 본 번역에서는 명물名物에 대한 정현의 해석과 각종 문헌의 기록에 의거하여 그 기물의 특징과 성격을 드러낼 수 있는 적절한 우리말로 표기하기로 하였다. 정현은 '변籩'에 대해 "변은 대나무로 만든 제기이다"(『周禮』, 「天官 · 籩人」, "籩,竹器"), "말린 고기를 올릴 때에는 변을 사용하는데, 변은 말린 음식을 담는 데에 적당하다"(『儀禮』, 「鄕射禮」, "脯用籩, 籩宜乾物")고 하였고, '두豆'에 대해서는 "고기 젓갈을 올릴 때에는 두를 사용하는데, 두는 젖은 음식을 담는 데에 적당하다"(『儀禮』, 「鄕射禮」, "醢以豆, 豆宜濡物也")고 하였다. 또 『이아爾雅』「석기釋器」에서는 "나무로 만든 제기를 두라 하고, 대나무로 만든 제기를 변이라 한다"(木豆謂之豆, 竹豆謂之籩)고 하였다. 이에 따르면 '변'과 '두'는 그것을 만드는 재료의 측면에서는 '대나무'와 '나무'라는 차이가 있고, 기능적인 측면에서는 '말린 음식을 담는 제기'와 '젖은 음식을 담는 제기'라는 차이가 있다. 이러한 해석에 의거하여 본 번역에서는 '변'을 '대나무제기', '두'를 '나무제기'로 각각 표기하였다.

옮긴이들이 처음 『의례』 번역에 관심을 갖기 시작한 것은 1998년부터였다. 이봉규, 장동우, 이원택 그리고 김용천은 중국 고대철학, 다산 정약용, 조선시대 정치사상사, 중국 고대사 등 각자의 구체적 전공분야는 달리하였지만, 모두 '예학'을 학문의 밑바탕으로 하고 있어 자연스레 모임이 결성되었다. 당시에는 '상례'에 대한 관심이 고조되어 『의례』「상복」의 번역으로 시작했지만, '삼례서'의 번역을 평생의 업으로 삼아보는 것이 어떻겠느냐는 이봉규 선생의 제안에 따라 청명문화재단의 지원 아래 『예기』 번역에 본격적으로 뛰어들었고, 모임의 이름도 '삼례사락三禮四樂'이라 하였다. 2005년에는 『예기』 전공자인 박례경 선생의 합류로 공부의 즐거움은 배가 되었고, '삼례사락'은 '삼례역락三禮亦樂'으로 바뀌었다. 그러고 보면 우리의 공부 모임도 벌써 15년이라는 짧지 않은 세월이 흐른 셈이 되며, 초창기에 비하면

내공의 깊이도 적지 아니 깊어진 느낌이다. 『예기』의 번역 초고가 마무리 될 즈음, 2008년도에 본서가 한국연구재단의 '명저번역과제'로 선정됨으로써, '삼례서'의 두 번째 작업 『의례』의 번역을 개시하였던 것이다.

예서의 번역은 매주 금요일마다 연세대학교에서 '삼례역락' 모임을 갖고 미리 번역된 초고를 상호 토론하고, 수정하는 과정을 거쳤다. 그러나 난해한 구절이 등장할 경우 한 문장에 대한 해석을 놓고 몇 시간에 걸쳐 논쟁을 벌이는 경우도 다반사였고, 게다가 『의례』의 경우 번역 분량이 워낙 방대한 탓도 있어 이러한 방식으로는 주어진 기간 내에 완역은 불가능하였다. 따라서 모임에서는 용어의 통일 및 문체의 일관성을 유지할 수 있도록 초고에 대한 전반적인 검토 수준에 멈추고, 각자의 전공과 관련된 편들을 배당하여 번역하는 방식을 택하였다. 작업의 분담은 김용천 : 「사관례」1 · 「연례」6, 「빙례」8 · 「상복」11 · 「유사철」17, 박례경 : 「사혼례」2 · 「사상견례」3 · 「향음주례」4 · 「공사대부례」9 · 「근례」10 · 「특생궤사례」15, 이원택 : 「향사례」5 · 「대사의」7, 장동우 : 「사상례」12 · 「기석례」13 · 「사우례」14이며, 후에 참여하여 번역에 활기를 불어넣어주신 이봉규 선생께서는 「소뢰궤사례」16의 번역과 더불어 '『의례』 해제'의 집필을 맡아주셨다.

이제 기나긴 번역의 고투 과정을 마치고 탈고를 앞두고 있다. 한국연구재단의 최종 보고 이후 번역문 전체의 체계와 통일성을 기하기 위해 거의 매일같이 연구실의 불빛을 밝히고 몰두하면서 나름대로 열심히 하였다고 자부하지만, 여전히 '망문생의望文生義'의 엉뚱한 오역이 없으리라 장담하지 못하는 불안감도 감출 수 없다. 사계의 질정을 기다리며, 예학 전공자들의 연구에 조그마한 보탬이라도 되었으면 하는 마음뿐이다. 본서를 명저번역과제로 선정해 주고 경제적 지원까지 아끼지 않았던 한국연구재단 관계자 분들께 감사의 말씀을 드린다. 번역과정에서 복식과 관련하여 교열과 많은 자문을 해 주신 최규순 교수님께 고마움의 마음을 표한다. 예정보다 원고의 완성이 늦어져 마음으로 무척 초조했을 텐데도 옮긴이들에게 아무런 압박(?)도 가하지 않고 묵묵히 기다려주신 세창출판사 김명희 실장님께도 미안함과 고마움의 마음을 전한다. 투박한 박석璞石의 문체를 꼼꼼한 교열과 윤문으로 깔끔하게 다듬어 옥조玉藻로 탈바꿈시켜준 송경아 선생에게 누구보다 고맙다는 말을 전하고 싶다.

2012년 11월 12일

늦가을의 향기 그윽한 왕방산 아랫자락 연구실에서

번역자를 대표하여 김용천 씀

차례

의례 역주【一】

의례 역주【二】

의례 역주【三】

의례 역주【四】

의례 역주【五】

공사대부례公食大夫禮 제9 · 박례경
—
근례覲禮 제10 · 박례경

의례 역주【六】

상복喪服 제11 · 김용천

의례 역주【七】

사상례士喪禮 제12 · 장동우
—
기석례旣夕禮 제13 · 장동우
—
사우례士虞禮 제14 · 장동우

의례 역주【八】

특생궤사례特牲饋食禮 제15 · 박례경
—
소뢰궤사례少牢饋食禮 제16 · 이봉규
—
유사철有司徹 제17 · 김용천

일러두기

○ 본 번역의 대본은 2000년 12월 북경대학출판사北京大學出版社에서 간행한 리쉐친李學勤 주편, 《십삼경주소정리본十三經注疏整理本》 가운데 『의례주소儀禮注疏』이다. 『의례儀禮』 경문과 함께 한漢 정현鄭玄 주注와 당唐 가공언賈公彦 소疏가 수록되어 있다. 청淸 완원阮元의 십삼경주소교감기十三經注疏校勘記를 저본으로 하고 손이양孫詒讓의 십삼경주소교기十三經注疏校記, 십삼경청인주소十三經淸人注疏의 성과들을 반영한 교감기가 부기되어 있다.

○ 번역에 가장 많이 참고한 서적은 1993년 7월 강소고적출판사江蘇古籍出版社에서 간행한 청淸 호배휘胡培翬 찬撰, 『의례정의儀禮正義』이다. 『의례』와 관련된 청대까지의 주요 연구 성과들을 망라하여 경문과 정현 주에 대한 이해를 돕고, 주소에 대한 논리적인 해명과 비판의 근거들을 제시한 저작이다. 번역본에서는 해당 경문의 번역에 직접적인 근거가 될 만한 학설이나 비판적인 이견 등이 있을 경우, 주석에서 직·간접의 형태로 번역하여 인용, 소개하였다.

○ 번역에서 경전이나 제자서諸子書 등을 인용할 경우에는, 인용문을 번역하고 괄호 안에 인용문의 한문 원문을 수록하였다.

○ 본 번역서에 수록된 도상圖象 자료는, 의례도儀禮圖의 경우 기본적으로 청淸 『흠정의례의소欽定儀禮義疏』 「예절도禮節圖」를 매 편마다 단락별 해제 앞에 수록하였고, 의례의 동선이나 위치 표현이 부족할 경우에는 송宋 양복楊復의 『의례도(의례방통도)儀禮圖(儀禮旁通圖)』, 청淸 장혜언張惠言의 『의례도儀禮圖』 등을 보완적으로 수록하였다. 경문과 정현 주, 각주에 서술된 각 명물도수名物度數에 관한 도상은 송宋 섭숭의聶崇義의 『삼례도三禮圖』와 2006년 청화대학출판사淸化大學出版社에서 간행한 정안丁晏 교점·해설의 『신정삼례도新定三禮圖』, 청淸 『흠정의례의소』 「예기도禮器圖」, 청淸 황이주黃以周의 『예서통고禮書通考』에서 해당 도상을 찾아서 수록하였다. 이 밖에도 1998년 강소고적출판사江蘇古籍出版社에서 간행한 첸쉬안(錢玄)의 『삼례사전三禮辭典』, 이케다 스에토시(池田末利)의 『의례儀禮』, 1994년 상해고적출판사上海古籍出版社에서 간행한 양톈위(楊天宇)의 『의례역주儀禮譯注』, 최규순崔圭順의 『중국역대제왕면복연구中國歷代帝王冕服硏究』, 쑨지孫機의 『중국고여복논총中國古輿服論

叢』과 『한대물질문화자료도설漢代物質文化資料圖說』, 가오밍첸高明乾의 『고식물한명도고古植物漢名圖考』 등 오늘날 예학 연구자들의 저작에서도 보완이 될 만한 도상들을 추출하여 수록하였다.

○ 용어의 번역은 가독성을 위해 가능한 한 우리말로 번역하고 괄호 안에 원문 용어를 병기하는 것을 원칙으로 하였다. 예) 대나무제기(籩), 고기국물(湆), 당 위 서쪽 벽(西序).

○ 문장의 번역은 통일성을 위해 반복적으로 등장하는 행례 과정 등은 일정한 문장으로 정형화하여 통일하는 것을 원칙으로 하였다. 예) 再拜稽首 : 머리를 바닥에 대면서 재배를 한다. 再拜送摯 : 예물을 보내준 후에 재배를 한다.

○ 본 번역에서 교감에 이용한 판본은 다음과 같이 표기한다.
송宋 엄주嚴州 단주본單注本은 '엄본嚴本', 번각翻刻 송宋 단주본은 '서본徐本', 명明 종인걸鐘人傑의 단주본은 '종본鐘本', 이원양李元陽의 주소본注疏本은 '민본閩本', 명明 국자감國子監 주소본은 '감본監本', 급고각汲古閣 주소본은 '모본毛本', 육덕명陸德明의 『경전석문經典釋文』은 『석문釋文』, 장순張淳의 『의례지오儀禮識誤』는 '장씨張氏', 이여규李如圭의 『의례집석儀禮集釋』은 『집석集釋』, 주희朱熹의 『의례경전통해儀禮經典通解』는 『통해通解』, 위료옹魏了翁의 초본抄本 『의례요의儀禮要義』는 『요의要義』, 양복楊復의 『의례도儀禮圖』는 '양씨楊氏', 오계공敖繼公의 『의례집설儀禮集說』은 '오씨敖氏'로 각각 표기한다.

○ 본 번역본은 『의례』 17편의 내용상 의례범주와 번역분량을 고려하여 모두 여덟 권으로 나누고, 색인편을 별도의 한 책으로 엮었다. 1권은 「사관례」(제1), 「사혼례」(제2), 「사상견례」(제3)이다. 2권은 「향음주례」(제4), 「향사례」(제5)이다. 3권은 「연례」(제6), 「대사의」(제7)이다. 4권은 「빙례」(제8)이다. 5권은 「공사대부례」(제9), 「근례」(제10)이다. 6권은 「상복」(제11)이다. 7권은 「사상례」(제12), 「기석례」(제13), 「사우례」(제14)이다. 8권은 「특생궤사례」(제15), 「소뢰궤사례」(제16), 「유사철」(제17)이다.

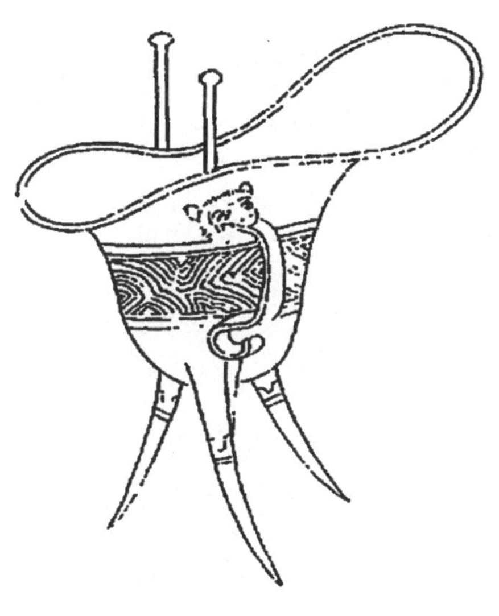

鄕飮酒禮

第四

역주 박례경

鄕飮酒禮 第四

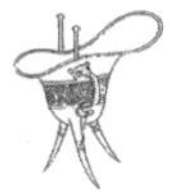

소 정현鄭玄의 『삼례목록三禮目錄』에서 말한다. "제후의 향대부鄕大夫[1]가 3년마다 대비大比[2]를 시행하여 현명한 자와 유능한 자를 군주에게 바치면, 군주는 그들을 빈賓으로 예우하고 그들과 함께 술을 마신다. 향음주례鄕飮酒禮는 오례五禮 가운데 가례嘉禮에 속한다. 대대본『의례儀禮』에는 제10으로 되어 있고, 소대본『의례』 및 유향劉向의 『별록』에는 모두 제4로 되어 있다.

疏 鄭『目錄』云, "諸侯之鄕大夫, 三年大比, 獻賢者能者於其君, 以禮賓之, 與之飮酒, 於五禮屬嘉禮. 大戴此乃第十, 小戴及『別錄』, 此皆第四.

주

1_ 향대부 : 『주례』「지관」에 속한 관직. 司徒에 소속된 관직으로, 「지관·향대부」에 따르면 군주직할지(國)에 있는 한 鄕의 정무(政敎禁令)를 관장한다.(鄕大夫之職, 各掌其鄕之政敎禁令) 鄕은 도성에서 백 리 이내인 郊를 六鄕으로 나눈 것으로, 각 향의 향대부는 병역과 노역의 징발, 현명한 자와 유능한 자의 추천, 한 해 말에 시행하는 향의 서리에 대한 업적평가 등을 담당한다. 나라에 중대사가 발생하여 정부에서 자문해 오면, 鄕人들을 인솔하여 外朝에 이르고, 급박한 사태에 직면하면 백성들에게 閭를 지키면서 정부의 명령을 기다리게 한다. 鄕은 12,500家를 기준으로 편제된 행정 단위이다.

2_ 대비 : '大比'에는 두 가지 의미가 있다. 첫째 주나라 제도에 3년마다 인구와 재화를 조사하였는데, 그것을 大比라고 불렀다. 『주례』「지관·소사도」의 "及三年則大比"에 대한 정현의 주에 "大比는 천하를 대상으로 백성의 수와 그 재물을 다시 조사하게 하는 것을 말한다"(謂使天下更簡閱民數及其財物也)라고 하였다. 둘째 주나라에서 3년마다 향리들에 대하여 고과를 시행하여 賢者와 能者를 선발하는 것을 大比라고 하였다. 『주례』「지관·향대부」에 "삼년이 되면 크게 고과를 시행하여 그 덕행과 도예를 조사하여 현명한 자와 유능한 자를 선발한다"(三年則大比, 考其德行·道藝, 而興賢者·能者)라고 한 것이다. 여기서는 두 번째의 뜻이다.

經-01에서 經-04까지는 주인이 누구를 향음주례의 빈으로 삼을 것인지 선생과 상의하여 결정하는 모빈謀賓 절차와 이어서 빈의 집에 찾아가서 향음주례의 날짜를 알리고 참여해 줄 것을 청하는 계빈戒賓의 절차이다.

[鄕飮酒禮04 : 經-01]

향음주鄕飮酒의 예禮.[1] 주인이 선생을 찾아가 누구를 빈과 개介(빈객의 예를 돕는 사람)로 삼을 것인지를 상의한다.

鄕飮酒之禮. 主人就先生而謀賓·介.

정현주

'주인主人'은 제후의 경卿과 대부大夫를 가리킨다. '선생先生'은 향리 사람 가운데 벼슬에서 물러난 사람을 가리킨다. '빈賓'과 '개介[2]'는 사士로서 뛰어난 사람이다. 『주례』「지관地官·대사도大司徒」의 직무에서 "향삼물鄕三物[3]로 백성을 교육시켜 뛰어난 인재를 선발한다. 첫째는 육덕六德으로, 지知, 인仁, 성聖, 의義, 충忠, 화和이다. 둘째는 육행六行으로, 효孝, 우友, 목睦, 인婣, 임任, 휼恤[4]이다. 셋째는 육예六藝로, 예禮, 악樂, 사射, 어御, 서書, 수數이다. 향대부鄕大夫는 정월의 길일에 사도司徒로부터 법法을 받고, 물러 나와서 자신의 향리鄕吏들에게 반포하여 각각 담당하는 백성들을 가르치게 하고 그 덕행과 도예道藝를 관찰하게 하여, 3년이 되면 대비大比를 시행해서 현명한 자와 유능한 자를 선발한다. 그리고 향로鄕老[5]와 향대부鄕大夫가 향리鄕吏와 (선발한) 대중들을 이끌고 향음주례鄕飮酒禮로서 그들을 빈객으로 예우하고, 다음날 선발한 현명한 자와 유능한 자의 명단을 왕에게 바친다"고 하였다. 이 예는 3년마다 정월에 한 번 실행한다. 제후의 향대부가 자신의 군주에게 사士를 바치는 것도 대개 이와 같다고 한다. 옛날에 나이 70세가 되면 벼슬에서 물러나 향리에서 노년을 보내는데, 그 신분이 대부이면 부사父師라고 하고, 그 신분이 사士이면 소사少師라고 하여 향리에서 학문을 가르쳤다. 이들은 항상 향인鄕人들 가운데 뛰어난 자를 알고 있기 때문에 향대부는 이들에게 나아가 상의하여 현명한 자를 빈賓으로 삼고, 그 다음가는 사람을 개介로 삼고, 또 그 다음가는 사람을 중빈衆賓(여러 빈객)으로 삼아 이들과 함께 향음주례를 행한다. 이 또한 장차 현명한 자와 유능한 자를 바칠 것이므로 향음주례를 행하여 그들을 빈객으로 예우한다. 오늘날 군국郡國[6]에서 10월에 이 향음주례를 행하는 것은 『주례』에서 당정黨正[7]이 매년 "나라에서 귀신을 찾아 제사하면, 향음주례로써 백성들을 모아 주州의 학교(序)[8]에서 음주飮酒의 예를 행하여 연치年齒(나이)에 따른 지위를 바로잡는다"[9]는 설명에 따른 것이다. 그러나 이 편에서는 "연치에 따른 지위를 바로잡는다"는 일은 없다. 무릇 향당에서 행하는 음주의 예를 반드시 백성들이 모이는 때에 하는 이유는 교화를 보여서 현명한 자를 숭상하고 어른을 높일 줄 알게 하려는 것이다. 맹자는 "천하에 어디에서도 통용되는 존귀함의 표징이 셋 있다. 작명爵命이요, 덕행德行이요, 연치年齒이다"[10]라고 하였다. '主人', 謂諸侯之鄕·大夫也. '先生', 鄕中致仕者. '賓'·'介', 處士賢者. 『周禮』「大司徒」之職, "以鄕三物教萬民而賓興之. 一曰六德, 知·仁·聖·義·忠·和. 二曰六行, 孝·友·睦·姻·任·恤. 三曰六藝, 禮·樂·射·御·書·數. 鄕大夫以正月之吉受法于司徒, 退而頒之于其鄕吏, 使各以教其所治, 以考其德行, 察其道藝, 及三年大比, 而興賢者·能者. 鄕老及鄕大夫師其吏與其衆寡, 以禮禮賓之, 厥明獻賢·能之書於王." 是禮乃三年正月而一行也. 諸侯之鄕大夫貢士於其君, 蓋如此云. 古者, 年七十而致仕, 老於鄕里, 大夫名曰父師, 士名曰少師, 而教學焉, 恒知鄕人之賢者, 是以大夫就而謀之, 賢者爲賓, 其次爲介, 又其次爲衆賓而與之飮酒. 是亦將獻之, 以禮

禮賓之也. 今郡國十月行此飮酒禮, 以黨正每歲"邦索鬼神而祭祀, 則以禮屬民而飮酒于序, 以正齒位"之說. 然此篇無"正齒位"之事焉. 凡鄕黨飮酒必於民聚之時, 欲見其化, 知尙賢尊長也. 孟子曰, "天下有達尊三. 爵也, 德也, 齒也."

[鄕飮酒禮04 : 經-02]

주인은 빈의 집으로 찾아가 향음주례의 날짜를 알리고 참여해 줄 것을 청한다.(戒賓) 빈은 집까지 찾아온 수고로움에 대해 배례를 한다. 주인은 답배를 하고 빈이 되어 줄 것을 청한다. 빈은 한 번 사양을 하고(禮辭) 허락한다. 주인이 재배를 하고, 빈은 답배를 한다.

主人戒賓. 賓拜辱. 主人答拜, 乃請賓. 賓禮辭許. 主人再拜, 賓答拜.

정현주

'계戒'는 고지한다(警), 알린다(告)는 뜻이다. '배욕拜辱'은 상대가 스스로를 낮추어 자기 집에까지 찾아온 수고로움에 대해 나가서 배례를 하는 것이다. '청請'은 찾아온 용건을 가지고 고하는 것이다. 두 번 사양하지(固辭) 않는 것은 본래 응낙할 뜻이 있었기 때문이다. '戒', 警也, 告也. '拜辱', 出拜其自屈辱至己門也. '請', 告以其所爲來之事. 不固辭者, 素所有志.

[鄕飮酒禮04 : 經-03]

주인이 떠나갈 때, 빈은 집에까지 찾아온 수고로움에 배례를 하고 전송한다.

主人退, 賓拜辱.

정현주 　'퇴退'는 떠나간다(去)는 뜻과 같다. 주인이 떠나가는데 빈이 또 다시 집에까지 찾아준 것에 배례를 하는 것은 그렇게 함으로써 전송하고 사례하는 것이다. '退'猶去也. 去又拜辱者, 以送謝之.

[鄕飮酒禮04 : 經-04]

개에게도 이와 마찬가지로 한다.

介亦如之.

정현주 　빈에게 찾아가서 알리고 청할 때와 마찬가지 절차로 한다는 뜻이다. 如戒賓也.

주

1_ 향음주의 예 : 가공언에 따르면 鄕飮酒의 禮에는 4가지가 있다. ① 이편에 기록된 것으로, 賢能한 이를 빈객으로 예우하는 향음주의 예, ② 黨正이 (臘祭에서) 거행하는 향음주의 예, ③ 鄕射의 州長이 봄·가을에 習射를 하기 전에 거행하는 향음주의 예, ④ 卿·大夫·士가 國中의 賢者에게 베푸는 향음주의 예이다. 『의례정의』, 145쪽 참조.

2_ 개 : 賓客이 禮를 행하는 것을 돕는 사람을 가리킨다. 보다 성대한 의례에서는 上介와 衆介를 둔다.

3_ 향삼물 : 鄕學의 세 가지 교육 강령으로서, 아래의 六德, 六行, 六藝를 가리킨다.

4_ 목, 인, 임, 휼: 『주례』「대사도」의 '六行'에 대한 정현 주에 따르면, '睦'은 九族을 친애하는 것이고, '姻'은 外親을 친애하는 것이며, '任'은 붕우간의 도리에 신의가 있는 것이고 '恤'은 貧者를 구휼하는 것이다.

5_ 향로 : 『주례』「지관」에 속한 관직. 2개의 鄕마다 하나의 鄕老를 둔다. 향로의 직은 전임직이 아니며 三公이 겸임한다. 곧 6鄕의 체제에서 삼공이 향로가 된다. 관할 향의 현명한 자와 유능한 자의 추천, 관리의 업무에 대한 평가 등을 담당한다.

6_ 군국 : 본래 郡은 천자 직속의 관할지를, 國은 王과 侯 등에게 분봉한 지역을 의미한다. 漢 초기에 이 제도가 시행되었으나 국의 지위가 점차 약화되어, 武帝 이후로 군과 별 차이가 없어졌다. 東漢에서 南北朝 시기 군국의 제도가 계속 시행되어 군의 장관은 太守, 국의 장관은 國相 또는 內史로 불리었지만, 실질적으로는 차이가 없었고, 隋에 이르러 國의 제도가 폐지되었다. 군국은 곧 중앙을 제외한 전국의 각 지역을 의미한다. 『중국역사대사전』 '郡國' 항목 참조.

7_ 당정 : 周의 지방 조직의 長官을 가리킨다. 『주례』「지관·당정」에서 "당정은 각자 자기 당의 정령과 교화를 담당한다"(黨正, 各掌其黨之政令敎治)라고 하였는데 정현은 注에서 정사농의 말을 인용하여 "500家가 黨이 되고, 正은 그 우두머리이다"라고 하였다.

8_ 주의 학교 : 『주례』「지관·주장」에서 "봄가을에 예로써 백성들을 회합하여 州序에서 활쏘기를 한다"(春秋以禮會民而射于州序)고 하였는데, 정현은 注에서 "序는 州黨의 학교이다"(序, 州黨之學也)라고 하였다. 『예기』「향음주의」에서 "주인은 庠門의 밖에서 배례를 하고 빈을 맞이한다"(主人拜迎賓于庠門之外)라고 한 것에 대해 정현은 "庠은 鄕學이다. 州黨의 학교는 序라고 한다"(庠, 鄕學也. 州黨曰序)라고 하였다. 한편, 『맹자』「등문공상」에서는 "夏나라는 校라 하고, 殷나라는 序라 하고, 周나라는 庠이라고 하였다"(夏曰校, 殷曰序, 周曰庠)라고 하였다. 『주례』「지관·대사도」에 따르면, 五家가 比가 되고, 五比가 閭가 되고, 四閭가 族이 되고, 五族이 黨이 되고, 五黨이 州가 되고, 五州가 鄕이 된다. 가공언은 疏에서 2,500家가 州가 되며 1명의 中大夫를 세워 州長을 삼는다고 하였다.

9_ 나라에서 ~ 바로잡는다 : 『주례』「지관·당정」의 문장이다.

10_ 천하에 ~ 연치이다 : 『맹자』「공손추하」의 인용문. 『맹자』에는 "爵也, 德也, 齒也"가 "爵一, 德一, 齒一"로 되어 있다.

「설석진기도設席陳器圖」

(淸),『흠정의례의소』

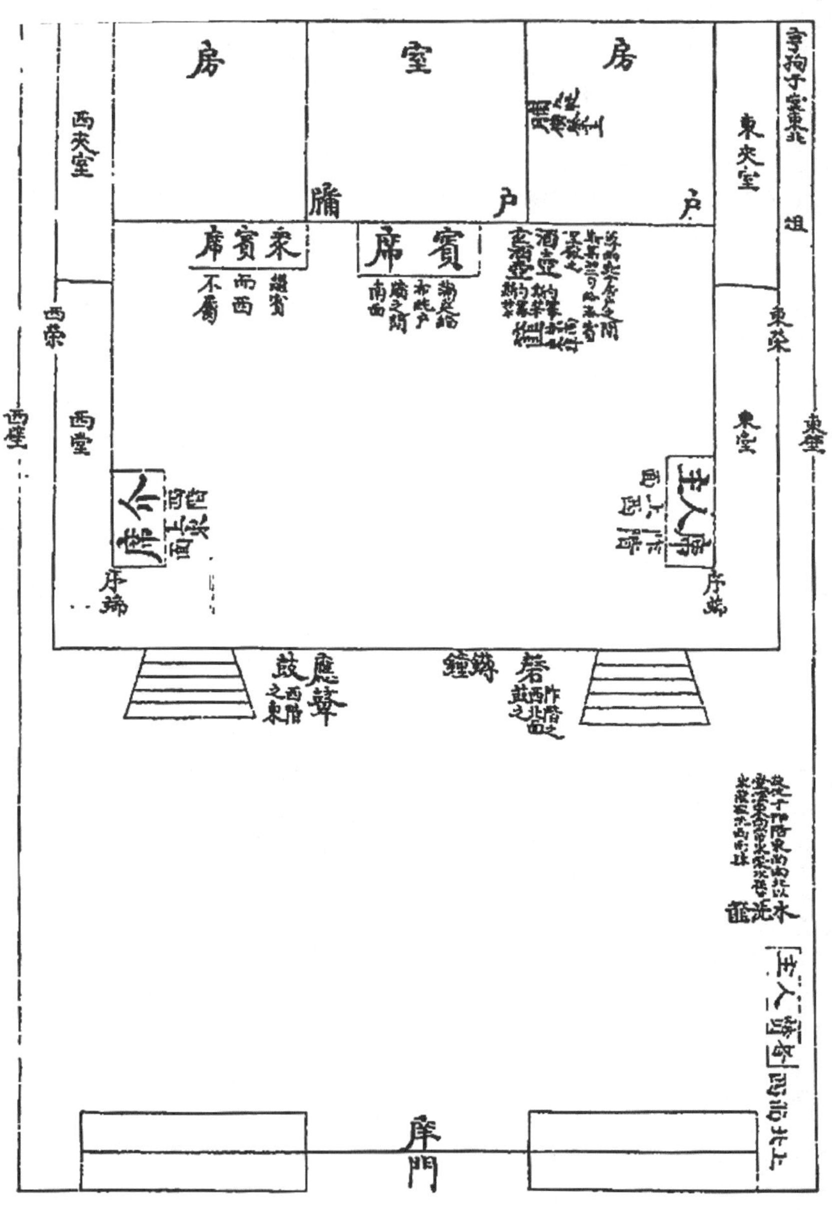

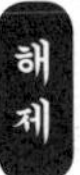

經-05에서 經-08까지는 빈을 맞이하기 전에 미리 향음주례에 필요한 기물을 진설하는 절차이다.

[鄕飮酒禮04 : 經-05]

이에 빈과 주인과 개介의 자리를 편다.

乃席賓·主人·介.

정현주

'석席'은 자리를 편다는 뜻이다. 아침에 일찍 일어나 빈의 집에 찾아가서 향음주례의 날짜를 알리고 참여해 줄 것을 청하고, 돌아와서 자리를 펼쳐 놓는 것이다. 빈의 자리(席)는 창(牖) 앞에 남쪽을 향하도록 펼쳐 놓는다. 주인의 자리는 조계 위쪽에 서쪽을 향하도록 펼쳐 놓는다. 개介의 자리는 서쪽 계단 위쪽에 동쪽을 향하도록 펼쳐 놓는다. '席', '敷席'也. 夙興往戒, 歸而敷席. 賓席牖前, 南面. 主人席阼階上, 西面. 介席西階上, 東面.

[鄕飮酒禮04 : 經-06]

중빈衆賓들의 자리[1]를 펴는데, 모두 서로 잇닿지 않도록 펼쳐 놓는다[2].

衆賓之席皆不屬焉.

정현주

중빈들의 자리는 빈의 자리 서쪽에 펼쳐 놓는다. '불촉不

屬'은 서로 잇닿지 않게 함을 뜻한다. 모두 홀로 앉는 것으로, 그들의 덕이 각자 유일함을 밝히는 것이다. 席衆賓於賓席之西. '不屬'者, 不相續也. 皆獨坐, 明其德各特.

[鄕飮酒禮04 : 經-07]

술동이(尊)[3]는 2통의 술동이(壺)를 방(房)과 문(戶) 사이[4]에 진설하는데, 술동이 받침대(斯禁)[5]로 받친다. 물(玄酒)을 담은 술동이(壺)를 술을 담은 술동이 서쪽에 진설한다. 당 위의 대광주리(上篚)를 술동이의 남쪽에 진설하는데, 머리 부분이 서쪽을 향하고 꼬리 부분이 동쪽을 향하도록 하여 놓는다.[6] 2개의 술 국자(勺)를 2통의 술동이 위에 각각 올려놓는다.

尊兩壺于房戶間, 斯禁. 有玄酒在西. 設篚于禁南, 東肆. 加二勺于兩壺.

정현주 '사금斯禁'(술동이 받침대)은 받침대 중에서 지면과 닿는 부분에 다리가 없는 모양의 것이다. '물을 서쪽에 진설한다'(玄酒在西)는 것은 서쪽이 윗자리이기 때문이다. '사肆'는 진설한다는 뜻이다. '斯禁', 禁切地無足者. '玄酒在西', 上也. '肆', 陳也.

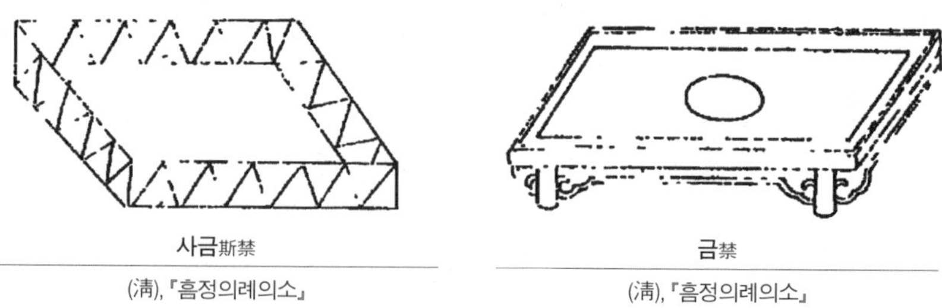

사금斯禁
(淸),『흠정의례의소』

금禁
(淸),『흠정의례의소』

작勺

쳰쉬안, 『삼례사전』

호壺

섭숭의(宋), 『삼례도』

[鄕飮酒禮04 : 經-08]

물받이 항아리(洗)를 조계阼階의 동남쪽에 진설하는데, 남북으로 당 위 남쪽 끝 모서리에서 북쪽으로 방·실의 벽에 이르는 길이(堂深)만큼 떨어진 곳에 놓으며[7] 동서로는 동쪽 추녀(東榮)와 마주하도록 놓는다. 물은 물받이 항아리 동쪽에 놓는다. 당 아래의 대광주리(下篚)[8]는 물받이 항아리 서쪽에 진설하는데 머리 부분이 북쪽을 향하고, 꼬리 부분이 남쪽을 향하도록 하여 세로로 놓는다.

設洗于阼階東南, 南北以堂深, 東西當東榮. 水在洗東. 篚在洗西, 南肆.

정현주

'추녀(榮)'는 처마(屋翼)[9]이다. '榮', 屋翼.

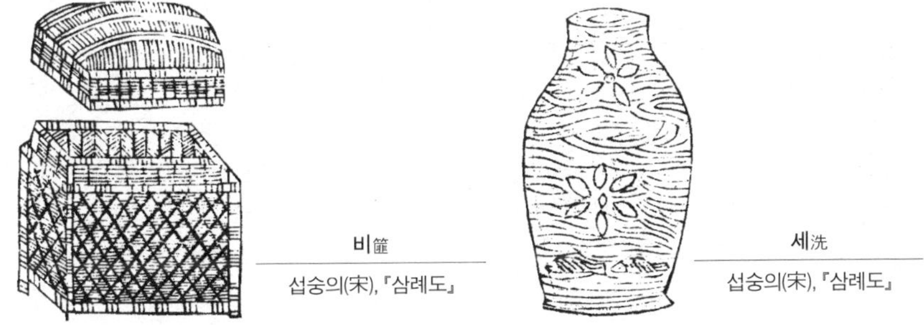

비篚

섭숭의(宋), 『삼례도』

세洗

섭숭의(宋), 『삼례도』

주

1_ 중빈들의 자리 : 이여규는 '衆賓'은 衆賓의 우두머리 세 사람을 가리킨다고 하였다. 『의례정의』, 286쪽 참조.

2_ 이에 빈과 주인과 개와 ～ 펼쳐 놓는다 : 가공언은 소에서 빈은 君에게 貢을 바치므로 따로 구별하는 바를 두어서 중빈의 자리는 서로 잇닿지 않고 서로 이어지지 않게 펼쳐 놓는 것으로 보았다. 그러나 강조석에 따르면, 순차적으로 자리를 만드는 것을 말하여 '서로 이어서 한다'(相繼)고 하고, 각각 자리를 만드는 것을 말하여 '잇닿지 않도록 한다'(不屬)고 한다. 향사례에서는 '이어서 서쪽으로 자리를 펼쳐 놓는다'(繼而西)고 했는데 향음주례에서는 '모두 서로 잇닿지 않도록 펼쳐 놓는다'(皆不屬)고 한 것은, 향사례에서는 단지 빈과 중빈만 가지고 말했기 때문에 '이어서 서쪽으로 자리를 펼쳐 놓는다'고 하였고, 향음주례는 '席賓主人介衆賓之席'을 합해서 모두 10자를 구절로 삼았기 때문에 빈과 주인의 자리는 비록 서로 잇닿지 않더라도 서로 이어서 펴는 것이라고 하였다. 또 주인과 개는 각각 동쪽 계단과 서쪽 계단에 있으므로 서로 잇닿지도 않고 서로 이어서 있지도 않은 것이다. 향사례와 향음주례를 서로 참조하여 보았을 때 이것은 예를 달리한 것이라고 보기 어렵다는 것이다. 호배휘는 『의례정의』 교감기에서 강조석의 '席賓主人介衆賓之席'는 9자이므로 맨 앞의 '乃' 한 글자가 탈오된 것으로 의심된다고 하였다.

3_ 술동이 : 尊은 특정한 술동이의 명칭이자 다양한 술동이들의 범칭인 동시에 '술동이를 진설하다'는 의미로도 쓰인다. 여기서는 후자의 의미이다.

4_ 방과 문 사이 : 술동이를 진설하는 위치에 대해서는 역대 다양한 설이 제기되었는데, 오징은 東房의 서쪽과 室戶의 동쪽으로 賓과 主人의 사이에 해당한다고 본다. 『의례정의』 289～290쪽 참조. 오징의 견해는 『예기』「향음주의」에 근거한 것이다. 청대 『흠정의례의소』 또한 東房과 室戶의 사이로 파악한다. 「주인영빈도主人迎賓圖」 참조.

5_ 술동이 받침대 : 술동이를 올려놓는 받침대. 이 받침대에 다리(局足)가 있는 것을 '禁'이라고 하고, 다리가 없는 것을 '棜' 또는 '斯禁'이라고 부른다. 대부는 棜, 斯禁을 사용하고, 사는 禁을 사용한다.

6_ 머리 부분이 ～ 놓는다 : 經文의 '東肆'에 대해서, 이여규는 "東肆이란 대광주리의 머리 부분이 서쪽에 있어서, 동쪽을 향해서 진설하는 것이다"(東肆者, 篚首在西, 向東陳之)라 하였다.

7_ 남북으로 ～ 놓으며 : 당 아래에 있는 洗에서 북쪽으로 당까지의 거리를, 堂深의 길이만큼 떨어지게 놓는다는 뜻이다. 堂深에 대해서 심동은 "「향음주례」의 가공언 소에 '堂深은 당 위 남쪽 끝 모서리(堂廉)에서 북쪽으로 房·室의 壁에 이르기까지의 거리를 말하는데, 堂 아래에 있는 洗에서 북쪽으로 堂까지의 거리는 당심의 길이에서 취한다. 가령 당심이 3丈이라면 洗에서 堂까지의 거리 또한 3丈이다. 이것으로 기준을 삼는다' 하였다"라고 적고 있다. 『의례정의』, 33～34쪽 참조.

8_ 당 아래의 대광주리 : 장이기는 堂上에 篚를 진설하는데 이곳에서 다시 篚를 설치

한다고 한 것에 대해서 上篚에 넣어 둔 3개의 爵은 사용한 후에 곧바로 下篚에 넣어 두기 때문이라고 하였고, 고유도 上篚에는 爵과 觶의 술잔을 담아 두고 下篚에는 마시고 난 후의 빈 술잔을 담아 두는 것이라고 본다. 『의례정의』, 292쪽 참조.

9_ 처마 : 지붕 귀퉁이가 새의 날개처럼 올라간 처마 끝을 가리킨다. 진호는 『예기집설』 「상대기」 註에서 "천자와 제후의 지붕은 모두 사면으로 물이 흘러내리게 하지만 대부 이하는 단지 앞뒤로 처마가 있을 뿐이다. '翼'은 지붕의 양 머리에 있는데 날개와 비슷하기 때문에 '屋翼'이라고 칭한다"(天子 · 諸侯屋皆四注, 大夫以下但前簷後簷而已. 翼在屋之兩頭, 似翼, 故名屋翼也)라고 하였다.

「주인영빈도主人迎賓圖」

(淸), 『흠정의례의소』

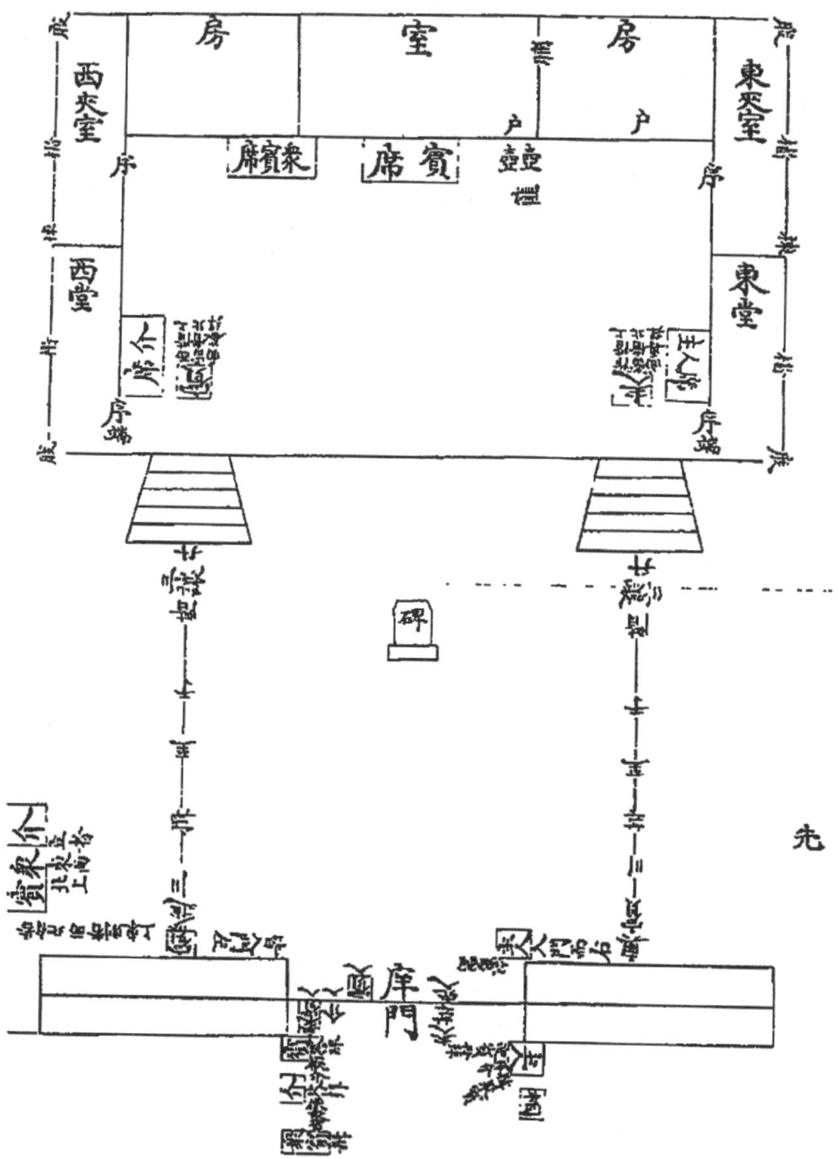

經-09에서 經-17까지는 주인이 빈을 초대하는 '속빈速賓', 빈을 맞이하는 '영빈迎賓', 빈이 찾아와 준 것에 배례를 하는 '배지拜至'의 의식 절차이다.

[鄕飮酒禮04 : 經-09]

고깃국이 끓으면,

羹定,

정현주

고기를 넣고 끓인 국을 '고깃국'(羹)이라고 한다. '정定'은 익는다는 뜻과 같다. 肉謂之'羹'. '定'猶孰也.

[鄕飮酒禮04 : 經-10]

주인이 직접 빈의 집으로 찾아가서 초대한다. 빈은 직접 집까지 찾아온 수고로움에 배례를 한다. 주인은 답배를 하고, 주인이 돌아갈 때에도 빈은 직접 집까지 찾아준 수고로움에 배례를 한다.

主人速賓. 賓拜辱. 主人答拜, 還, 賓拜辱.

정현주

'속速'은 초대한다는 뜻이다. '환還' 물러간다는 뜻과 같다. '速', 召也. '還'猶退.

[鄕飮酒禮04 : 經-11]

개介에게도 이와 마찬가지로 한다.

介亦如之.

정현주

빈의 집을 직접 찾아가서 초대하는 것과 마찬가지 절차로 한다는 뜻이다.[1] 如速賓也.

[鄕飮酒禮04 : 經-12]

빈부터 중빈衆賓까지 모두 뒤따라서 도착한다.

賓及衆賓皆從之.

정현주

'종從'은 뒤따른다는 뜻과 같다. '중빈까지'(及衆賓)라고 하였으므로 개介도 그 속에 포함된다. '從'猶隨也. 言'及衆賓', 介亦在其中矣.

[鄕飮酒禮04 : 經-13]

주인主人(향대부)과 상相(주인의 예를 돕는 사람)[2] 1명이 향의 학교(庠) 문[3] 밖에서 이들을 맞이한다. 주인이 빈에게 재배를 하면, 빈은 답배를 한다. 주인이 개에게 배례를 하고, 개는 답배를 한다.

主人一相, 迎于門外. 再拜賓, 賓答拜. 拜介, 介答拜.

정현주

'상相'은 주인의 속리屬吏로서 예禮의 진행을 돕고 명령을 전달하는 사람이다. '相', 主人之吏, 擯贊傳命者.

[鄕飮酒禮04 : 經-14]

(주인이) 중빈衆賓에게 읍揖(손을 겹쳐 모으고 바깥쪽으로 밀어내어 예를 표하는 것)을 한다.

揖衆賓.

정현주 배례를 하지 않고 읍을 하는 것은 중빈衆賓의 신분이 더욱 낮기 때문이다. 개에게 배례를 하고, 중빈에게 읍을 할 때에는 모두 서남쪽을 향해서 한다. 差益卑也. 拜介·揖衆賓, 皆西南面.

[鄕飮酒禮04 : 經-15]

주인이 읍을 하고 먼저 향의 학교(庠) 문으로 들어간다.

主人揖, 先入.

정현주 '읍을 한다'(揖)는 것은 빈에게 읍을 하는 것이다. 주인이 먼저 문으로 들어가 서쪽을 향해 선다.[4] '揖', 揖賓也. 先入門而西面.

[鄕飮酒禮04 : 經-16]

빈은 개에게 염厭(손을 겹쳐 모으고 안쪽으로 가슴 앞까지 끌어당겨 예를 표하는 것)을 하고 문으로 들어가 왼쪽으로 간다. 개는 중빈衆賓에게 염을 하고 문으로 들어간다. 중빈들은 모두 문으로 들어가 왼쪽으로 가는데, 북쪽을 윗자리로 삼는다.

賓厭介, 入門左. 介厭衆賓, 入. 衆賓皆入門左, 北上.

정현주 모두 문의 서쪽으로 들어가 동쪽을 향해 선다. 빈의 무리들 사이에는 서로 염厭을 한다. 주인이 하는 예에서 존비尊卑의 변화를 주는 것이다.[5] 손을 모으고 바깥쪽으로 밀어내는 것을 '읍揖'이라고 하고, 안쪽으로 끌어당기는 것을 '염厭'이라고 한다. 금문본에는 모두 '揖'으로 되어 있고, 또 '衆賓皆入左'로 되어 있어 '門'이 없다. 皆入門西, 東面. 賓之屬相厭, 變於主人也. 推手曰揖, 引手曰厭, 今文皆作'揖', 又曰'衆賓皆入左', 無'門'.

[鄕飮酒禮04 : 經-17]

주인은 빈과 세 차례 읍을 하고, 계단에 이르러 세 차례 사양을 하면서, 주인이 계단으로 올라가면 빈도 함께 올라간다. 주인은 조계阼階 위쪽 들보(楣)를 마주하는 곳에서 북쪽을 향해 재배를 한다. 빈은 서쪽 계단 위쪽 들보를 마주하는 곳에서 북쪽을 향해 답배를 한다.

主人與賓三揖, 至于階, 三讓, 主人升, 賓升. 主人阼階上當楣, 北面再拜. 賓西階上當楣, 北面答拜.

정현주 '세 번 읍을 한다'(三揖)는 것은 문 안쪽의 위치에서 당으로 나아가려고 할 때 읍을 하고, 당으로 이르는 길에 이르러 읍을 하고,[6] 비碑[7]에 이르러 읍을 한다는 뜻이다. '들보'(楣)는 당의 앞쪽 들보를 가리킨다. 다시 배례를 하는 것은 빈이 이 당에 와 준 것에 배례를 하는 것으로서 빈을 높이는 뜻이다. '三揖'者, 將進揖, 當陳揖, 當碑揖. '楣', 前梁也. 復拜, 拜賓至此堂, 尊之.

주

1_ 빈의 집을 ~ 뜻이다 : 채덕진에 의하면, 介의 경우에는 賓의 경우와 마찬가지로 主人이 직접 집까지 찾아가서 초대하지만, 衆賓의 경우에는 사람을 시켜서 초대한다고 한다. 『의례정의』, 294쪽 참조.

2_ 상(주인의 예를 돕는 사람) : 장이기에 따르면 이는 주인이 群吏 가운데서 한 사람을 세워 예를 돕게 하는 것인데, 주인은 이 사람과 함께 庠門의 밖에서 빈을 맞이하는 것이라고 하였다. 방포는 '擯'이라고 하지 않고 '相'이라고 한 것은 예를 돕는 것을 위주로 하여 接賓을 하지 않기 때문이라고 하였다. 『의례정의』, 294쪽 참조.

3_ 향의 학교 문 : 경문의 '門'에 대해서 장이기는 庠의 門이라고 하였다. 『의례정의』, 294쪽 참조. 『예기』「향음주의」에서 "주인은 庠門의 밖에서 배례를 하고 빈을 맞이한다"(主人拜迎賓于庠門之外)라고 한 것에 대해 정현은 "庠은 鄕學이다. 州黨의 학교는 序라고 한다"(庠, 鄕學也. 州黨曰序)라고 하였다. 한편, 성세좌의 설명에 따르면 鄕의 敎民을 담당하는 직무는 州長이 관장하는데, 黨正 이하는 鄕大夫에 통섭된다. 여기서 주인은 향대부이다. 『의례정의』, 295쪽.

4_ 주인은 ~ 선다 : 가공언은 庠에는 문이 하나뿐이기 때문에 주인이 빈을 인도하여 먼저 들어가고, 內霤에 이르러 서쪽을 행해서 賓을 기다린다고 하였다. 『의례주소』, 153쪽 참조.

5_ 주인이 ~ 변화를 주는 것이다. : '揖'은 손을 겹쳐 모으고 바깥쪽으로 밀어내어 예를 표하는 것이고, '厭'은 손을 겹쳐 모으고 안쪽을 향해 끌어당기는 것을 말한다. 『삼례사전』, 981쪽 참조. '厭'은 '揖'보다 가벼운 예이기 때문에, 주인이 중빈에게 하는 읍의 예보다 낮추어 빈은 개에게 염의 예를 한다는 뜻이다.

6_ 당으로 ~ 읍을 하고 : 장이기에 의하면 정현주의 '陳'은 堂塗 즉 庭에서 堂에 이르는 동서 양쪽의 길이라고 하였다. 능정감은 '將進揖'은 문에 들어와 장차 오른쪽으로 꺾어지는 곳에서 읍을 하는 것이고, '當陳揖'은 북쪽으로 꺾어지는 곳에서 읍을 하는 것이라고 하였다. 또 陳 즉 堂塗는 門과 서로 일직선이 아니기 때문에 문에 들어오면 반드시 두 번 꺾어진 후에 堂塗에 이른다고 하였다. 『의례정의』, 299쪽 참조.

7_ 비 : 堂下에서 廟門에 이르는 곳을 '뜰'(庭)이라고 하는데, 이 뜰을 3등분하여 북쪽에 돌로 만든 '碑'를 설치한다. 이것으로 해 그림자를 관측해서 시간을 계산하거나 희생을 매어 두는 데에 이용한다.

「헌빈獻賓 · 작주인酢主人 · 수빈酬賓」

장혜언(清), 『의례도』

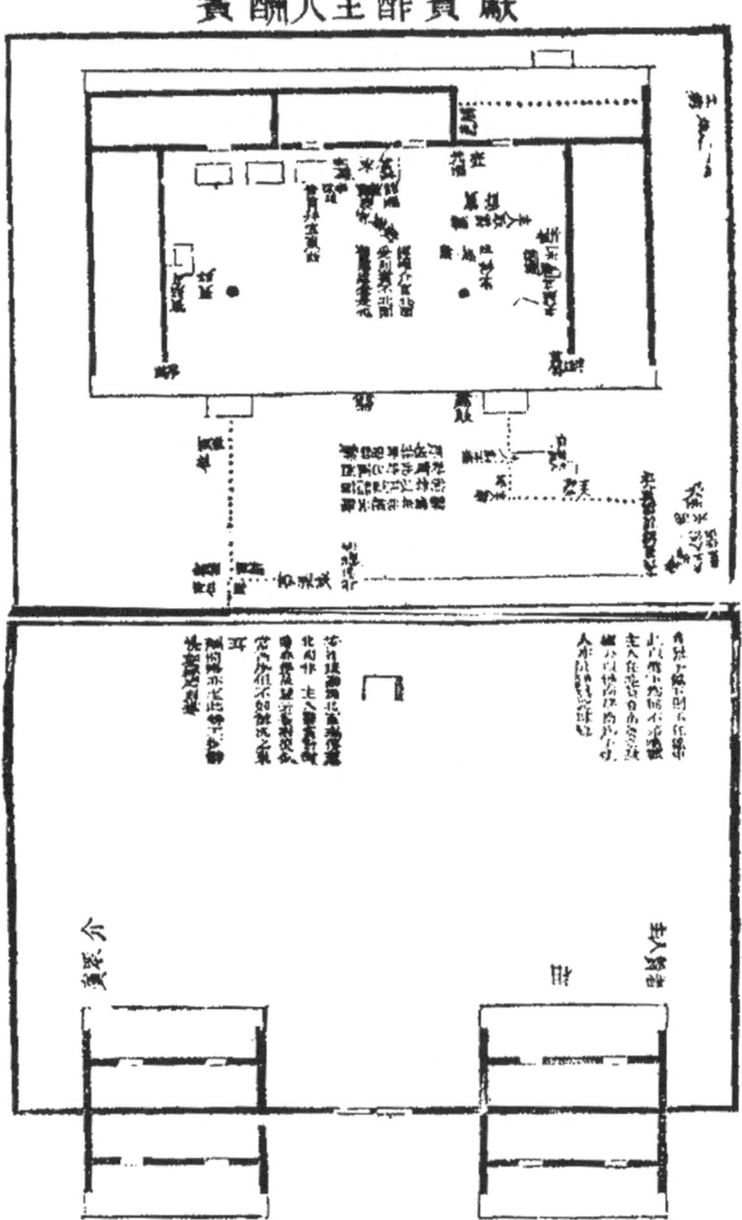

經-18에서 經-40까지는 '주인헌빈主人獻賓' 즉 주인이 빈에게 술을 올려 헌獻의 예를 행하는 절차이다.

[鄕飮酒禮04 : 經-18]

주인은 앉아서 당 위의 대광주리에서 술잔(爵 : 1升 용량)을 꺼내고, 이를 들고 당에서 내려와 물받이 항아리가 진설된 곳으로 간다.

主人坐, 取爵于篚, 降洗.

정현주

빈에게 술을 따라 올리려고 하는 것이다. 將獻賓也.

[鄕飮酒禮04 : 經-19]

빈도 당에서 내려온다.

賓降.

정현주

주인을 따라서 내려오는 것이다. 從主人也.

[鄕飮酒禮04 : 經-20]

주인이 앉아서 술잔(爵)을 조계阼階 앞쪽에 내려놓고, 빈이 따라 내려오는 것을 사양한다.

主人坐, 奠爵于階前, 辭.

작爵

섭숭의(宋), 『삼례도』

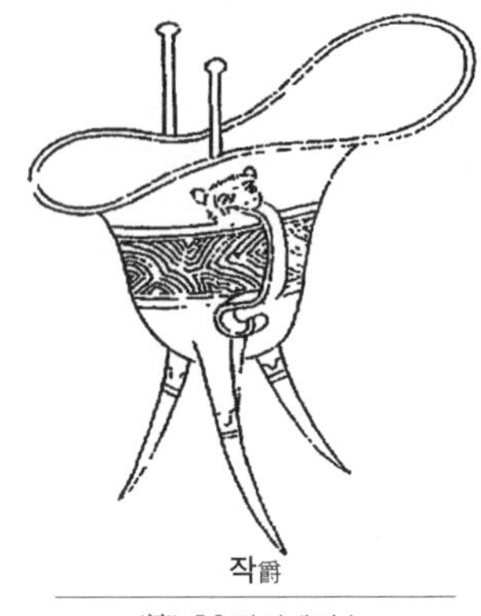

작爵

(淸), 『흠정의례의소』

정현주

자신의 일로 빈을 번거롭게 하는 것을 중하게 여기는 것이다. (주인과 빈의) 일이 같으면 '양讓'이라고 하고, 일이 다르면 '사辭'라고 한다.[1] 重以己事煩賓也. 事同曰'讓', 事異曰'辭'.

[鄕飮酒禮04 : 經-21]

빈이 응답을 한다.

賓對.

정현주

'대對'는 응답한다는 뜻이다. 빈과 주인의 언사는 자세히 알 수 없다. '對', 答也. 賓主之辭未聞.

[鄕飮酒禮04 : 經-22]

주인이 앉아서 술잔을 잡고 일어나 물받이 항아리가 진설된 곳으로 가서, 남쪽을 향해 앉아 대광주리 아래에 술잔을 내려놓고, 손을 씻고 나서 술잔을 씻는다.
主人坐取爵, 興, 適洗, 南面坐, 奠爵于篚下, 盥洗.

정현주

손을 씻고 나서 술잔을 씻는 것은 정결함과 공경함을 다하는 것이다. 금문본에는 '奠'이 없다. 已盥乃洗爵, 致絜敬也. 今文無'奠'.

[鄕飮酒禮04 : 經-23]

빈이 앞으로 나아가, 동쪽으로 가서 북쪽을 향하여 주인이 술잔을 씻어 주는 것을 사양한다.
賓進, 東北面辭洗.

정현주

반드시 나아가서 동쪽으로 가는 것은 자신을 낮추는 마음을 보이는 것이다.[2] 必進東行, 示情.

[鄕飮酒禮04 : 經-24]

주인은 앉아서 당 아래의 대광주리(篚)에 술잔을 넣어 두고, 일어나 빈에게 응답을 한다. 빈은 본래의 위치(서쪽 계단)로 돌아와서 당 위 서쪽 벽(西序)과 마주하는 곳에서 동쪽을 향해 선다.
主人坐, 奠爵于篚, 興對. 賓復位, 當西序東面.

정현주

'제자리로 돌아온다'(復位)고 말한 것은 처음 계단에서 내려왔을 때 이곳에 있었음을 밝히는 것이다. 言'復位'者, 明始降時位在此.

[鄕飮酒禮04 : 經-25]

주인은 앉아서 술잔을 잡는다. 씻을 물을 떠서 부어 주는 자는 서북쪽을 향해 선다.

主人坐取爵. 沃洗者西北面.

정현주 씻을 물을 떠서 부어 주는 자는 주인의 여러 군리群吏 가운데 한 사람이다. 沃洗者, 主人之群吏.

[鄕飮酒禮04 : 經-26]

술잔을 다 씻으면 주인은 빈에게 한 번 읍을 하고 한 번 사양을 한 후 당으로 올라간다.

卒洗, 主人壹揖·壹讓, 升.

정현주 주인과 빈이 함께 당으로 올라가는 것이다. 고문본에는 '壹'이 '一'로 되어 있다. 俱升. 古文'壹'作'一'.

[鄕飮酒禮04 : 經-27]

빈은 주인이 술잔을 씻어 준 것에 배례를 한다. 주인은 앉아서 술잔을 내려놓고 그대로 배례를 한 후에 당에서 내려와 손을 씻는다.

賓拜洗. 主人坐, 奠爵, 遂拜, 降盥.

정현주

다시 손을 씻는 것은 손이 더러워졌기 때문이다. 復盥, 爲手坋汙.

[鄕飮酒禮04 : 經-28]

빈도 당에서 내려온다. 주인이 빈이 내려오는 것을 사양하면, 빈은 응답을 하고 본래의 위치로 돌아가 당 위 서쪽 벽(西序)과 마주하는 곳에서 동쪽을 향해 선다. 주인이 손을 다 씻으면 빈과 읍을 하고 사양을 한 다음 계단을 오른다. 빈이 서쪽 계단 위에 단정하게 선다.

賓降. 主人辭, 賓對, 復位, 當西序. 卒盥, 揖, 讓, 升. 賓西階上疑立.

정현주

'의疑'는 '의연하게 조돈趙盾을 뒤따랐다'라고 할 때의 '의疑'의 뜻으로 읽어야 한다.[3] '의疑'는 바르게 서서 단정한 모양이다. '疑'讀爲'疑然從於趙盾'之'疑'. '疑', 正立自定之貌.

[鄕飮酒禮04 : 經-29]

주인은 앉아서 술잔을 잡고 술을 채워서, 빈의 자리 앞에서 서북쪽을 향해 빈에게 올린다.

主人坐取爵, 實之, 賓之席前西北面獻賓.

정현주

'헌獻'은 올린다(進)는 뜻으로, 빈에게 술을 올리는 것이다.[4] '獻', 進也, 進酒於賓.

[鄕飮酒禮04 : 經-30]

빈이 서쪽 계단 위에서 배례를 하면, 주인은 조금 물러나 피한다.

賓西階上拜, 主人少退.

정현주

'조금 물러난다'(少退)는 것은 조금 피한다는 뜻이다. '少退', 少辟.

[鄕飮酒禮04 : 經-31]

빈이 나아가 술잔을 받고 서쪽 계단 위쪽의 본래 위치로 돌아온다. 주인이 조계의 위쪽에서 술잔을 건네준 후에 배례를 하면, 빈은 조금 물러나 피한다.

賓進受爵以復位. 主人阼階上拜送爵, 賓少退.

정현주

'본래의 위치로 돌아온다'(復位)는 것은 서쪽 계단 위쪽의 위치로 돌아온다는 뜻이다. '復位', 復西階上位.

[鄕飮酒禮04 : 經-32]

주인의 유사有司가 말린 고기(脯)를 담은 대나무제기와 고기젓갈

(醢)을 담은 나무제기[5]를 올린다.

薦脯·醢.

정현주 '천薦'은 올린다(進)는 뜻이다. 올리는 사람은 주인의 유사이다. '薦', 進也. 進之者, 主人有司.

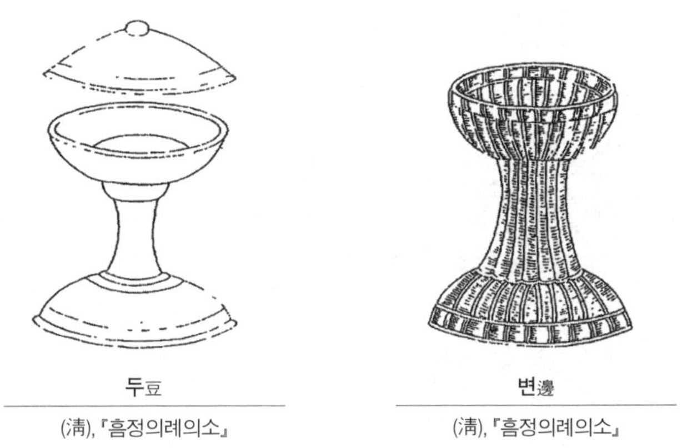

두豆

(淸), 『흠정의례의소』

변籩

(淸), 『흠정의례의소』

[鄕飮酒禮04 : 經-33]

빈이 자리(席)로 올라가는데, 서쪽으로 올라간다.

賓升席自西方.

정현주 자리(席)에 오를 때에는 아랫자리(서쪽 방향)로 오른다.[6] 자리에 오르면 반드시 자리 가운데로 나아간다. 升由下也. 升必中席.

[鄕飮酒禮04 : 經-34]

이에 유사가 빈의 자리 앞에 희생고기의 뼈를 잘라서 올려놓은 희생제기(折俎)를 진설한다.
乃設折俎.

정현주 희생고기를 조각으로 갈라서[7] 희생제기(俎)에 진설하는 것이다. 牲體枝解節折在俎.

[鄕飮酒禮04 : 經-35]
주인이 조계의 동쪽에 단정하게 선다. 빈이 자리에 앉아서 왼손으로 술잔을 잡고 오른손으로는 말린 고기와 고기젓갈로 고수레를 한다.
主人阼階東疑立. 賓坐, 左執爵, 祭脯·醢.

정현주 '앉는다'(坐)는 것은 자리에 앉는다는 뜻이다. 말린 고기와 고기젓갈로 고수레를 할 경우에는 오른손으로 한다. '坐', 坐於席. 祭脯·醢者, 以右手.

[鄕飮酒禮04 : 經-36]
빈이 말린 고기를 담은 대나무제기와 고기젓갈을 담은 나무제기의 서쪽[8]에 술잔을 내려놓고 일어나서 오른손으로 허파(肺)를 집는다. 왼손으로 허파의 두꺼운 부분을 잡고 앉아서, 비틀어[9] 오른손으로 끝을 떼어 내어 고수레를 하는데, 왼손을 들어 올린다. 허파를 맛보고, 일어나 희생제기에 놓는다.

奠爵于薦西, 興右手取肺. 卻左手執本, 坐, 弗繚, 右絶末以祭, 尙左手嚌之, 興加于俎.

정현주

'흥興'은 일어난다는 뜻이다. 허파(肺)는 갈라서 놓는다. '본本'은 조각이 두텁고 큰 것이다. '요繚'는 비튼다(紾)는 뜻과 같다. 대부 이상은 위의威儀가 많다. 비틀어 떼어 내는데 '왼손을 들어 올린다'(尙左手)는 것[10]은 (오른손으로) 윗부분에서 아랫부분으로 내려오면서 비틀고 나서 그 끝을 떼어 냄을 밝힌 것이다. '제嚌'는 맛본다는 뜻이다. '興', 起也. 肺離之. '本', 端厚大者. '繚'猶紾也. 大夫以上, 威儀多. 紾絶之, '尙左手'者, 明垂紾之, 乃絶其末. '嚌', 嘗也.

[鄕飮酒禮04 : 經-37]

빈이 앉아서 손을 수건으로 닦고서 술로 고수레를 한다.

坐, 挩手, 遂祭酒.

정현주

'세挩'는 닦는다는 뜻이다. 고문본에는 '挩'가 '說'로 되어 있다. '挩', 拭也. 古文'挩'作'說'.

[鄕飮酒禮04 : 經-38]

빈이 일어나 자리의 꼬리 부분으로 가서 앉은 다음 술을 맛본다.

興, 席末坐, 啐酒.

정현주

'쵀啐'[11]도 또한 맛본다는 뜻이다. '啐', 亦嘗也.

[鄕飮酒禮04 : 經-39]

빈은 자리의 서쪽으로 내려와 앉아서 술잔을 내려놓고, 주인에게 배례를 한 다음 술이 맛나다고 고하고 나서[12] 술잔을 들고 일어난다. 주인은 조계의 위쪽에서 답배를 한다.

降席, 坐, 奠爵, 拜, 告旨, 執爵, 興. 主人阼階上答拜.

정현주

'자리에서 내려온다'(降席)는 것은 자리의 서쪽으로 내려온다는 뜻이다. '지旨'는 맛나다(美)는 뜻이다. '降席', 席西也. '旨', 美也.

[鄕飮酒禮04 : 經-40]

빈이 서쪽 계단 위쪽에서 북쪽을 향해 앉아서 술잔의 술을 다 마신 후에, 일어났다가 다시 앉아서 술잔을 내려놓고 그대로 주인에게 배례를 한 다음 술잔을 잡고 일어난다. 주인이 조계의 위쪽에서 답배를 한다.

賓西階上北面坐, 卒爵, 興, 坐, 奠爵, 遂拜, 執爵興. 主人阼階上答拜.

정현주

'졸卒'은 다 마신다는 뜻이다. 이때에 술잔의 술을 다 마시는 것은 이 자리가 전적으로 마시고 먹기 위해 마련된 것이 아님을 밝히는 것이다.[13] '卒', 盡也. 於此盡酒者, 明此席非專爲飮食起.

주

1_ (주인과 빈의) 일이 같으면 ~ '사'라고 한다 : '일이 같다'는 것은 주인과 빈이 함께 계단을 오르면서 三讓을 하는 경우를 가리키고, '일이 다르다'는 것은 여기에서처럼 주인은 일이 있고 빈은 일이 없는 경우가 해당된다. 『의례주소』, 154쪽 참조.

2_ 자신을 낮추는 마음을 보이는 것이다 : '示情'에 대해서 장이기는, 빈이 당 위 서쪽 벽(西序)에 서 있어야 하는데 주인이 술잔을 씻으려 하자 나아가 동쪽으로 가서 주인을 향해 술잔을 씻어 주는 것에 대해 사양하는 것은 주인에게 겸손하게 낮추는 정을 표시한 것이라고 하였다. 『의례정의』, 303쪽 참조.

3_ '의'는 ~ 읽어야 한다 : 인용문은 『춘추공양전』 宣公 6년 조에 보인다. 『공양전』의 원문에는 '疑'가 '仡'로 되어 있다. "仡然從於趙盾"은 晉 영공이 조돈을 죽이고자 궁 안으로 불러들였을 때, 조돈의 호위무사였던 기미명이 조돈을 따라서 들어오는 모습을 묘사한 구절이다. 『의례』 가공언의 소에서는, 하휴가 '仡然'을 '굳세고 용감한 모습'(壯勇貌)으로 해석한 것에 대해 정현은 그 뜻을 취하지 않고 '엄숙 단정한 모습'(矜莊之色)의 뜻으로 해석하였다고 본다. 『의례주소』, 157쪽 참조.

4_ '헌'은 ~ 것이다 : 주인이 먼저 빈에게 술을 올리는 것을 '獻'이라고 하고, 빈이 이에 대한 보답으로 주인에게 술을 올리는 것을 '酢'이라고 하고, 주인이 먼저 술을 마신 후 다시 빈에게 술을 권하는 것을 '酬'라고 하는데, 이처럼 주인과 빈이 獻-酢-酬의 과정을 한 번 하는 것을 '壹獻의 禮'라고 한다. 향음주례에서는 主人獻賓-賓酢主人-主人酬賓-主人獻介-介酢主人-主人獻衆賓으로 음주례의 1단락이 끝나고, 이어서 旅酬禮의 시작인 1인 擧觶 후에 歌樂을 연주하고, 賓酬主人-主人酬介-介酬衆賓-衆賓旅酬의 旅酬禮가 이어진다. 이후 횟수의 제한 없이 가악을 연주하고 술을 마시는 無算爵, 無算樂을 거행함으로써 음주례는 끝난다.

5_ 말린 고기를 담은 ~ 나무제기 : 경문의 원문은 脯·醢이다. 포·해는 籩·豆에 담는다. 변은 마른 음식을 담는 대나무로 만든 제기이고, 두는 젖은 음식을 담는 나무나 청동기로 만든 제기이다.

6_ 자리에 오를 때에는 아랫자리(서쪽 방향)로 오른다 : 賓의 席은 동쪽을 윗자리로 한다. 주인에게 통섭되기 때문이다.

7_ 희생고기를 조각으로 잘라서 : 가공언에 따르면 희생의 몸체를 분해하는 방법은 돼지를 온전히 삶아낸 다음 21體로 가르는 것이다. 몸체를 갈라낸 이것이 折俎인데, 절조는 脊, 脅, 肩 등과 같이 뼈마디를 분해한 것으로서, 뼈가 붙어 있는 고기조각이다. 『의례정의』, 157쪽 참조.

8_ 말린 고기를 담은 ~ 나무제기의 서쪽 : [經-32]에서 "주인의 有司가 말린 고기(脯)를 담은 대나무제기와 고기젓갈(醢)을 담은 나무제기를 올린다"(薦脯·醢)라고 했으므로 경문의 '薦西'는 "말린 고기를 담은 대나무제기와 고기젓갈을 담은 나무제기의 서쪽"이다.

9_ 비틀어 : 경문의 '弗繚'에 대해서는 학자들의 異見이 나뉜다. 우선 이여규, 장이기, 성세좌 등은 '弗繚'를 "繚祭를 지내지 않는다"는 뜻으로 해석한다. 요제는 손으로 허

파의 두터운 부분부터 따라 내려와서 끝부분에 이르러 떼어 내서 고수레를 하는 형태로 大夫 이상의 예이다. 이에 비해 허파의 끝부분만을 떼어 내어 고수레를 하는 絶祭는 보다 생략된 형태로서 士의 예이다. 그러므로 장이기는, 정현이 주에서 '繚'를 '紾'(비틀다)으로, 경문의 "弗繚, 右絶末以祭"를 '紾絶之'로 해석함으로써 결국 士의 예를 다루고 있는 경문의 내용을 요제를 지내는 것으로 보는 견해는 감히 따를 수 없다고 주장한다. 『의례정의』, 314쪽 참조. 이러한 입장은 현대의 양톈위도 『의례역주』에서 따르는 바이다. 그러나 가공언, 저인량, 강조석 등은 경문의 내용을 결국 繚祭를 지내는 것으로 해석하는 정현의 주를 지지한다. 특히 저인량, 강조석은 '弗'을 '撟'(들다), '拂'(치켜올리다)로 고증하고 '繚'를 '紾'으로 보는 정현의 해석을 타당하다고 고증한다. 그러나 향음주례가 大夫의 예라고 하는 가공언의 입장과는 달리, 저인량은 士禮를 따르고 있는 향음주례의 경문 가운데 유독 이 부분에서만 대부의 예를 따르고 있는 이유에 대해서는 잘 알 수 없다는 엄정한 입장을 견지한다. 『의례정의』, 315~316쪽 참조. 본 번역에서는 경문 자체가 해석의 다양성을 유발하는 상황이므로, 정현 주와 일관된 입장으로 경문을 해석하였다. 그러나 향음주례의 이 부분을 士의 예로 보는 여러 先賢들의 입장이 타당성을 가지므로, 이에 따른 해석을 다음과 같이 부기해 놓고자 한다. "빈이 말린 고기를 담은 대나무제기와 고기젓갈을 담은 나무제기의 서쪽에 술잔을 내려놓고 일어나서 오른손으로 허파(肺)를 집는다. 왼손으로 허파의 두꺼운 부분을 잡고 앉아서, 繚祭를 지내지 않고, 오른손으로 끝을 떼어 내어 고수레를 한다. 왼손을 들어 올려서 맛을 보고, 일어나 희생제기(俎)에 놓는다."

10_ 비틀어 떼어 내는데 '왼손을 들어 올린다'는 것 : 원문인 "紾絶之, 尙左手者"에 대해서, 성세좌는 이 정현 주는, 경문의 "尙左手" 세 글자를 上句 즉 "右絶末以祭"에 붙여서 해석한 것으로서, 정현 주가 오류인 부분이라고 비판한다. 강조석, 호배휘 역시 "尙左手嚌之"를 連讀하여 해석하는 것이 옳다고 본다. 『의례정의』, 314~316쪽 참조. 여기서는 성세좌가 지적한 것처럼 정현의 의도대로 해석하였다.

11_ 쵀 : 술을 맛보는 것의 일종으로 입술에 대는 정도에서 더 나아가 한 모금 목으로 넘기는 것을 뜻한다. '嚌肺'는 치아로 허파를 한번 씹어보는 것으로 아직 예가 완성된 것이 아니고, 술을 한 모금 목으로 넘김으로써 예의 절차가 완성된다고 한다. 『의례주소』, 159쪽 참조.

12_ 술이 맛나다고 고하고 나서 : '旨'는 맛나다(美)는 의미로 곧 美酒를 가리킨다. 원문인 '告旨'는 주인에게 배례를 하고 주인에게 맛있는 술로 대접해 주어서 감사하다는 말을 하는 것이다. 『예기』 「향음주의」에서는 "俎에 담긴 肺를 맛보는 것은 주인의 예에 대하여 감상하는 것이다. 술을 맛보는 것은 주인의 예를 이루어 주는 것이다"(嚌肺, 嘗禮也. 啐酒, 成禮也)라고 하였다. 곧 술을 한 모금 목으로 넘겨 맛보고 주인에게 배례하며 감사하는 말을 함으로써 예가 성사되는 것이다.

13_ 이 자리가 ~ 밝히는 것이다 : 성세좌는, 정현의 注는 (이 [經-40]의) 서쪽 계단 위

쪽에서 술잔의 술을 다 마시는 것(卒爵)은 곧 (앞서 [經-38]의) 자리의 꼬리 부분에서 술을 맛보는(啐酒) 의리를 말한 것으로, 禮意를 깊이 이해한 해석이라고 평가한다. 『의례정의』, 323쪽 참조.

「빈작주인賓酢主人」

(清),『흠정의례의소』

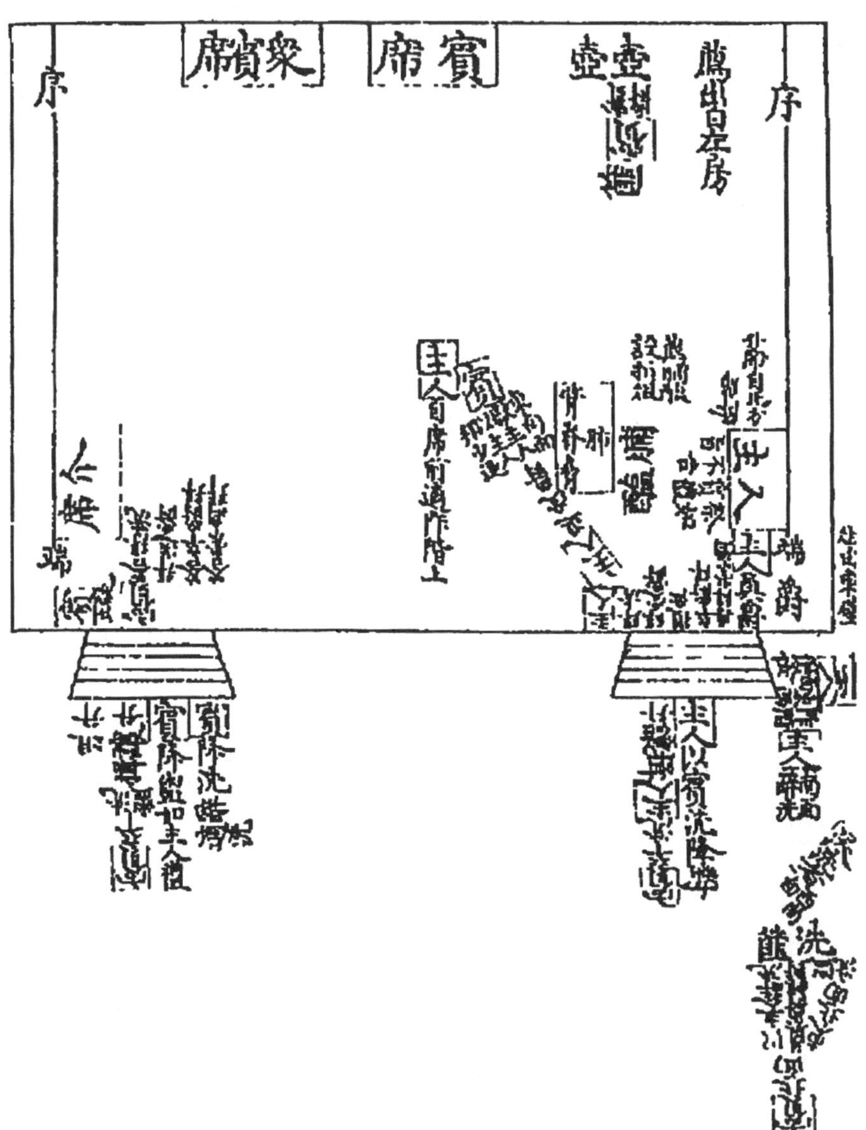

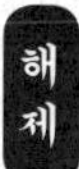

經-41에서 經-47까지는 '빈작주인賓酢主人' 즉 빈이 주인에게 보답의 술을 올려 작酢의 예를 행하는 절차이다.

[鄕飮酒禮04 :經-41]

빈이 당에서 내려와 물받이 항아리가 있는 곳으로 간다.

賓降, 洗.

정현주

주인에게 술을 올려 작酢의 예를 행하려고 하는 것이다. 將酢主人.

[鄕飮酒禮04 : 經-42]

주인도 따라 당에서 내려와 조계의 동쪽에서 서쪽을 향해 선다.

主人降.

정현주

또한 빈을 따라서 내려오는 것이다. '내려온다'(降)는 것은 당에서 내려와 조계의 동쪽에 서서 서쪽을 향한다는 뜻이다. 亦從賓也. '降', 降立阼階東, 西面.

[鄕飮酒禮04 : 經-43]

빈이 앉아서 술잔을 내려놓고, 일어나 주인이 따라 내려오는 것을 사양한다.

賓坐奠爵, 興辭.

정 현 주 서쪽 계단의 앞에서 한다. 西階前也.

[鄕飮酒禮04 : 經-44]

주인이 응답한다. 빈이 앉아서 술잔을 취하여, 물받이 항아리의 남쪽으로 가서 북쪽을 향해 선다. 주인이 조계의 동쪽에서 남쪽을 향해 빈이 술잔을 씻어 주는 것을 사양한다. 빈이 앉아서 술잔을 당 아래의 대광주리에 넣어 두고, 일어나 응답한다. 주인이 조계의 동쪽으로 돌아와서 서쪽을 향해 선다. 빈이 동북쪽을 향해 손을 씻고, 앉아서 술잔을 꺼내어 술잔 씻는 일을 마친다. 주인과 빈이 읍을 하고 양보하기를 처음 술잔을 올려 헌獻을 할 때와 동일한 절차로 하면서 당으로 올라간다. 주인은 빈이 술잔을 씻어 준 것에 배례를 한다. 빈이 답배를 하고 일어나 당에서 내려가 손을 씻는데, 주인이 했던 절차와 같게 한다. 빈이 술잔에 술을 채우고 주인의 자리 앞에서 동남쪽을 향해 주인에게 술을 올려 작酢의 예를 행한다. 주인이 조계의 위쪽에서 답배를 하면, 빈은 조금 물러나 피한다. 주인이 앞으로 나아가 술잔을 받고 본래의 위치로 돌아온다. 빈이 서쪽 계단의 위쪽에서 술잔을 건네준 후에 배례를 하고, 유사는 주인의 자리 앞에 말린 고기를 담은 대나무제기와 고기젓갈을 담은 나무제기를 올린다. 주인은 자리의 북쪽으로부터 자리에 오른다. 유사가 주인의 자리 앞에 희생고기의 뼈를 잘라서 올려놓은 희생제기를 진설한다. 주인은 빈이 고수레를 하였던 절차와 같이 고수레를 한다.

主人對. 賓坐取爵, 適洗南, 北面. 主人阼階東, 南面辭洗. 賓坐奠爵于篚, 興對. 主人復阼階東, 西面. 賓東北面盥, 坐取爵, 卒洗. 揖讓如初, 升. 主人拜洗. 賓答拜, 興降盥, 如主人禮. 賓實爵, 主人之席前, 東南面酢主人. 主人阼階上拜, 賓少退. 主人進受爵, 復位. 賓西階上拜送爵, 薦脯醢. 主人升席自北方. 設折俎. 祭如賓禮.

정현주

'고수레를 한다'(祭)는 것은 말린 고기와 고기젓갈 및 희생제기에 담긴 희생고기 그리고 술로 고수레를 하는 것이다. 또한 말린 고기를 맛보고 술을 맛본다. '祭'者, 祭薦俎及酒. 亦嚌啐.

[鄕飮酒禮04 : 經-45]

주인은 술이 맛나다고 고하지 않는다.

不告旨.

정현주

술은 자신이 마련한 것이기 때문이다. 酒, 己物也.

[鄕飮酒禮04 : 經-46]

주인은 자리의 앞쪽에서부터 조계의 위쪽으로 나아가 북쪽을 향해서 앉고, 술잔의 술을 다 마신 후에 일어났다가 다시 앉아서 술잔을 내려놓고 그대로 빈에게 배례를 한 다음 술잔을 들고 일어난다. 빈은 서쪽 계단의 위쪽에서 답배를 한다.
自席前適阼階上北面坐, 卒爵, 興, 坐, 奠爵, 遂拜, 執爵興. 賓西階上答拜.

정현주 '자리의 앞쪽에서부터'(自席前)라는 것은 자리의 꼬리 부분에서 술잔의 술을 맛보고 이어서 북쪽으로부터 자리에서 내려온다는 뜻으로, 이동하기 편한 것을 따른 것이다. '自席前'者, 啐酒席末, 因從北方降, 由便也.

[鄕飮酒禮04 : 經-47]
주인은 앉아서 술잔을 당 위 동쪽 벽(東序)의 남쪽에 내려놓은 다음, 조계 위쪽에서 북쪽을 향해 조악한 술이지만 서로 술을 가득 채워 준 것에 재배를 한다(崇酒).[1] 빈은 서쪽 계단 위쪽에서 답배를 한다.
主人坐, 奠爵于序端, 阼階上北面再拜崇酒. 賓西階上答拜.

정현주 당의 동쪽과 서쪽 벽을 '서序'라고 한다. '숭崇'은 채운다는 뜻이다. 술이 조악하지만 서로 술을 가득 채웠다는 뜻이다.[2] 東西牆謂之'序'. '崇', 充也. 言酒惡, 相充實.

주

1_ 조악한 ~ 재배를 한다 : '崇酒'에 대해서는 다양한 해석이 존재한다. ① 오계공은 '崇'은 '중시한다'(重)는 뜻으로, 賓이 주인의 술을 중시하여 그 술이 맛이 없다고 생각하지 않고 다 마신 것에 대하여 주인이 감사함을 표시하는 것이라고 하였다. ② 웅붕래는 '崇'은 '채운다'(充)는 뜻으로, 첨작하여 술을 가득 채우는 것이라고 하였다. 아울러 방포는 제사에서 獻과 酢의 예가 이미 끝나서 술동이(尊) 안의 술은 줄어들었지만 사람이 마시는 술은 더 부어서 채우는 뜻을 취한 것이라 보았다. ③ 강조석은 '崇'은 '높인다'(隆)는 뜻으로, 빈이 술을 따라 주어 융숭하게 대해 준 것에 주인이 사례하는 것이라고 하였다. 호배휘는 『석고』에는 '崇'자에 대해 3가지 訓이 있는데, 정현 주와 웅붕래의 해석은 그 가운데 "崇, 充也"라는 훈고에 근본한 것이고, 오계공의 해석은 "崇, 重也"에 근본한 것이며, 강조석의 해석은 "崇, 高也"라는 훈고에 근본한 것이라고 하였다. 『의례정의』, 328~329쪽 참조. 이렇게 볼 때 정현의 "相充實"은 "서로 술을 가득 채웠다"로 해석된다.

2_ 술이 조악하지만 ~ 뜻이다 : 성세좌는 정현 주의 "술이 조악하지만 서로 가득 채워 주었다"(酒惡, 相充實)를 "술이 조악하지만 빈의 배를 가득 채웠다"(以惡酒充賓腹)의 뜻으로 해석하고, 이러한 해석이 經의 의미에서 크게 벗어나지는 않지만, 어세로 볼 때 添자가 있어야 뜻이 통할 것으로 본다.(그럴 경우 '添'은 술잔에 술을 첨작하여 가득 채운다는 뜻으로, 술이 조악하지만 賓이 주인의 술을 귀중하게 여기기 때문에 주인에게 따라 올릴 때에도 가득 따라 올린다는 뜻이 된다) 따라서 정현의 해석은 오계공의 직접적인 표현, 즉 "주인의 술을 중시하여 그 술이 맛이 없다고 생각하지 않고 다 마신 것"으로 보는 해석보다 못하다고 평가한다. 『의례정의』, 328쪽 참조. 그러나 정현의 "相充實"이 곧 "充賓腹"의 뜻이라는 것은 성세좌의 관점이다.

「주인수빈도主人酬賓圖」

(淸), 『흠정의례의소』

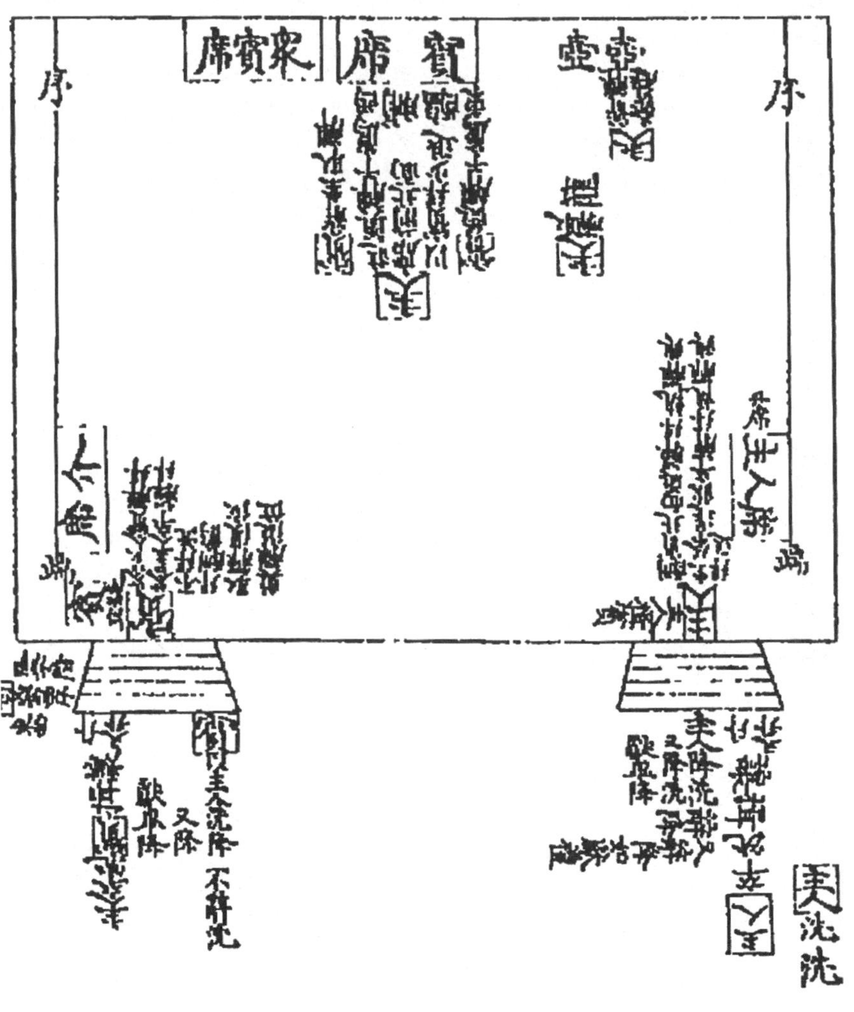

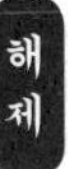

經-48에서 經-52까지는 '주인수빈主人酬賓' 즉 주인이 빈에게 술을 권하여 수酬의 예를 행하는 절차이다.

[鄕飮酒禮04 : 經-48]

주인은 앉아서 당 위의 대광주리에서 술잔(觶 : 3升 용량)[1]을 꺼내어 들고 당에서 내려와 물받이 항아리가 진설된 곳으로 간다. 빈도 따라서 당에서 내려온다. 주인은 빈이 따라서 내려오는 것을 사양한다. 빈은 주인이 술잔을 씻어 주는 것을 사양하지 않고 당 위 서쪽 벽(西序)과 마주하는 곳에 서서 동쪽을 향한다.

主人坐, 取觶于篚, 降, 洗. 賓降. 主人辭降. 賓不辭洗, 立當西序, 東面.

정현주

'(빈은 주인이) 술잔을 씻어 주는 것을 사양하지 않는다'(不辭洗)는 것은 주인이 스스로 마실 것이기 때문이다. '不辭洗'者, 以其將自飮.

치觶

황이주(淸), 『예서통고』

[鄕飮酒禮04 : 經-49]

주인은 술잔을 다 씻으면, 빈과 서로 한 번 읍을 하고 한 번 사양을 한 다음 당으로 올라간다. 빈이 서쪽 계단 위쪽에 단정하게 선다. 주인은 술잔에 술을 채운 다음 빈에게 술을 권하여 수酬의 예를 행하는데, 조계의 위쪽에서 북쪽을 향해 앉아서 술잔을 내려놓고 그대로 배례를 한 후 술잔을 들고 일어난다. 빈이 서쪽 계단 위쪽에서 답배를 한다.

卒洗, 揖·讓, 升. 賓西階上疑立. 主人實觶, 酬賓, 阼階上北面坐, 奠觶, 遂拜, 執觶興. 賓西階上答拜.

정현주 '수酬'는 술을 권한다는 뜻이다. '수酬'는 충신스러운 것(周)을 말하니, 진실하고 믿음 있는 것이 '주周'가 된다.[2] '酬', 勸酒也. '酬'之言周, 忠信爲'周'.

[鄕飮酒禮04 : 經-50]

주인은 앉아서 술로 고수레를 하고 그 상태로 술잔의 술을 다 마신 후 일어났다가 다시 앉아 술잔을 내려놓고 그대로 빈에게 배례를 한 다음 술잔을 들고 일어난다. 빈은 서쪽 계단 위쪽에서 답배를 한다. 주인이 당에서 내려와 술잔을 씻으면, 빈도 따라서 당에서 내려오고 주인은 빈이 따라서 내려오는 것을 사양하는데 술을 올려 헌獻의 예를 행할 때와 마찬가지 절차로 한다. 주인과 빈이 당에 오른 후에 빈은 주인이 술잔을 씻어 준 것에 주인에게 배례를 하지 않는다.

坐, 祭, 遂飮卒觶, 興, 坐, 奠觶, 遂拜, 執觶興. 賓西階上答拜. 主人降洗. 賓降辭, 如獻禮. 升, 不拜洗.

정현주 '술잔을 씻어 준 것에 배례를 하지는 않는다'(不拜洗)는 것은 술을 올려 헌獻의 예를 행할 때보다 예를 줄이는 것이다. '不拜洗', 殺於獻.

[鄕飮酒禮04 : 經-51]

빈이 서쪽 계단 위쪽에 선다. 주인은 술잔에 술을 채워 빈의 자리 앞으로 나아가 북쪽을 향하여 선다. 빈이 서쪽 계단 위쪽에서 주인에게 배례를 하면, 주인은 조금 물러나 피한다. 빈이 배례를 마치면, 주인은 빈의 자리로 나아가 앉아서 술잔을 말린 고기를 담은 대나무제기와 고기젓갈을 담은 나무제기의 서쪽에 내려놓는다.[3]
賓西階上立. 主人實觶, 賓之席前北面. 賓西階上拜, 主人少退. 卒拜, 進坐, 奠觶于薦西.

정현주 빈이 배례를 마치면, 주인은 그 술잔을 말린 고기를 담은 대나무제기와 고기젓갈을 담은 나무제기의 서쪽에 내려놓는다. 賓已拜, 主人奠其觶.

[鄕飮酒禮04 : 經-52]

빈은 주인이 빈의 자리로 나아가서 술잔을 내려놓는 것에 대해 사양을 한 후[4] 앉아서 술잔을 잡고 서쪽 계단 위쪽의 본래 위치로 돌아온다. 주인은 술잔을 건네준 후에 조계 위쪽에서 배례를 한다. 빈이 북쪽을 향해 앉아서 말린 고기를 담은 대나무제기와 고기젓갈을 담은 나무제기의 동쪽에 술잔을 내려놓고 본래의 위치로 돌아간다.
賓辭, 坐取觶, 復位. 主人阼階上拜送. 賓北面坐, 奠觶于薦東, 復位.

정현주

술을 권하는데 마시지 않는 것은 "군자는 남의 환대를 남김없이 요구하지 않고, 남의 충심을 남김없이 요구하지 않아서 교제를 온전하게 유지한다"[5]는 것이다. 酬酒不擧, "君子不盡人之歡, 不竭人之忠, 以全交也."

주

1_ 술잔 : '獻'을 할 때에는 술잔으로 '爵'을 사용하고 '酬'를 할 때에는 '觶'를 사용하는데, '爵'은 용량이 1升이고 '觶'는 3升이다. 이여규, 『의례정의』, 331쪽 참조. '觶'는 3升 용량의 술잔으로, 나무로 만드는데, 청동으로 만들기도 한다. 입구의 직경은 5촌, 가운데의 깊이는 4촌, 바닥의 직경은 3촌이라고 한다. 『신정삼례도』 참조.

2_ 진실하고 믿음 있는 것이 '주'가 된다 : 공영달에 따르면, 빈에게 술을 권하면서 자기가 먼저 마시지 않으면 주인이 충신스럽지 못해서 빈이 마시지 않을까 염려하여 충신의 도를 보이는 것이다. 그러므로 먼저 스스로 술을 마시고 이에 빈을 마시게 하는 것이 술을 권하는 酬의 예가 된다. 『의례주소』, 162쪽 참조. "忠信爲周"는 『국어』「노어하」의 문장이다. 魯의 숙손목자가 사신이 되어 晉 도공에게 聘問하러 갔다가 사신의 6가지 덕목인 "懷和爲每懷, 咨才爲諏, 咨事爲謀, 咨義爲度, 咨親爲詢, 忠信爲周"를 말한 것으로, 이 가운데 "忠信爲周"은 "충신스러운 사람에게 자문을 구하는 것이 '周'가 된다"라는 뜻이다.

3_ 술잔을 말린 고기를 ~ 내려놓는다 : 성세좌에 따르면, 주인이 술잔을 직접 주지 않고 빈의 제기 서쪽에 놓는 것은 獻의 의식 절차보다 간소하게 하는 것이지만, 빈의 제기 오른쪽(서쪽)에 놓음으로써 여전히 빈이 술잔을 들게 하려는 주인의 은근한 뜻이 담겨 있다. 『의례정의』, 333쪽 참조.

4_ 빈은 ~ 사양을 한 후 : 오계공, 장이기, 성세좌, 호배휘는 모두 주인이 빈의 자리로 나아가서 술잔을 내려놓는 것에 대해서 빈이 사양하는 것으로 본다. 『의례정의』, 333~334쪽 참조.

5_ 군자는 ~ 유지하는 것이다 : 인용문은 『예기』「곡례상」에 보인다. 이에 대해 정현은 주에서 "'歡'은 음식을 말하고 '忠'은 의복을 말한다"(歡謂飮食, 忠謂衣服)라고 하였다. 공영달은 "음식은 모여서 즐기는 도구이니 환대하기가 쉽다. 의복은 음식에 비해서 만들기 어려운 것이어서 반드시 정성을 다하는 방도를 거쳐야 하므로 충심이라고 명명한 것이니, 저마다 이유가 있는 것이다. 남과 사귄다는 것은 매사에 남김없이 받아서는 안 되는 것임을 밝힌 것이다"(飮食是會樂之具, 承歡爲易. 衣服比飮食爲難, 必關忠誠籌度, 故名忠, 各有所以也. 明與人交者, 不宜事事悉受)라고 하였다.

「헌개獻介·개작介酢」

장혜언(淸), 『의례도』

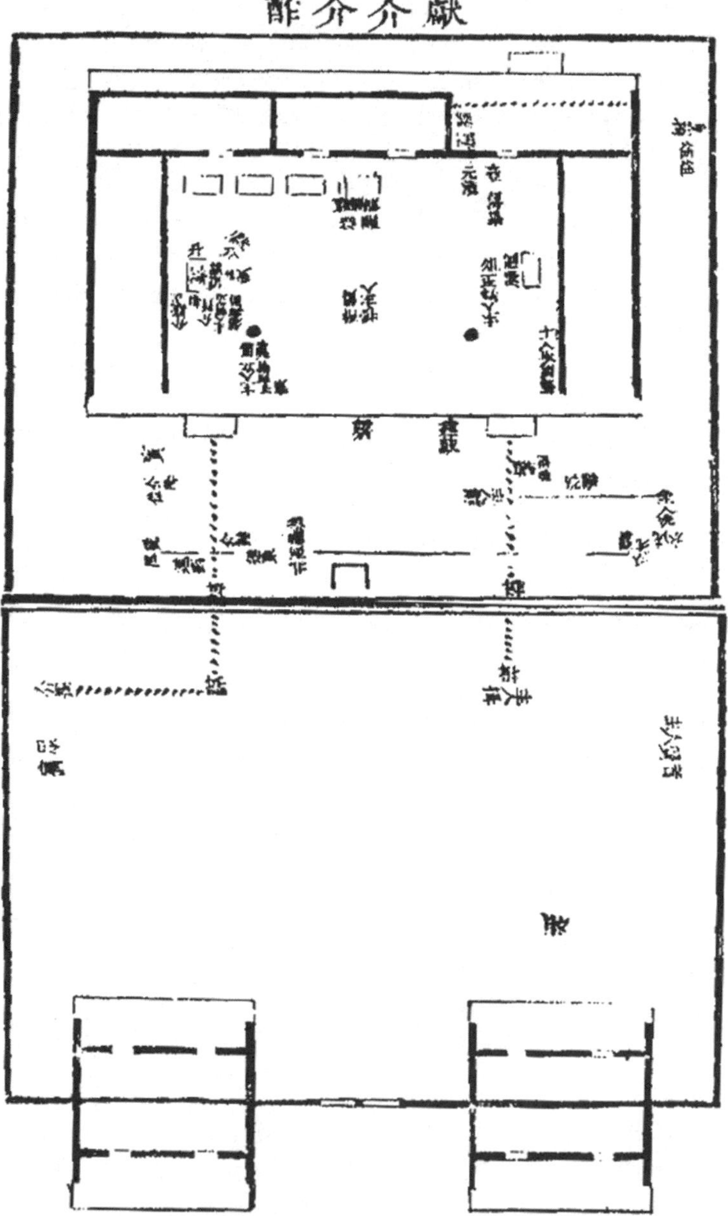

「주인헌개도主人獻介圖」

(淸), 『흠정의례의소』

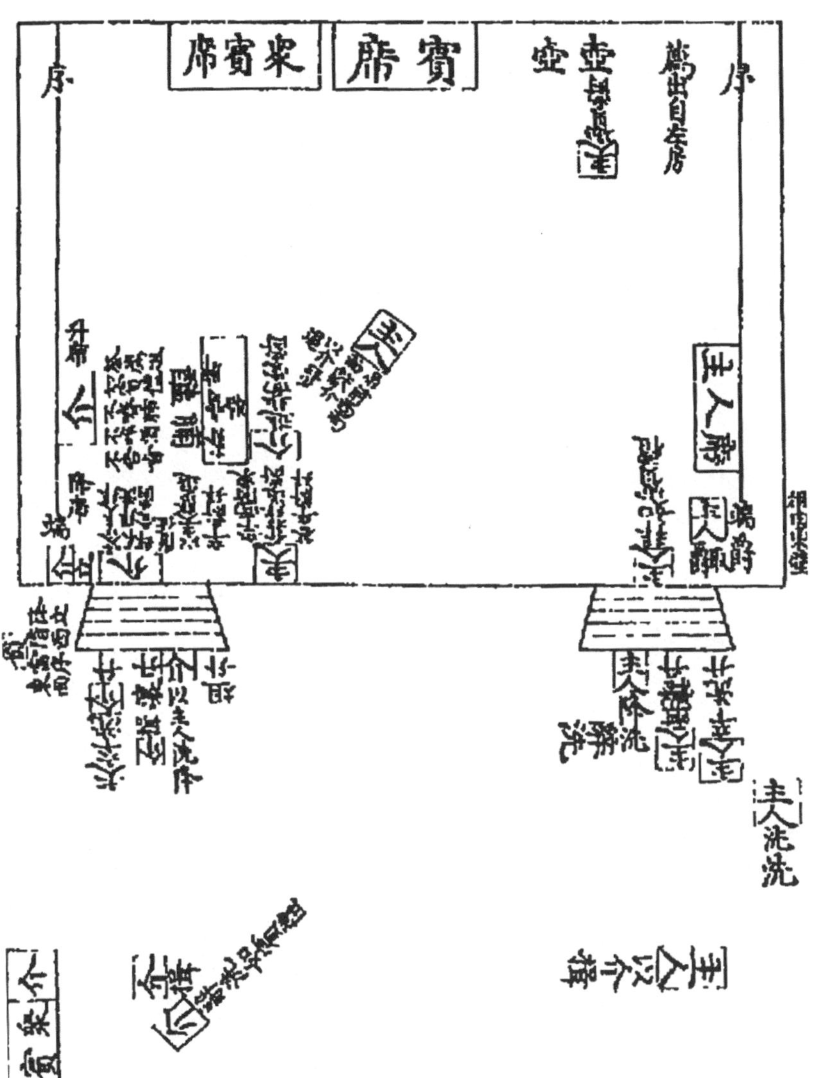

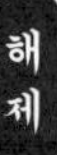

經-53에서 經-57까지는 '주인헌개主人獻介' 즉 주인이 개에게 술을 올리는 절차이다.

[鄕飮酒禮04 : 經-53]

주인이 빈에게 읍을 하고 당에서 내려오면, 빈도 당에서 내려와 서쪽 계단의 서쪽에 서서 당 위 서쪽 벽(西序)과 마주하는 곳에서 동쪽을 향한다.

主人揖, 降, 賓降, 立于階西, 當序, 東面.

정현주

주인이 개와 더불어 술을 따라 올리는 예를 행하려고 하므로, 빈이 겸양하여 감히 당 위에 있지 못하는 것이다. 主人將與介爲禮, 賓謙, 不敢居堂上.

[鄕飮酒禮04 : 經-54]

주인은 개와 한 번 읍을 하고 한 번 사양한 다음 당으로 올라가서 개가 와준 것에 배례를 하는데, 빈에게 하였던 것과 동일한 절차로 한다. 주인이 앉아서 당 위 동쪽 벽(東序) 끝에서 술잔(爵)을 집어 들고, 당에서 내려와 물받이 항아리가 진설된 곳으로 간다. 개도 당에서 내려오면 주인은 개가 내려오는 것을 사양하고 개는 주인이 술잔 씻어 주는 것을 사양하는데, 주인이 빈에게 술을 따라 올릴 때 하였던 것과 동일한 절차로 한다. 술잔 씻는 일을 마친 후 주인과 개가 함께 당으로 올라가는데 개는 주인이 술잔을 씻어 준 것에 배례를 하지 않는다.

主人以介揖·讓升, 拜, 如賓禮. 主人坐取爵于東序端, 降洗. 介降, 主人辭降, 介辭洗, 如賓禮. 升, 不拜洗.

정현주

개에 대한 예는 빈에 대한 예보다 줄인다. 介禮殺也.

[鄕飮酒禮04 : 經-55]

개가 서쪽 계단 위쪽에 선다.

介西階上立.

정현주

'단정하게'(疑)라고 말하지 않은 것은 말을 생략한 것이다. 不言'疑'者, 省文.

[鄕飮酒禮04 : 經-56]

주인은 술잔에 술을 채우고, 개의 자리 앞으로 가서 서남쪽을 향하여 개에게 술을 따라 올린다. 개가 서쪽 계단의 위쪽에서 북쪽을 향해 배례를 하면, 주인은 조금 물러나 피한다. 개가 나아가 북쪽을 향해서 술잔을 받고 본래의 위치로 돌아온다. 주인이 술잔을 건네준 후에 개의 오른쪽으로 가서 북쪽을 향해 배례를 하면, 개는 조금 물러나 피한다.

主人實爵, 介之席前西南面獻介. 介西階上北面拜, 主人少退. 介進北面受爵, 復位. 主人介右北面拜送爵, 介少退.

정현주

주인이 개의 오른쪽으로 가서 배례를 하는 것은 존귀함을 낮추어 낮은 데로 나아가는 것[1]이다. 금문본에는 '北面'이 없다. 主人拜于介右, 降尊以就卑也. 今文無'北面'.

[鄕飮酒禮04 : 經-57]

주인이 서쪽 계단 동쪽으로 가서 선다. 주인의 유사有司는 말린 고기와 고기젓갈을 개의 자리 앞에 올린다. 개는 자리의 북쪽으로부터 자리에 올라가 앉는다. 주인의 유사는 희생고기의 뼈를 잘라서 올려놓은 희생제기를 진설한다. 개는 빈이 하였던 것과 같이 말린 고기와 고기젓갈과 술로 고수레를 하고, 말린 고기와 고기젓갈을 맛보지 않고, 술을 맛보지 않고, 술이 맛나다고 고하지 않는다. 개는 자리의 남쪽으로부터 자리에서 내려와 북쪽을 향해 앉아서 술잔의 술을 다 마시고 일어났다가 앉아서 술잔을 내려놓고 그대로 배례를 한다. 개는 술잔을 들고 일어나 선다. 주인은 개의 오른쪽으로 와서 개에게 답배를 한다.

主人立于西階東. 薦脯醢. 介升席自北方. 設折俎. 祭如賓禮, 不嚌肺, 不啐酒, 不告旨. 自南方降席, 北面坐, 卒爵, 興, 坐, 奠爵, 遂拜. 執爵興. 主人介右答拜.

정현주

말린 고기와 고기젓갈을 맛보는 절차와 술을 맛보는 절차를 행하지 않는 것은 개는 빈의 예보다 낮추어 행하는 것이다. 不嚌啐, 下賓.

주

1_ 존귀함을 ~ 나아가는 것 : 주인이 동쪽 계단 위쪽에서 배례를 하지 않고 빈의 오른쪽으로 가서 배례를 하는 것을 가리킨다. 이것에 대해 오계공은 빈에 대해서 주인이 존귀함을 낮추는 것이라고 하였고, 방포는 정식으로 주인의 위치(동쪽 계단)에서 배례를 하는 것은 빈 한 사람에게만 하는 것이며, 또 주인이 두루 獻酬의 예를 행하면서 일일이 자기의 자리로 돌아가서 배례를 할 경우 그 노고를 감당하기 어려우므로 빈 이외에는 점차 위의를 덜어서 주인을 쉴 수 있게 하려는 것이라고 본다. 『의례정의』, 339쪽 참조.

「개작주인도介酢主人圖」

(淸), 『흠정의례의소』

經-58에서 經-61까지는 '개작주인介酢主人' 즉 개가 주인에게 보답의 술을 올려 작酢의 예를 행하는 절차이다.

[鄕飮酒禮04 : 經-58]

개는 당에서 내려와 물받이 항아리가 진설된 곳으로 간다. 주인은 조계의 위쪽으로 되돌아갔다가 다시 내려온다. 개는 주인이 내려오는 것을 사양하는데 처음에 빈이 주인에게 보답의 술을 올려 작酢의 예를 행할 때와 동일한 절차로 한다.

介降洗. 主人復阼階. 降辭如初.

정현주

빈이 주인에게 보답의 술을 따라 올려 작酢의 예를 행할 때와 같은 절차로 하는 것이다. 如賓酢之時.

[鄕飮酒禮04 : 經-59]

개가 술잔을 다 씻으면, 주인이 손을 씻는다.

卒洗, 主人盥.

정현주

'손을 씻는다'(盥)는 것은 개가 술을 따라 올릴 것이기 때문이다. '盥'者, 當爲介酌.

[鄕飮酒禮04 : 經-60]

개는 주인에게 한 번 읍을 하고 한 번 사양을 한 다음 당으로 올라가서, 당 위 동쪽 기둥(東楹)과 서쪽 기둥(西楹) 사이에서 주인에게 술잔을 건네준다.

介揖·讓升, 授主人爵于兩楹之間.

정현주 개는 술동이의 남쪽으로 나아가서 술잔을 건네준다. 개가 스스로 술잔에 술을 따르지 않는 것은 빈보다 자신을 낮추는 것이다. 술이란 빈과 주인이 함께하는 것이다.[1] 就尊南授之. 介不自酌, 下賓. 酒者, 賓·主共之.

[鄕飮酒禮04 : 經-61]

개가 서쪽 계단 위쪽에서 선다. 주인은 술잔에 술을 채우고, 서쪽 계단 위쪽의 개의 오른쪽으로 가서 작酢의 예를 행하는데, 앉아서 술잔을 내려놓고 그대로 배례를 한 다음, 술잔을 들고 일어난다. 개가 답배를 한다. 주인이 앉아서 술로 고수레를 하고 그대로 마시는데, 술잔의 술을 다 마신 다음 일어났다가 앉아서 술잔을 내려놓고 이어서 개에게 배례를 한 다음 술잔을 들고 일어난다. 개가 답배를 한다. 주인이 앉아서 당 위 서쪽 기둥(西楹)의 남쪽과 개의 오른쪽 사이에 술잔을 내려놓고, 개에게 조악한 술이지만 서로 술잔을 가득 채워 준 것에 대해 재배를 한다. 개가 주인에게 답배를 한다.

介西階上立. 主人實爵, 酢于西階上介右, 坐, 奠爵, 遂拜, 執爵興.

介答拜. 主人坐, 祭, 遂飮, 卒爵, 興, 坐, 奠爵, 遂拜, 執爵興. 介答拜. 主人坐, 奠爵于西楹南·介右, 再拜崇酒. 介答拜.

정현주 술잔을 당 위 서쪽 기둥(西楹)의 남쪽에 내려놓는 것은 중빈衆賓에게 술잔을 올려 헌獻의 예를 행할 것이기 때문이다. 奠爵西楹南, 以當[2]獻衆賓.

주

1_ 술이란 ~ 것이다 : 빈이 주인의 獻에 보답하여 酢을 할 때는 스스로 술잔에 술을 따르는 自酢을 하여 주인에게 올리지만, 개는 술을 따르지 못하고 술잔만을 주인에게 건네준다. 이것은 술이란 빈과 주인이 함께 하여 마시는 것이므로, 개는 빈보다 자신을 낮추어 겸양함으로써 스스로 술을 따르지 않는 것이다. 그러므로 가공언은 이것이 "『예기』「향음주의」에서 '동방(房)의 서쪽, 실문(戶)의 동쪽 사이에 술동이를 진설하고 빈과 주인이 함께 마신다'고 한 것이다"(「鄉飮酒義」云, "尊於房戶之間, 賓主共之"是也)라고 하였다. 東房의 서쪽, 室戶의 동쪽은 곧 주인과 빈의 자리 가운데를 가리킨다. 『의례주소』, 164쪽 참조.

2_ 當 : 『의례주소』 교감기의 毛本 기록과 『의례정의』에 따라 '爵'으로 해석한다.

「헌중빈獻衆賓 · 일인거치一人擧觶」

장혜언(淸), 『의례도』

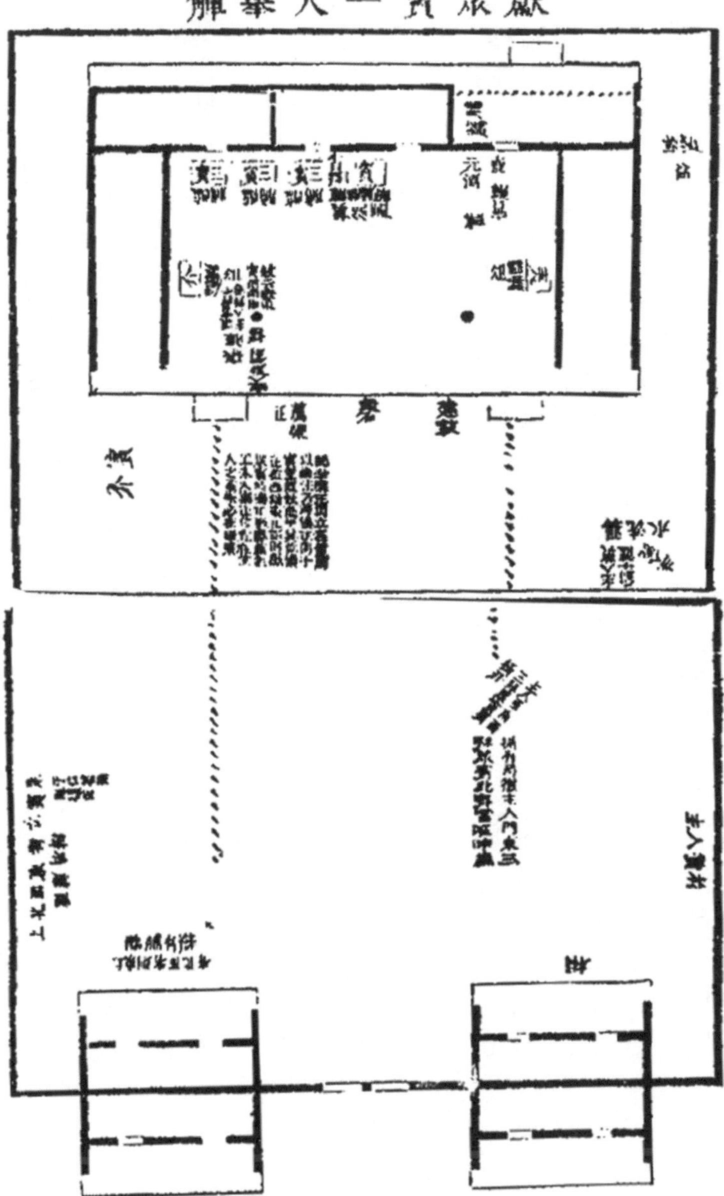

「주인헌중빈도主人獻衆賓圖」

(淸), 『흠정의례의소』

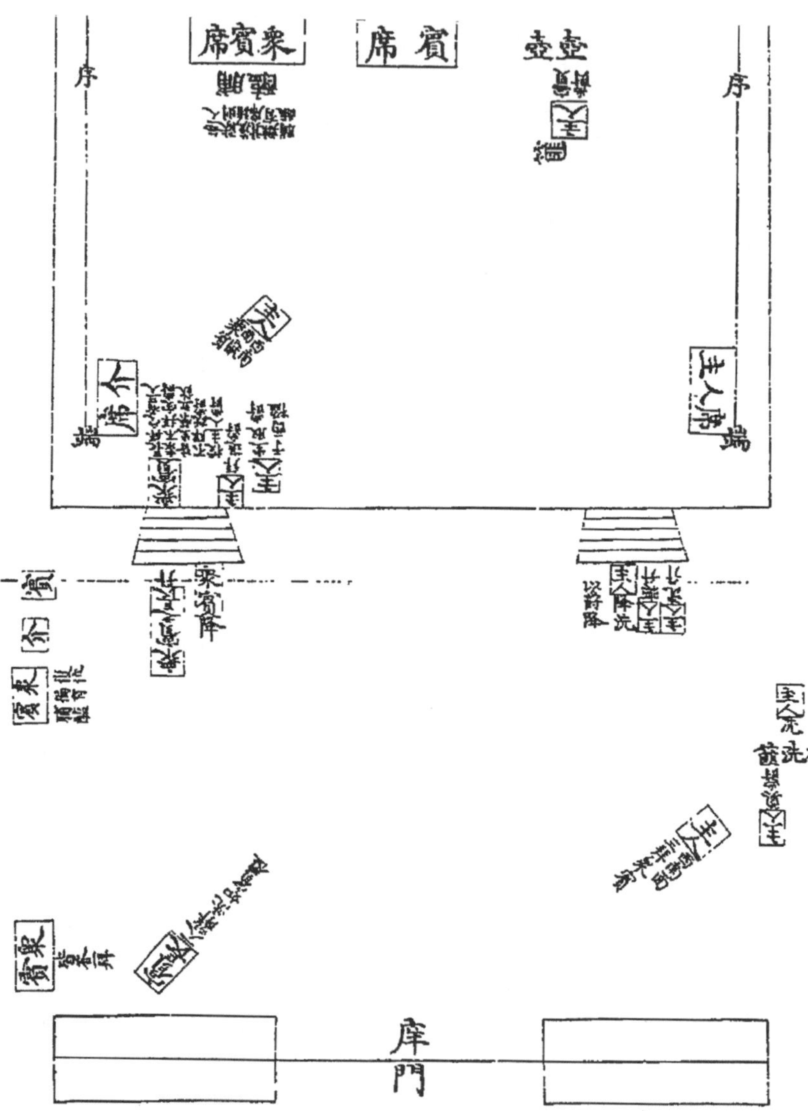

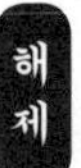

經-62에서 經-70까지는 '주인헌중빈主人獻衆賓' 즉 주인이 중빈에게 술을 따라 올려 헌의 예를 행하는 절차이다. 經-18의 '주인헌빈主人獻賓'에서 여기까지는 음주례飮酒禮의 제1단락이다.

[鄕飮酒禮04 : 經-62]

주인은 조계의 위쪽으로 돌아와 개에게 읍을 한 후에 다시 당에서 내려온다. 개도 당에서 내려와 빈의 남쪽에 선다.

主人復阼階, 揖, 降. 介降, 立于賓南.

[鄕飮酒禮04 : 經-63]

주인이 서남쪽을 향해서 중빈衆賓에게 삼배三拜를 한다. 중빈은 모두 답례로 일배一拜를 한다.

主人西南面三拜衆賓. 衆賓皆答壹拜.

정현주

'삼배를 한다'(三拜)는 것과 '일배一拜를 한다'(壹拜)는 것은 모두에게 한꺼번에 배례함을 나타내는 것이고, 예를 다 갖추지 않는 것이다.[1] 당에 올라가서 배례하지 않는 것은 중빈은 지위가 낮기 때문이다. '三拜'·'壹拜', 示徧, 不備禮也. 不升拜, 賤也.

[鄕飮酒禮04 : 經-64]

주인은 중빈에게 한 번 읍을 하고 당으로 올라간다. 주인이 당 위 서쪽 기둥 아래에서 술잔을 취한 다음 당에서 내려와 술잔을 씻고, 당으로 올라가 술잔에 술을 채우고 서쪽 계단의 위쪽에서 중빈들에게 술을 올린다. 중빈의 우두머리로서 당에 올라와 술잔을 받는 사람은 3명이다.

主人揖, 升. 坐取爵于西楹下, 降洗, 升, 實爵, 于西階上獻衆賓. 衆賓之長升拜受者三人.

정현주

'우두머리'(長)는 연장자이다. '3명'이라고 하였으니 중빈은 여러 사람이다. '長', 其老者. 言'三人', 則衆賓多矣.

[鄕飮酒禮04 : 經-65]

주인이 중빈의 우두머리에게 술잔을 건네준 후에 배례를 한다.

主人拜送.

정현주

중빈의 오른쪽에서 한다. 於衆賓右.

[鄕飮酒禮04 : 經-66]

중빈의 우두머리는 앉아서 술로 고수레를 한 후에 서서 술을 마시는데, 술잔의 술을 다 마시고 배례를 하지 않는다. 중빈의 우두머리가 주인에게 술잔을 건네주고 당에서 내려와 본래의 위치로 돌아간다.

坐祭, 立飮, 不拜旣爵. 授主人爵, 降復位.

정현주 '기旣'는 다 마신다는 뜻이다. 다 마시고 배례를 하지 않으며, 서서 마시고, 서서 잔을 주인에게 건네주는 것은 신분이 낮은 자여서 예禮가 간략한 것이다. '旣', 卒也. 卒爵不拜, 立飮, 立授, 賤者禮簡.

[鄕飮酒禮04 : 經-67]

주인이 3명의 우두머리 이하의 중빈에게 술을 따라 올리면, 중빈은 배례를 하지 않고 술잔을 받은 후에[2] 앉아서 고수레를 하고[3] 서서 술을 마신다.

衆賓獻, 則不拜受爵, 坐祭, 立飮.

정현주 3명의 우두머리 이하의 중빈이다. '배례를 하지 않는다'(不拜)는 것은 예가 더욱 간략한 것이다. 次三人以下也. '不拜', 禮彌簡.

[鄕飮酒禮04 : 經-68]

주인은 중빈의 우두머리에게 한 사람씩 술을 올릴 때마다, 술을 받은 사람의 자리(席)[4]에 말린 고기를 담은 대나무제기와 고기젓갈을 담은 나무제기를 올린다.

每一人獻, 則薦諸其席.

정현주 중빈의 우두머리 3명을 가리킨다. 謂三人也.

[鄕飮酒禮04 : 經-69]

중빈들에게도 말린 고기를 담은 대나무제기와 고기젓갈을 담은 나무제기를 두루 올린다.

衆賓辯有脯醢.

정현주 중빈의 우두머리 3명에게 올렸던 것과 마찬가지로 또한 각각 한사람씩 술을 따라 올리고, 중빈들의 위치에 말린 고기를 담은 대나무제기와 고기젓갈을 담은 나무제기를 올린다. 중빈들의 위치는 당 아래이다. 금문본에는 '辯'이 모두 '徧'으로 되어 있다. 亦每獻, 薦於其位. 位在下. 今文'辯'皆作'徧'.

[鄕飮酒禮04 : 經-70]

주인은 술잔을 가지고 당에서 내려와 대광주리에 넣어 둔다.

主人以爵降, 奠于篚.

정현주 다시 사용하지 않을 것이기 때문이다. 不復用也.

주

1_ '삼배를 한다' ~ 갖추지 않는 것이다 : 장이기는 '示徧'은 주인이 삼배하는 것에 대한 해석이고, '不備禮也'는 중빈이 답례로 일배 하는 것에 대한 해석이라고 구분하였다. 『의례정의』, 342쪽 참조.

2_ 중빈은 ~ 받은 후에 : 방포는 중빈이 배례를 하지 않고 술잔을 받는 것은 주인을 번거롭게 하지 않으려는 뜻이며, 이미 총괄적으로 당 아래에서 주인에 중빈에게 삼배를 하고 중빈은 답례로 일배를 했기 때문에 가능한 것이라고 본다. 『의례정의』, 345쪽.

3_ 앉아서 고수례를 하고 : 중빈이 앉아서 술잔을 받는 위치에 대해서, 가공언은 중빈이 당 아래에서 배례를 하지 않고 술잔을 받는 것이라고 본다. 『의례정의』, 166쪽. 이것은 [經-69]의 정현 주에서 "중빈들의 위치는 당 아래이다"라고 한 것과 상응한다. 그러나 장이기는 중빈도 또한 당에 올라가서 술잔을 받는데 다만 배례를 하지 않을 뿐이라고 하였다. 『의례정의』, 344쪽 참조.

4_ 술을 받은 사람의 자리 : 중빈의 우두머리 세 사람의 자리는 빈의 자리 서쪽에 있다. 앞의 [經-6]의 "衆賓之席皆不屬焉" 참조.

「일인거치위여수시도—人擧觶爲旅酬始圖」

(淸), 『흠정의례의소』

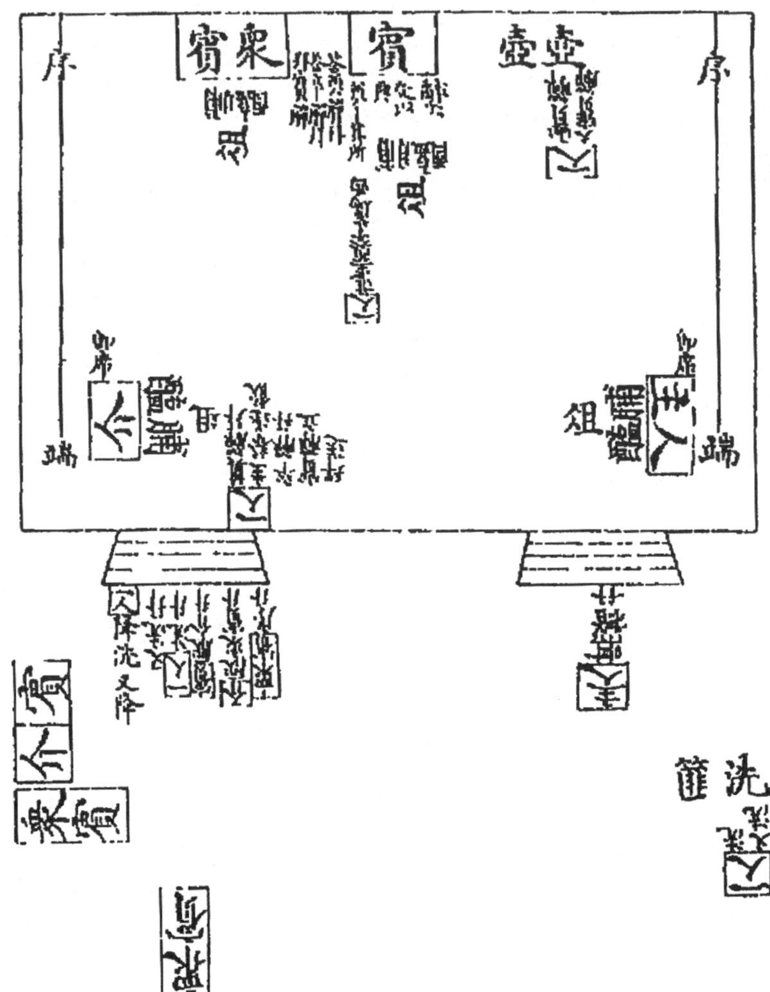

經-71에서 經-76까지는 주인의 속리 1명이 빈에게 치觶의 술잔을 들어 올려서 여수旅酬의 시작을 보이는 절차이다.

[鄕飮酒禮04 : 經-71]

주인은 빈과 한 번 읍을 하고 한 번 사양을 하면서 당으로 올라간다. 이때 빈은 개에게 염厭(손을 겹쳐 모으고 안쪽으로 가슴 앞까지 끌어당겨 예를 표하는 것)을 하고 당으로 올라간다. 개가 중빈의 우두머리 세 사람에게 연장자부터 차례로 염을 하고 당으로 올라간다. 중빈의 우두머리 세 사람도 연장자부터 차례로 당으로 올라가 각자의 자리로 나아가 앉는다.

揖·讓升. 賓厭介, 升. 介厭衆賓, 升. 衆賓序升卽席.

정현주

'서序'는 나이에 따른 순서이다. '즉卽'은 나아간다는 뜻이다. 금문본에는 '厭'이 모두 '揖'으로 되어 있다. '序', 次也. '卽', 就也. 今文'厭'皆爲'揖'.

[鄕飮酒禮04 : 經-72]

주인의 속리屬吏 1명이 술잔을 씻은 다음 당으로 올라가 빈에게 술잔(觶)을 들어 올린다[1].

一人洗, 升, 擧觶于賓.

정현주 '1명(一人)'[2]은 주인의 속리屬吏이다. 술 마시는 시작을 일으키는 것을 '거擧'라고 한다. '一人', 主人之吏. 發酒端曰'擧'.

[鄕飮酒禮04 : 經-73]

주인의 속리가 술잔에 술을 채우고, 서쪽 계단 위쪽으로 올라가 앉아서, 술잔을 내려놓고 그대로 빈에게 배례를 한 다음 술잔을 들고 일어난다. 빈이 자리의 꼬리 부분에서 답배를 한다. 주인의 속리가 앉아서 술로 고수레를 하고, 이어서 술잔의 술을 다 마시고 일어난 다음, 다시 앉아서 술잔을 내려놓고 그대로 빈에게 배례를 한 후에 술잔을 들고 일어난다. 빈이 답배를 한다. 주인의 속리가 당에서 내려와 술잔을 씻은 후, 다시 당으로 올라가서 술잔에 술을 채우고, 서쪽 계단의 위쪽으로 가서 선다. 빈이 배례를 한다.

實觶, 西階上坐, 奠觶, 遂拜, 執觶興. 賓席末答拜. 坐, 祭, 遂飮卒觶, 興, 坐, 奠觶, 遂拜, 執觶興. 賓答拜. 降洗, 升, 實觶, 立于西階上. 賓拜.

정현주 '빈이 배례를 한다'(賓拜)는 것은 장차 술잔을 받게 될 것에 대해 배례를 하는 것이다. '賓拜', 拜將受觶.

[鄕飮酒禮04 : 經-74]

주인의 속리가 빈의 자리 앞으로 나아가 앉아서 말린 고기를 담은 대나무제기와 고기젓갈을 담은 나무제기의 서쪽에 술잔을 놓는다. 빈은 사양을 한 다음 앉아서 받고 이어서 술잔을 들고 일어난다.

進坐, 奠觶于薦西. 賓辭, 坐受以興.

정현주

술잔을 들어 올리는데 직접 건네주지 않는 것은 주인의 속리가 주인보다 신분이 낮기 때문이다. '앉아서 받는다'(坐受)는 것은 일을 행하는 것이 서로 이어져 있어서 마치 주인으로부터 친히 받는 것과 같음을 밝힌 것[3]으로, 빈이 겸양하는 것이다. 擧觶不授, 下主人也. 言'坐受'者, 明行事相接, 若親受, 謙也.

[鄉飮酒禮04 : 經-75]

술잔을 들어 올린 사람(擧觶者)이 서쪽 계단 위쪽에서 술잔을 건네준 후에 배례를 한다. 빈은 앉아서 말린 고기를 담은 대나무제기와 고기젓갈을 담은 나무제기의 서쪽에 술잔을 내려놓는다.

擧觶者西階上拜送. 賓坐, 奠觶于其所.

정현주

'곳'(所)은 말린 고기를 담은 대나무제기와 고기젓갈을 담은 나무제기의 서쪽이다. '所', 薦西也.

[鄉飮酒禮04 : 經-76]

술잔을 들어 올린 사람이 당에서 내려온다.

擧觶者降.

정현주

자신의 일이 끝났기 때문이다. 事已.

주

1_ 빈에게 술잔을 들어 올린다 : 이여규는 술잔을 들어 올리는 것으로 旅酬의 시작을 삼는 것이라고 하였고, 오계공도 술잔을 들어 올려 旅酬의 시작을 삼는 것은 賓을 머물도록 하는 뜻이라고 하였다. 능정감은 旅酬의 시작을 알릴 때에는 1명이 술잔을 들어 올리고, 無算爵의 시작을 알릴 때에는 2명이 술잔을 들어 올린다고 하였다. 『의례정의』, 353쪽 참조.

2_ 1명 : 오계공은 이 '1명'을 主人의 贊者로 해석하고, 주인을 대신하여 예를 행하는 사람이라고 하였다. 또 經文에서 "술잔을 씻은 다음 당으로 올라간다"라고 하였으므로 이때의 술잔은 '당 아래 뜰에 진설된 대광주리'(下篚)에 넣어 둔 술잔을 사용한다고 하였다. 『의례정의』, 353쪽 참조.

3_ '앉아서 받는다'는 ~ 밝힌 것 : 오계공은, 여기서 실제로는 놓인 술잔을 취한 것인데 경문에서 '(앉아서) 받는다'고 말한 것은 빈의 뜻을 밝힌 것이라고 하였다. 『의례정의』, 356쪽 참조.

「공입工入·생입笙入」

장혜언(淸), 『의례도』

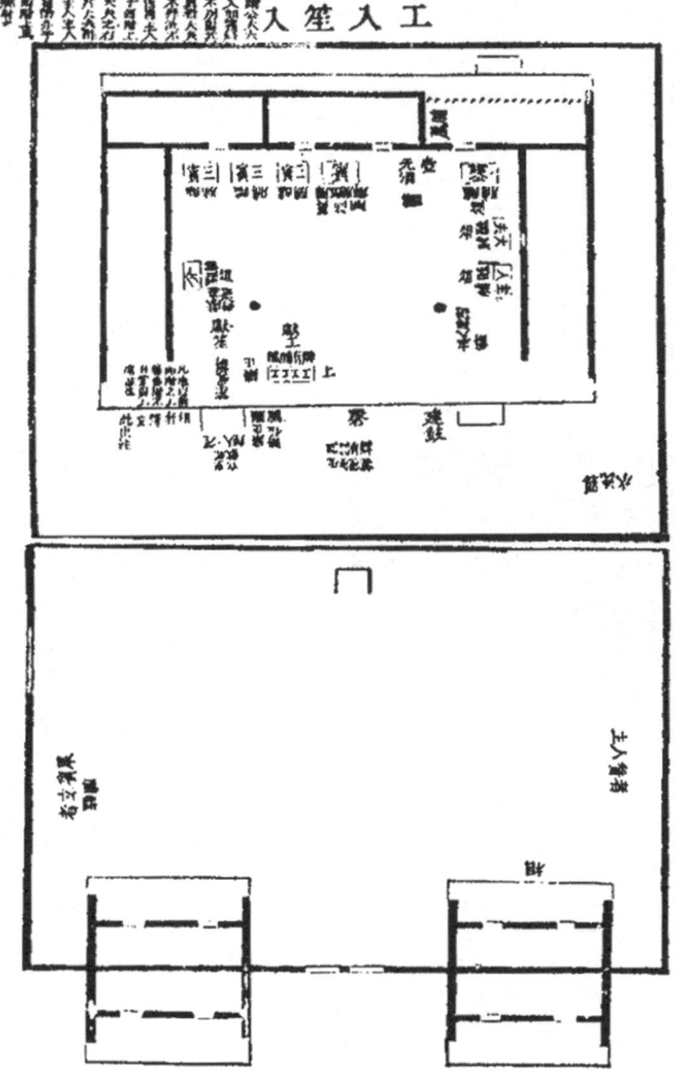

「낙빈헌공급생도樂賓獻工及笙圖」

(淸), 『흠정의례의소』

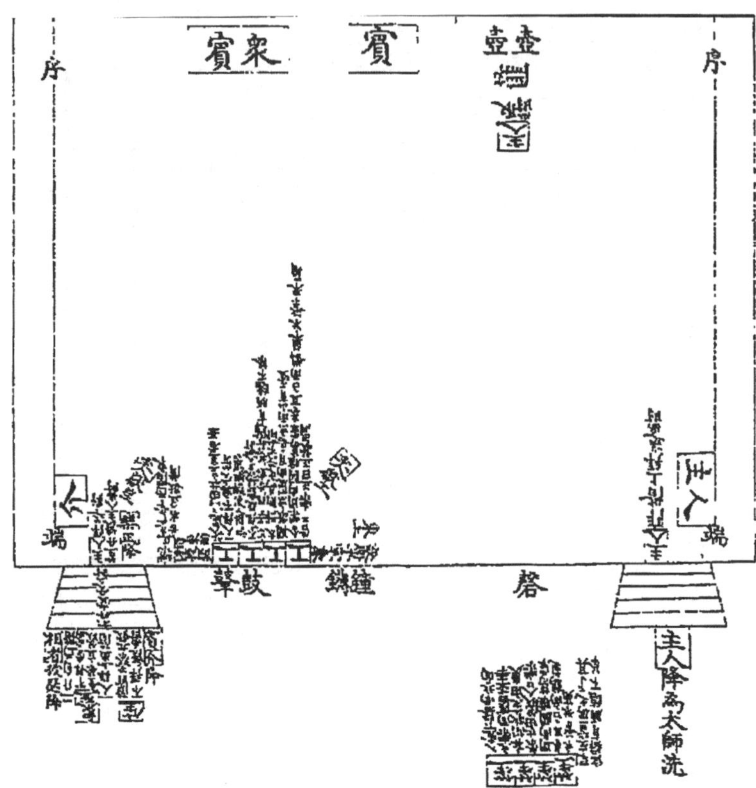

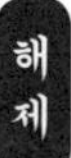

經-77에서 經-86까지는 악공이 당 위에서 3편의 시를 노래로 읊고, 주인이 악공에게 술을 올려 헌獻의 예를 행하는 절차이다.

[鄕飮酒禮04 : 經-77]

당 위의 남쪽 끝 모서리에 자리(席)를 진설하는데, 동쪽이 윗자리가 되게 한다.

設席于堂廉, 東上.

정현주

악공(工)을 위하여 자리를 펴는 것이다. 가장자리를 '렴廉'이라고 한다. 『의례』「연례燕禮」에 "서쪽 계단 위에서 조금 동쪽에 악공의 자리를 펼쳐 놓는다. 악정樂正이 먼저 당 위로 올라가 북쪽을 향해 (악공의 자리 서쪽에) 선다"라고 하였다. 이것은 악정이 먼저 당으로 올라가서 서쪽 계단의 동쪽에 선다는 말이다. 따라서 악공의 자리는 계단의 동쪽이 된다. 爲工布席也. 側邊曰'廉'. 「燕禮」曰, "席工於西階上少東. 樂正先升, 北面." 此言樂正先升, 立于西階東. 則工席在階東.

[鄕飮酒禮04 : 經-78]

악공樂工은 4명이다. 이 가운데 2명은 슬을 타는 악공(瑟)[1]인데, 슬을 타는 악공들이 먼저 당으로 올라간다. 악공을 부축하는 사람(相者) 2명이 모두 왼쪽 어깨로 슬을 둘러메는데, 슬의 머리 부분을 뒤쪽으로 가게 하고, 왼손으로는 슬 밑바닥의 아래쪽 구멍(越)을 잡아 줄(弦)이 안쪽으로 향하도록 하고, 오른손으로는 악공을 부축한다.

工四人. 二瑟, 瑟先. 相者二人, 皆左何瑟, 後首, 挎越, 內弦, 右手相.

정현주 악공이 '4명'인 것은 대부의 제도이다. '2명은 슬을 타는 악공'(二瑟)이란 2명이 슬을 탄다는 것이므로, 나머지 2명은 노래를 하는 것이다. '슬을 타는 악공이 먼저 오른다'(瑟先)는 것은 들어올 때 순서상 앞쪽에 있다는 뜻이다. '상相'은 악공을 부축하는 것으로, 중빈衆賓 가운데 젊은 사람이 부축을 하는데 악공마다 한 사람씩 배정한다. 『의례』「향사례鄕射禮」에 "제자가 악공樂工을 부축하여 당 아래로 옮기는데 처음에 올라갈 때와 동일한 절차로 한다"라고 하였다. 천자가 악공을 부축할 때 시료視瞭[2]에게 시키는 것은 무릇 악공이 장님(瞽矇)[3]이기 때문에 부축하는 자를 두는 것이다. "사師(樂人으로서 맹인)인 면冕을 만나 계단에 이르자 공자께서 '계단입니다'라고 하였고, 자리(席)에 이르자 공자께서 '자리입니다'라고 하였으며, '그것이 본래 악공을 인도하는 도리이다'"[4]라고 하셨다. '머리 부분을 뒤쪽으로 가도록 한다'(後首)는 것은 군주가 행하는 연례燕禮에 비하여 변화를 주는 것이다.[5] '고挎'는 잡는다는 뜻이다. 슬瑟을 연주하는 악공을 부축하는 자는 악공을 대신해서 슬을 메고, 노래하는 악공을 부축하는 자는 맨손으로 부축한다. '월越'은 슬瑟의 아랫부분에 있는 구멍이다. '줄을 안쪽으로 가게 한다'(內弦)는 것은 옆으로 기울여서 맨다는 뜻이다. '四人', 大夫制也. '二瑟', 二人鼓瑟, 則二人歌也. '瑟先'者, 將入, 序在前也. '相', 扶工也, 衆賓之少

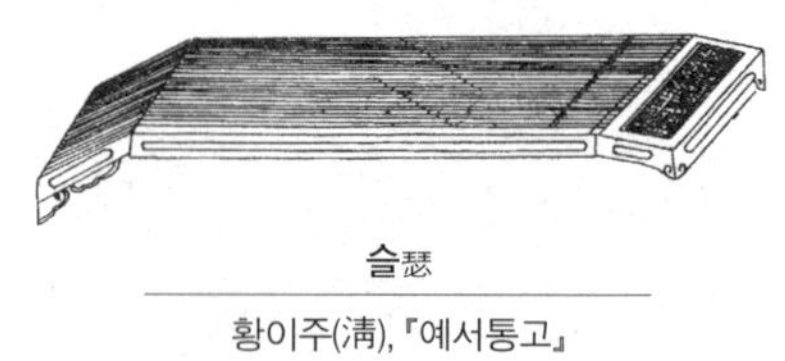

슬瑟

황이주(淸), 『예서통고』

者爲之, 每工, 一人. 「鄕射禮」曰, "弟子相工如初入." 天子相工使視瞭者, 凡工瞽矇也, 故有扶之者. "師冕見, 及階, 子曰, '階也', 及席, 子曰, '席也', '固相師之道.'" '後首'者, 變于君也. '挎', 持也. 相瑟者, 則爲之持瑟, 其相歌者, 徒相也. '越', 瑟下孔也. '內弦', 側擔之者.

[鄕飮酒禮04 : 經-79]

악정이 먼저 당에 올라가서 서쪽 계단의 동쪽에 선다.

樂正先升, 立于西階東.

정현주

'정正'은 우두머리이다. '正', 長也.

[鄕飮酒禮04 : 經-80]

악공은 문에 들어와 서쪽 계단을 통해 당으로 올라가서 북쪽을 향해 자리에 앉는다. 악공을 부축하는 사람은 악공의 서쪽에서 동쪽을 향해 앉고, 이어서 슬을 건네주고는 당에서 내려온다.

工入, 升自西階, 北面坐. 相者東面坐, 遂授瑟, 乃降.

정현주

악공을 부축하는 사람들은 당에서 내려와 계단의 서쪽에 서는데, 자신의 일을 하는 곳과 가깝기 때문이다. 降立于西方, 近其事.

[鄕飮酒禮04 : 經-81]

악공은 「녹명鹿鳴」·「사모四牡」·「황황자화皇皇者華」 3편의 시를 노래한다.

工歌「鹿鳴」·「四牡」·「皇皇者華」.

정현주

3편은 모두 『시詩』「소아小雅」의 편篇이다. 「녹명」은 군주가 신하 및 사방의 빈객과 더불어 연음燕飮을 하면서 도를 익히고 정사를 닦을 때에 읊는 악가樂歌이다. 이는 자신에게 맛난 술이 있어 아름다운 빈객들을 초빙했는데, 아름다운 빈객이 찾아와서 나에게 선한 도를 보여 준다는 내용을 채록한 것이다. 또 아름다운 빈객에게 크고 빛나는 밝은 덕이 있어서 본받을 수 있음을 즐긴다는 내용을 채록하였다. 「사모」는 군주가 사신이 찾아온 것을 위로할 때에 읊는 악가이다. 이는 사신으로 간 신하가 왕의 일에 부지런히 힘쓰다가 부모에 대한 봉양을 생각하며 돌아가고 싶어 마음 아파하니 충과 효가 지극하다는 내용을 채록한 것인데, 이것으로 빈객을 위로하는 것이다. 「황황자화」는 군주가 사신을 보낼 때 읊는 악가이다. 이는 사신으로 가는 이가 더욱 노력하고 애쓰지만 스스로 미치지 못한다고 생각하여, 현명하고 지혜로운 사람에게 자문을 구하여 스스로 빛나고 밝아지고자 한다는 내용을 채록한 것이다. 三者皆「小雅」篇也. 「鹿鳴」, 君與臣下及四方之賓燕, 講道修政之樂歌也. 此采其己有旨酒, 以召嘉賓, 嘉賓旣來, 示我以善道. 又樂嘉賓有孔昭之明德, 可則傚也. 「四牡」, 君勞使臣之來樂歌也. 此采其勤苦王事, 念將父母, 懷歸傷悲, 忠孝之至, 以勞賓也. 「皇皇者華」, 君遣使臣之樂歌也. 此采其更是勞苦, 自以爲不及, 欲諮謀于賢知而以自光明也.

[鄕飮酒禮04 : 經-82]

악공이 노래를 마치면, 주인은 악공에게 술을 올려 헌獻의 예를 행한다. 악공은 왼손으로 슬을 잡는다.[6] 악공의 우두머리는 배례를 한 후에 일어나지 않고 술잔을 받는다. 주인은 조계의 위쪽에서 술잔을 건네준 후에 배례를 한다.

卒歌, 主人獻工. 工左瑟. 一人拜, 不興受爵. 主人阼階上拜送爵.

정현주 '한 사람'(一人)은 악공 가운데 우두머리이다. 대개 악공들은 신분이 낮으므로 그들을 위해 술잔을 씻는 절차를 행하지 않는다. '一人', 工之長也. 凡工賤, 不爲之洗.

[鄕飮酒禮04 : 經-83]

유사가 말린 고기를 담은 대나무제기와 고기젓갈을 담은 나무제기를 올리고, 주인은 사람을 시켜 악공의 우두머리가 술로 고수레를 하고 말린 고기와 고기젓갈로 고수레를 하는 것을 돕게 한다.

薦脯醢, 使人相祭.

정현주 '사람을 시켜 돕게 한다'(使人相)는 것은 술로 고수레를 하고 말린 고기와 고기젓갈로 고수레를 하는 것을 돕게 한다는 뜻이다. '使人相'者, 相其祭酒祭薦.

[鄕飮酒禮04 : 經-84]

악공의 우두머리는 술잔의 술을 다 마시지만 배례를 하지 않고, 주인에게 술잔을 건네준다.

工飮, 不拜旣爵, 授主人爵.

정현주

앉아서 술잔을 건네준다. 坐授之.

[鄕飮酒禮04 : 經-85]

여러 악공들(衆工)은 배례를 하지 않고 잔을 받으며, 술로 고수레를 한 다음 술을 마신다. 여러 악공들의 자리(席) 앞에 말린 고기를 담은 대나무제기와 고기젓갈을 담은 나무제기를 두루 올려 주는데, 악공들은 말린 고기와 고기젓갈로 고수레를 하지 않는다.

衆工則不拜受爵, 祭, 飮. 辯有脯醢, 不祭.

정현주

'술로 고수레를 한 다음 술을 마신다'(祭, 飮)는 것은 술을 올려 헌獻의 예를 행하는 것(獻酒)이 중요하므로 고수레를 하지 않을 수 없기 때문이다. 금문본에는 '辯'이 '徧'으로 되어 있다. '祭, 飮', 獻酒重, 無不祭也. 今文'辯'爲'徧'.

[鄕飮酒禮04 : 經-86]

악공의 우두머리가 태사大師인 경우에는 주인이 그를 위해 술잔을 씻는다. 빈과 개가 주인을 따라서 당에서 내려오면 주인은 내려올 필요가 없다고 사양을 한다. 악공(工: 大師)은 주인이 술잔을 씻어 주는 것에 대해 사양하지 않는다.

大師則爲之洗. 賓·介降, 主人辭降. 工不辭洗.

정현주

대부大夫의 향음주례에 만일 군주가 악공을 보내면, 그 악공을 태사大師라고 부르고[7], 그 태사를 위해서 주인은 술잔을 씻어 주어 그를 높인다. '빈과 개가 당에서 내려온다'(賓·介降)는 것은 주인을 따라서 내려온다는 뜻이다.[8] '악공'(工)은 태사를 가리킨다. 위에서 이미 악공에게 술을 올려 헌獻의 예를 행하는 것에 대해 말했는데, 이제 태사大師의 경우를 말한 이유는 태사가 슬瑟을 연주하는 악공일 수도 있고 노래를 부르는 악공일 수도 있기 때문이다. 술을 올려 헌의 예를 행할 때 슬을 연주하는 악공이면 먼저 술을 올리고, 노래하는 악공이면 뒤에 술을 올린다.[9] 大夫若君賜之樂, 謂之大師, 則爲之洗, 尊之也. '賓·介降', 從主人也. '工', 大師也. 上旣言獻工矣, 乃言大師者, 大師或瑟或歌也. 其獻之瑟則先, 歌則後.

주

1_ 슬을 타는 악공 : '瑟'은 현악기로서 琴과 형태가 유사하며 琴보다 크고 줄이 많다. 길이는 7척 2촌이고, 25개의 줄로 이루어져 있다. 슬을 타는 악공도 또한 '瑟'이라고 칭한다.

2_ 시료 : '眡瞭'는 『주례』의 관직명으로, 땡땡이북(鼗)·북(鼓)이나 경쇠(磬)를 치는 일을 관장하는데, 아울러 장님을 부축하는 일도 관장한다. '眡'는 '視'와 통용되며, '眡瞭'는 눈이 밝은 자이다. 『삼례사전』, 664~665쪽 참조.

3_ 瞽矇 : 눈동자가 있으면서 앞을 보지 못하는 경우를 '瞽', 눈동자 없이 앞을 보지 못하는 경우를 '矇'이라고 한다.

4_ 사인 면을 만나 ~ 인도하는 도리이다 : 이 말은 『논어』「위령공」에 나온다.

5_ 머리 부분을 ~ 주는 것이다 : 『의례』「연례」[經-94]에 "소신은 왼쪽어깨로 瑟을 둘러메는데, 켤 수 있는 부분(鼓)이 앞쪽을 향하도록 한다"(小臣左何瑟, 面鼓)라고 하였다. 향음주례에서 악공을 부축하여 인도하는 사람이 악공 대신 슬을 어깨에 멜 때 슬의 머리 부분을 뒤로 가도록 하고 켤 수 있는 부분이 앞쪽을 향하지 않도록 하는 것은, 바로 군주의 예와 차이를 두기 위한 것이다.

6_ 악공은 ~ 잡는다 : 오정화에 따르면, 주인이 술잔에 술을 채워 올리는 것은 동쪽으로부터 오는데 이것은 악공의 오른쪽이 된다. 그러므로 왼손으로 슬을 잡아 피하는 것이라고 한다. 『의례정의』, 365쪽 참조. 양톈위는 또한 이에 덧붙여 오른손으로 술잔을 받기 편하게 하기 위해서라고 한다. 『의례역주』, 120쪽 참조.

7_ 대부의 향음주례에 ~ 태사라고 부르고 : 이여규에 의하면, 천자와 제후의 경우는 大師를 常官으로 늘 두지만, 대부의 경우에는 樂과 工을 내려주는데, 이때에도 大師라고 부른다. 오계공은 大師는 樂工의 長이라고 하였다. 『의례정의』, 367쪽 참조.

8_ 빈과 개가 ~ 따라서 내려온다는 뜻이다 : 禮에서는 당에서 내려올 때는 모두 내려오는 것이다. 태사는 앞을 보지 못하여 당에서 내려오지 못하므로, 빈과 개가 주인을 따라서 내려오는 것이다. 『의례정의』, 367쪽 참조.

9_ 이제 태사의 경우를 ~ 술을 올린다 : 장이기는 태사 역시 슬을 타는 악공과 노래하는 악공 4명 안에 들기 때문에 통칭하여 工이라고 하며, 그에게 술을 올려 헌의 예를 행하는 것도 또한 슬을 타는 악공에게 먼저 술을 올리고 노래하는 악공에게 나중에 올리는 일반적인 순서를 따른다고 하였다. 그를 위해 술잔을 씻어 주는 절차가 있는 것만 다르다는 것이다. 그러나 성세좌는 정현이나 장이기의 설과는 달리, 태사는 군주가 보내준 작위가 있는 자이므로 슬을 타는 악공이든 노래를 하는 악공이든 상관없이 반드시 먼저 술을 올려 헌의 예를 해야 한다고 보아, 정현의 주가 잘못되었다고 비판한다. 『의례정의』, 367쪽 참조.

經-87에서 經-89까지는 '생주笙奏' 즉 악공이 당 아래에서 생笙으로 연주를 하고, 주인이 악공에게 술을 올려 헌獻의 예를 행하는 절차이다.

[鄕飮酒禮04 : 經-87]

생을 부는 악공(笙)이 향의 학교 문(庠門) 안으로 들어가서 당 아래에 이르러, 경을 치는 사람(磬)의 남쪽에서 북쪽을 향해 선다. 「남해南陔」·「백화白華」·「화서華黍」 3편의 시를 연주한다.

笙入堂下, 磬南北面立. 樂「南陔」·「白華」·「華黍」.

정현주 '생笙'은 생을 부는 악공이다. 생으로 이 시를 불어서 악을 연주하는 것이다. 「남해南陔」·「백화白華」·「화서華黍」는 「소아小雅」의 편명이다. 오늘날에는 망실되어 그 내용은 들어 보지 못했다. 옛날 주나라가 홍기하자 주공周公이 예를 제정하고 음악을 만들면서 당시 세상의 시를 채록하여 악가樂歌로 삼아 인정人情을 통하고 서로 깨우치고 권면하게 하였는데, 그 안에 이편들도 있었음이 분명하다. 그 이후 세상이 쇠미해졌는데 유왕幽王과 여왕厲王 때 특히 심하여 예와 악에 관한 책들이 점차 폐기되었다. 공자는 "내가 위衛나라에서 노魯나라로 돌아온 이후에 음악이 바르게 되어 「아雅」와 「송頌」이 각각 제자리를 찾았다"[1]고 하였으니, 당시에도 음악이 남아 있었지만 중복되고 뒤섞여 어지러웠음을 말한 것이다. 어찌 그 망실된 것을 보존할 수 있었겠는가! 또 정고보正考父는 상송商頌 12편을 주周나라 태사太師에게 얻고 돌아와서 그 악가로 선왕에게 제사하였다. 공자에 이르는 200년 사이에 5편만 남아 있었을 뿐이니 이것이 「남해」·「백화」·「화서」 등이 망실된 증거이다.[2] '笙', 吹笙者也. 以笙吹此詩以爲樂也. 「南陔」·「白華」·「華黍」, 「小雅」篇也. 今亡, 其義未聞. 昔周之興也, 周公制禮作樂, 采時世之詩, 以爲樂歌, 所以通情, 相風切也, 其有此篇明矣. 後世衰微, 幽·厲尤甚, 禮樂之書稍稍廢棄. 孔子曰, "吾自衛反魯, 然後樂正, 「雅」·「頌」各得其所", 謂當時在者而復重雜亂者也. 惡能存其亡者乎? 且正考父校商之名頌十二篇于周大師, 歸以祀其先王. 至孔子二百年之間, 五篇而已, 此其信也.

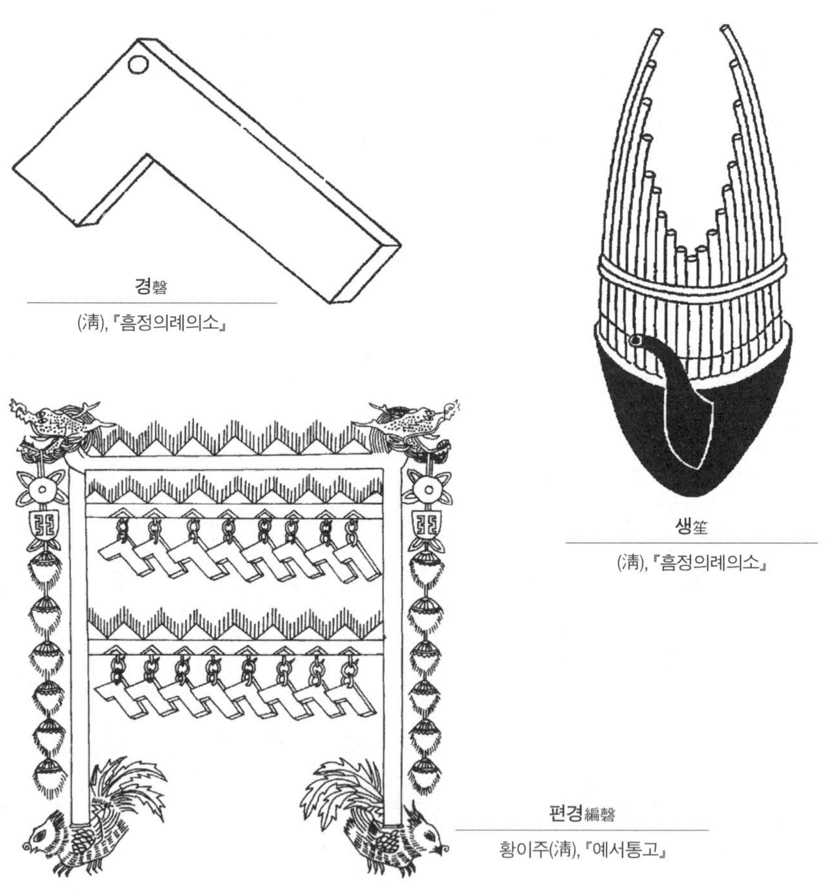

경磬

(淸), 『흠정의례의소』

생笙

(淸), 『흠정의례의소』

편경編磬

황이주(淸), 『예서통고』

[鄕飮酒禮04 : 經-88]

주인이 서쪽 계단의 위쪽에서 악공에게 술을 올려 헌獻의 예를 행한다. 생을 부는 악공의 우두머리는 배례를 하고 계단의 가장 위 층계까지 올라가는데 당 위에는 오르지 않고 술잔을 건네받고 내려온다. 주인이 서쪽 계단의 위쪽에서 술잔을 건네준 후에 배례를 한다. 악공의 우두머리는 서쪽 계단 앞에 앉아서 고수레를 한 후 서서 술잔의 술을 다 마시는데, 술잔의 술을 다 마시고 배례는 하지 않으며, 계단 위로 올라가서 주인에게 술잔을 건네준다.

主人獻之于西階上. 一人拜, 盡階, 不升堂受爵. 主人拜送爵. 階前坐祭, 立飮, 不拜旣爵, 升授主人爵.

정현주 '한 사람'(一人)은 생을 부는 악공의 우두머리이다. 생을 부는 악공(笙)이 3명이고 연주에 맞추어 노래하는 악공(和)이 한 사람이니, 모두 4명이다. 『의례』「향사례鄕射禮」에서는 "생을 부는 악공(笙) 1명이 당 아래에서 배례를 한다"고 하였다. '一人', 笙之長者也. 笙三人, 和一人, 凡四人. 「鄕射禮」曰, "笙一人拜于下."

[鄕飮酒禮04 : 經-89]

여러 악공들(衆笙)은 배례를 하지 않고 계단 위로 올라가 술잔을 받은 후에 계단을 내려와 계단 앞에 앉아서 술로 고수레를 하고, 다시 일어서서 술잔의 술을 다 마신다. 여러 악공들의 위치에 말린 고기를 담은 대나무제기와 고기젓갈을 담은 나무제기를 두루 올려 주는데, 악공들은 말린 고기와 고기젓갈로 고수레를 하지 않는다.

衆笙則不拜受爵, 坐祭, 立飮. 辯有脯醢, 不祭.

정현주 여러 악공들도 서쪽 계단의 가장 위 층계에서 술잔을 받는다. 악공들의 위치에 말린 고기를 담은 대나무제기와 고기젓갈을 담은 나무제기를 모두 올리는데, 악공들의 위치는 경을 치는 악공(磬)의 남쪽이다. 금문본에는 '辯'이 '徧'으로 되어 있다. 亦受爵于西階上. 薦之者於其位, 磬南. 今文'辯'爲'徧'.

주

1_ 내가 ~ 제자리를 찾았다 : 『논어』, 「자한」 편이다.

2_ 정고보 ~ 말실된 증거이다 : 正考父는 춘추시기 송나라의 대부로, 공자의 선조이며 謙讓을 잘한 것으로 알려진다. 그에 관한 고사가 『춘추좌씨전』 昭公 7년 조에 보인다. "정고보는 ~ 선왕에게 제사하였다"는 『모시』 「상송보」의 기록을 인용한 것이다. 공자가 산정한 것으로 말해지는 『모시』의 「상송」은 5편이므로, 정현은, 정고보에서 공자에 이르기까지 200년이 지났는데 공자 이전에 이미 12편 가운데 7편이 망실된 것이라고 해석하면서, 「남해」·「백화」·「화서」 등이 망실된 논거로 삼은 것이다.

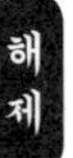

經-90은 「소아小雅」의 시편을 당 위에서 노래하고 당 아래에서 생笙으로 연주하는 것을 번갈아가면서 3차례 하는 절차이다.

[鄕飮酒禮04 : 經-90]

이어서 「소아小雅」의 시편을 번갈아가면서 한 번 노래하고 한 번 연주하는데, 당 위에서 「어리魚麗」를 노래한 후 당 아래에서 생笙으로 「유경由庚」을 연주하고, 당 위에서 「남유가어南有嘉魚」를 노래한 후 당 아래에서 「숭구崇丘」를 연주하고, 당 위에서 「남산유대南山有臺」를 노래한 후 당 아래에서 「유의由儀」를 연주한다.

乃間歌「魚麗」, 笙「由庚」, 歌「南有嘉魚」, 笙「崇丘」, 歌「南山有臺」, 笙「由儀」.

정현주

'간間'은 번갈아가면서 한다(代)는 뜻으로, 한 번 노래를 하면 한 번 연주하는 것을 가리킨다.[1] 6가지의 시는 모두 「소아」의 시편이다. 「어리」는 태평시대에 풍년이 들어 품물이 많음을 노래한 것이니, 이는 품물이 많고 술이 맛나서 그것으로 빈객을 예우한다는 내용을 채록한 것이다. 「남유가어」는 태평시대에 군자가 술을 마련하여 현자와 더불어 그것을 함께하는 것을 즐김을 노래한 것이니, 이는 예로 현자를 예우하여 현자가 무리지어 귀의해서 그와 더불어 즐긴다는 내용을 채록한 것이다. 「남산유대」는 태평한 시대의 정치는 현자를 근본으로 삼음을 노래한 것이니, 이는 현자를 아끼고 예우하는 것이 나라의 기초가 되며, 백성의 부모인 군주는 현자들이 장수를 누리기를 바라고 또 명성과 덕망이 자라나기를 바란다는 내용을 채록한 것이다. 「유경」·「숭구」·「유의」는 오늘날 망실되어 그 내용을 들어 보지 못하였다. '間', 代也, 謂一歌則一吹. 六者皆「小雅」篇也. 「魚麗」言大平年豐物多也, 此采其物多酒旨, 所以優賓也. 「南有嘉魚」言大平君子有酒, 樂與賢者共之也, 此采其能以禮下賢者, 賢者纍蔓而歸之, 與之燕樂也. 「南山有臺」言大平之治以賢者爲本, 此采其愛友賢者, 爲邦家之基, 民之父母, 旣欲其身之壽考, 又欲其名德之長也. 「由庚」·「崇丘」·「由儀」今亡, 其義未聞.

주

1_ '간'은 ~ 가리킨다 : 정현 주에 따르면 '間'은 번갈아가며 당 위에서 노래를, 당 아래에서 연주를 하는 것인데, 장이기는 당 위에서 한 곡을 노래로 읊고, 이어서 생으로 한 곡을 연주하는 것으로, 채덕진은 당 위에서 瑟의 연주에 맞추어 한 곡을 노래하면, 당 아래에서 笙을 불면서 한 곡을 연주하는 하는 것으로 보았다. 『의례정의』, 374쪽 참조.

해제

經-91에서 經-92까지는 「국풍國風」의 시편을 '합악合樂', 즉 가악歌樂과 여러 가지 악기로 함께 연주한 후에, 악樂이 모두 끝났음을 아리는 절차이다. 여기까지는 음주례飮酒禮의 제2단락이다.

[鄕飮酒禮04 : 經-91]

드디어 「국풍國風」의 시편을 합악合樂 하는데[1], 「주남周南」의 「관저關雎」·「갈담葛覃」·「권이卷耳」 편과 「소남召南」의 「작소鵲巢」·「채번采蘩」·「채빈采蘋」 편을 합악한다.

乃合樂, 「周南」, 「關雎」·「葛覃」·「卷耳」, 「召南」, 「鵲巢」·「采蘩」·「采蘋」.

정현주

'합악合樂'은 가악歌樂이 여러 가지 악기소리와 함께 연주되는 것을 말한다.[2] 「주남」과 「소남」은 「국풍」의 시편으로, 왕후王后와 국군國君의 부인夫人의 방중악가房中樂歌이다. 「관저」는 후비后妃의 덕을 노래한 것이고, 「갈담」은 후비의 직무를 노래한 것이고, 「권이」는 후비의 마음을 노래한 것이며, 「작소」는 국군의 부인의 덕을 노래한 것이고, 「채번」은 국군의 부인이 직무를 잃지 않음을 노래한 것이고, 「채번」은 경·대부의 처가 그 법도를 잘 닦음을 노래한 것이다. 옛날 태왕大王과 왕계王季가 기산岐山의 남쪽에 거처할 때 몸소 「소남」의 가르침을 실천하여 왕업王業을 일으켰다. 문왕에 이르러 「주남」의 가르침을 실천하여 천명을 받았다. 「대아大雅」에 "아내에게 모범을 보이고 형제에까지 이르러 집안과 나라를 다스렸네"[3]라고 한 것은 이를 두고 말한 것이다. 그 처음에는 하나의 나라였을 뿐이다.

문왕이 풍豐 땅에 읍을 조성하고 옛 땅을 경사卿士의 채지采地로 삼으니, 이에 두 나라로 나뉘게 되었다. 주周는 주공周公이 식읍으로 받은 땅이고, 소召는 소공召公이 식읍으로 받은 땅이다. 당시 문왕은 천하를 삼분하여 그 둘을 소유하였는데, 덕의 교화가 남방의 땅까지 미쳤다. 이 때문에 시 가운데 인자와 현자의 풍모가 있는 것은 「소남召南」에 넣었고, 성인의 풍모가 있는 것은 「주남周南」에 넣었다. 부부의 도는 백성의 근본이고, 왕도정치의 실마리인데, 이 여섯 편은 그 가르침의 근원이다. 그러므로 국군國君이 그 신하 및 사방의 빈객과 연음燕飮의 예를 행할 때 이 여섯 편을 사용하여 합주를 하였다. '향악鄕樂'은 「풍風」을 가리킨다. 「소아小雅」는 제후의 음악이고, 「대아大雅」와 「송頌」은 천자의 음악이다. 향음주례鄕飮酒禮에서 당에 올라가 「소아」를 노래하는 것은 예가 성대한 것은 위로 올라가서 취할 수 있기 때문이다. 연례燕禮에서 향악을 합주하는 것은 예가 가벼운 것은 아래로 미칠 수 있기 때문이다.[4] 「춘추전春秋傳」에 "「사하肆夏」·「번알繁遏」·「거渠」는 천자가 원후元侯에게 연회를 베풀 때 사용하며, 「문왕文王」·「대명大明」·「면綿」은 두 군주가 상견할 때에 사용하는 음악이다"[5]라고 하였다. 그렇다면 제후가 서로 더불어 연음의 예를 행할 때에는 당에 올라가 「대아」를 노래로 읊고 「소아」를 합악하는 것이다. 천자가 차국次國·소국小國의 군주와 연음의 예를 행할 때에도 이와 마찬가지로 한다. 대국의 군주와 연음의 예를 행할 때에는 당에 올라가 「송頌」을 노래하고 「대아」를 합악하는데, 그 생笙을 교대로 연주하는 편에 대해서는 들어 보지 못하였다. 合樂, 謂歌樂與衆聲俱作. 「周南」·「召南」, 「國風」篇也, 王后·國君夫人房中之樂歌也. 「關雎」言后妃之德, 「葛覃」言后妃之職, 「卷耳」言后妃之志, 「鵲巢」言國君夫人之德, 「采蘩」言國君夫人不失職也, 「采蘋」言卿·大夫之妻能脩其法度. 昔大王·王季居于岐山之陽, 躬行「召南」之教, 以興王業. 及文王而行「周南」之教以受命. 「大雅」云, "刑于寡妻, 至于兄弟, 以御于家邦", 謂

此也. 其始一國耳. 文王作邑于豐, 以故地爲卿士之采地, 乃分爲二國. 周, 周公所食, 召, 召公所食. 於時文王三分天下有其二, 德化被於南土. 是以其詩有仁賢之風者, 屬之「召南」焉, 有聖人之風者, 屬之「周南」焉. 夫婦之道, 生民之本, 王政之端, 此六篇者, 其敎之原也. 故國君與其臣下及四方之賓燕, 用之合樂也. '鄕樂'者, 「風」也. 「小雅」爲諸侯之樂, 「大雅」·「頌」爲天子之樂. 「鄕飮酒」升歌「小雅」, 禮盛者可以進取也. 燕合鄕樂, 禮輕者可以逮下也. 「春秋傳」曰, "「肆夏」·「繁遏」·「渠」, 天子所以享元侯也, 「文王」·「大明」·「綿」, 兩君相見之樂也." 然則諸侯相與燕, 升歌「大雅」, 合「小雅」. 天子與次國·小國之君燕, 亦如之. 與大國之君燕, 升歌「頌」, 合「大雅」. 其笙間之篇未聞.

[鄕飮酒禮04 : 經-92]

악공이 악정에게 "정가正歌[6]가 모두 연주되었습니다"라고 보고한다. 악정은 빈에게 보고하고, 이어서 당에서 내려간다.

工告樂正曰, "正歌備." 樂正告于賓, 乃降.

정현주 악정이 당에서 내려가는 것은 정가正歌를 모두 연주해서 더 할 일이 없기 때문이다. 당에서 내려가 서쪽 계단의 동쪽에 서서 북쪽을 향한다. 樂正降者, 以正歌備, 無事也. 降立西階東, 北面.

주

1_ 드디어 ~ 합악 하는데 : 경문의 "乃合樂"은 「국풍」의 시편을 합악하는 것으로, 『의례』 「연례」에서는 "遂歌鄕樂, 「周南」, 「關雎」·「葛覃」·「卷耳」, 「召南」, 「鵲巢」·「采蘩」·「采蘋」"이라고 하여 鄕樂을 연주하는 것으로 표현하였다. 아래 정현의 주에 따르면 향악은 「風」을 말한다.

2_ '합악'은 ~ 말한다. : '合樂'에 대해 정현은 '歌樂이 여러 악기소리와 함께 연주되는 것(歌樂與衆聲俱作)'이라고 하였는데 그 구체적인 연주형태에 대해서는 설이 다양하다. ① 가공언은 堂上에는 歌·瑟이 있고 堂下에는 笙·磬이 있어서 이 시들을 합주하는 것이라고 하였다. 『의례주소』, 175쪽 참조 ② 이여규와 오계공은 당 위에서 「소남」의 시편을 瑟을 타면서 노래를 하고, 당 아래에서 鐘·磬을 치면서 「주남」의 시편을 합주하는 것으로 본다. 즉 당 위에서 瑟의 연주에 맞추어 「소남」의 「鵲巢」를 노래하면 당 아래에서 鐘·磬을 치면서 「주남」의 「關雎」를 연주하고, 당 위에서 瑟의 연주에 맞추어 「소남」의 「采蘩」을 노래하면 당 아래에서 鐘·磬을 치면서 「주남」의 「葛覃」을 연주하고, 당 위에서 瑟의 연주에 맞추어 「소남」의 「采蘋」을 노래하면 당 아래에서 鐘·磬을 치면서 「卷耳」를 연주한다. 이렇게 堂上과 堂下에서 노래와 연주를 합주하여 3번 마치는 것을 '合樂三終'이라고 한다. ③ 孔穎達은 「주남」을 노래하면, 「소남」을 笙으로 연주하여 합주하기를 3번 마치는 것이라고 본다. 즉 악공이 「주남」의 「관저」를 노래하면 笙을 부는 악공이 「소남」의 「작소」를 합주하고, 악공이 「주남」의 「갈담」을 노래하면 笙을 부는 악공이 「소남」의 「채번」을 합주하고, 악공이 「주남」의 「권이」를 노래하면 생을 부는 악공이 「소남」의 「채번」을 합주한다. ④ 능정감은 가공언의 설이 가장 정확하다고 평가하고 그 뜻을 부연하여, '合樂'을 당 위와 당 아래에서 동일한 시편을 동시에 노래로 읊고 악기로 연주하기를 모두 6번 마치는 것으로 본다. 즉 당 위에서 瑟의 연주에 맞추어 「관저」·「갈담」·「권이」를 노래하면, 당 아래에서 笙으로 「관저」·「갈담」·「권이」를 연주하는데, 이것이 「주남」의 三終이다. 당 위에서 瑟의 연주에 맞추어 「작소」·「채번」·「채빈」을 노래하면, 당 아래에서도 笙을 불면서 「작소」·「채번」·「채빈」의 시편을 연주하는데, 이것이 「召南」의 三終이다. 그러므로 '合樂三終'이라고 한다. 이상 『의례정의』, 376~377쪽 참조.

3_ 아내에게 나라를 ~ 다스렸네 : 『시』 「대아·사제」 편이다.

4_ 향음주례에서 당에 ~ 있기 때문이다 : 성세좌에 따르면, 饗·燕에서 사용하는 詩에는 차등이 있어, 천자는 「大雅」를 사용하고 제후는 「小雅」를 사용하고 대부는 「風」을 사용하는 것이 마땅하다. 『의례정의』, 378~379쪽 참조. 향음주례가 대부의 예인데도 앞서 [經-81]에서 당 위에 올라 「소아」를 노래한 것은 한 등급 위로 올라가 제후의 예를 취한 것이다. 연례가 제후의 예인데도 「연례」 [經-108]에서 (이 향음주례에서와 같이) 「風」인 향악을 연주한 것은 한 등급 아래인 대부의 예에 미친 것이다. 이에 대해 가공언은 향음주례는 饗禮이므로 예가 성대하고 燕禮는 예가 가볍다고 해석한다. 『의례주소』, 176쪽 참조. 저인량에 따르면, 빈을 대접하는 3가지 예에서 饗禮는 食禮보다 중하고, 食禮는 燕禮보다 중하다. '饗禮'는 공경함이 주가 되어 희생

고기를 올리지만 먹지는 않고 술잔을 채우지만 마시지는 않으며 안석(几)을 진설하지만 기대지 않는다. '食禮'는 밥 먹는 것이 주가 되므로 술과 음료수를 진설하지만 입만 가시고 마시지는 않으며, 주인이 빈에게 술을 올리는 '獻'의 절차도 없다. '燕禮'는 술 마시는 것이 주가 되므로 희생 제기(俎)를 진설하고 一獻의 禮를 행하지만 밥은 올리지 않으며, 신을 벗고 당에 올라가 앉아 즐거움이 다할 때까지 마신다. 『의례정의』, 665쪽 참조.

5_「사하」·「번알」·「거」는 ~ 음악이다 : 『춘추좌씨전』, 襄公 4년 조. 두예의 주에 의하면 '元侯'는 牧과 伯을 가리킨다.

6_ 정가 : 오계공은 「風」, 「雅」의 正樂을 노래하는 것(謂所歌者皆風雅之正也)이라고 본다. 그러나 호배휘는 오계공의 설을 잘못된 것으로 비판하고, 채덕진에 근거하여 獻酬의 正禮에 사용하는 노래로서(獻酬正用之歌) 無算樂과 다른 것이라고 본다. 그럴 경우, 升歌, 奏笙 , 間歌, 合樂의 전 과정을 한 번 마치는 것을 가리킨다. 『의례정의』, 379~381쪽 참조.

「입사정급전치도立司正及奠觶圖」

(淸), 『흠정의례의소』

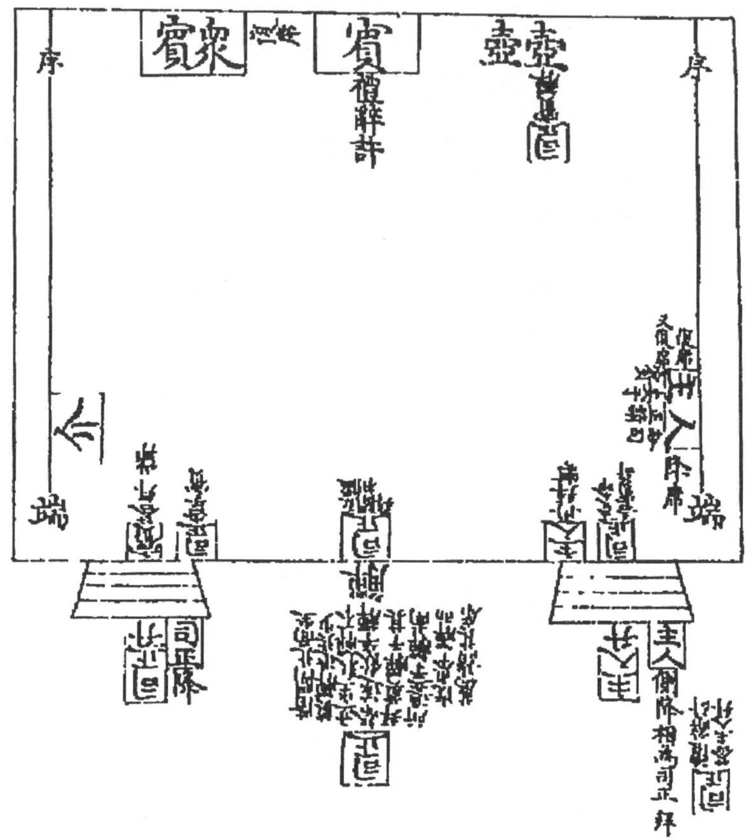

「입사정立司正」

장혜언(淸), 『의례도』

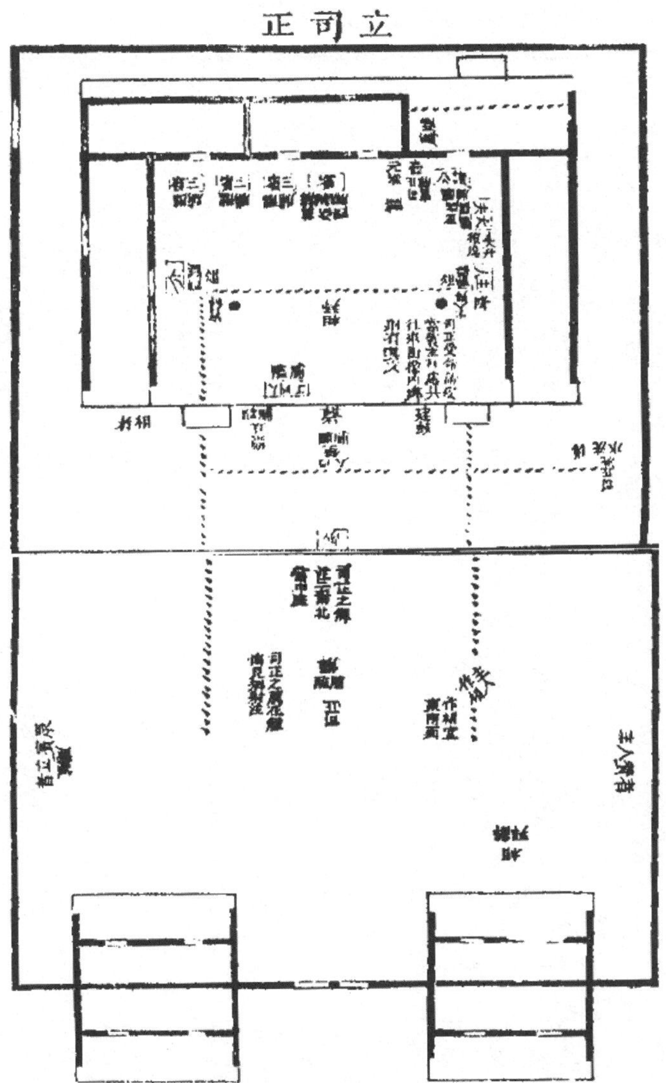

經-93에서 經-97까지는 '사정안빈司正安賓' 즉 사정司正이 빈을 머무르게 하는 절차이다. 가악을 연주하여 빈을 즐겁게 하는 절차가 끝나고 여기서부터는 본격적으로 여수례가 시작된다.

[鄕飮酒禮04 : 經-93]

주인이 남쪽 방향으로부터 자리에서 내려온다.

主人降席自南方.

정현주

북쪽 방향으로부터 내려오지 않는 것은 편리함을 따른 것이다. 不由北方, 由便.

[鄕飮酒禮04 : 經-94]

주인은 혼자서 당에서 내려온다.

側降.

정현주

빈과 개는 따라 내려오지 않는다.[1] 賓·介不從.

[鄕飮酒禮04 : 經-95]

상相(주인의 예를 돕는 사람)으로 하여금 사정司正[2]이 되게 한다.[3] 사정은 한 번 사양하고 허락한다. 주인이 배례를 하면 사정이 답배를 한다.

作相爲司正. 司正禮辭許諾. 主人拜, 司正答拜.

정현주 '작作'은 시킨다(使)는 뜻이다. 예악의 정식 절차는 이미 이루어졌으므로, 빈들을 머무르게 했을 때 나태해질 수 있기 때문에 사정을 세워서 감찰하도록 하기 위한 것이다. '배례를 한다'(拜)는 것은 사정이 될 것을 허락해 준 데 대해 배례를 하는 것이다. '作', 使也. 禮樂之正旣成, 將留賓, 爲有解惰, 立司正以監之. '拜', 拜其許.

[鄕飮酒禮04 : 經-96]

주인이 당으로 올라가서 자리로 돌아간다. 사정은 술잔(觶)을 씻고, 서쪽 계단을 통해서 당으로 올라가 조계의 위쪽에서 북쪽을 향해 주인에게 명을 받는다. 주인은 "빈에게 머무르기를 청하라"[4]고 명한다. 사정이 빈에게 머물러 줄 것을 아뢰면 빈은 한 번 사양하고 허락한다.

主人升, 復席. 司正洗觶, 升自西階, 阼階上北面受命于主人. 主人曰, "請安于賓." 司正告于賓, 賓禮辭許.

정현주 빈이 떠나고자 하기 때문에 그를 머무르게 하고자 서쪽 계단에서 빈에게 아뢰는 것이다. 爲賓欲去, 留之, 告賓於西階.

[鄕飮酒禮04 : 經-97]

사정은 주인에게 빈이 머무르기를 허락했음을 보고한다. 주인이 조계의 위쪽에서 재배를 하면 빈이 서쪽 계단의 위쪽에서 답배를 한다. 사정이 기둥(楹) 사이에 서서 배례하는 것을 돕는다. 주인과 빈이 모두 읍을 하고 자리로 돌아간다.

司正告于主人. 主人阼階上再拜, 賓西階上答拜. 司正立于楹間以相拜. 皆揖復席.

정현주

'재배를 한다'(再拜)는 것은 빈이 머무르기를 허락한 것에 배례를 하는 것이다. 사정은 주인에게 빈이 허락한 사실을 보고한 후 기둥(楹) 사이에 서서 배례하는 것을 돕는다. 빈과 주인은 배례를 마친 후에 읍을 하고 자리로 나아가 앉는다. '再拜', 拜賓許也. 司正旣以賓許告主人, 遂立楹間以相拜. 賓·主人旣拜, 揖就席.

주

1_ 빈과 개는 따라 내려오지 않는다 : 가공언에 따르면 앞서(주인이 太師를 위해 술잔을 씻어 줄 때) 주인을 따라서 빈과 개가 모두 내려왔던 것과는 달리, 이제는 燕禮를 시작하려고 하기 때문에 예를 간략히 하는 것이라고 한다. 『의례주소』, 177쪽 참조.

2_ 사정 : 司正은 향음주례나 賓主가 연회를 할 때에 예를 감찰하는 자이다. 『예기』「향음주의」의 "工告樂備. 遂出, 一人"에 대한 정현 주에서 "사정을 세워서 예를 바로잡으면 예를 잃지 않으리라는 것을 알 수 있다"(立司正以正禮, 則禮不失可知)라고 하였다.

3_ 상으로 하여금 사정이 되게 한다 : 가공언은 이곳의 '相'은 처음 庠學의 문 밖에서 빈을 맞이하던 사람([經-13] 참조)인데, 이제 燕飮을 하기 위해 그를 司正으로 삼은 것이라고 한다. 相을 司正으로 바꾸는 것에 대해서 방포는 앞의 절차는 예를 돕는 相禮를 위주로 한 것이지만, 이제 이후의 절차에서는 예를 행할 때 술 마시는 것을 조심하도록 하는 謹酒의 의미가 있기 때문이라고 하였다. 『의례주소』, 179쪽 및 『의례정의』, 381쪽 참조.

4_ 빈에게 머무르기를 청하라 : 경문의 "請安于賓"에 대해서 채덕진은 『이아』「석고」를 근거로 '安'을 '止'로 해석한다. 가려고 하는 賓들을 멈춰서 머무르게 한다는 뜻이다. 『의례정의』, 381쪽 참조.

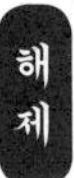

經-98에서 經-99까지는 '사정표위司正表位' 즉 사정司正이 정해진 위치에서 자신을 바르게 하는 절차이다.

[鄉飮酒禮04 : 經-98]

사정은 술잔에 술을 채운 다음 서쪽 계단으로 당에서 내려와, 양 계단 사이에서 북쪽을 향해 앉아 술잔을 내려놓은 후에 물러나서 두 손을 맞잡고(拱手) 잠시 선다.

司正實觶, 降自西階, 階間北面坐奠觶, 退共, 少立.

정현주 '양 계단 사이에서 북쪽을 향한다'(階間北面)는 것은 동서東西의 중앙[1]을 가리킨다. 그곳은 남북으로 뜰 중앙에 해당한다. '공共'은 두 손을 맞잡는다(拱手)는 뜻이다. '잠시 선다'(少立)는 것은 스스로 바르게 하여 모두 자기 위치를 삼가도록 하는 의미이다. 자기가 솔선하여 바르게 하면 누가 감히 바르지 않겠는가?「연례燕禮」에서는 "오른쪽으로 몸을 돌려 북쪽을 향한다"[2]고 하였다. '階間北面', 東西節也. 其南北當中庭. '共', 拱手也. '少立', 自正, 愼其位也. 己帥而正, 孰敢不正?「燕禮」曰, "右還北面."

[鄉飮酒禮04 : 經-99]

사정이 앉아서 술잔을 잡는데, 술로 고수레를 하지 않고 그대로 술잔의 술을 다 마신 뒤에 일어난다. 다시 앉아서 술잔을 내려놓고 그대로 배례를 한 후에 술잔을 잡고 일어나서 손을 씻고 술잔을 씻는다. 자리로 가서 북쪽을 향해 앉아서 술잔을 제자리에 놓고, 물러나서 술잔의 남쪽에 선다.

坐取觶, 不祭, 遂飮卒觶, 興. 坐, 奠觶, 遂拜, 執觶興, 盥洗. 北面坐, 奠觶于其所, 退立于觶南.

정현주 술잔을 씻어서 내려놓는 것은 정결하고 공경함을 보이기 위함이다. 술잔의 남쪽에 서서 사람들을 살핀다. 洗觶奠之, 示絜敬. 立於其南以察衆.

주

1_ 동서의 중앙 : 정현 주의 경문은 "東西節"이다. 가공언은 이에 대해 "東西等"이라고 해석하였다. 동서로 같은 위치 즉 중앙을 가리킨다. 『의례주소』, 178쪽 참조.

2_ 오른쪽으로 ~ 향한다 : 이 말은 「연례」의 "司正이 서쪽 계단으로 당에서 내려왔을 때 몸을 돌려서 북쪽을 향한다"라는 뜻으로, 자기의 군주를 등지지 않음을 말한다. [燕禮06 : 經-113] 참조. 가공언은 여기서도 서쪽 계단으로 당에서 내려와서, 다시 오른쪽으로 몸을 돌려서 북쪽을 향함으로써 大夫를 등지지 않도록 하는 것이라고 본다. 『의례주소』, 179쪽 참조.

「여수도旅酬圖」

(淸), 『흠정의례의소』

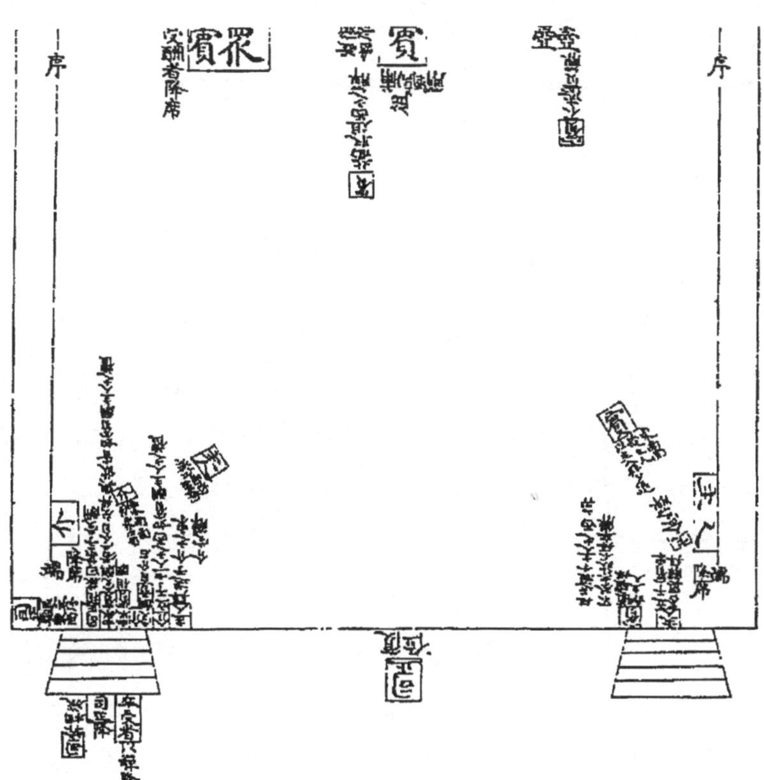

經-100에서 經-103까지는 '빈수주인賓酬主人' 즉 빈이 주인에게 술을 권하여 수酬의 예를 행하는 절차이다.

[鄕飮酒禮04 : 經-100]

빈이 북쪽을 향해 앉아서 말린 고기를 담은 대나무제기와 고기젓갈을 담은 나무제기 서쪽의 약간 남쪽[1]에 있는 술잔을 잡고, 조계의 위쪽에서 북쪽을 향해 주인에게 술을 권하여 수酬의 예를 행한다. 주인은 자리에서 내려와 빈의 오른쪽에 선다.

賓北面坐, 取俎西之觶, 阼階上北面酬主人. 主人降席, 立于賓東.

정현주 여수旅酬[2]를 처음 시작하는 것이다. 무릇 여수는 젊은이와 연장자가 나이 순서대로 하며, 물을 부어서 손을 씻는 것으로 끝나는데, 젊은이에서 연장자까지 모두 하여 빠지는 사람이 없다. 初起旅酬也. 凡旅酬者, 少長以齒, 終於沃盥者, 皆弟長而無遺矣.

[鄕飮酒禮04 : 經-101]

빈은 앉아서 술잔을 내려놓고 배례를 한 다음 술잔을 잡고 일어난다. 주인이 답배를 한다. 빈은 술로 고수레를 하지 않고 서서 술을 마시는데, 술잔의 술을 다 마시지만 배례를 하지 않으며, 술잔을 씻지 않고 술잔에 술을 채운 다음 동남쪽을 향해서 주인에게 건네준다[3].

賓坐奠觶, 遂拜, 執觶興. 主人答拜. 不祭, 立飮, 不拜卒觶, 不洗, 實觶, 東南面授主人.

정현주 빈이 서서 술잔의 술을 다 마시는 것은, 이어서 다시 술을 따라서 주인을 향해서 건네줄 것이기 때문이다. 賓立飮卒觶, 因更酌以鄕主人, 將授.

[鄕飮酒禮04 : 經-102]

주인이 조계의 위쪽에서 배례를 하면, 빈은 조금 물러나 피한다. 주인이 술잔을 받는다. 빈은 술잔을 건네준 후에 주인의 서쪽으로 가서 배례를 한다.

主人阼階上拜, 賓少退. 主人受觶. 賓拜送于主人之西.

정현주 여수旅酬를 할 때 계단을 함께 하는 것은 예禮가 간소해진 것이다.[4] 旅酬同階, 禮殺.

[鄕飮酒禮04 : 經-103]

빈이 주인에게 읍을 하고 자리로 돌아간다.

賓揖, 復席.

정현주 빈이 주인에게 술을 권하여 수酬를 하는 예가 끝난 것이다. 酬主人訖.

주

1_ 말린 고기를 ~ 약간 남쪽 : 경문의 '俎西'에 대해서 오계공은 "俎西는 '薦西'에서 조금 남쪽이 된다"(俎西, 於薦西爲少南)라고 하였다. 『의례정의』 384쪽 참조. [經-36]에서 '薦西'는 말린 고기를 담은 대나무제기와 고기젓갈을 담은 나무제기의 서쪽을 말한다.

2_ 여수 : 旅酬는 燕飮의 한 절차로, 衆賓들이 長幼의 순서에 따라 차례대로 서로 술을 권하는 의식이다.

3_ 빈은 술로 고수레를 하지 않고 ~ 건네준다 : 이처럼 배례를 한 후에 고수레를 하지 않고 서서 술을 마시고, 觶의 술잔을 다 마시지만 배례를 하지 않으며, 술잔을 씻지 않는 것은, 신하가 군주와 旅酬를 할 때나 술을 하사받았을 경우와 같이 예외적인 경우를 제외하고는 旅酬禮의 일반적인 형식이다. 『의례정의』, 385~387쪽 참조.

4_ 여수를 ~ 것이다 : 앞서 正酬 때, 즉 [經-49]의 정식 酬의 예에서는 주인은 조계의 위쪽, 빈은 서쪽 계단의 위쪽에서 술잔을 주고받았으나, 이 여수례에서는 예가 간략해져서 賓·主가 모두 조계의 위쪽에서 술잔을 주고받는 것을 가리킨다.

經-104는 '주인수개主人酬介' 즉 주인이 개에게 술을 권하여 수酬의 예를 행하는 절차이다.

[鄕飮酒禮04 : 經-104]

주인이 서쪽 계단 위쪽에서 개에게 술을 권하여 수酬의 예를 행한다. 개가 남쪽 방향으로부터 자리에서 내려와 주인의 서쪽에 선다. 빈이 주인에게 술을 권하여 수의 예를 행하는 것과 동일한 절차로 한다.[1] 주인이 읍을 하고 자리로 돌아간다.

主人西階上酬介. 介降席自南方, 立于主人之西. 如賓酬主人之禮. 主人揖復席.

정현주

그 술을 따르는 사람, 즉 주인은 술잔에 술을 채우고 서남쪽을 향해서 개에게 술잔을 건네주는 것이다. 여기서부터 이후 여수를 행할 때 술을 따르는 사람도 또한 이와 동일한 절차로 한다.[2] 其酌, 實觶西南面授介. 自此以下旅酬, 酌者亦如之.

주

1_ 빈이 ~ 절차로 한다 : 빈이 주인에게 술을 권할 때는 조계의 위쪽에서 동남쪽을 향했다. 따라서 여기서는 주인이 서쪽 계단의 위쪽에서 서남쪽을 향해 개에게 술을 권하는 것이다.

2_ 여기서부터 ~ 절차로 한다 : '또한 이와 동일한 절차로 한다'는 것에 대해서 장이기는 "모두 서남쪽을 향해서 술잔을 건네준다"라는 뜻으로 해석하였고, 주희는 "賓·主人·介가 서로 酬를 행할 때에는 모두 북쪽을 향하는데, 다만 觶에 술을 채운 후 술잔을 건네줄 때에는, 빈의 경우 동남쪽을 향해서 주인에게 건네주고 주인의 경우 서남쪽을 향해 개에게 건네준다"라고 하였다. 『의례정의』, 388쪽 참조.

「여수旅酬」

장혜언(淸), 『의례도』

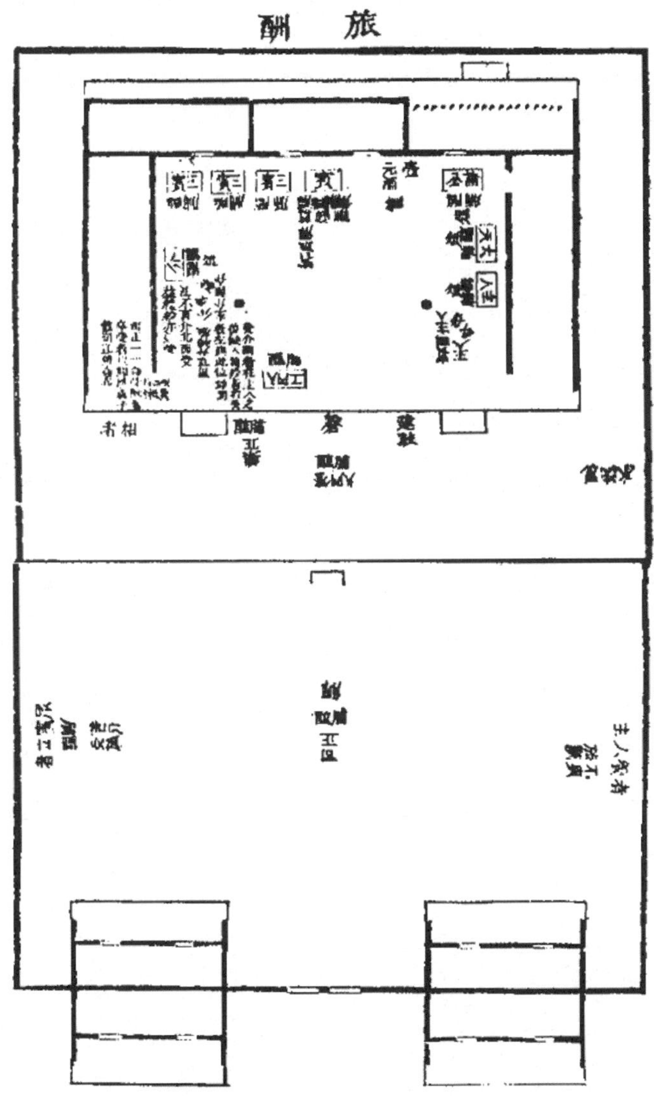

經－105에서 經－111까지는 '개수중빈介酬衆賓' 즉 개가 중빈에게 술을 권하여 수의 예를 행하고, '중빈여수衆賓旅酬' 즉 중빈이 차례대로 술을 권하여 여수旅酬의 예를 행하는 절차이다. 여기까지는 음주례飮酒禮의 제3단락이다.

[鄕飮酒禮04 : 經－105]

사정이 당으로 올라가서 여수旅酬의 예를 감찰하며,[1] "아무개는 수酬의 술을 받으시오"라고 말한다. 수酬의 술을 받을 사람은 자리에서 내려온다.

司正升相旅, 曰, "某子受酬." 受酬者降席.

정현주 '여旅'는 순서(序)라는 뜻이다. 이때에 개가 중빈에게 술을 권하여 수酬의 예를 행하면, 중빈은 또 순서에 따라서 서로 술을 권하여 수의 예를 행한다. '아무개'란 중빈의 성姓이다. 성이 같으면 백伯·중仲으로 구별한다. 백·중이 또 같으면 그의 자字로 구별한다. '旅', 序也. 於是介酬衆賓, 衆賓又以次序相酬. '某'者, 衆賓姓也. 同姓則以伯·仲別之. 又同, 則以其字別之.

[鄕飮酒禮04 : 經－106]

사정은 물러나와 당 위 서쪽 벽(西序)의 남쪽 끝에 서서 동쪽을 향한다.

司正退立于序端, 東面.

정현주 수酬의 술을 받을 사람을 피하기 위함이며, 또 당 위에서 돕고 당 아래에서 돕는 것을 편하게 하기 위함이다. 사정이 처음에 당 위에 올라가서 감찰할 때는 서쪽 계단의 서쪽에서 북쪽을 향한다.[2] 辟受酬者, 又便其贊上贊下也. 始升相, 西階西北面.

[鄉飮酒禮04 : 經-107]

수酬의 술을 받는 사람(중빈의 우두머리 3명 가운데 첫 번째 사람)[3]은 개의 오른쪽으로부터 받는다.

受酬者自介右.

정현주 개의 동쪽으로부터 받는 것이다.[4] 개를 높여 주어서 본래의 위치를 잃지 않도록 하는 것이다.[5] 由介東也. 尊介, 使不失故位.

[鄉飮酒禮04 : 經-108]

수酬의 술을 받는 사람들[6]은 술을 권하는 사람[7]의 왼쪽에서 받는다.

衆受酬者受自左.

정현주 중빈의 우두머리 가운데 첫 번째 사람 이후로 수酬의 술을 받는 사람들이 모두 서쪽에서 받는 것은 개에게서 받는 경우와 다르게 변화를 준 것이다. 금문본에는 '衆酬' 두 글자가 없다.[8] 後將受酬者, 皆由西變於介也. 今文無'衆酬'者.

[鄕飮酒禮04 : 經-109]

이어서 배례를 하고 일어나서 술을 마시는데, 모두 빈이 주인에게 술을 권하여 수酬를 하는 예와 마찬가지 절차로 한다.

拜, 興, 飮, 皆如賓酬主人之禮.

정현주

빈 이하는 절차가 다를 것이라는 혐의 때문에 기록한 것이다. 嫌賓以下異也.

[鄕飮酒禮04 : 經-110]

(중빈의 우두머리들에게 술을 권하고 나서) 당 아래 있는 중빈에게도 두루 술을 권하는데, 마지막으로 술잔을 받은 자는 빈 술잔을 들고 당에서 내려와, 앉아서 당 아래의 대광주리에 넣어 둔다.

辯, 卒受者以觶降, 坐奠于篚.

정현주

'변辯'은 당 아래에 있는 중빈들에게 두루 술을 권한다는 뜻이다.[9] 「향사례鄕射禮」에서는[10] "당 아래에 있는 중빈들에게도 두루 술을 권하고, 이어서 당 아래에 있는 빈 쪽의 유사들에게까지 술을 권하는데, 유사들은 모두 당 위로 올라가 서쪽 계단 위쪽에서 여수의 술잔을 받는다"고 하였다. '辯', 辯衆賓之在下者. 「鄕射禮」曰, "辯, 遂酬在下者, 皆升, 受酬于西階上."

[鄕飮酒禮04 : 經-111]

사정이 당에서 내려와서 본래의 위치로 돌아간다.

司正降, 復位.

정현주

술잔의 남쪽 위치로 돌아가는 것이다.

觶南之位.

주

1_ 여수의 예를 감찰하며 : '相旅'는 여수의 예를 살펴보면서(相視) 失禮를 하는 일이 없는 지 감독(監)하는 것이다. 『의례정의』, 388쪽 참조. 가공언은 賓·主와 介가 旅酬의 예를 행할 때에는 감찰하지 않다가 衆賓의 旅酬禮에 와서야 감찰하는 것은, 주인과 빈·개는 예를 익힌 지가 오래되었고 또 각자의 자리(席)에 있기 때문에 失禮를 할 혐의가 없지만 중빈은 예를 익힌 지 오래되지 않았고 또 하나의 자리에 함께 있어서 실례를 할 수 있기 때문이라고 하였다. 『의례주소』, 181쪽 참조.

2_ 사정이 처음에 ~ 향하였다 : 이여규는 "사정이 처음 당으로 올라갔을 때는 빈이 그에게 명을 하기 때문에 서쪽 계단의 서쪽에서 북쪽을 향한다"라고 하였다.(『의례정의』, 389쪽) 그렇다면 여기서 "사정이 처음 당으로 올라가서 감찰할 때"란 [經-95]와 [經-96]의 상황을 가리킴을 알 수 있다.

3_ 수의 술을 받는 사람 : 호승공은 이 '受酬者'에 대해, '중빈의 우두머리 한 사람'이며, 따라서 아래 [經-108]의 '衆受酬者'는 중빈의 우두머리 가운데 두 번째 사람 이하 및 堂下의 중빈을 가리킨다고 하였다. 『의례정의』, 390쪽 참조.

4_ 개의 ~ 받는 것이다 : 가공언에 따르면 북쪽을 향하면 동쪽이 오른쪽이 되므로 '介의 동쪽'이라고 한 것이다. 가공언에 의하면, 물건을 주고받을 때는 그의 오른쪽으로부터 주고, 받을 때는 그의 왼쪽으로부터 받는 법인데, 여기서 개가 권하는 술을 받는 사람이 개의 왼쪽으로부터 받아야 하는데도 개의 오른쪽으로부터 받은 것은 개의 자리가 서쪽에 있기 때문이라고 하였다. 『의례주소』, 181쪽 참조.

5_ 개를 높여 주어서 ~ 것이다 : 양복에 따르면, 主人이 介에게 술을 권했을 때 개는 주인의 서쪽에 서 있는데, 이는 주인이 개의 오른쪽에 있는 것이 된다. 개가 중빈 '아무개'에게 술을 권하게 된 상황에서 아무개는 술을 받을 때 또한 개의 오른쪽에 있다. 이는 개를 높여서 본래 자리를 잃지 않도록 하는 것이다. 『의례정의』, 390쪽 참조.

6_ 수의 술을 받는 사람들 : 가공언에 따르면 經文의 '衆受酬者'는 3명의 중빈의 우두머리 가운데 두 번째 사람 이하 및 堂 아래에 있는 중빈들을 가리킨다. 『의례주소』, 182쪽 참조. 위의 주석 3)에서 보았듯이 호승공도 같은 입장이다.

7_ 술을 권하는 사람 : 학경은 衆賓이 돌아가며 서로 술을 권하는데, 술을 주는 사람이 왼쪽에 있게 된다고 한다. 장이기는 중빈의 우두머리 가운데 첫 번째 사람은 존귀한 介의 오른쪽에서부터 술을 받고, 다음 사람부터는 그 앞사람의 왼쪽으로부터 술을 받는다고 한다. 『의례정의』, 390쪽 참조.

8_ '衆酬' 두 글자가 없다 : 『십삼경주소 정리본』의 교감기에서는 정현 주의 '衆酬者'에 대해, 毛本에는 '者'가 '也'로 되어 있고 완원은 '衆'이 '受'가 되어야 한다고 하였다.

9_ '변'은 ~ 권한다는 뜻이다 : 장이기는 이미 당 위에서 酬의 예를 하고 다시 당 아래에까지 미쳐서 두루 하지 않음이 없음을 말한다고 하였다. 정현의 경문 주나 「향사례」의 인용은 모두 장이기의 뜻과 통하는 것으로 보인다. 이에 비해서 호배휘는 경문의 '辯'은 당 위와 당 아래를 모두 아울러서 말한 것이라고 보았다. 그에 따르면,

당 위에서는 賓長 세 사람이 술을 받는데, 介가 빈장의 첫 번째 사람에게 술을 권하면 그 첫 번째 사람이 두 번째 사람에게 술을 권하고, 두 번째 사람은 세 번째 사람에게 술을 권한다. 세 번째 사람이 당 아래의 衆賓에게 술을 권하면 衆賓이 차서에 따라서 술을 권하고 마지막 사람이 빈 술잔을 대광주리에 넣어 두는 것이라고 한다. 『의례정의』, 391쪽 참조.

10_「향사례」에서는 : [鄕射禮05 : 經-280] 참조.

「이인거치위무산작도二人擧觶爲無算爵圖」

(淸),『흠정의례의소』

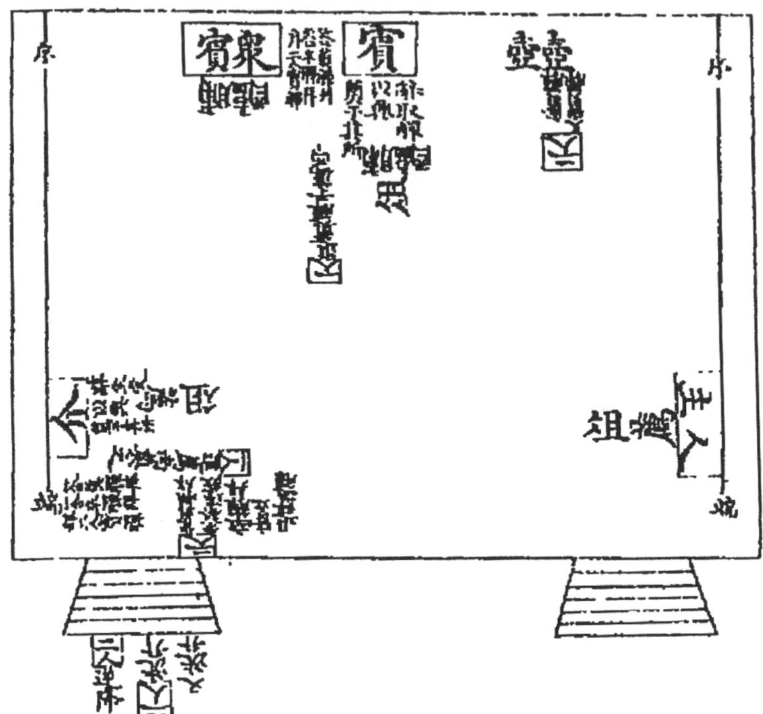

「이인거치二人擧觶」

장혜언(淸), 『의례도』

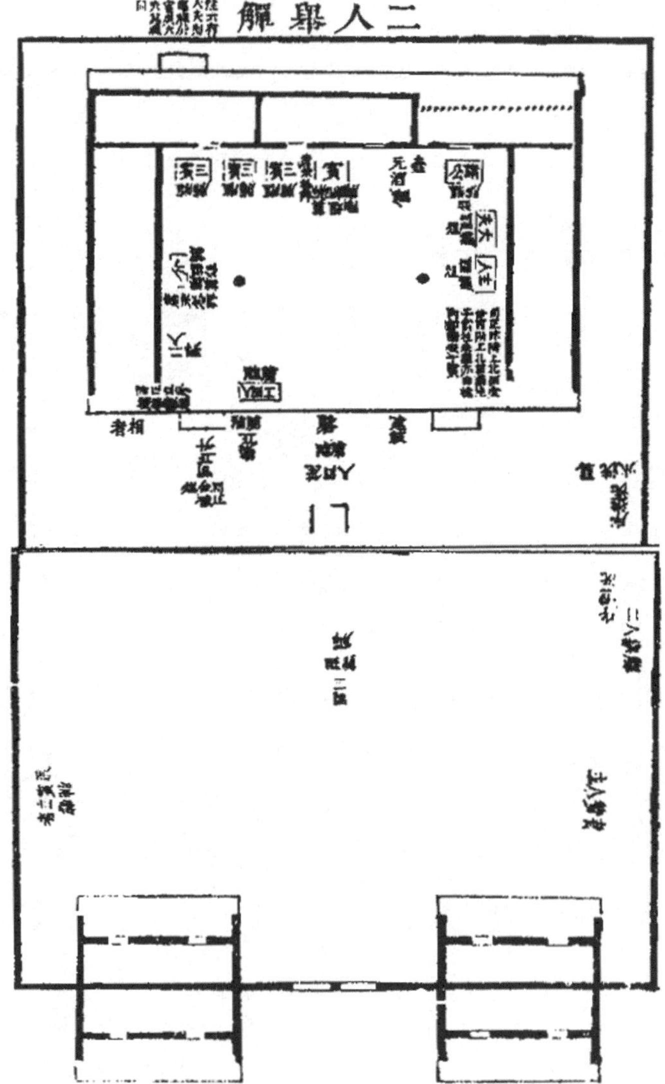

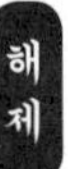

經-112에서 經-114까지는 '이인거치二人擧觶' 즉 주인의 속리 2명이 빈과 개에게 술잔을 들어 올려서, 순서도 횟수도 없이 서로 술잔을 권하여 마시는 무산작無算爵이 시작되는 절차이다.

[鄕飮酒禮04 : 經-112]

사정이 속리 2명을 시켜서 빈과 개를 향해 술잔(觶)을 들어 술을 올리게 한다.[1] 두 사람은 술잔을 씻은 다음 당으로 올라가서 술잔에 술을 채우고, 서쪽 계단 위쪽으로 가서 모두 앉아서 술잔을 내려놓고 그대로 빈과 개에게 배례를 한 후에, 술잔을 잡고 일어난다. 빈과 개가 자리의 꼬리 부분에서 답배를 한다.[2] 두 사람은 모두 앉아서 술로 고수레를 하고 이어서 술을 마시는데, 술잔의 술을 다 마시고 일어난 다음, 다시 앉아서 술잔을 내려놓고 배례를 한 후에 술잔을 잡고 일어난다. 빈과 개가 자리의 꼬리 부분에서 답배를 한다.

使二人擧觶于賓·介. 洗, 升, 實觶, 于西階上皆坐, 奠觶, 遂拜, 執觶興. 賓·介席末答拜. 皆坐祭, 遂飮, 卒觶, 興, 坐奠觶, 遂拜, 執觶興. 賓介席末答拜.

정현주 '2명'도 역시 주인의 속리屬吏이다. 만약 대부大夫가 있는 경우에는 빈과 대부를 향해 술잔(觶)을 들어 술을 올린다. 「연례燕禮」에서는[3] "술잔을 들어 올리는 2명의 하대부는 물받이 항아리(洗)의 남쪽에서 서쪽을 향해 서는데, 북쪽을 윗자리로 삼는다. 순서대로 물받이 항아리 앞으로 나아가 손을 씻고 술잔을 씻는다"라고 하였다. '二人', 亦主人之吏. 若有大夫, 則擧觶于賓與大夫. 「燕禮」曰, "媵爵者立于洗南, 西面北上. 序進盥洗."

[鄕飮酒禮04 : 經-113]

두 사람은 당으로 올라갈 때와 반대의 순서로 당에서 내려와 술잔을 씻고, 다시 당으로 올라가서 술잔에 술을 채운 다음, 모두 서쪽 계단의 위쪽으로 가서 선다. 빈과 개가 모두 배례를 한다.

逆降, 洗, 升, 實觶, 皆立于西階上. 賓·介皆拜.

정현주

자리의 꼬리 부분에서 배례를 하는 것이다. 於席末拜.

[鄕飮酒禮04 : 經-114]

두 사람이 모두 빈과 개의 자리 앞으로 나아가서 한 사람이 말린 고기를 담은 대나무제기와 고기젓갈을 담은 나무제기의 서쪽에 술잔을 내려놓으면, 빈은 사양을 한 후에 앉아서 술잔을 잡고 일어난다. 개에게는 다른 한 사람이 말린 고기를 담은 대나무제기와 고기젓갈을 담은 나무제기의 남쪽에 술잔을 내려놓는다. 개가 앉아서 술잔을 받고 일어난다. 두 사람은 술잔을 건네준 후에 물러나와 배례를 한 다음, 당에서 내려간다. 빈과 개는 말린 고기를 담은 대나무제기와 고기젓갈을 담은 나무제기의 서쪽과 남쪽에 각각 술잔을 내려놓는다.

皆進, 薦西奠之, 賓辭, 坐取觶以興. 介則薦南奠之. 介坐受以興.

退, 皆拜送, 降. 賓·介奠于其所.

정현주

빈의 경우에는 '잡는다'(取)고 하고, 개의 경우에는 '받는다'(受)고 말하는 것은 지위의 높고 낮음에 따라 글자를 달리한 것이다. 금문본에는 '賓受'(빈이 받는다)로 되어 있다. 賓言'取', 介言'受', 尊卑異文. 今文曰'賓受'.

주

1_ 사정이 ~ 올리게 한다 : 경문의 '使二人'에 대해 학경은 司正이 주인의 뜻에 따라서 시키는 것으로 보았다. 『의례정의』, 396쪽 참조.

2_ 빈과 개가 ~ 답례를 한다 : 가공언의 소에 따르면, 賓은 席에서 서남쪽을 향해 답배를 하고 介는 席에서 남동쪽을 향해 답배를 한다. 『의례주소』, 182쪽 참조.

3_ 「연례」에서는 : [燕禮06 : 經-62] 참조.

「철조안연도徹俎安燕圖」

(淸),『흠정의례의소』

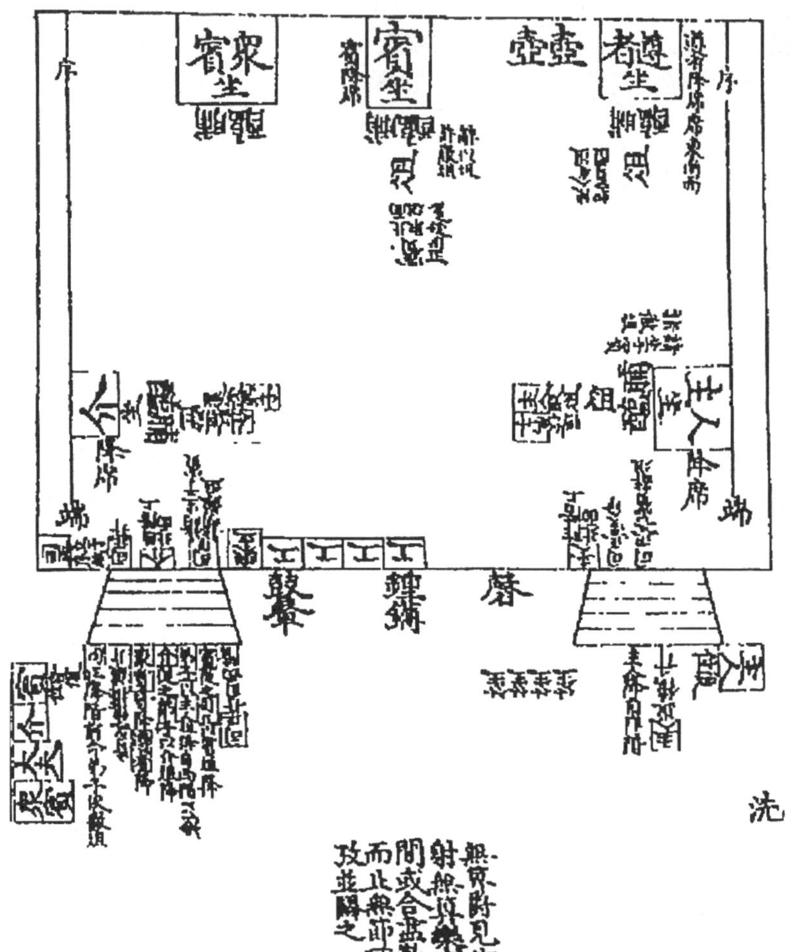

「철조撤俎」

장혜언(清), 『의례도』

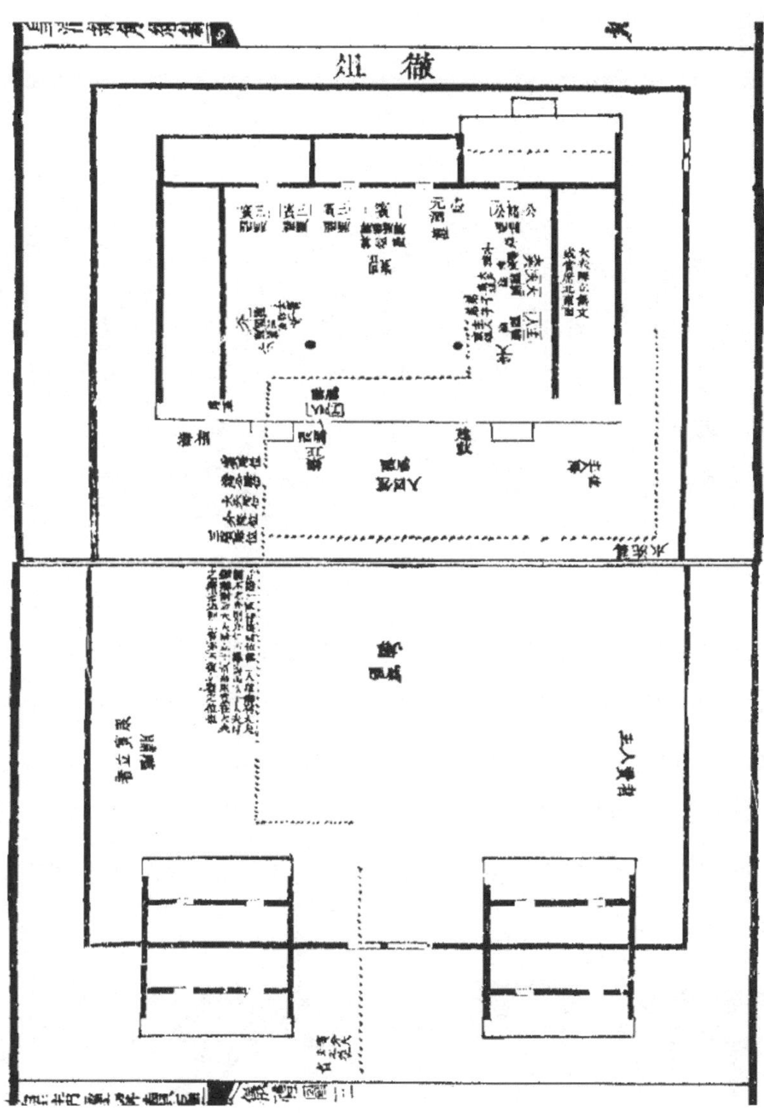

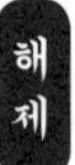

經-115에서 經-120까지는 '철조徹俎' 즉 희생고기를 담은 희생제기를 거두어들이는 절차이다.

[鄉飮酒禮04 : 經-115]

사정이 서쪽 계단을 통해 당으로 올라가서 주인에게 명을 받는다.[1] 주인은 "빈에게 앉으시기를 청하라"라고 명한다. 빈은 앞에 희생제기(俎)[2]가 아직 남아 있음을 이유로 사양한다.

司正升自西階, 受命于主人. 主人曰, "請坐于賓." 賓辭以俎.

정현주

여기에 이르러서 성대한 예가 모두 완성되어 술은 맑고 안주는 잘 준비되어 있지만, 빈과 주인이 수없이 배례를 하였기 때문에 아무리 강건하여 힘이 있는 사람이라도 피곤해진다.[3] 팽팽하게 당기기만 하고 풀어놓지 않거나 풀어놓기만 하고 팽팽하게 당기지 않는 것은 문왕과 무왕의 법도가 아니다.[4] '앉기를 청하는 것'(請坐)은 빈을 편안하게 하려는 것이다.[5] 희생제기(俎)는 반찬 가운데 귀한 것이 담긴 그릇이다.[6] 빈이 앉기를 사

섭숭의(宋), 『삼례도』

양하는 것은 감히 예가 간소해졌음을 이유로 존귀한 자와 대등해질 수 없기 때문이다.[7] 至此"盛禮俱成, 酒清肴乾, 賓主百拜, 強有力者猶倦焉." "張而不弛, 弛而不張, 非文武之道." '請坐'者, 將以賓燕也. 俎者肴之貴者. 辭之者, 不敢以禮殺當貴者.

[鄉飲酒禮04 : 經-116]

주인이 조俎(희생제기)를 거두어들일 것을 청하면, 빈은 허락한다.

主人請徹俎, 賓許.

정현주 이 또한 사정이 주인의 말을 전하여 빈에게 아뢰는 것이다. 亦司正傳請告之.

[鄉飲酒禮04 : 經-117]

사정은 당에서 내려와 서쪽 계단의 앞으로 가서 제자弟子(빈 가운데 젊은이들)에게 희생제기 거두는 일을 기다리고 있으라고 명한다.

司正降階前, 命弟子俟徹俎.

정현주 ('계단 앞'은) 서쪽 계단 앞을 가리킨다. '제자弟子'는 빈賓 가운데 젊은이들이다.[8] 희생제기는 주인의 속리가 진설하는데, 제자로 하여금 희생제기 거두는 일을 기다리라고 하는 것은 희생제기를 거두는 것이 빈賓의 의리임을 밝힌 것이다. 西階前也. '弟子', 賓之少者. 俎者, 主人之吏設之, 使弟子俟徹者, 明徹俎賓之義.

[鄕飮酒禮04 : 經-118]

사정이 당으로 올라가서 당 위 서쪽 벽(西序)[9]의 남쪽 끝에 선다.

司正升, 立于序端.

정현주 희생제기(俎) 거두는 일을 기다리는 것이다. 待事.

[鄕飮酒禮04 : 經-119]

빈이 자리에서 내려와 북쪽을 향해 선다. 주인은 자리에서 내려와 조계의 위쪽에서 북쪽을 향해 선다. 개가 자리에서 내려와 서쪽 계단 위쪽에서 북쪽을 향해 선다. 준자遵者(본받을 만한 사람)[10]는 자리에서 내려와 자리의 동쪽에서 남쪽을 향해 선다.

賓降席, 北面. 主人降席, 阼階上北面. 介降席, 西階上北面. 遵者降席, 席東南面.

정현주 모두가 서 있는 것은 희생제기 거두는 일을 서로 기다리고 있다는 뜻이다. '준자遵者'는 이 고을 사람으로서 벼슬이 대부에까지 이른 자를 가리킨다. 이제 주인을 도와주러 와서 빈을 즐겁게 하므로, 주인이 영광스럽게 여기며 따르고 본받는 자이다. 이 때문에 '준자遵者'(본받을 만한 사람)라고 이름을 삼은 것이다. 있거나 없을 수 있고, 오거나 오지 않을 수 있으니, 당시 형편에 따라 할 뿐이다. 금문본에는 '遵'이 '僎'으로 되어 있거나 혹은 '全'으로 되어 있기도 하다. 皆立, 相須徹俎也. '遵者'謂此鄕之人仕至大夫者也. 今來助主人樂賓, 主人所榮而遵法者也. 因以爲名. 或有無, 來不來, 用時事耳. 今文'遵'爲'僎', 或爲'全'.

[鄕飮酒禮04 : 經-120]

빈이 희생제기를 잡고 몸을 돌려서 사정에게 건네주면, 사정은 이것을 들고 당에서 내려가는데, 빈도 사정을 따라 당에서 내려간다. 주인이 희생제기를 잡고 몸을 돌려서 제자에게 건네주면, 제자는 이것을 들고 서쪽 계단으로 내려가고, 주인은 조계로 내려간다. 개가 희생제기를 잡고 몸을 돌려서 제자에게 주면, 제자는 이것을 들고 당에서 내려가는데, 개도 제자를 따라서 내려간다. 만약 제공諸公과 대부大夫가 참여한 경우에는 사람[11]을 시켜서 그의 희생제기를 받도록 하며, 빈이 희생제기를 거두는 예와 같게 한다. 중빈이 모두 당에서 내려간다.

賓取俎, 還授司正, 司正以降, 賓從之. 主人取俎, 還授弟子, 弟子以降自西階, 主人降自阼階. 介取俎, 還授弟子, 弟子以降, 介從之. 若有諸公·大夫, 則使人受俎, 如賓禮. 衆賓皆降.

정현주

희생제기를 잡은 사람은 모두 자기의 자리(席)를 향한 상태에서 하는데,[12] 제자에게 희생제기를 주고 나면, 모두 당에서 내려가서 처음 들어왔을 때의 위치로 돌아간다. 取俎者皆鄕其席, 旣授弟子, 皆降, 復初入之位.

주

1_ 주인에게 명을 받는다 : 가공언은 「향사례」의 동일한 상황을 근거로, 司正이 西階를 통해 堂으로 올라가서 阼階 위에서 주인의 명을 받아, 다시 西階 위로 가서 북쪽을 향해 빈에게 앉기를 청하는 것이라고 하였다. 『의례주소』, 183쪽 참조.

2_ 희생제기 : 희생고기를 올려놓은 도마로서, '大房'·'房俎'라고도 칭한다. 『주례』 「천관·내옹」에 "왕에게 음식을 올릴 때에는 鼎과 俎를 진설하고 희생의 몸체를 그곳에 담는다"(王擧, 則陳其鼎俎, 以牲體實之)라고 한 것에 대해 정현은 "鑊에서 꺼내어 鼎에 올리고, 鼎에서 꺼내어 俎에 올린다. 鼎에 올리는 것을 '脀'이라 하고, 俎에 올리는 것을 '載'라고 한다"(取於鑊以實鼎, 取於鼎以實俎, 實鼎曰脀實俎曰載)라고 하였다. 鑊으로 희생의 몸체를 삶는데, 그것이 익으면 꺼내어서 鼎에 담아 올리고, 식사 때가 되면 다시 鼎에서 꺼내어 俎 위에 올려놓고 진설함을 말한다. 『예기』 「명당위」에 의하면 유우씨는 '梡俎', 하후씨는 '嶡俎', 은나라는 '椇俎', 주나라는'房俎'를 사용했다고 한다.(俎, 有虞氏以梡, 夏后氏以嶡, 殷以椇, 周以房俎) 청동기로 만든 것과 나무로 만들고 옻을 칠한 것이 있다. 『삼례사전』, 527쪽 참조.

3_ 성대한 예가 ~ 피곤해진다 : 정현의 이 주는 『예기』 「빙의」의 다음 문장을 함축한 표현이다. "빙례와 사례는 가장 성대한 예이다.…… 강건하여 힘이 있는 사람이 아니면 실행해 낼 수가 없다. 그러므로 강건하여 힘이 있는 사람이라야 빙례와 사례를 실행할 수 있다. 비록 술은 맑고 사람은 목이 마르다 해도 감히 마시지 못하며, 안주가 잘 준비되어 있고 사람은 허기가 진대도 감히 먹지 못한다."(聘·射之禮, 至大禮也.…… 非强有力者, 弗能行也. 故强有力者, 將以行禮也. 酒清人渴而不敢飮也, 肉乾人飢而不敢食也)

4_ 팽팽하게 ~ 법도가 아니다 : 이는 『예기』 「잡기하」의 문장이다. 『예기』 「잡기하」의 원문은 "활시위를 팽팽하게만 하고 늦추지 않으면 문왕과 무왕도 다스릴 수 없다. 활시위를 늦추어 풀어놓기만 한 채 팽팽하게 하지 않는 것을 문왕과 무왕은 하지 않는다. 한 번은 팽팽하게 하고 한 번은 늦추어 풀어놓는 것이 문왕과 무왕의 법도이다"(張而不弛, 文武弗能也. 弛而不張, 文武弗爲也. 一張一弛, 文武之道也)이다.

5_ '앉기를 청하는 것'은 ~ 것이다 : 향음주례는 지금까지 모두 서서 예를 행했기 때문에 사람들이 모두 피곤해졌으므로, 이제 빈에게 앉도록 청하는 것이다.

6_ 희생제기는 ~ 담긴 그릇이다 : 뼈에 고기가 붙어 있는 骨體는 귀하고 고기뿐인 肉은 천하다. 俎에는 骨體를 담기 때문에 俎를 귀하다고 한 것이다. 『의례주소』, 183쪽 참조.

7_ 빈이 앉기를 ~ 때문이다 : 이에 대해 호배휘는 다음과 같이 설명한다. 예가 성대한 경우에 희생고기의 뼈를 잘라서 올려놓은 折俎를 진설하는데 이제 예가 이미 완성되었는데도 여전히 俎를 진설하는 것은 주인이 빈을 높여서, 예가 간소해졌음을 이유로 빈을 소홀히 대할 수 없기 때문이다. '빈이 俎를 이유로 사양하는 것'은 감히 스스로를 높여서 간소해진 예를 가지고 존귀한 자를 대할 수 없기 때문이다. 『의례정의』, 399쪽 참조.

8_ '제자'는 ~ 젊은이들이다 : 가공언은 司正이 西階 앞에서 명을 했으므로 弟子는 賓의 弟子라고 하면서, 이는 빈이 주인을 공경하여 제자로 하여금 俎를 치우도록 한 것이라고 하였다. 『의례주소』, 185쪽 참조.

9_ 당 위 서쪽 벽 : 경문의 원문은 '席'이다. 『의례주소』 교감기와 『의례정의』의 호배휘 설에 따라 '序'로 해석한다.

10_ 준자 : 이 향음주례에서와 마찬가지로 향사례에서도 대부를 지낸 향리 사람이 遵者가 된다. [鄉射禮05 : 經-76]의 정현 주에는 "이 향리의 사람으로 대부가 된 사람을 가리킨다. 그를 '遵者'라고 일컫는 것은 바야흐로 예악으로 백성을 교화시킬 때 그를 따르고 본받고자 하기 때문"이라고 하였다.

11_ 사람 : 오계공은 '사람'은 弟子를 가리킨다고 본다. 이는 「향사례」의 "大夫取俎, 還授弟子"를 근거로 한 것이다. 그러나 방포는 오계공의 설이 잘못이라고 비판한다. 「향사례」의 대부는 州中의 작위가 높지 않은 자이므로 주인과 마찬가지로 제자에게 희생제기를 주지만, 「향음주례」는 遵者의 경우, 諸公의 아래로 諸卿도 있으므로, 제자가 아니라 公士를 시켜서 그의 희생제기를 받도록 한다고 본다. 『의례정의』, 402쪽 참조.

12_ 희생제기를 ~ 상태에서 하는데 : 희생제기가 각자 자기 자리(席) 앞에 있기 때문에, 각자 자신들의 자리를 향한 상태에서 희생제기를 집어 들면, 자신의 몸을 돌려서 받는 사람에게 희생제기를 주게 된다. 『의례주소』, 185쪽, 가공언의 소 참조.

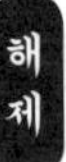

經-121에서 經-124까지는 '좌연坐燕' 즉 신을 벗고 자리에 앉아 자유롭게 술잔을 주고받으면서 연회를 즐기는 절차이다. 이것은 음주례飮酒禮의 제4단락으로서 술을 마시는 예는 여기서 비로소 끝난다.

[鄕飮酒禮04 : 經-121]

모두 당 아래에서 신발(屨)[1]을 벗고, 읍을 하고 사양하기를 처음과 동일한 절차로 하면서 당으로 올라가 자리에 앉는다.

說屨, 揖·讓如初, 升, 坐.

정현주 '신발을 벗는다'(說屨)는 것은 앉을 때 편안하기 위함이다. 반드시 당 아래에서 신발을 벗는 것[2]은 신발은 천한 물건이어서 벗은 채로 당에 둘 수 없기 때문이다. 신발을 벗을 때 주인은 왼쪽을 먼저 벗고, 빈은 오른쪽을 먼저 벗는다.[3] 금문본에는 '說'이 '稅'로 되어 있다. '說屨'者, 爲安燕當坐也. 必說於下者, 屨賤, 不空居堂. 說屨, 主人先左, 賓先右. 今文'說'爲'稅'.

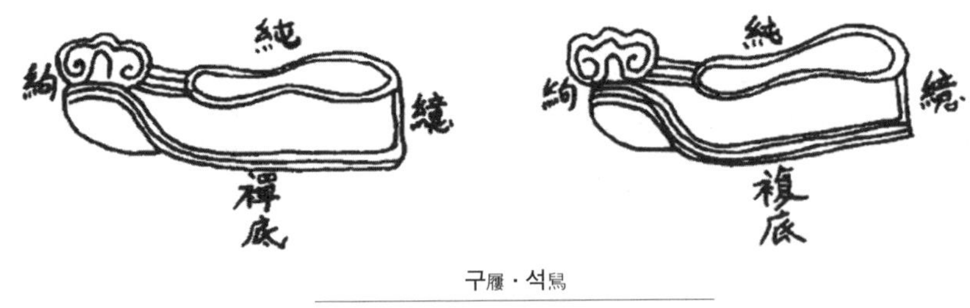

구屨 · 석舃

황이주(淸), 『예서통고』

[鄕飮酒禮04 : 經-122]

저민 개고기를 담은 나무제기와 고기젓갈을 담은 나무제기를 올린다.

乃羞.

정현주 '수羞'는 올린다(進)는 뜻이다. 올리는 음식은 저민 개고기와 고기젓갈이다. 앞서 뼈 붙은 희생고기를 담은 희생제기를 진설한 것은 공경함을 극진히 하기 위함이다.[4] 이제 저민 개고기를 담은 나무제기와 고기젓갈을 담은 나무제기를 올리는 것은 친애함을 다하기 위함이다. 공경하고 친애하는 것이 현능한 자를 후대하는 도리이다. '羞', 進也. 所進者, 狗胾醢也. 鄕設骨體, 所以致敬也. 今進羞, 所以盡愛也. 敬之, 愛之, 所以厚賢也.

[鄕飮酒禮04 : 經-123]

횟수를 세지 않고 서로 술잔을 권하여 마시는 무산작無算爵을 행한다.

無算爵.

정현주 '산算'은 센다(數)는 뜻이다. 빈과 주인이 연회에서 술을 마실 때, 술잔이 도는 것을 세지 않고,[5] 취하면 그친다. 「향사례鄕射禮」에서 "두 사람으로 하여금 빈과 대부에게 술잔을 들어 올리게 한다"고 하고, 또 "술잔(觶)을 잡은 두 사람이 비운 술잔을 씻은 후 당으로 올라가 술잔에 술을 채우고, 빈과 대부의 자리 앞으로 가서 되돌려 놓는다"고 한 것이 모두 이 무산작無算爵의 절차이다. '算', 數也. 賓主燕飮, 爵行無數, 醉而止也. 「鄕射禮」曰,

"使二人擧觶于賓與大夫", 又曰, "執觶者洗, 升實觶, 反奠於賓與大夫", 皆是.

[鄕飮酒禮04 : 經-124]

순서나 횟수를 정하지 않고 노래하고 연주하는 무산악無算樂을 행한다.

無算樂.

정현주

연회의 음악도 정해진 횟수가 없다.[6] 번갈아 당 위에서 시편을 노래로 읊고 당 아래에서 생笙으로 연주하기도 하고, 합악合樂 하기도 하다가 즐거움을 극진히 한 뒤에 그친다. 『춘추』 양공襄公 29년에 오吳의 공자 찰札이 빙문聘問을 와서 주周의 악樂을 연주하는 것을 관람하고자 청하였다. 이것이 국군國君이 무산악을 행한 예例[7]이다. 燕樂亦無數. 或間或合, 盡歡而止也. 『春秋』襄二十九年, 吳公子札來聘, 請觀于周樂. 此國君之無算.

주

1_ 신발 : '屨'는 신발을 뜻한다. 신발의 밑바닥이 겹으로 되어 있는 것은 '舃'이고, 홑으로 되어 있는 것은 '屨'이다. [士冠禮01 : 經-123]에서 "신발은 여름에는 칡으로 엮은 것을 사용한다"(屨, 夏用葛)라고 하였고, [士冠禮01 : 經-126]에서는 "겨울에는 가죽신발을 신어도 괜찮다"(冬, 皮屨可也)라고 하였다. '屨'에는 칡으로 만든 것과 가죽으로 만든 것이 있다는 뜻인데, '舃' 역시 마찬가지이다. '舃'과 '屨'에는 모두 '繶'·'純'·'絇'의 장식이 있다. '繶'은 신의 밑바닥과 옆 부분이 서로 만나는 곳을 꿰매는 장식끈이다. '純'은 신의 가장자리에 사용되는 끈 장식이다. '絇'는 신 앞머리에 실끈띠를 사용하여 코를 만들고 구멍을 내어 꿰어서 묶은 신코 장식이다. '舃'과 '屨'의 색깔은 치마의 색과 같다.

2_ 반드시 당 아래에서 신발을 벗는 것 : 가공언에 따르면, 堂上에서 예를 행하는 법은 서서 예를 행할 때는 신발을 벗지 않고 앉을 때에는 신발을 벗는 것인데, 벗은 신발을 곁에 늘어놓지 않아야 하므로 堂下에서 신발을 벗은 후에 당에 올라와 앉는다고 한다. 『의례주소』, 185쪽 참조.

3_ 신발을 벗을 때 ~ 벗는다 : 가공언은 『예기』「곡례상」의 "동쪽 계단으로 오를 때는 오른쪽 발을 먼저 내딛고, 서쪽 계단으로 오를 때는 왼쪽 발을 먼저 내딛는다"(上於東階, 則先右足, 上於西階, 則先左足)에 대한 정현의 注에서 "서로 상대를 향해서 공경하는 것에 가깝기 때문이다"(近於相鄕敬)라고 한 것을 근거로, 지금 북쪽을 향한 채 계단을 향하고 있는 상태에서 주인은 왼쪽에 먼저 앉고 빈은 오른쪽에 먼저 앉을 것이기 때문에, 이것이 상대를 향하여 공경하는 것에 가깝기 때문이라고 해석한다. 그러나 오계공은 빈이 주인의 왼쪽에 있기 때문에 주인이 왼쪽 신발을 먼저 벗고, 주인이 빈의 오른쪽에 있기 때문에 빈이 오른쪽 신발을 먼저 벗는 것이라고 해석하면서, 이것이 정현 주의 의미라고 본다. 『의례정의』, 404쪽 참조. 오계공은 정현이 가공언처럼 서로를 향해 공경한다는 의미를 취하지 않고, 상황을 편하게 하기 위한 의미를 취한 것으로 이해하는 것이다.

4_ 앞서 뼈 붙은 ~ 것이다 : 정현은 『의례』「사우례」의 "胾를 올려놓은 네 개의 나무제기는 시동의 왼쪽에 진설한다"(胾四豆, 設于左)에 대한 注에서 "'胾'는 저민 고기(切肉)이다"라고 하였고, 『예기』「곡례상」의 "무릇 음식을 차리는 예는 殽를 왼쪽에 놓고 胾를 오른쪽에 놓는다"(凡進食之禮, 左殽右胾)에 대한 주에서는 "'殽'는 뼈가 있는 몸체이다. '胾'는 저민 고기이다"(殽, 骨體也. 胾, 切肉也)라고 하였다.

5_ 술잔이 도는 것을 세지 않고 : 오계공에 따르면, 술잔을 세지 않고 마신다는 것은 술잔(觶)을 내려놓는 것을 행한 뒤에 끝나고 다시 시작하는 것이 정해진 수가 없다는 것을 의미한다. 여기서 「향사례」와 다른 점은, 술잔을 들어 술을 권하는 것과 술잔을 되돌려 놓는 것이 大夫에게 있지 않고 介에게 있는 것이다. 진혜전은 술잔을 세지 않고 마시는 것이 주인과 대부에게서 시작한다고 보는 양복의 설을 부인하고, 향음주례에서는 빈과 개의 위치가 높기 때문에 술잔을 세지 않고 마시는 것이 빈과 개에게서 시작한다고 하였다. 『의례정의』, 406쪽 참조.

6_ 연회의 ~ 횟수가 없다 : 앞에서 獻酬의 예를 할 때에는 升歌, 笙奏, 間歌, 合樂의 절차에 따라 각각 3편의 시를 순서대로 노래하고 연주하였는데, 이곳에서는 일정한 순서와 횟수를 따르지 않고 주인과 빈객이 모두 즐거움이 다하여 술 마시는 것을 그치면 악도 비로소 그친다는 뜻이다. 『의례정의』, 408쪽, 호배휘의 설 참조.

7_ 국군이 ~ 연주한 예 : 호배휘는 성세좌의 말을 인용하여 『춘추』 양공 29년의 일은 계찰의 請에 따라 魯에서 준비하여 벌인 것일 뿐, 國君이 無算樂을 한 예는 아니라고 하고, 정현이 이것을 例로 인용한 것은 잘못이라고 한다. 『의례정의』, 408쪽 참조.

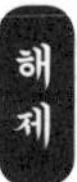

經-125에서 經-126까지는 음주의 예가 끝나고 빈이 나가는 절차이다.

[鄕飮酒禮04 : 經-125]

빈이 나가는데, 이때 「해하陔夏」를 연주한다.

賓出, 奏「陔」.

정현주

「해陔」는 「해하陔夏」[1]를 가리킨다. '해陔'는 경계함을 말한다. 날이 마치도록 연회를 하다가 술 마시는 것이 끝나게 되었으므로, 「해陔」로 절도를 삼아서 예를 잃는 일이 없도록 해야 함을 밝히는 것이다. 『주례周禮』「춘관春官·종사鍾師」에서 "종鍾과 고鼓로써 구하九夏를 연주한다"고 했는데, 이는 「해하」를 연주할 경우에는 종과 고가 있다는 뜻이다. 종과 고는, 천자와 제후의 경우에 두 가지를 다 갖추어 사용하고, 대부와 사의 경우에는 고만 사용한다. 대개 조계의 서쪽에 세우는 것이 남고南鼓이다. 「향사례」에서는 "빈이 일어날 때, 악정은 악공에게 「해하」를 연주하도록 명한다. 빈이 당에서 내려서서 서쪽 계단 위에 이르렀을 때[2] 「해하」가 연주된다. 빈이 나가고, 중빈이 모두 나간다"라고 하였다. 「陔」, 「陔夏」也. '陔'之言戒也. 終日燕飮, 酒罷, 以「陔」爲節, 明無失禮也. 『周禮』「鍾師」"以鍾鼓奏九夏", 是奏「陔夏」則有鍾鼓矣. 鍾鼓者, 天子諸侯備用之, 大夫·士鼓而已. 蓋建於阼階之西, 南鼓. 「鄕射禮」曰, "賓興, 樂正命奏「陔」. 賓降及階, 「陔」作. 賓出, 衆賓皆出."

[鄕飮酒禮04 : 經-126]

주인은 문 밖에서 빈을 전송하는데, 빈에게 재배를 한다.

主人送于門外, 再拜.

정현주

문의 동쪽에서 서쪽을 향해 배례한다.[3] 빈과 개가 답배를 하지 않는 것은 예에 마침이 있게 하려는 것이다.[4] 門東, 西面拜也. 賓介不答拜, 禮有終也.

주

1_「해하」: 『周禮』「春官·鍾師」에 "무릇 음악을 사용할 때에는 종과 북으로 九夏를 연주하는데 王夏, 肆夏, 昭夏, 納夏, 章夏, 齊夏, 族夏, 祴夏, 驁夏이다"(凡樂事, 以鍾鼓奏九夏, 王夏, 肆夏, 昭夏, 納夏, 章夏, 齊夏, 族夏, 祴夏, 驁夏)라고 하였는데, 鄭玄은 杜子春의 주를 따라서 "'祴'는 '陔鼓'라고 할 때의 '陔'로 읽는다"('祴'讀爲'陔鼓'之陔)고 하였다. 즉, '祴夏'는 '陔夏'로 읽는다는 뜻이다. 그러나 이 「향음주례」 경문의 「陔」가 정현이 해석하듯 『周禮』의 「陔夏」인지에 관해서 학자들은 회의적이다. 이여규는 「南陔」를 가리킨다고 보았고, 성세좌는 「춘관·종사」의 九夏는 「頌」류에 해당한다고 보았다. 호배휘는 「頌」과는 별도로 '陔夏'의 '夏'란 大聲으로서 제후 이하가 간여할 범주가 아니라는 입장에서 정현이 九夏의 「祴夏」와 「陔」를 하나로 혼동해보는 것은 천자·제후·대부의 악이 갖는 尊卑의 차이를 구분하지 않은 잘못이라고 지적한다. 그러면서도 漢代에 「陔」의 가사는 이미 일실되고 음절만이 남아서 정사농이나 정현이 이를 인지하고 있었을 가능성을 배제하지는 않고 있다. 『의례정의』, 408~409쪽 참조.

2_ 빈이 당에서 ~ 이르렀을 때 : "賓降及階"에 대해서 오계공은 빈이 당에서 내려 계단 위에 이르렀을 때(降謂降堂, 及階, 至階上也)로 본다. 위협몽은 자리에서 내려온 것(降席)으로 보지만, 호조흔은 내려서는 것이 계단과 연이어져 있으므로 당연히 오계공의 설이 옳다고 하였다(降與及階連, 當以敖說爲是). 『의례정의』, 616쪽 참조.

3_ 문의 동쪽에서 ~ 배례한다 : 이 위치는 처음 주인이 빈을 맞이하던 자리이다.

4_ 빈과 개가 ~ 것이다 : 처음 주인이 빈과 개를 맞이할 당시에는 주인이 재배를 하면 빈과 개가 답배를 하였지만, 이제 마지막에 주인의 배례에 빈과 개가 답배를 하게 되면 예를 행하는 것이 끝나지 않고 계속되므로, 빈과 개가 답배를 하지 않음으로써 예를 끝내는 것이다.

「주인영준헌준도主人迎遵獻遵圖」

(淸),『흠정의례의소』

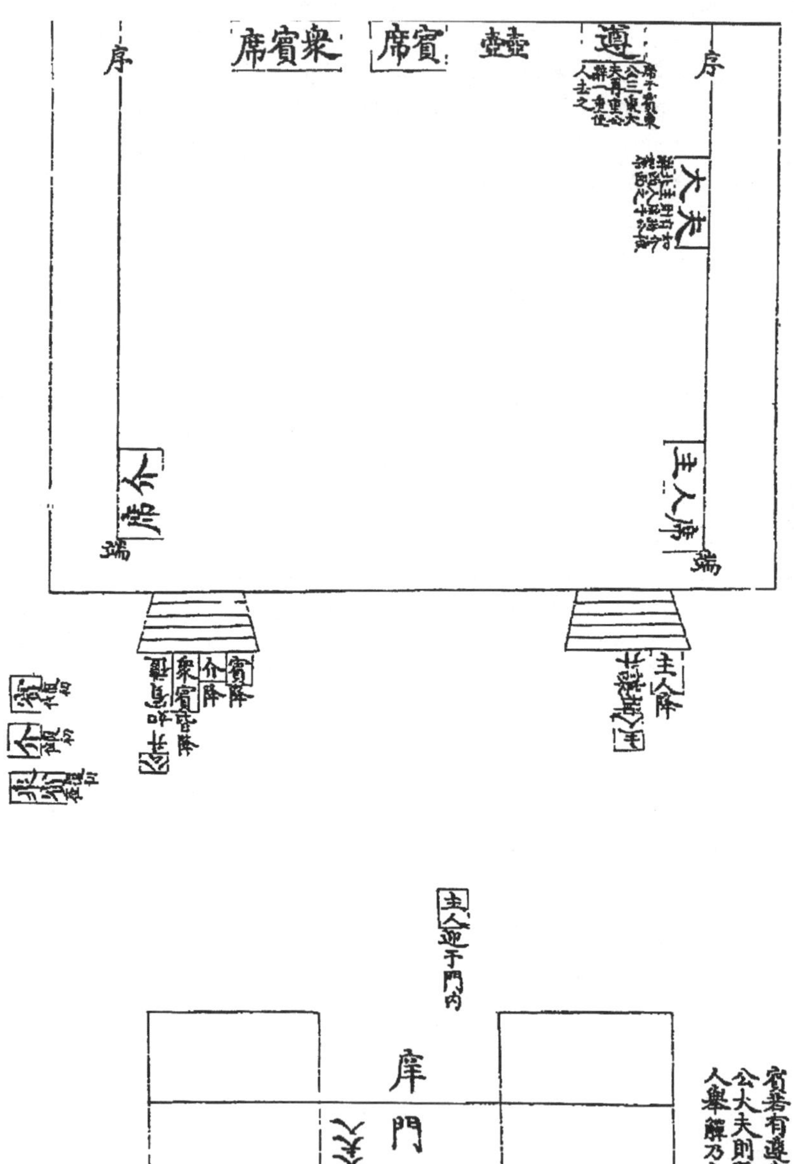

經-127에서 經-130까지는 준자遵者가 참여할 경우의 예禮이다.

[鄕飮酒禮04 : 經-127]

빈 가운데 준자遵者(본받을 만한 사람) 즉 제공諸公이나 대부大夫가 있는 경우에는, 1명이 빈에게 술잔(觶)을 들어 술을 올린 뒤에야 제공과 대부가 들어온다.

賓若有遵者, 諸公·大夫, 則既一人擧觶乃入.

정현주

(준자가) 간섭하지 않는 것은 주인의 정례正禮이기 때문이다.[1] 준자遵者는 제공諸公과 대부大夫이다. 그들을 빈이라고 한 것은 마찬가지로 외부에서 왔기 때문이다. 대국大國에는 고孤가 있는데 사명四命을 공公이라고 부른다.[2] 不干, 主人正禮也. 遵者, 諸公大夫也. 謂之賓者, 同從外來耳. 大國有孤, 四命謂之公.

[鄕飮酒禮04 : 經-128]

빈의 동쪽에 자리를 펴는데, 공의 자리는 세 겹을 깔고, 대부의 자리는 두 겹을 깐다.

席于賓東, 公三重, 大夫再重.

정현주

이 두 경우는 빈의 동쪽에 자리를 편다. 준자遵者를 높여서 향인鄕人[3]들과 함께 나이를 따지지 않도록 하는 것이다. 천자天子의 국國에서 삼명三命인 사람은 나이를 따지지 않는다.[4] 제후의 국國에서 작위가 대부인 경우에는 나이를 따지지 않는다. '준자'라고 밝히지 않은 것은 준자가 또한 경·대부이기 때문이다. 席此二者於賓東. 尊之, 不與鄕人齒也. 天子之國, 三命者不齒. 於諸侯之國, 爵爲大夫則不齒矣. 不言'遵'者, 遵者亦卿·大夫.

[鄕飮酒禮04 : 經-129]

공이나 대부가 문에 들어오면, 주인이 당에서 내려오고, 빈과 개가 당에서 내려오고, 중빈이 모두 당에서 내려와서 처음의 위치로 되돌아간다. 주인은 향의 학교(庠) 문 안에서 준자를 맞이하여 읍을 하고 사양을 한 후에 당으로 올라간다. 공이 당으로 올라갈 때에는 빈이 올라갈 때의 예와 같은 절차로 하고, 당에 올라가서는 자리(席) 한 겹을 사양한다. 그러면 주인은 한 사람을 시켜서 자리 한 겹을 걷어 내게 한다.

公如大夫入, 主人降, 賓·介降, 衆賓皆降, 復初位. 主人迎, 揖·讓升. 公升如賓禮, 辭一席. 使一人去之.

정현주

'여如'는 오늘날의 '약若'과 같은 뜻으로 읽는다.[5] 주인은 문 안에서 준자를 맞이한다. '자리(席) 한 겹을 사양한다'(辭一席)는 것은 겸양하여 스스로를 대부와 같게 하는 것이다.[6] '如', 讀若今之'若'. 主人迎之於門內也. '辭一席', 謙自同於大夫.

[鄕飮酒禮04 : 經-130]

대부의 경우는 개가 당으로 올라갈 때의 예와 같은 절차로 하고, 제공諸公이 있으면 위에 까는 자리(加席)[7]를 사양하여 자리의 북쪽 끝에 말아 놓는데, 주인은 사람을 시켜서 치우지 않는다. 제공이 없으면 대부가 위에 까는 자리를 사양하지만, 주인이 허락하지 않고,[8] 위에 까는 자리를 걷어 내지 않는다.

大夫則如介禮, 有諸公則辭加席, 委于席端, 主人不徹. 無諸公, 則大夫辭加席, 主人對, 不去加席.

정현주 '가석加席'은 '위에 까는 자리'(上席)를 가리킨다. 대부는 이중으로 자리를 깐다. '加席', 上席也. 大夫席再重.

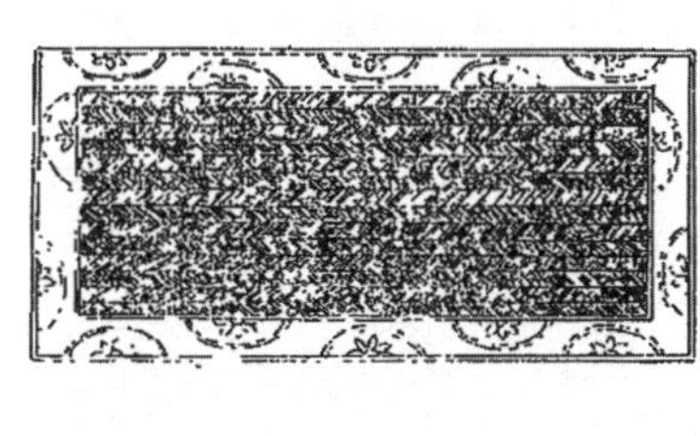

석席

(淸), 『흠정의례의소』

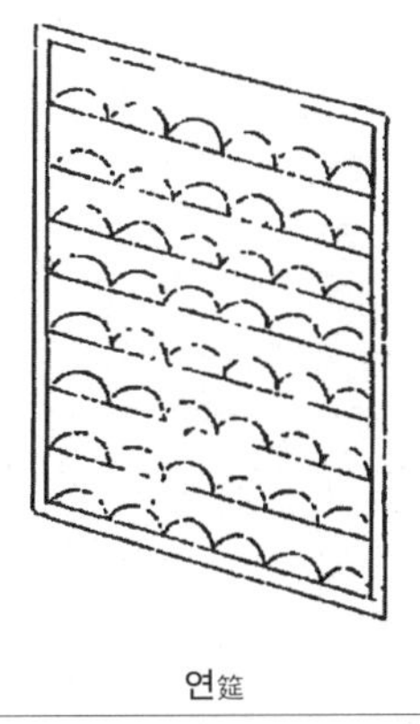

연筵

(淸), 『흠정의례의소』

주

1_ 간섭하지 않는 것은 ~ 때문이다 : 가공언에 따르면, 遵者가 旅酬가 시작되어서야 들어오는 것은 주인과 빈객의 獻酢 절차가 주인의 정식 의례이기 때문에 준자가 旅酬 이전의 과정에 간섭하지 않기 위해서이다. 이여규에 따르면, 주인과 빈객의 獻酢 절차는 正禮이지만, 준자는 경우에 따라 있을 수도 있고 없을 수도 있기 때문에 편의 말미에서 언급한 것이다. 『의례정의』, 410쪽 참조.

2_ 대국에는 ~ 부른다 : "大國有孤, 四命"은 『주례』「춘관 · 전명」의 문장이다. 周의 九等의 관작 제도를 九命이라 칭하는데, 그 중에 公의 孤는 四命에 해당한다. 호배휘에 따르면, 천자에게는 三孤가 있는데 三公의 副官이다. 그러나 대국에는 公이 없이 孤만 있을 뿐이므로 孤도 公이라고 호칭한다. 또 신하가 자기의 군주를 높일 때는 모두 公으로 부른다. 『의례정의』, 411쪽 참조.

3_ 향인 : 가공언에 따르면, 여기서 鄕人은 곧 衆賓의 자리(席)를 가리키는 것으로, 賓의 서쪽에 있다. 『의례주소』, 188쪽 참조.

4_ 천자의 국에서 ~ 따지지 않는다 : 『주례』「지관 · 당정」에서 "나라에서 귀신들을 찾아 蠟제사를 지낼 때, 예로써 백성들을 취합하여 州의 학교(序)에서 음주를 함으로써 나이에 따른 위치를 바르게 한다. 一命은 鄕里에서 나이를 따지고, 再命은 父族에서 나이를 따지고, 三命은 나이를 따지 않는다"(國索鬼神而祭祀, 則以禮屬民, 而飮酒於序以正齒位. 壹命齒於鄕裏, 再命齒於父族, 三命而不齒)라고 하였다. 公 · 侯 · 伯의 士와 子 · 男의 大夫는 一命, 公 · 侯 · 伯의 大夫와 子 · 男의 卿은 再命, 公 · 侯 · 伯의 卿은 三命에 해당한다. 『의례주소』, 188쪽, 가공언 소 참조.

5_ '여'는 ~ 읽는다 : 장이기는 "公如大夫入"은 "공이 들어오거나 대부가 들어오는 것을 말한다"(言或公入, 或大夫入)라고 하였다. 『의례정의』, 413쪽 참조. "공이나 대부가 문에 들어오면"이라는 뜻이다.

6_ '자리 한 겹을 사양한다' ~ 하는 것이다 : 오계공은 여기서 공의 자리는 重席인데 2겹을 넘는 數여서 1겹을 사양한 것이라고 설명한다. 『의례정의』, 415쪽 참조. 아래 [經-130]의 정현 주에서 "대부는 이중으로 자리를 깐다"(大夫席再重)라고 하였는데, 여기서 공이 1겹을 사양하여 대부와 같게 한다고 하였으므로 결국 공의 자리는 三重席이고 대부의 자리는 二重席이라는 뜻이 된다.

7_ 위에 까는 자리 : 加席은 본래의 자리(席) 위에 별도로 다시 까는 '덧까는 자리'(加席)로서, 한 종류의 자리를 이중으로 까는 '두 겹의 자리'(重席)와 구별되지만, 여기서는 重席의 '위에 까는 자리'(上席)로 해석하였다. [公食大夫禮09 : 記-06]에 "검은 베로 가선 장식을 한 길이 1장 6척의 蒲筵(부들자리)을 깔고, 그 위에 검은 비단으로 가선 장식을 한 길이 8척의 萑席(갈대자리)을 덧깐다"(蒲筵常, 緇布純, 加萑席尋, 玄帛純)라고 하였다. '筵'은 대나무나 부들을 엮어서 만든 자리를 말한다. '筵'은 땅에 까는 자리이고, '席'은 그 위에 덧까는 자리이다. 『周禮』「春官 · 宗伯」의 정현 주에 "'筵'은 또한 자리이다. 펼쳐 까는 것을 '筵'이라 하고, 그 위에 덧까는 것을 '席'이라 한다. 그러나 나누어서 말하면 筵과 席은 서로 통용한다"(筵亦席也. 鋪陳曰'筵', 藉之

曰'席'. 然其散言之, 筵·席通矣)라고 하였다. 그런데, 위 경문의 加席에 대한 정현의 주, "加席, 上席也"에 대해 가공언은, 모두 동일한 종류의 자리인데 맨 위에 깔린 上席을 加席이라고 한 것으로 본다. 『의례주소』, 189쪽 참조. 重席과 加席을 구별하는 오계공도 여기서의 加席은 위아래가 동일한 重席을 가리키는 것이지 위아래의 크기와 종류가 다른 加席을 말하는 것이 아니라고 하고, [經-129]의 公의 자리도 重席인데 2겹을 넘는 수여서 1겹을 사양한 것이라고 설명한다. 이에 대해 성세좌는, 『周禮』「春官·司几筵」의 設席之法에 따르면 천자는 (加席으로) 三重을 깔고 제후는 二重을 까는 것인데 이곳(정현 주)에서는 공이 三重이고 대부가 再重이라고 하였으니, 尊卑의 구분이 없다는 혐의를 피하고자 오계공이 여기서의 席은 加席이 아니라 重席이라는 설을 말하여 『주례』와 서로 통하게 한 것이라고 하였다. 『의례정의』, 415쪽 참조. 여기서는 정현의 주와 가공언의 소, 그리고 오계공, 성세좌의 설을 따라 '加席'을 '重席'에서 '위에 까는 자리'(上席)로 해석한다.

8_ 주인이 허락하지 않고 : 經文의 "主人對"는 주인이 응답한다는 뜻인데, 이에 대해서 오계공은 대부가 사양하는 것에 대해 허락하지 않는 것으로 본다. 『의례정의』, 415쪽 참조.

經-131에서 經-142까지는 다음날 빈이 주인에게 어제 베풀어 준 은혜에 감사하는 배사拜賜의 절차와, 주인이 빈에게 다시 와준 것을 감사하는 배욕拜辱의 절차, 주인이 사정의 노고를 위로하는 예이다

[鄕飮酒禮04 : 經-131]

다음날 빈이 어제 입었던 옷(鄕服)을 입고 향대부鄕大夫(주인)의 집 문 밖에 가서, 베풀어 준 은혜에 대해 배례를 한다.

明日, 賓服鄕服以拜賜.

정현주

'베풀어 준 은혜에 대해 배례를 한다'(拜賜)는 것은 은혜에 감사한다는 뜻이다. '어제 입었던 옷'(鄕服)은 전날 향대부鄕大夫와 술을 마실 때 입었던 조복朝服을 가리킨다. '조복朝服'이라고 말하지 않는 것은 아직 그것을 입고 조회를 하지 않았기 때문이다.[1] 금문본에는 '賓服鄕服'(빈은 어제 입었던 옷을 입는다)으로 되어 있다. '拜賜', 謝恩惠. '鄕服', 昨日與鄕大夫飮酒之朝服也. 不言'朝服', 未服以朝也. 今文曰'賓服鄕服'.

[鄕飮酒禮04 : 經-132]

주인이 빈과 같은 복장을 하고, 빈의 집 문 밖에 가서, 찾아준 수고로움에 대해 배례를 한다.

主人如賓服以拜辱.

정현주 빈이 다시 스스로를 낮추어 찾아준 수고로움에 대해 배례를 하는 것이다. 「향사례鄕射禮」에서 "빈이 조복을 입고 와서 주인의 집 문 밖에서 베풀어 준 은혜에 대해 배례를 하는데, 주인은 빈을 만나보지 않는다. 빈과 같은 복장을 하고, 그를 뒤따라가서, 빈의 집 문 밖에서 다시 찾아와 준 수고로움에 대해 배례를 하고 물러간다"고 하였다. 拜賓復自屈辱也. 「鄕射禮」曰, "賓朝服以拜賜于門外, 主人不見. 如賓服, 遂從之, 拜辱於門外, 乃退."

[鄕飮酒禮04 : 經-133]

주인이 조복을 벗는다.

主人釋服.

정현주 '조복을 벗는다'(釋朝服)는 것은 현단복玄端服으로 갈아입는다[2]는 뜻이다. 고문본에는 '釋'이 '舍'로 되어 있다. '釋朝服', 更服玄端也. 古文'釋'作'舍'.

현단玄端
섭숭의(宋), 『삼례도』

조복朝服
섭숭의(宋), 『삼례도』

[鄕飮酒禮04 : 經-134]

이에 사정의 노고를 위로하는 예를 베풀어 준다.

乃息司正.

정현주 '식息'은 위로한다는 뜻이다. 어제 도와서 일을 맡았던 찬자贊者들에게 위로하는 예를 베풀어 주는 것이다. 사정만 말한 것은 사정이 정장庭長[3]이기 때문이다. '息', 勞也. 勞賜昨日贊執事者. 獨云司正, 司正庭長也.

[鄕飮酒禮04 : 經-135]

개를 세우지는 않는다.

無介.

정현주 위로하는 예는 간략하기 때문이다. 사정이 빈이 된다.[4] 勞禮, 略也, 司正爲賓.

[鄕飮酒禮04 : 經-136]

희생을 쓰지 않는다.

不殺.

정현주 올리는 음식은 사거나 있던 것을 사용해도 괜찮다. 희생을 쓰지 않으므로 희생제기도 없다. 市買, 若因所有可也. 不殺則無俎.

[鄕飮酒禮04 : 經-137]

말린 고기를 담은 대나무제기와 고기젓갈을 담은 나무제기를 올린다.

薦脯醢.

정현주

말린 고기와 고기젓갈[5]을 올리는 것은 음주례飮酒禮를 행할 때와 같다. 羞同也.

[鄕飮酒禮04 : 經-138]

올리는 음식은 단지 있는 것을 사용한다.

羞唯所有.

정현주

어떤 것이든 있는 것으로 한다.[6] 在有何物.

[鄕飮酒禮04 : 經-139]

부르고 싶은 사람을 부른다.[7]

徵唯所欲.

정현주

'징徵'은 부른다는 뜻이다. '徵', 召也.

[鄕飮酒禮04 : 經-140]

선생先生이나 군자君子 가운데 부르고 싶은 사람에게 오시기를 청할 수 있다.

以告於先生·君子可也.

정현주

'아뢴다'(告)는 것은 청한다는 뜻이다. 선생은 근력筋力으로 예를 행할 수 없으나 여기에는 올 수 있다. 군자는 나라 안에서 성대한 덕이 있는 사람이다. '가可'란 부르거나 부르지 않는 것을 원하는 대로 하는 것을 말한다. '告', 請也. 先生不以筋力爲禮, 於是可以來. 君子, 國中有盛德者. '可'者, 召不召唯所欲.

[鄕飮酒禮04 : 經-141]

빈과 개는 참여하지 않는다.[8]

賓·介不與.

정현주

예가 지나치면 더럽혀지기 때문이다.[9] 고문본에는 '與'가 '預'로 되어 있다. 禮瀆則褻. 古文'與'爲'預'.

[鄕飮酒禮04 : 經-142]

향악鄕樂을 연주하고 싶은 편이 있으면 연주한다.

鄕樂唯欲.

정현주 '향악[10]을 연주한다'(鄕樂)는 것은 「주남周南」과 「소남召南」의 6편 가운데에서 원하는 것만 연주하고, 순서를 따르지 않는 것을 가리킨다. 「녹명鹿鳴」과 「어리魚麗」를 노래하지 않는 것은 국군國君과 같게 한다는 혐의를 피하기 위해서이다.[11] '鄕樂', 「周南」·「召南」六篇之中, 唯所欲作, 不從次也. 不歌「鹿鳴」·「魚麗」者, 辟國君也.

주

1_ '어제 입었던 옷'은 ~ 때문이다 : 가공언에 따르면, 賓이 鄕人 자제로서 아직 벼슬을 하지 않았으므로 비록 朝服을 입었음에도 조복이라고 하지 않고 '어제 입었던 옷'(鄕服)이라고 한 것이다. 『의례주소』, 190쪽 참조.

2_ '조복을 벗는다'는 ~ 갈아입는다 : 朝服은 諸侯 및 群臣들이 날마다 朝會를 볼 때 입는 복식으로, 검은색 비단으로 만든 玄冠에 15승의 베로 만든 검은색 상의(緇布衣), 흰색 치마(素裳)과 흰색 가죽의 무릎가리개(素韠)로 구성된다. 玄端은 士의 평상시 예복이고 천자, 제후의 燕居 시 복식이다. 현관, 치포의, 치마(下裳), 검붉은색 가죽의 무릎가리개(爵韠)로 구성되는데, 치마는 신분에 따라 색을 다르게 하여 上士는 검은색의 玄裳, 中士는 누런색의 黃上, 下士는 앞은 검고 뒤는 누런색의 雜裳을 입는다. 첸쉬안, 『삼례사전』, 822쪽의 '朝服', 305~306쪽의 '玄端' 참조.

3_ 정장 : 庭長은 贊者의 우두머리이다. 활쏘기나 投壺를 할 때에 庭長을 세워 감독하게 한다. 『예기』「투호」에 "司射와 庭長 및 冠士와 立者는 모두 빈객의 무리에 속하고, 樂人 및 使者와 童子는 모두 주인의 무리에 속한다"(司射 · 庭長及冠士 · 立者, 皆屬賓黨, 樂人及使者 · 童子, 皆屬主黨)라고 한 것에 대해 정현은 "庭長은 司正이다"라고 하였다.

4_ 사정이 빈이 된다 : 오계공은, 『국어』「노어하」에서 공보문백이 남궁경숙에게 술을 마시게 할 때 노도보를 빈으로 삼은 것을 예로 들면서, 반드시 司正이 빈이 된다고 기필할 수 없다고 본다. 이에 대해 성세좌는, 이곳의 '司正'은 諸侯의 州長으로서 士이므로 결국 이 경문은 大夫가 士에게 燕飮을 베푸는 것이라고 하였고, 또 오계공이 인용한 『국어』「노어하」의 사례는 대부의 族飮의 예이기 때문에 異姓을 賓으로 삼은 것이므로 이곳과 비교할 수 없다고 하여 정현의 설이 타당하다고 하였다. 『의례정의』, 420~421쪽 참조.

5_ 말린 고기와 고기젓갈 : 「의례주소」의 완원 교감기와 『의례정의』 오계공의 주에 따르면, 정현 주의 원문 '羞'는 '薦'이 되어야 한다. 『의례주소』, 190쪽과 『의례정의』, 421쪽 참조.

6_ 어떤 것이든 있는 것으로 한다 : 飮酒의 正禮에서는 저민 개고기를 사용하지만 이곳에서는 희생을 잡지 않기 때문에 단지 있는 것을 사용한다.

7_ 부르고 싶은 사람을 부른다 : 가공언 소에 따르면, 어제 정식의 향음주례에는 부를 수 없었던 친우나 지우를 청하는 것이다. 『의례주소』, 191쪽 참조.

8_ 빈과 개는 참여하지 않는다 : 전날 참여했던 빈과 개를 다시 부르지 않는다는 뜻이다.

9_ 예가 지나치면 더럽혀지기 때문이다 : 방포에 따르면, 개의 됨됨이(器量)는 어제의 行禮 가운데에서 이미 징험되었고 또 빈은 이미 正禮를 받았는데, 이제 다시 또 먹고 마시는 도리로 그들을 초빙한다면 褻慢하게 되는 것이다. 『의례정의』, 423쪽 참조. 이것은 예가 지나쳐서 오히려 그 본래의 의미를 더럽히는 것이 된다. '더럽혀진다'(褻)는 것은 親狎하고 侮弄한다는 뜻이다.

10_ 향악 : [鄉飮酒禮04 : 經-91]과 [燕禮06 : 經-108]의 정현 주에서 "'鄉樂'은 「풍」을 가리킨다. 「소아」는 제후의 음악이고, 「대아」와 「송」은 천자의 음악이다. 향음주례에서 당 위로 올라가 「소아」를 노래하는 것은 예가 성대한 것은 위로 올라가서 취할 수 있기 때문이고, 연례에서 향악을 합악으로 연주하는 것은 예가 가벼운 것은 아래로 미칠 수 있기 때문이다"('鄉樂'者, 「風」也. 「小雅」爲諸侯之樂, 「大雅」·「頌」爲天子之樂. 「鄉飮酒」升歌「小雅」, 禮盛者可以進取. 燕合鄉樂者, 禮輕者可以逮下也)라고 하였다. 오계공에 따르면, 향악은 모든 「국풍」을 말한다. 「국풍」은 대부·사를 위한 악이고, 「소아」는 제후를 위한 악이며, 「대아」와 「송」은 천자를 위한 악이다. 예가 성대한 경우에는 더 나아갈 수 있으므로 향음주례에서 「소아」를 당 위에서 노래하였다. 그러나 司正을 위로하는 예에서는 「국풍」을 연주할 뿐이다. 『의례정의』, 423쪽 참조.

11_ 「녹명」과 ~ 위해서이다 : 「녹명」과 「어리」는 제후의 음악인 「소아」의 篇이기 때문이다.

記-01은 향인鄕人의 복장과 빈과 개에게 숙계宿戒하지 않는 것에 대해 기록한 것이다.

[鄕飮酒禮04 : 記-01]

기記. 향대부鄕大夫가 조복朝服을 입고 빈과 개를 정하는 일을 상의한다. 모두 현능한 사람에게 빈과 개를 맡기는데, 숙계宿戒(다시 청하여 참여하도록 알림)하지 않는다.[1]

記. 鄕朝服而謀賓·介. 皆使能, 不宿戒.

정현주 '향鄕'[2]은 향인鄕人을 가리키는데, 향대부를 말한다. '조복朝服'은 현관玄冠(검은색 비단으로 만든 관)에 현단복玄端服, 검은색 비단으로 가선 장식을 한 허리띠(緇帶)와 흰색 무릎가리개(素韠)에 흰색 신발을 갖추어 입는 것이다. 지금 군국郡國에서 향음주鄕飮酒의 예를 행할 때에 현관[3]에 피변복皮弁服을 입으니, 『의례』의 규정과 다르다. 재차 알리는 것(再戒)이 '숙계宿戒'가 된다. 예禮에서는 장차 일이 있을 경우 먼저 알리고 나서 또 다시 숙계를 한다. '鄕', 鄕人, 謂鄕大夫也. '朝服', 冠玄端, 緇帶, 素韠, 白屨. 今郡國行鄕飮酒之禮, 玄端而衣皮弁服, 與禮異. 再戒爲'宿戒'. 禮, 將有事, 先戒而又宿戒.

주

1_ 숙계하지 않는다 : 「사관례」에서 관례 3일 전에 戒賓을 하고 1일 전에 재차 宿賓을 하는 것과 달리 여기 「향음주례」에서는 재차 宿戒하는 것을 하지 않는 것이다. 이에 대해서는 방포와 성세좌 모두 향음주례의 公禮적 성격 때문으로 본다. 즉 향음주례는 賢能한 자를 일으키려는 國政의 일환이자 一國의 公禮로서 私禮인 사관례와 달리 당연히 참여해야만 하는 성격의 의례인데, 이 때문에 이미 모두가 일정한 진행 과정을 주지하고 있으므로 재차 알리고 경계시키지 않는다는 것이다. 『의례정의』, 424~425쪽 참조.

2_ 향 : 정현이 경문의 '鄕'을 鄕人 즉 鄕大夫로 보는 것에 대해서 오계공, 장이기, 방포, 호배휘 모두 고대에 鄕飮酒나 鄕飮酒禮를 '鄕'이라 하였던 전거들을 가지고 비판한다. 모두 경문의 '鄕'은 향음주례라는 뜻으로 해석된다는 견해이다. 『의례정의』, 424쪽 참조.

3_ 현관 : 정현 주의 원문은 '玄端'이지만, 아래에 皮弁服이 나오므로 문맥상으로 '玄冠'이 되어야 한다. 『의례정의』에는 '玄冠'으로 되어 있다.

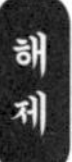

記-02에서 記-09까지는 향음주례에 사용하는 기구器具와 희생고기를 올리는 것에 대해 기록한 것이다

[鄕飮酒禮04 : 記-02]

검은 베로 가선 장식을 한 부들자리(蒲筵)를 깐다.

蒲筵, 緇布純.

정현주

'연筵'은 자리(席)를 말한다. '준純'은 가선을 말한다. '筵', 席也. '純', 緣也.

[鄕飮酒禮04 : 記-03]

술동이(尊)는 거친 칡베로 만든 덮개보(綌冪)[1]로 덮는데, 빈이 오면 덮개보를 걷어 낸다.

尊綌冪, 賓至徹之.

정현주

'격綌'은 거친 칡베이다. '멱冪'은 술동이(尊)을 덮는 수건이다. '綌', 葛也. '冪', 覆尊巾.

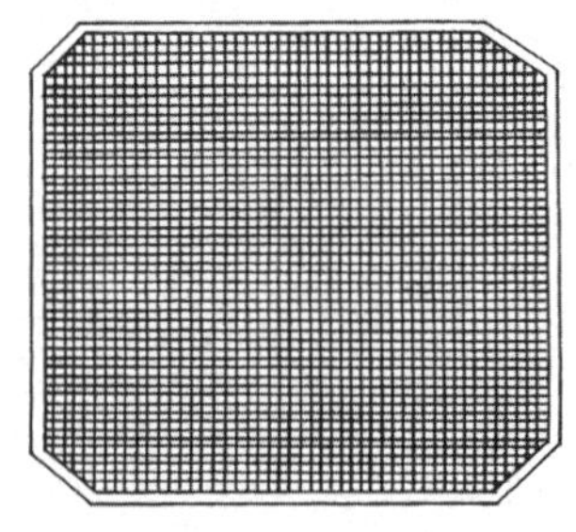

그림 없는 베수건(絺綌不畵之巾)

황이주(淸), 『예서통고』

[鄕飮酒禮04 : 記-04]

향음주례에 사용하는 희생은 개이다.

其牲, 狗也.

정현주

개가 사람을 가려서 따르는 성정을 취한 것이다.[2] 狗取擇人.

[鄕飮酒禮04 : 記-05]

당의 동북쪽에서 삶는다.

亨于堂東北.

정현주

양기陽氣가 시작되는 곳을 본받는 것이다.[3] 양기는 기르는 일을 주도한다. 『역易』에서 "천지는 만물을 기르고, 성인聖人은 현능한 사람을 길러서 만민에게 미치게 한다"[4]고 하였다. 祖陽氣之所始也. 陽氣主養. 『易』曰, "天地養萬物, 聖人養賢以及萬民."

[鄕飮酒禮04 : 記-06]

술을 올려 헌獻의 예를 행할 때에는 작爵(1升 용량의 술잔)을 사용하고, 그 밖에는 치觶(3升 용량의 술잔)를 사용한다.[5]

獻用爵, 其他用觶.

정현주

작爵은 존귀한 뜻을 가지므로, 친압하여 사용하지 않는

다. 爵尊, 不褻用之.

[鄕飮酒禮04 : 記-07]

말린 고기는 곧은 모양의 말린 고기 다섯 조각을 올리는데, 고수레 지낼 말린 고기 반 조각을 그 위에 가로로 얹어서, 동방東房에서 가지고 나온다.

薦脯五挺, 橫祭于其上, 出自左房.

정현주

'정挺'은 '곧은 모양의 말린 고기 조각'(膱)과 같다. 「향사례鄕射禮」에서 "반 조각의 말린 고기로 고수레를 지낸다. 곧은 모양의 말린 고기 조각은 길이가 1척 2촌이다"라고 하였다. '좌左'는 동쪽에 있으니, 양陽의 방향이다. 양은 기르는 일을 주도한다. '방房'은 예찬이 진설되어 있는 곳이다. 「관례冠禮」에서의 예찬은 말린 고기를 담은 대나무제기와 고기젓갈을 담은 나무제기를 남쪽을 윗자리로 하여 진설하였다. 「곡례曲禮」에서는 "말린 고기와 생강이나 계피를 넣어 말린 고기(脩)를 놓을 경우에는, 굽은 부분을 왼쪽에, 끄트머리를 오른쪽으로 가도록 놓는다"고 하였다. '挺'猶'膱'也. 「鄕射禮」曰, "祭半膱. 膱長尺有二寸." '左', 在東, 陽也. 陽主養. '房', 饌陳處也. 「冠禮」之饌, 脯醢南上. 「曲禮」曰, "以脯脩置者, 左胊右末."

[鄕飮酒禮04 : 記-08]

희생제기는 당 아래 동쪽 담장(東壁)을 거쳐서, 서쪽 계단을 통해 당으로 가지고 올라간다.

俎由東壁, 自西階升.

정현주

개고기를 삶아서 익으면 희생제기에 담아 동쪽에 차려 놓는다.[6] 亨狗既孰, 載之俎, 饌於東方.

[鄉飮酒禮04 : 記-09]

빈의 희생제기에는 등뼈(脊)·갈비뼈(脅)·앞다리 뼈의 위쪽 부위(肩)·허파(肺)를 올려놓고, 주인의 희생제기에는 등뼈·갈비뼈·앞다리 뼈의 중앙 부위(臂)·허파를 올려놓고, 개의 희생제기에는 등뼈·갈비뼈·뒷다리 뼈의 위쪽 부위(肫)·뒷다리 뼈의 중앙 부위(胳)·허파를 올려놓는다. 허파는 모두 중앙 부위를 조금 남기고 자른 허파(離肺)[7]를 올린다. 모두 희생의 오른쪽 몸체를 사용하는데, 껍질 있는 고깃결의 위쪽 부위(腠)가 앞쪽을 향하도록 진설한다. 賓俎脊·脅·肩·肺, 主人俎脊·脅·臂·肺, 介俎脊·脅·肫·胳·肺. 肺皆離. 皆右體, 進腠.

정현주

대개 희생의 앞쪽 몸체(前脛骨)는 세 부위로 되어 있어 앞다리 뼈의 위쪽 부위(肩), 앞다리 뼈의 중앙 부위(臂), 앞다리 뼈의 아래쪽 부위(臑)가 그것이다. 희생의 뒤쪽 몸체(後脛骨)는 두 부위로 되어 있어 뒷다리 뼈의 위쪽 부위(膊)[8], 뒷다리 뼈의 중앙 부위(胳)가 그것이다. 지위가 높은 사람의 희생제기에는 존귀한 부위의 뼈를 담고, 지위가 낮은 사람의 희생제기에는 비천한 부위의 뼈를 담는다. 『예기』「제통祭統」에서 "희생제기에 희생고기를 담을 때는 뼈를 위주로 담는다.[9] 뼈에는 귀하고 천한 부위가 있다"고 하였다. 대개 앞부분은 귀하고 뒷부분은 천하다. '이離'는 찢는다는 의미와 같다. '주腠'는 '고깃결'을 가리킨다. 진리進理는 껍질 있는 고깃결의 몸체 위쪽 부위(本)를 앞쪽으로 진설하는 것을 말한다.[10] 금문본에는 '胳'이 '骼'으로 되어 있다. 凡牲, 前脛骨三, 肩・臂・臑也. 後脛骨二, 膊・胳也. 尊者俎尊骨, 卑者俎卑骨. 「祭統」曰, "凡爲俎者, 以骨爲主. 骨有貴賤." 凡前貴後賤. 離猶捚也. 腠, 理也. 進理, 謂前其本也. 今文'胳'作'骼'.

주

1_ 거친 칡베로 만든 덮개보 : '冪'(덮개보)은 기물을 덮는 수건을 말한다. 거친 베나 고운 베 혹은 그림을 넣은 베로 만든다. 『주례』「천관 · 멱인」에 "冪人은 멱을 공급하는 일을 관장한다. 제사에는 거친 베로 巾冪을 만들어 8尊을 덮고, 그림을 그려 넣은 가는 베로 멱을 만들어 6彝를 덮는다"(冪人, 掌共巾冪. 祭祀, 以疏布巾冪八尊, 以畫布巾冪六彝)라고 한 것에 대해 정현은 "거친 베로 만드는 것은 천지의 귀신이 질박함을 숭상하기 때문이다. 종묘에서는 문양을 넣은 것을 사용해도 괜찮다. 문양은 구름의 기운을 그려 넣은 듯하다"(宗廟可以文. 畫者, 畫其雲氣與)라고 하였다. 尊, 彝, 籩, 豆, 簠, 簋에 모두 멱이 있다. 멱은 거친 베 및 갈포로 만드는데, 통칭하여 '巾'(수건)이라 한다. 『삼례사전』, 798쪽 참조.

2_ 개가 ~ 취한 것이다 : 학경은, 향음주례에서 개를 희생으로 사용하는 것은 易象에서 艮卦가 狗가 되는데 艮方은 東北方으로 양기가 시작되는 곳이므로 飮酒를 통해 養生할 때 개를 희생으로 쓰는 것이라고 보고, 정현의 주는 엉뚱한 해석이라고 비판한다. 『의례정의』, 426쪽 참조.

3_ 양기가 ~ 본받는 것이다 : 『예기』「향음주의」에 "동쪽에서 개고기를 삶는 것은 양기가 동쪽에서 발생하는 것을 본받는 것이다. 阼階 아래에 洗를 설치하고 거기에 담는 물을 洗의 동쪽에 두는 것은 천지의 왼쪽에 바다가 있는 것을 본받는 것이다"(亨狗於東方, 祖陽氣之發於東方也. 洗之在阼, 其水在洗東, 祖天地之左海也)라고 하였는데, 정현은 주에서 "'祖'는 본받는 것과 같다. '개'는 그것으로 빈을 봉양하는 것이다"(祖, 猶法也. 狗, 所以養賓)라고 하였다.

4_ 천지는 ~ 미치게 한다 : 『주역』「이괘 · 단전」의 문장이다.

5_ 그 밖에는 치(3升 용량의 술잔)를 사용한다 : 진혜전은 보답하는 술을 올리는 酢의 예를 행할 때에는 爵을 사용함에도 記文에서 獻의 예만을 말한 것은 酢이 獻에 통섭되기 때문이라고 하였다. 『의례정의』, 426쪽 참조.

6_ 개고기를 ~ 차려 놓는다 : [記-05]에서 개고기는 "당의 동북쪽에서 삶는다"(亨于堂東北)라고 하였다.

7_ 중앙 부위를 조금 남기고 자른 허파 : 이폐는 擧肺 혹은 嚌肺라고도 한다. 먹기 위해 진설하는 허파로, 그 중앙 부위를 끊어지지 않게 조금 남기고 자른 것을 가리킨다. 허파를 진설할 때 자르는 방식에는 두 가지가 있다. 하나는 離肺로서 먹기 위해 진설하는데, 가를 때 중앙 부위가 끊어지지 않고 조금 남아 있게 한다. 다른 하나는 祭肺로서 고수레를 하기 위해 진설하는데, 중앙 부위를 완전히 끊어서 자른다. 刌肺 혹은 切肺라고도 한다.

8_ 뒷다리 뼈의 위쪽 부위 : 『의례정의』에는 '膞'으로 되어 있다. 교감기에서 '膊'은 '膞'이 잘못 기록된 것으로, '膞'은 '肫'과 같은 것이라고 하였다. 『의례주소』, 193쪽 참조. '肫'은 뒷다리 뼈의 위쪽 부위를 가리킨다.

9_ 뼈를 위주로 담는다 : 희생의 몸체를 뼈를 중심으로 해체하여 고기를 조각내서 자른다. 고기를 올리고, 고기를 먹는 것이지만 뼈를 해당 고기 부위의 명칭으로 삼는

다. [鄕射禮05 : 記-12]에 "뼈를 가지고 고기의 이름을 삼은 것은 뼈를 귀하게 여기기 때문이다"(以骨名肉, 貴骨也)라고 하였다.

10_ '주'는 고깃결을 ~ 말한다. : '腠'에 대해 정현은 [鄕射禮05 : 記-12]의 주에서 "'주(腠)'는 껍질의 결이다."(腠, 膚理也)라고 하였는데, 능정감은 "고기의 결을 腠라고 한다"(肉理謂之腠)고 하였다. 『의례정의』, 1202쪽 참조. 이렇게 볼 때 '주'는 순수한 살코기가 아니라 껍질이 붙어있는 고깃결을 가리킨다고 할 수 있다. 정현은 "進腠"를 「향음주례」, 「향사례」, 「공사대부례」 등에서 모두 "謂前其本", "本在前"으로 해석하고 있는데, 이에 대해 가공언은 「공사대부례」 소에서 "進腠는 살아있는 사람에게 음식을 대접하는 방법이므로 本을 앞쪽으로 올린다고 한 것이다. 本은 몸체 위쪽에 가까운 부위이다. 신에게 제사를 지낼 때는 말단 부위를 올린다. 그러므로 「소뢰궤사례」에서는 몸체 아래쪽 부위를 올린다고 하였다"(此謂生人食法, 故進本, 本謂近上者. 若祭祀則進末)고 해석한다. 『의례주소』, 559쪽 참조. 결국 주소에 따르면 進腠는 껍질 있는 고깃결의 위쪽 부위가 앞쪽을 향하도록 진설한다는 의미이다. 한편, 학경은 進腠를 "고기 껍질이 위쪽을 향하는 것"(肉皮向上也)으로 본다. 『의례정의』, 431쪽 참조.

해제 記-10에서 記-32까지는 예악禮樂의 의절儀節과 융쇄隆殺, 자리의 방향과 차서에 대해 기록한 것이다.

[鄉飮酒禮04 : 記-10]

헌주獻酒를 받고 배례를 한 사람은 공연히 일어나지 않는다.

以爵拜者不徒作.

정현주

'작作'은 일어난다는 뜻이다. '헌주獻酒를 받고 배례를 한 사람은 공연히 일어나지 않는다'(拜既爵者不徒起)고 말한 것은, 일어나서 반드시 주인에게 보답의 술을 올려 작酢의 예를 행해야 한다는 뜻이다. '作', 起也. 言'拜既爵者不徒起', 起必酢主人.

[鄉飮酒禮04 : 記-11]

앉아서 술잔의 술을 다 마신 사람은 술을 다 마시고 배례를 한다. 서서 술을 다 마신 사람은 술을 다 마시고 배례를 하지 않는다.

坐卒爵者拜既爵. 立卒爵者不拜既爵.

정현주

예를 낮추고 줄이는 것은 각각 그 마땅함을 따라서 서로 뒤섞이지 않도록 하는 것이니, 악공樂工만은 이 예를 따르지 않는다. 降殺各從其宜, 不使相錯, 唯工不從此禮.

[鄕飮酒禮04 : 記-12]

술을 받아서 내려놓는 사람은 말린 고기를 담은 대나무제기와 고기젓갈을 담은 나무제기의 왼쪽에 술잔(觶)을 놓는다.

凡奠者於左.

정현주 술을 마시지 않는 사람이 주인을 방해하지 않기 위해서이다.[1] 不飮者, 不欲其妨.

[鄕飮酒禮04 : 記-13]

빈과 개를 향해서 술잔(觶)을 들어 올리는 사람[2]은 빈과 개의 말린 고기를 담은 대나무제기와 고기젓갈을 담은 나무제기의 오른쪽에 술잔을 놓는다.

將擧於右.

정현주 편하기 때문이다. 便也.

[鄕飮酒禮04 : 記-14]

중빈 가운데 우두머리 1명은 주인이 술잔(觶)을 씻어 주는 것에 대해 사양을 하는데, 빈이 사양하는 예와 같은 절차로 한다.

衆賓之長一人辭洗, 如賓禮.

정현주 3명의 우두머리 가운데에서 다시 더 지위가 높은 사람을 위해 씻어 주는 것이다. 나머지 두 사람의 경우는 비록 그를 위해서 씻어 준다고 해도 감히 사양하지 못한다.[3] 그 이하의 빈을 위해서는 술잔을 씻어 주지 않는다. 於三人之中, 復差有尊者. 餘二人雖爲之洗, 不敢辭. 其下不洗.

[鄕飮酒禮04 : 記-15]

당 아래에 서는 중빈은 동쪽을 향하고 북쪽을 윗자리로 한다. 만약 (사람이 많아서) 북쪽을 향하는 자가 있을 경우에는, 동쪽을 윗자리로 한다.

立者東面北上. 若有北面者, 則東上.

정현주 참여하는 현자賢者의 수가 많고 적은 것은 일정하지가 않다. 혹은 당 쪽에 통섭되기도 하고, 혹은 문門 쪽에 통섭되기도 한다.[4] 賢者衆寡無常也. 或統於堂, 或統於門.

[鄕飮酒禮04 : 記-16]

악정은 당 아래에 서 있는 중빈과 더불어 모두 말린 고기를 담은 대나무제기와 고기젓갈을 담은 나무제기를 받는데, 나이 순서대로 한다.

樂正與立者皆薦, 以齒.

정현주 술을 마시는 차서를 말하는 것이다. 악정樂正을 빈의 당黨과 마찬가지로 존중하는 것이다. 술을 마신다고 하지 않고 말린 고기와 고기젓갈을 말한 것은 그것으로 술을 마심을 밝히는 것이다. 술을 마시고 나면 모두 자기의 자리에서 말린 고기를 담은 대나무제기와 고기젓갈을 담은 나무제기를 받는다. 악정의 위치는 서쪽 계단의 동쪽에서 북쪽을 향한다. 謂其飮之次也. 尊樂正同於賓黨. 不言飮而言薦, 以明飮也. 既飮, 皆薦於其位. 樂正位西階東, 北面.

[鄕飮酒禮04 : 記-17]

무릇 주인은 술잔(爵)을 꺼내 들고 세 차례 일어나서 술을 올려 헌獻의 예를 행하는데,[5] 술만 올리지 않고 말린 고기를 담은 대나무제기와 고기젓갈을 담은 나무제기를 함께 올린다.

凡擧爵, 三作而不徒爵.

정현주 빈에게 술을 올려 헌獻의 예를 행하고, 대부에게 술을 올려 헌의 예를 하고, 악공樂工에게 술을 올려 헌의 예를 행할 때에, 모두 말린 고기를 담은 대나무제기와 고기젓갈을 담은 나무제기를 올리는 것을 가리킨다. 謂獻賓·獻大夫·獻工, 皆有薦.

[鄕飮酒禮04 : 記-18]

악樂이 연주되었으면, 대부는 들어가지 않는다.

樂作, 大夫不入.

정현주 이미 현자賢者를 즐겁게 한 이후이기 때문이다.[6] 後樂賢者.

[鄕飮酒禮04 : 記-19]

주인은 당 위의 악공과 당 아래에서 생笙을 부는 악공에게 술을 올려 헌獻의 예를 행하는데, 당 위의 대광주리에서 술잔(爵)을 꺼내서 사용한다. 헌의 예를 마치고 나면 당 아래의 대광주리에 술잔을 넣어 둔다.

獻工與笙, 取爵于上篚. 旣獻, 奠于下篚.

정현주

그 그릇을 다르게 하여 사용함을 밝히는 것[7]이니 공경함을 나타내는 것이다. 이와 같다면 대부에게 술을 올려 헌獻의 예를 할 때에도 또한 그렇게 한다. 당 위의 대광주리에서 세 차례 술잔(爵)을 꺼내서 사용한다.[8] 明其異器, 敬也. 如是, 則獻大夫亦然. 上篚三爵.

[鄕飮酒禮04 : 記-20]

생笙을 부는 악공에게는 서쪽 계단 위쪽에서 술을 올려 헌獻의 예를 행한다.

其笙則獻諸西階上.

정현주

주인이 술잔을 건네준 후에 배례를 하는 절차를 가리킨다. 악공(工)에게 조계의 위쪽에서 배례를 하는 것은 악공이 서쪽 계단의 동쪽에 앉아 있기 때문이다. 고문본에는 '上'이 없다. 謂主人拜送爵也. 於工拜于阼階上者, 以其坐於西階東也. 古文無上.

[鄕飮酒禮04 : 記-21]

경磬은 동서의 양 계단 사이에 낙수물받이(霤)의 동서를 따라서 배열되는데, 북쪽을 향하고 경을 친다.

磬階間縮霤, 北面鼓之.

정현주

'축縮'은 '세로'(從)의 뜻이다.[9] 낙수물받이(霤)는 동과 서를 세로로 삼는다. '고鼓'는 친다(擊)는 뜻과 같다. 대부이므로 특현特縣[10]을 설치하는데, 이제 빈이 현능한 향인鄕人이므로 사士의 예를 따른다.[11] 향사례鄕射禮의 경우에는 경磬이 동쪽에 있다.[12] 고문본에는 '縮'이 '蹙'으로 되어 있다. '縮', '從'也. 霤以東西爲從. '鼓'猶擊也. 大夫而特縣, 方賓鄕人之賢者, 從士禮也. 射則磬在東. 古文縮爲蹙.

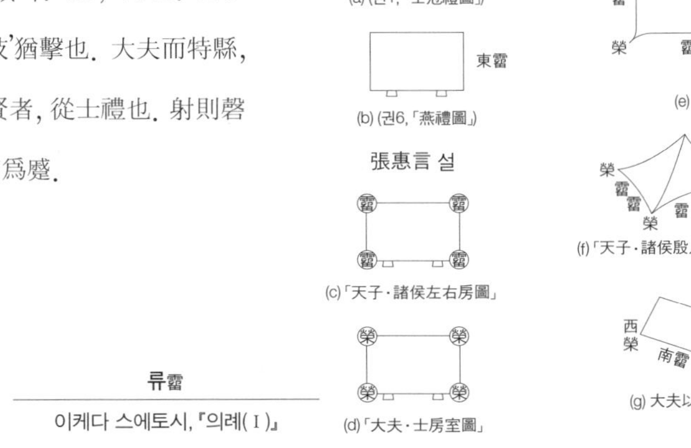

류霤

이케다 스에토시, 『의례(Ⅰ)』

[鄕飮酒禮04 : 記-22]

주인과 개는 무릇 자리(席)에 올라갈 때는 북쪽으로부터 올라가고, 자리에서 내려올 때는 남쪽으로부터 내려온다.

主人·介凡升席自北方, 降自南方.

정현주 자리(席)는 남쪽이 위가 되므로, 올라갈 때 아래(북쪽)로부터 올라가고, 내려올 때 위(남쪽)로부터 내려오는 것은 편리한 방향을 따르는 것이다. 席南上, 升由下, 降由上, 由便.

[鄕飮酒禮04 : 記-23]

사정이 술잔(觶)을 들어서 다 마시면, 그가 있는 위치[13]에 말린 고기를 담은 대나무제기와 고기젓갈을 담은 나무제기를 올린다.

司正旣擧觶而薦諸其位.

정현주 사정은 주인의 속리이다. 술을 올려 헌獻의 예를 행하는 절차가 없으므로, 그가 술잔을 들어서 다 마시는 것에 이어서 그에게 말린 고기를 담은 대나무제기와 고기젓갈을 담은 나무제기를 올린다. 司正, 主人之屬也. 無獻, 因其擧觶而薦之.

[鄕飮酒禮04 : 記-24]

여수旅酬의 예에서는 모두[14] 술잔을 씻지 않는다.

凡旅不洗.

정현주 공경하는 예가 간소해진 것이다.[15] 敬禮殺也.

[鄕飮酒禮04 : 記-25]

술잔을 씻지 않은 사람은 술로 고수레를 하지 않는다.

不洗者不祭.

정현주

정결하지 않기 때문이다. 不甚絜也.

[鄕飮酒禮04 : 記-26]

여수旅酬의 예가 끝났으면[16] 사士는 들어가지 않는다.[17]

旣旅, 士不入.

정현주

정례正禮 이후가 되기 때문이다. 여수旅酬의 예가 끝나면 연회가 시작된다. 後正禮也. 旣旅則將燕矣.

[鄕飮酒禮04 : 記-27]

희생제기를 거두어들일 때, 빈과 개와 준자의 희생제기는 그것을 받은 사람이 희생제기를 들고 당에서 내려가서, 그대로 문을 나가 그들 각각의 종자從者에게 준다.

徹俎, 賓·介·遵者之俎, 受者以降, 遂出授從者.

정현주

종자에게 주어서 보내는 것이다. 以送之.

[鄕飮酒禮04 : 記-28]

주인의 희생제기는 당 아래 동쪽 담장(東壁)으로 가서[18] 보관한다.

主人之俎以東.

정현주 동쪽에 보관하는 것이다. 藏於東方.

[鄕飮酒禮04 : 記-29]

악정이 「해하陔夏」를 연주할 것을 명하면, 빈이 나가는데, 당에서 내려서서 서쪽 계단 위에 이르렀을 때에 「해하」가 연주된다.[19]

樂正命奏「陔」, 賓出, 至于階, 「陔」作.

[鄕飮酒禮04 : 記-30]

만약 제공諸公이 있는 경우, 대부는 주인의 북쪽에서 서쪽을 향해 선다.

若有諸公, 則大夫於主人之北, 西面.

정현주 '서쪽을 향해 선다'(西面)는 것은 북쪽이 윗자리가 되는 것이므로, 공公에 통섭되는 것이다. 其'西面'者, 北上, 統於公.

[鄕飮酒禮04 : 記-31]

주인의 찬자贊者는 서쪽을 향해 서고, 북쪽을 윗자리로 하는데, 헌주獻酒의 예가 그에게까지 미치지는 않는다.
主人之贊者西面, 北上, 不與.

정현주

'찬贊'은 돕는다는 의미이다. 주인의 무리로서, 주인이 예를 행하는 것을 도와서 덮개보(鼏)를 걷어 내거나, 손 씻는 물을 따르거나, 말린 고기를 담은 대나무제기와 고기젓갈을 담은 나무제기, 희생제기를 진설하는 사람이다. '서쪽을 향해 서는데 북쪽을 윗자리로 한다'(西面北上)는 것은 당 쪽에 통섭되는 것을 가리킨다. '참여한다'(與)는 것은 그에게까지 미친다는 것이다. '그에게까지 미치지는 않는다'(不及)는 것은 헌주獻酒를 하지 않는 것을 말한다. '贊', 佐也. 謂主人之屬, 佐助主人禮事, 徹鼏, 沃盥, 設薦俎者. '西面北上', 統於堂也. '與', 及也. '不及'謂不獻酒.

[鄕飮酒禮04 : 記-32]
(주인의 찬자는) 횟수를 세지 않고 서로 술잔을 권하여 마시는 무산작無算爵을 거행하게 된 이후에야 헌주의 예가 그에게까지 미친다.
無算爵, 然後與.

정현주

연회를 할 때에야 헌주의 예가 그에게까지 미친다.[20] 燕乃及之.

주

1_ 술을 마시지 않는 ~ 위해서이다 : 가공언에 따르면, 주인은 말린 고기를 담은 대나무제기와 고기젓갈을 담은 나무제기의 오른쪽에 술잔(觶)을 놓게 되므로, 빈이 왼쪽에 술잔을 놓는 것은 나중에 주인이 오른쪽에 술잔을 놓는 것을 방해하지 않으려는 것이다. 『의례주소』, 194쪽 참조.

2_ 빈과 개를 ~ 올리는 사람 : 한 사람이 觶를 들어 술을 올리면 旅酬가 시작되는 것이고, 두 사람이 觶를 들어 술을 올리면 無算爵이 시작되는 것이다. 『의례주소』, 195쪽 참조.

3_ 나머지 ~ 못한다 : 장이기는, 주인이 중빈의 우두머리 3명을 통틀어서 한 차례 술잔(觶)을 씻어 주는 것이므로 나머지 두 사람에 대해 각각 술잔을 씻는 것은 아니라고 한다. 성세좌도 정현의 注는 잘못되었다고 비판한다. 『의례정의』, 434쪽 참조.

4_ 혹은 당 쪽에 ~ 통섭되기도 한다 : 賈公彦은, '동쪽을 향하고 북쪽을 윗자리로 하는 것'이 堂에 통섭되는 것이고, 문의 서쪽(門西)에서 '북쪽을 향하고 동쪽을 윗자리로 하는 것'이 門에 통섭되는 것이라고 설명한다. 『의례주소』, 195쪽 참조. 그러나 성세좌는 정현 주에서 '북쪽을 향하고 동쪽을 윗자리로 하는 것'이 門에 통섭된다고 본 것은 적확하지 않고, 주인에게 통섭되는 것으로 보는 것이 옳다고 한다. 『의례정의』, 434~435쪽 참조.

5_ 무릇 ~ 헌의 예를 행하는데 : 성세좌는 '擧爵'은 주인이 獻의 예를 행할 때 앉아서 대광주리(篚)에서 술잔(爵)을 꺼내어 드는 행위를 가리키고, '作'은 술잔을 내려놓고 앉았다가 다시 술잔을 집어 들고 일어나서 물받이 항아리(洗)가 있는 곳으로 가는 행위를 가리킨다고 설명한다. 『의례정의』, 435쪽 참조. 주인은 이어서 술잔을 씻은 다음에 술잔에 술을 채우고 獻酒를 하게 된다.

6_ 이미 ~ 때문이다 : 가공언에 따르면, 大夫는 주인이 賢者를 즐겁게 하는 것을 돕기 위해 오는 것이므로 1人이 술잔(觶)을 들어 올린 후 아직 樂이 시작되기 전에 들어와야 하는데, 이미 악을 연주하여 빈을 즐겁게 한 뒤이므로 들어오지 않는 것이다. 『의례주소』, 195쪽 참조.

7_ 그 그릇을 ~ 밝히는 것 : 오계공은 예의 절차가 다르므로 술잔도 이어서 사용하지 않고 다르게 하여 사용하는 것이라고 한다. 『의례정의』, 437쪽 참조.

8_ 당 위의 ~ 사용한다 : 이여규에 따르면, 빈과 개와 중빈에게 한 차례 獻爵하고, 악공과 笙을 연주하는 사람에게 한 차례 헌작하고, 대부에게 한 차례 헌작하는 것을 가리킨다. 『의례정의』, 437쪽 참조.

9_ '축'은 '세로'의 뜻이다 : 왕인지는 '東西' 방향을 '橫'이라고는 하지만 '從'이라고는 할 수 없다고 보아 정현의 注는 잘못되었다고 비판한다. '縮'은 마땅히 古文을 따라서 '蹙'으로 보아야 하며, 蹙은 '近'의 뜻이라고 하였다. 그렇게 되면, 경문은 "동서의 양 계단 사이 낙수물받이(霤) 가까이에 배열되어 있는데"로 해석된다. 『의례정의』, 439쪽 참조. 그러나 정현은 이어서 "霤는 동과 서를 세로로 삼는다"고 했으므로, 의미상으로는 동서의 橫으로 배열되는 상황이 된다. 주대의 夏屋은 대부 이하의 경

우, 그림에서 보듯이 남북으로만 霤가 있기 때문이다. 이케다 스에토시 『의례(Ⅰ)』의 '榮·霤' 그림 참조.

10_ 특현 : 4면 중에서 동쪽 한 방향에만 鐘·磬을 매달아 설치하는 것으로, 대부의 樂縣이다. 가공언에 따르면, 천자의 경우 4면에 모두 鍾·磬·鎛을 각각 하나의 틀(虡)에 걸어 두지만 대부와 사는 '鎛'을 걸어 둘 수 없다. 『의례주소』, 288쪽 참조. 장이기에 따르면, 천자(王)는 宮縣을 설치하고, 천자의 제후는 軒縣을 설치하고, 천자의 경·대부는 判縣을 설치하고, 천자의 사는 特縣을 설치한다. 궁현은 4면에 鐘과 磬을 모두 설치하는데, 헌현은 거기에서 南面을 설치하지 않고, 판현은 거기에서 다시 北面을 설치하지 않고, 특현은 거기에서 다시 西面을 설치하지 않는 것이다. 지금 제후의 대부는 천자의 사에 해당하므로 鐘과 磬을 특현으로 설치하는 것인데, 다시 제후의 사에 해당하는 예를 따르므로 특현에서 鐘을 제거하고 磬만을 설치하는 것이다. 『의례정의』, 437~438쪽 참조.

11_ 사의 예를 따른다 : 제후의 사에 해당하는 예를 따라서 磬만 설치한다는 뜻이다.

12_ 향사례의 경우에는 ~ 있다 : 활 쏘는 위치를 피하기 위해서 동쪽에 둔다.

13_ 그가 있는 위치 : [經-98], [經-99]의 양 계단 사이, 즉 뜰 중앙을 가리킨다.

14_ 모두 : 호배휘는 經文의 '凡'을 '凡尊卑也' 즉 '지위가 높고 낮은 사람 모두'라는 뜻으로 풀이하였다. 『의례정의』, 440쪽 참조.

15_ 공경하는 ~ 것이다 : 방포는 旅酬에서 모든 사람이 술잔을 씻으면 하루해가 부족하기 때문이라고 해석하면서 정현의 설은 타당하지 못하다고 비판한다. 『의례정의』, 440쪽. 그러나 상대에게 정결함과 공경함을 보이는 洗觶의 의식이 생략되는 것은 공경하는 예가 생략되는 것임은 분명하다.

16_ 여수의 예가 끝났으면 : 양톈위는 '여수의 예가 시작된 후'로 번역했지만(『의례역주』, 88쪽 참조.) 정현 주와 가공언 소 모두 正禮인 여수례 이후 燕飮의 예인 無算爵이 시작되는 상황을 가리키는 것으로 해석하고 있다. 가공언은 정현이 말한 "後正禮也, 既旅則將燕矣"에 대해서, "旅는 旅酬를 말한다. 보답의 술잔을 올린 것에 대해서 모두 배례를 하고 술잔을 받기 때문에 正禮라고 말한 것이다. 이미 여수례가 끝나면 無算爵을 하는데 이는 燕飮을 거행하는 법으로서 정례가 아니다. 그러므로 사가 들어올 수 없는 것은 정례 이후이기 때문이다"(旅謂旅酬, 所酬獻皆拜受, 故云正禮. 既旅之後無算爵, 行燕飮之法, 非正禮, 故士不入, 後正禮故也)라고 하였다. 『의례주소』, 197쪽 참조. "既旅'에 대해서 오계공도 "既라고 말한 것은 여수의 예가 끝났음을 말한 것이다"(云既者, 終言之也)'라고 하였다.

17_ 여수의 예가 ~ 않는다 : 성세좌에 따르면 여기서의 士는 예를 참관하기 위해 온 자로서 遵者의 부류이며 爵命이 있는 자라고 본다. 대부는 존귀한 지위로서 獻의 예에 참여해야 하므로 1인이 擧觶할 때를 절도로 삼아서 들어오는 것이니 樂이 시작되면 들어가지 않고, 사는 대부보다 천한 지위로서 헌의 예에는 참여하지 못하고 旅에는 참여할 수 있으므로 사정이 擧觶할 때를 절도로 삼아서 들어와야 하는

데, 이미 여수의 예가 끝났으면 들어가지 않는 것이라고 해석한다. 그는 士도 주인이 衆賓으로 초청한 사람으로 보고 일이 있어 賓介와 함께 오지 못한 경우라고 보는 오계공의 설이 잘못되었다고 보는데, 장이기 또한 성세좌와 마찬가지로 사는 예를 참관하기 위해 오는 것으로 본다. 『의례정의』, 441쪽 참조. 사를 준자로 보는 이들의 입장을 따르면, 대부나 사나 모두 여수례가 시작된 후에 참여하는 것이다. 대부는 주인의 獻-作-酬 정례에는 간여하지 않고 여수례의 시작인 1인 거치의 헌주에는 참여해야 하므로 여수례가 시작되는 1인 거치에서 입장해야 하고, 사는 대부와 같이 1인 거치의 헌주에는 참여하지 못하지만, 1인 거치와 음악이 끝나고 사정의 거치로 시작되는 酬-拜受의 여수례 정례에는 참여해야 한다. 그렇지 못했을 때는 바로 무산작의 연음이 시작되므로 준자로서의 사는 참여할 의미가 없어지는 것이다. 그러므로 정현은 이 상황을 "後正禮也"라고 주하였다.

18_ 당 아래 동쪽 담장으로 가서 : 호배휘는 경문의 '東'을 "당 아래 동쪽 담장(東壁)으로 가는 것"(東, 適東壁也)으로 해석하였다. 『의례정의』, 441쪽 참조.

19_ 빈이 나가는데 ~ 연주된다 : [經-125]의 "빈이 나가는데, 「陔夏」를 연주한다"고 한 것을 가리킨다. 가공언은 "「해하」를 연주하여 鼓를 치도록 명하는 것은, 빈이 서쪽 계단을 통해서 내려갈 때 빈이 술에 취하여 예를 잃을 것을 염려하기 때문이므로, 빈이 계단에 이르렀을 때 「해하」를 연주하는 것이다."라고 하였다. 『의례주소』, 197쪽 참조.

20_ 연회를 ~ 미친다 : 가공언의 疏에서는, 贊者는 주인의 무리여서 주인이 공경하는 대상이 아니므로 無算爵을 할 때가 되어서야 술을 마실 수 있다고 하였다. 『의례주소』, 198쪽 참조.

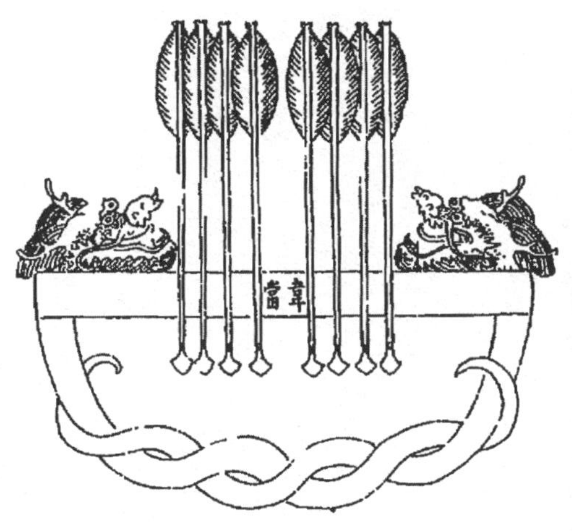

鄕射禮

第五

역주 이원택

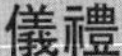

鄉射禮 第五

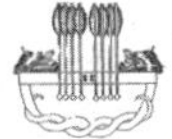

소 정현鄭玄(127~200)의 『삼례목록三禮目錄』에서 말한다. "주장州長이 봄과 가을에 예禮로써 백성을 모아 놓고 주의 학교(州序)[1]에서 활을 쏘는 예이다.[2] '향鄕'이라고 말한 것은 주州는 향鄕에 속하고, 향대부鄕大夫가 이 활쏘기에 참여하기도 하는데 그 예의 절차를 바꾸지 않기 때문이다.[3] 사례射禮는 오례五禮 가운데 가례嘉禮에 속한다. 대대본의 『의례』에는 제11로 되어 있고, 소대본의 『의례』 및 유향의 『별록』에는 모두 제5로 되어 있다"

疏 鄭『目錄』云, "州長春秋以禮會民, 而射於州序之禮. 謂之'鄕'者, 州, 鄕之屬, 鄕大夫或在焉, 不改其禮. 射禮於五禮屬嘉禮. 大戴十一, 小戴及『別錄』皆第五."

주

1_ 주의 학교 : 『맹자』 「등문공상」에서는 "夏나라는 校라 하고, 殷나라는 序라 하고, 周나라는 庠이라 하였다"(夏曰校, 殷曰序, 周曰庠)라고 하였는데, 호배휘는 여기서의 序를 『주례』에 의거하여 州와 黨의 학교라고 하였다. 『예기』 「향음주의」에서 "주인은 庠門의 밖에서 배례를 하고 빈을 맞이한다"(主人拜迎賓于庠門之外)라고 한 것에 대해 정현은 "庠은 鄕學이다. 州黨의 학교는 序라고 한다"(庠, 鄕學也. 州黨曰序)라고 하였다. 序에는 室이 없고 堂이 깊어서 射禮를 행할 수 있으며, '豫' · '榭'로 쓰기도 한다. 『의례정의』, 452쪽 참조.

2_ 주장이 ~ 활을 쏘는 예이다 : 『주례』 「지관 · 주장」의 문장이다. 호광충, 장이기, 성세좌, 오정화 등은 향사례에는 ① 州長이 봄과 가을 두 차례에 걸쳐 백성을 모아 놓고 州序에서 거행하는 射禮, ② 鄕大夫가 賢者와 能者를 왕에게 천거한 후에 활쏘기를 거행하여 백성들에게 활 쏘는 사람들의 덕을 묻는 의례의 두 가지가 있다고 하였다. 『의례정의』, 451쪽 참조.

3_ 향이라고 말한 것은 ~ 때문이다 : 州長이 州序에서 활쏘기를 익히게 하는 예인데도 '州射禮'라 하지 않고 '鄕射禮'라고 편명을 삼은 것에 대해 장이기는, 『주례』 「지관 · 대사도」의 "5개의 주가 향이 되니, 1향은 5개의 주를 통괄한다"(五州爲鄕, 一鄕管五州)라는 구절에 근거하여 鄕大夫가 그 주 안에 거주하여 이 射禮에 참여하여 임석하기 때문이며, 또 향대부는 3년마다 大比를 시행할 때 賢者와 能者를 왕에게 천거한 후 鄕射의 예를 거행하여 다섯 가지의 일로 백성들에 묻는데 이 行禮의 주체가 또한 향대부이기 때문에 '향사례'라고 한 것이라고 하였다. 『의례정의』, 451쪽 참조.

經-01에서 經-03까지는 '계빈戒賓' 즉 주인이 빈의 집으로 찾아가 향사례에 참여해줄 것을 청하는 절차이다.

[鄕射禮05 : 經-01]

향사례(鄕射之禮). 주인은 빈賓의 집으로 찾아가서 향사례의 일을 알리고 참여해 줄 것을 청한다.(戒賓)[1] 빈[2]은 대문 밖으로 나가서 주인을 맞이하는데, 재배를 한다. 주인은 답례로 재배하고, 이어서 향사례의 일을 고한 후 빈이 되어줄 것을 청한다.

鄕射之禮. 主人戒賓. 賓出迎, 再拜. 主人答再拜, 乃請.

정현주

'주인'은 주장州長을 가리킨다.[3] 만약 향대부鄕大夫가 참석했을 경우에는 향대부의 이름을 칭한다.[4] '계戒'는 고지한다(警), 알려 준다(語)는 뜻이다. '나가서 맞이한다'(出迎)는 것은 대문 밖으로 나가 맞이한다는 뜻이다.[5] '청請'은 고한다(告)는 뜻이다.[6] 주인이 빈에게 향사례의 일을 알리는데, 경문에서 '빈은 집까지 찾아온 수고로움에 배례를 한다'(拜辱)라고 말하지 않은 것은 이 향사례는 백성들에게 예악禮樂을 익히게 하려는 것이지 자신을 빈으로 삼는 것을 위주로 하는 것이 아니기 때문이다.[7] 향선생을 찾아가 누구를 빈으로 삼을 것인지를 상의하지 않는 것은 이때에는 현자賢者과 능자能者의 명단을 왕에게 올리는 경우가 아니므로 예가 가볍기 때문이다.[8] 요즘에도 군국郡國에서 늦은 봄에 이 예를 행한다. 『주례周禮』에 "향로鄕老[9]와 향대부는 3년마다 정월에 현자와 능자의 명단을 왕에게 올리고, 물러나와 향사례를 거행하여 다섯 가지 일(五物)로 백성들에게 묻는다"고 하였다.[10] 제후의 향대부도 그 군주에게 선비를 천거한 후에 또한 이 예를 사용하여 활을 쏘고 백성들에게 묻는 듯하다. '主人', 州長也. 鄕大夫若在焉, 則稱鄕大夫也. '戒'猶警也, 語也. '出迎', 出門也. '請', 告也. 告賓以射事, 不言'拜辱', 此爲習民以禮樂, 不主爲賓己也. '不謀賓'者, 時不獻賢·能, 事輕也. 今郡國行此禮以季春. 『周禮』'鄕老及鄕大夫, 三年正月獻賢·能之書於王, 退而以鄕射之禮五物詢衆庶.' 諸侯之鄕大夫旣貢士於其君, 亦用此禮射而詢衆庶乎!

[鄕射禮05 : 經-02]

빈은 한 번 사양을 한 후에 허락한다. 주인은 재배를 하고, 빈은 답례로 재배를 한다. 주인이 물러가면, 빈은 주인을 전송하는데 재배를 한다.

賓禮辭, 許. 主人再拜, 賓答再拜. 主人退, 賓送, 再拜.

정현주

'물러난다'(退)는 것은 사궁射宮[11]으로 되돌아간다는 뜻이니, 활 쏘는 일의 기록을 생략한 것이다.[12] '退', 還射宮, 省錄射事.

[鄕射禮05 : 經-03]

개介(빈의 행례를 돕는 사람)를 세우지 않는다.

無介.

정현주

비록 먼저 술 마시는 예를 행하지만 활쏘기를 위주로 하기 때문에 빈을 순서지우는 예를 간략히 하는 것이다.[13] 雖先飮酒, 主於射也, 其序賓之禮略.

주

1_ 주인은 ~ 청한다 : 방포에 따르면, 관례 등은 私家의 일이므로 빈의 公務에 지장을 주지 않기 위해 미리 빈의 집으로 찾아가서 알리지만, 향음주례와 향사례는 국정과 관계된 것으로서 향대부가 주관하고 빈이 당연히 참여해야 하는 것이어서 미리 준비하고 있기 때문에 당일에 알린다. 『의례정의』, 454쪽 참조.

2_ 빈 : 향사례의 빈에 대해 장이기는, 州의 處士 가운데 덕망 있는 자를 임명하는데 만일 大夫가 와서 遵者가 된다면 公士로 바꾼다고 하였다. '처사'는 관직과 작위가 없는 賢人이고, '공사'는 관직에 있는 士를 가리킨다. 아래의 [記-01] 및 『의례정의』, 454쪽 참조.

3_ '주인'은 주장을 가리킨다 : '州長'에 대해 가공언과 호광충은 제후의 주장이라고 하였고, 성세좌는 천자와 제후의 주장을 가리킨다고 하였다. 가공언은 "향대부는 제후의 향대부이므로 이곳의 주장 또한 제후의 주장이다. 士로써 주장을 삼는다"(鄕大夫是諸侯鄕大夫, 則此州長亦諸侯之州長, 以士爲之)라고 하였다. 『의례정의』, 454쪽 참조.

4_ 향대부가 ~ 칭한다 : 가공언은 향대부가 와서 향사례에 임석할 경우 주장은 戒賓을 할 때 자신의 이름을 칭하지 않고 향대부의 이름을 칭하면서 계빈을 하는 것이라고 하였다. 그러나 성세좌는 향대부가 거주하는 곳의 주에서는 봄·가을의 習射도 향대부가 주인이 되어 직접 계빈을 하고 주장에게 시키지 않는다고 하였고, 호조흔도 향대부가 만약 그 주 안에 거주할 경우 습사는 향대부가 주관하므로 경문에서 말한 주인은 향대부를 칭하고 주장을 칭하지 않는다고 하여 가공언이 정현의 뜻을 잘못 이해하였다고 비판하였다. 『의례주소』, 200쪽 및 『의례정의』, 454쪽 참조.

5_ '나가서 맞이한다'는 ~ 뜻이다 : 가공언은 '序(학교)의 문 밖으로 나간다'는 뜻으로 해석하였지만, 성세좌는 주인이 戒賓을 할 때에는 반드시 빈의 집으로 찾아가서 청하는 것이 원칙이므로 빈이 자신의 집 대문 밖으로 나가서 주인을 맞이한다는 뜻이라고 반박하였다. 성세좌의 설이 타당하다. 『의례주소』, 200쪽 및 『의례정의』, 454쪽 참조.

6_ '청'은 고한다는 뜻이다 : 오계공은 경문의 '請'은 또한 戒辭 즉 활쏘기 행사의 일을 고한 후에 빈이 되어 줄 것을 청한다는 뜻으로, '請'자 뒤에 '賓' 한 글자가 빠진 것으로 해석한다.('請'亦謂致戒辭, 而請之爲賓也. '請'下似脫一'賓'字) 『의례정의』, 454쪽 참조.

7_ 경문에서 ~ 때문이다 : [鄕飮酒禮04 : 經-02]에는 "주인은 빈의 집으로 찾아가 향음주례의 일을 알리고 참여해 줄 것을 청한다. 빈은 집까지 찾아온 수고로움에 배례를 한다"(主人戒賓, 賓拜辱)라고 되어 있다. 향음주례에서 빈이 주인에게 '집까지 찾아온 수고로움에 배례를 하는 것'(拜辱)은 그가 빈이 되었기 때문이지 백성들에게 예악을 익히게 하기 때문이 아니다. 『의례주소』, 200쪽, 가공언의 소 참조.

8_ 향선생을 ~ 때문이다 : 향음주례에서는 賢者와 能者의 명단을 왕에게 바치기 때문에 그 예가 중하므로 반드시 향선생을 찾아가서 누구를 賓·介로 삼을 것인지를 상

의해야 하는데, 이것은 현자와 능자의 명단을 왕에게 바치는 경우가 아니어서 그 예가 가벼우므로 누구를 빈으로 삼을 것인지 향선생과 상의하지 않는다는 뜻이다. 학경은 射禮에도 반드시 빈을 두어 백성들에 倫序를 가르치지만 누구를 빈으로 삼을 것인지 상의하지 않고 介(빈의 행례를 돕는 사람)를 두지 않는 것은, 이 예는 활쏘기를 위주로 하여 장차 그 덕을 관찰하고자 하는 것이지 오로지 빈을 예우하고자 하는 것이 아니기 때문이라고 하였다. [鄕飮酒禮04 : 經-01]의 정현 주 ; 『의례주소』, 200쪽 및 『의례정의』, 455쪽 참조.

9_ 향로 : '鄕老'는 地官의 속관으로, 2개의 향마다 한 명의 향로를 둔다. 향로의 직은 三公이 겸임한다. 삼공은 지위가 존귀하여 왕에 다음간다. 『주례』「지관」의 정현 주에 "老는 존칭이다. 왕은 6鄕을 설치하는데, 公은 3인이 있다. 3公은 안으로 왕과 더불어 도를 논하고, 가운데로 6官의 일에 참여하고, 밖으로 6향의 가르침을 일으킨다. 그 요점은 백성을 다스리는 것이다. 이 때문에 향에 소속시킨다"라고 하였다. 곧 6향의 체제에서 3공이 향로가 되는 것으로, 관할하는 향의 현자와 능자를 천거하고 관리의 업무를 평가하는 일 등을 담당한다.

10_ 『주례』에 ~ 하였다 : 『주례』「지관·향대부」의 문장을 축약한 것이다. 그 원문은 다음과 같다. "3년마다 大比를 시행한다. 백성들의 德行과 道藝를 조사하여 賢者와 能者를 천거한다. 향로 및 향대부는 관리(州長 이하)와 선량한 향인을 이끌고서 향음주례를 거행하여 천거 받은 사람들을 접대하여 빈으로 삼는다. 이튿날, 향로 및 향대부·관리들은 현자와 능자의 명단을 왕에게 올린다. 왕은 재배를 하여 그 명단을 받고, 이를 天府(문서 담당 관청)에 건네주어 수장하게 한다. 內史는 그 부본을 보관한다. 향로와 향대부는 本鄕으로 물러나 향사례를 거행하여 다섯 가지 일(五物)로 활쏘기를 익히는 사람들을 관찰하고 동시에 백성들의 의견을 묻는다. 첫째는 '和'이고, 둘째는 '容'이고, 셋째는 '主皮'이고, 넷째는 '和容'이고, 다섯째는 '興舞'이다."(三年則大比, 考其德行·道藝, 而興賢者·能者, 鄕老及鄕大夫帥其吏與其衆寡, 以禮禮賓之. 厥明, 鄕老及鄕大夫群吏獻賢·能之書於王, 王再拜受之, 登於天府, 內史貳之. 退而以鄕射之禮五物詢衆庶, 一曰和, 二曰容, 三曰主皮, 四曰和容, 五曰興舞.) 이에 대한 정현 주에는 "'현자'는 덕행을 갖춘 자이다. '능자'는 도예를 갖춘 자이다. … 향음주의 예를 거행하여 이들을 예우하고 빈으로 삼는 것이다. 향사의 예를 거행하는데, 다섯 가지 일(五物)로 백성들에게 묻는다. … 백성들에게는 射禮가 없지만, 사냥을 인해서 짐승을 나누어 주므로 主皮가 있다. '주피'는 짐승 가죽을 펼치고 활을 쏘는 것으로, 과녁은 없다. 主皮·和容·興舞는 육예 가운데 射와 禮樂을 가리키는 듯하다. 활을 쏠 때에 백성들도 반드시 구경을 하는데, 그것을 인해서 그들에게 묻는 것이다"('賢者', 有德行者. '能者', 有道藝者. … 以鄕飮酒之禮, 禮而賓之. 行鄕射之禮, 而以五物詢於衆民. … 庶民無射禮, 因田獵分禽則有主皮. '主皮'者, 張皮射之, 無侯也. 主皮·和容·興舞, 則六藝之射與禮樂與? 當射之時, 民必觀焉, 因詢之也)라고 하였다. 『주례』「지관·향대부」의 경문과 이에 대한 정현 주를 종합하면, 향로

및 향대부가 향의 현자와 능자를 왕에게 천거할 때에는 향음주례를 베풀어 그들을 빈으로 예우하고 천거를 마친 후에는 향에서 향사례를 거행하는데, 향사례 때에는 백성들도 구경 와서 활 쏘는 사람의 덕을 관찰하기 때문에 이들에게 활 쏘는 사람의 덕이 어떠한지를 묻는 것이다.

11_ 사궁 : 가공언은 '射宮'은 활쏘기를 하는 건물로, 鄕庠(향의 학교)과 州序(주의 학교)를 가리킨다고 하였다. 『의례주소』, 201쪽.

12_ 활 쏘는 일의 기록을 생략한 것이다 : [鄕射禮05 : 經-10] 이하의 일들을 여기서 기록하지 않고 생략하였다는 뜻이다.

13_ 비록 ~ 것이다 : 『예기』「사의」에 "옛날에 제후의 활쏘기에서는 반드시 먼저 연례를 거행하였고, 경·대부·사의 활쏘기에서는 반드시 향음주례를 거행하였다"(古者諸侯之射也, 必先行燕禮. 卿·大夫·士之射也, 必先行鄕飮酒之禮)라고 하였다. 호배휘는 향음주례는 빈을 대접하는 것을 위주로 하기 때문에 介를 두어 빈을 돕게 하지만, 향사례는 활쏘기를 위주로 하기 때문에 介를 두지 않는다고 하였다. 향음주례에서는 賓, 介, 衆賓 등으로 빈을 순서지우는 예가 있는데, 향사례에서는 활쏘기를 위주로 하기 때문에 예를 줄여서 빈과 중빈만을 둔다. 『의례정의』, 455~456쪽 참조.

經-04에서 經-12까지는 '진설陳設' 즉 향사례를 거행하기 위하여 필요한 물품을 진설하는 절차이다.

[鄕射禮05 : 經-04]

빈의 자리(席)를 펼쳐 놓는데, 자리의 앞면이 남쪽을 향하고 머리 부분이 동쪽을 향하도록 하여 놓는다.

乃席賓, 南面, 東上.

정현주 '실室의 문과 창 사이에 펼쳐 놓는다'(於戶牖之間)라고 말하지 않은 것은 이 활쏘기는 주의 학교(序)에서 거행하는 것이기 때문이다.[1]

不言'於戶牖之間'者, 此射於序.

[鄕射禮05 : 經-05]

중빈衆賓들의 자리는 이어서 펼쳐 놓는데, 빈의 자리 서쪽으로 놓는다.[2]

衆賓之席繼而西.

정현주 '이어서 펼쳐 놓는다'(繼)라고 말한 것은 처음 활쏘기를 익히고자 하는 여러 사람(衆庶)은 아직 별도로 자리를 구별하지 않기 때문이다.[3] 言'繼'者, 甫欲習衆庶, 未有所殊別.

[鄕射禮05 : 經-06]

주인의 자리를 조계阼階의 위쪽[4]에 펼쳐 놓는데, 자리의 앞면이 서쪽을 향하도록 하여 놓는다.

席主人於阼階上, 西面.

정현주

'조계阼階'는 동쪽 계단이다. '阼階', 東階.

[鄕射禮05 : 經-07]

빈의 자리 동쪽에 2통의 술동이(壺)[5]를 진설하는데,[6] 술동이 받침대(斯禁)[7]로 받쳐 놓는다. 물(玄酒)을 넣은 술동이를 술을 넣은 술동이의 왼쪽(서쪽)에 놓는데, 각각의 술동이 위에 모두 술 국자(勺)[8]를 얹어 놓는다. 대광주리(篚)는 술동이의 남쪽에 진설하는데, 머리 부분이 서쪽을 향하고 꼬리 부분이 동쪽을 향하도록 하여 세로로 놓는다.

尊於賓席之東, 兩壺, 斯禁. 左玄酒, 皆加勺. 篚在其南, 東肆.

정현주

'사금斯禁'은 받침대 가운데 지면과 닿는 부분에 다리가 없는 것을 말한다. 술동이를 진설하는 사람은 북쪽을 향하고 있으므로 서쪽을 '좌左'라고 한 것이니, 물을 넣은 술동이를 높이는 뜻이다.[9] '사肆'는 진설하다(陳)의 뜻이다. '斯禁', 禁切地無足者也. 設尊者北面, 西曰'左', 尚之也. '肆', 陳也.

호壺

(淸), 『흠정의례의소』

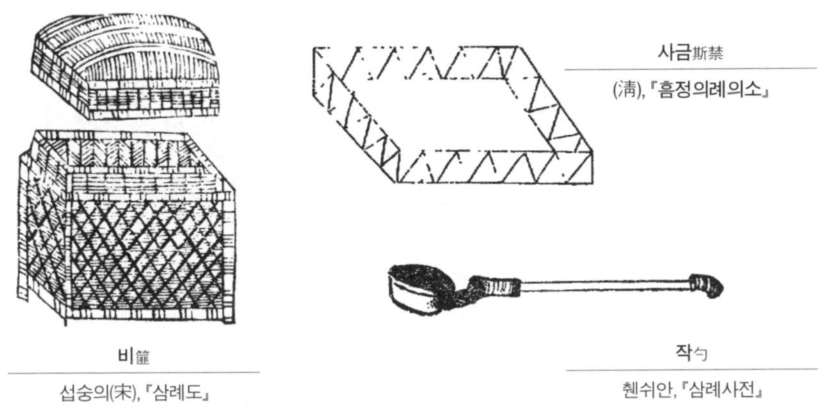

비篚

섭숭의(宋), 『삼례도』

사금斯禁

(淸), 『흠정의례의소』

작勺

췐쉬안, 『삼례사전』

[鄕射禮05 : 經-08]

물받이 항아리(洗)는 조계 동남쪽에 진설하는데, 물받이 항아리에서 당까지의 남북거리는 당 위 남쪽 끝 모서리에서 북쪽으로 방·실의 벽에 이르는 길이와 동일하게 하고, 동서로는 동쪽 추녀(東榮)와 마주하도록 하여 놓는다. 물을 담아 둔 물 항아리(水)[10]는 물받이 항아리의 동쪽에 놓는다. 대광주리(篚)는 물받이 항아리의 서쪽에 진설하는데, 머리 부분이 북쪽을 향하고 꼬리 부분이 남쪽을 향하도록 하여 세로로 놓는다.

設洗于阼階東南, 南北以堂深, 東西當東榮. 水在洗東. 篚在洗西, 南肆.

정현주 '영榮'은 추녀(屋翼)이다.[11] '榮', 屋翼也.

[鄕射禮05 : 經-09]

물받이 항아리의 동북쪽에 악기(縣)를 걸어 두는데, 앞면이 서쪽을 향하도록 한다.

縣于洗東北, 西面.

정현주

이 경문의 '악기'(縣)[12]는 경磬을 가리킨다. 동쪽에 경을 걸어 두는 것은 활쏘기를 하기 전에 서 있는 위치(射位)를 피한 것이다.[13] 단지 경만 걸어 두는 것은 천자의 사士가 걸어 두는 것의 반으로, 종鍾은 걸어 두지 않는다.[14] 此縣謂磬也. 縣於東方, 辟射位也. 但縣磬者, 半天子之士, 無鍾.

[鄕射禮05 : 經-10]

이어서 과녁(侯)[15]을 펼치는데, 아랫줄(下綱)은 지면에 닿지 않도록 발자국의 길이만큼 떨어뜨린다.

乃張侯, 下綱不及地武.

정현주

'후侯'(과녁)는 활로 쏘아 맞추는 베(布)이다. '강綱'은 설舌을 매어서 과녁을 고정시켜주는 줄이다. '무武'는 발자국(迹)이다. 보통사람의 발자국은 1척 2촌이다. 과녁은 사람의 신체를 본떴는데, '강綱'은 곧 그 발足에 해당한다. 그래서 발자국에서 치수를 취한 것이다. '侯', 謂所射布也. '綱', 持舌繩也. '武', 迹也. 中人之迹尺二寸. 侯象人, 綱卽其足也, 是以取數焉.

[鄕射禮05 : 經-11]

과녁의 왼쪽(서쪽) 아랫줄(下綱)은 과녁의 서쪽 지지대에 매지 않고, 위쪽으로 비스듬히 올려 과녁의 중中(과녁의 중앙 부분)을 가리면서 오른쪽(동쪽)의 윗줄(上綱)에서 묶는다.[16]

不繫左下綱, 中掩束之.

정현주

활 쏘는 일이 아직 시작되지 않았기 때문이다. 事未至也.

[鄕射禮05 : 經-12]

화살막이(乏)[17]는 과녁과 활 쏘는 사람 사이의 거리(侯道)를 3등분했을 때 과녁 쪽으로 3분의 1지점에서 서쪽으로 5보步 떨어진 곳에 설치한다.

乏參侯道, 居侯黨之一, 西五步.

정현주

화살막이(容)[18]를 '핍乏'이라 하는데, 획자獲者(화살의 명중 여부를 알려 주는 사람)를 위해 화살을 막아주는 도구이다. 과녁과 활 쏘는 사람 사이의 거리(侯道)는 50보(30장)인데, 이 화살막이(乏)는 과녁에서 북쪽으로 10장丈 떨어진 지점에서 서쪽으로 3장丈이 되는 곳에 있다.[19] 容謂之'乏', 所以爲獲者御矢也. 侯道五十步, 此乏去侯北十丈, 西三丈.

주

1_ '실의 문과 창 사이에 펼쳐 놓는다'라고 ~ 때문이다 : 정현과 가공언은 향의 학교인 '庠'에는 室이 있지만, 주의 학교인 '序'에는 실이 없는 것으로 해석한다. 가공언은 "序에는 실이 없고, 庠에는 실이 있다. 이곳은 주장이 序에서 활쏘기를 거행하는 것이므로 실이 없고 따라서 실의 문과 창도 없기 때문에, 자리를 펼쳐 놓을 때에는 또한 문(戶)과 창(牖)에 상당하는 곳에 놓는다"라고 하였다. 성세좌 또한 향대부는 庠에서 활쏘기를 거행하는데 庠에는 실이 있으며 주장은 序에서 활쏘기를 거행하는데 序에는 실이 없으므로 방도 없다고 하면서, 序에 실이 없는 것은 주의 학교(序)는 향의 학교(庠)보다 작기 때문이라고 하였다. 그러나 오계공은 경문에서 '戶'와 '牖'를 언급하지 않은 것은 말을 하지 않아도 당연한 것이기 때문이라고 하면서, [記-10]의 "음식은 東房에서 꺼내 온다"(出自東房)라는 문장에 의거하여 序에도 東房과 西房이 있고 중앙에 실이 있어 실의 문과 창 사이에 빈의 자리를 펼쳐 놓는 것임이 분명하다고 하였다. 주의 학교인 序에 室이 있는지 없는지에 대해서는 다양한 해석이 병존한다. 『의례주소』, 201쪽 및 『의례정의』, 456쪽 참조.

2_ 중빈들의 자리는 ~ 놓는다 : 오계공에 따르면 이곳의 중빈은 '중빈의 長 3인'을 가리킨다. 경문의 '繼'의 의미에 대해서는 ① 중빈의 자리와 빈의 자리를 서로 이어서 펼쳐 놓는 것으로 보는 해석(敖繼公, 方苞, 褚寅亮)과, ② 중빈의 자리와 빈의 자리는 서로 떼어놓고 중빈의 3개의 자리만 이어서 펼쳐 놓는 것으로 보는 해석(채덕진, 호조흔, 장혜언)이 있다. 또 자리 사이에 공간을 둔다고 보는 입장(오계공, 위협몽, 장혜언, 호조흔)과 공간을 두지 않는다는 입장(양복, 저인량)이 있다. ①의 입장을 취하는 오계공은 "'繼'는 (중빈의 자리를) 빈의 자리와 이어서 펼쳐 놓는다는 뜻이다. '繼'라고 말한 것은 (중빈의 자리는) 차례대로 서쪽으로 놓는데, 중빈의 자리는 또한 모두 붙여 놓지 않고 머리 부분이 동쪽을 향하도록 하여 놓는다는 뜻을 밝힌 것이다"('繼', 繼賓席也. 云'繼'者, 明其以次而西, 衆賓之席, 亦皆不屬而東上)라고 하였다. ②의 입장을 취하는 채덕진은 "중빈의 자리는 차례대로 서로 이어서 서쪽으로 펼쳐 놓는데, 모두 자리의 앞면이 남쪽을 향하여 서쪽 방(西房)의 밖과 마주하도록 한다"(衆賓之席, 以次相繼而西, 皆南向, 當西房之外也)라고 하였다. 『의례정의』, 456~457쪽 참조.

3_ 처음 ~ 때문이다 : 향음주례에서 중빈 3명의 자리를 서로 이어지지 않게 하여 별도로 하는 것은 이들이 덕이 있는 사람들이기 때문에 각자 홀로 앉도록 하는 것인데([鄕飮酒禮04 : 經-06] 및 정현 주 참조), 향사례에서는 그와 달리 중빈의 자리를 별도로 구별하지 않고 이어서 펼쳐 놓는다는 뜻이다. 중빈들의 자리 사이에 공간을 두지 않는다는 입장을 취하는 저인량은 정현 주는 중빈의 자리를 서로 이어서 붙이는 이유를 설명한 것이라고 본다. 중빈들의 자리를 이어서 붙여도 무방한 것은 자리를 오르고 내릴 때 중빈들이 각자 자리의 서쪽 끝을 말미암으므로 공간을 남겨둘 필요가 없기 때문이라고 한다. 『의례정의』, 457쪽 참조.

4_ 조계의 위쪽 : 東序(당 위 동쪽 벽) 앞의 조금 남쪽을 가리킨다.

5_ 술동이 : '壺'는 술을 넣는 동이로서 圜壺와 方壺가 있다. 그 용량은 큰 것은 1石으로, 甒보다 크다. 『흠정의례의소』에서는, 『예기』에는 귀를 언급한 곳이 없는데 『구도』에는 귀가 있는 것이 있고 없는 것이 있다고 한 것에 근거하여 古制에는 귀가 없었는데 후대에 귀를 만들었다고 하였다. 현재 商代의 청동호뿐 아니라 西周에서 전국시대에 이르는 수많은 호가 출토되었는데, 모두 목 부분이 길고 귀가 있으며 덮개가 있다. 『삼례사전』, 793쪽 참조.

6_ 빈의 ~ 진설하는데 : 한 통의 술동이에는 술(酒)을 넣어 두고, 다른 한 통의 술동이에는 물(玄酒)을 넣어 둔다.

7_ 술동이 받침대 : '斯禁'은 술동이나 술잔을 받쳐 놓는 기구로, '棜'·'棜禁'이라고도 한다. 술동이 받침대 가운데 '棜'·'斯禁'·'棜禁'에는 다리가 없고 '禁'에는 다리가 있다.

8_ 술 국자 : '勺'은 술을 뜨는 조그만 국자를 말한다. 용량은 1升이다. 나무로 만든 것과 청동으로 만든 것이 있다. 『예기』「명당위」에 "그 술 국자로 하후씨는 龍勺을 사용하였고, 은나라는 疏勺을 사용하였고, 주나라는 蒲勺을 사용하였다"(其勺, 夏后氏以龍勺, 殷以疏勺, 周以蒲勺)라고 하였는데, 정현 주에서는 "'龍勺'은 술 국자의 머리에 용의 문양을 새겨 넣은 것이다. '疏勺'은 그 머리를 통째로 새긴다는 뜻이다. '蒲'는 부들을 합쳐 놓은 문양을 새겨 넣은 것인데 마치 오리머리처럼 생겼다"('龍', 龍頭也. '疏', 通刻其頭. '蒲', 合蒲如鳧頭也)라고 하였다.

9_ 물을 넣은 ~ 뜻이다 : 경문에서 "左玄酒"(물을 넣은 술동이를 왼쪽에 놓는다)라고 한 것은 사람을 기준으로 말한 것이다. 술동이를 진설하는 사람은 북쪽을 향하므로 서쪽이 왼쪽이 된다. 술동이를 기준으로 말하면 남쪽을 향하는 것이 올바르다. 地道는 오른쪽을 높이는데, 서쪽이 오른쪽이 되므로 물을 넣은 술동이가 오른쪽에 놓인다. 이 때문에 "물을 넣은 술동이를 높이는 뜻이다"라고 한 것이다. 『의례주소』, 202쪽, 가공언의 소 참조.

10_ 물을 담아 둔 물 항아리 : 경문의 '水'는 손이나 술잔을 씻을 때 사용하는 물로서, 물 항아리(罍)에 담아 둔다. 따라서 이곳의 '水'는 실질적으로 '물을 담아 둔 물 항아리'(罍水)를 의미한다. [士冠禮01 : 經-26]의 주석 5) 참조.

11_ '영'은 추녀이다 : '榮'은 지붕의 처마 양 끝에 솟아 오른 부분을 가리키는데, 새가 양 날개를 펼친 형상과 비슷하기 때문에 지붕의 날개 즉 '屋翼'(추녀)이라고 칭한 것이다. [士冠禮01 : 經-26]의 주석 9) 참조.

12_ 악기 : '縣'은 筍·虡 같은 악기걸이에 걸어 두는 鐘·磬 등의 악기를 말한다. 이를 '樂縣'이라 하는데, 간단하게는 '縣'이라고 칭한다. 『삼례사전』, 1124쪽.

13_ 동쪽에 ~ 것이다 : 향음주례에서는 활쏘기를 하지 않기 때문에 양쪽 계단 사이에 악기를 걸어 두지만, 향사례에서는 활쏘기를 하기 때문에 물받이 항아리(洗)의 동북쪽으로 피한다는 뜻이다.

14_ 단지 ~ 않는다 : 半을 걸어 둔다는 것은 제후의 경·대부·士를 지칭한다. 천자의 士는 鍾과 磬을 한곳에 걸어 두는데, 제후의 士는 그것의 반을 걸어 두기 때문에 磬

만 걸어 두고 鍾은 걸어 두지 않는 것이다. 『의례주소』, 202쪽.

15_ 과녁 : '侯(과녁)'의 제도에 대해 張爾岐는 "侯의 제도는 中·躬·舌(个)·綱·縜(植)으로 이루어져 있다. '中'은 과녁의 몸체로서 사방 1丈이다. '中'의 2배(2丈)로 '躬'을 만든다. '中'의 위쪽과 아래쪽에 횡으로 한 폭의 베를 이어 붙이는데, 각각 2丈이다. 이것을 '躬'이라고 한다. '躬'의 2배(4丈)로 좌우의 '舌'을 만든다. 4丈의 베를 사용하여 '躬'의 위쪽에 이어 붙이는데, 躬의 좌우로 나온 각각 1丈 길이의 부분이 '上舌'이 된다. 下舌은 上舌의 절반으로, 3丈의 베를 사용하여 '躬'의 아래쪽에 이어 붙이는데, 躬의 좌우로 나온 각각 5尺 길이의 부분이 '下舌'이 된다. 舌을 매어서 과녁을 지탱시켜주는 줄을 '綱'이라고 한다. 그 綱을 과녁지지대(植)에 연결하는 가는 끈을 '縜'이라고 한다. 위쪽과 아래쪽에 각각 줄(綱)이 있는데, 아래쪽 줄(下綱)은 지면에서 1尺 2寸 떨어져 있다(侯制有中, 有躬, 有舌, 有綱, 有縜. 中, 其身也, 方一丈, 倍中以爲躬. 中之上下, 橫接一幅, 各二丈, 謂之躬. 倍躬爲左右舌, 用布四丈, 接於躬上, 左右各出一丈爲舌. 下舌半上舌, 用布三丈接躬下, 左右各出五尺也. 其持舌之繩謂之綱, 維其綱於幹者, 又謂之縜. 上下各有綱, 下綱去地之節則尺二寸)"라고 하였다. ○ '侯(과녁)'에는 布侯와 皮侯 두 종류가 있다. 皮侯에는 虎侯·熊侯·豹侯·麋侯 등 다양한데, 베로 과녁을 만들고 그 가선을 虎·熊·豹·麋의 가죽으로 장식한다. 侯의 한가운데를 '鵠'이라고 하고, 鵠의 한가운데를 '正'이라 하고, 正의 한가운데를 '質'이라고 한다. '侯'의 크기는 侯道(과녁과 활 쏘는 사람의 거리)에서 그 치수를 취한다. 『儀禮正義』, 460~461쪽 및 『禮書通考』, 2569쪽 참조.

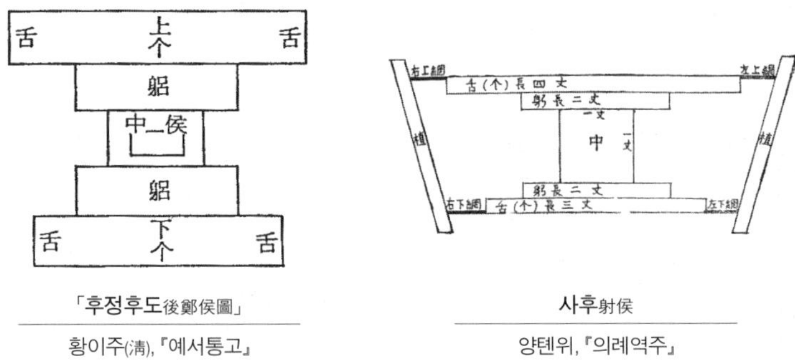

「후정후도後鄭侯圖」
황이주(淸), 『예서통고』

사후射侯
양톈위, 『의례역주』

16_ 오른쪽의 ~ 묶는다 : 이곳 경문의 '中掩束之'에 대해서 정현은 별도의 해석을 하지 않고 있지만, 역대로 다양한 해석이 병존한다. ① 오계공은 "과녁은 왼쪽을 높이기 때문에 활쏘기가 시작되기 전에는 왼쪽의 아랫줄(下綱)을 과녁지지대에 매어 놓지 않는다. '中掩束之'라는 것은 왼쪽의 下个를 절반 가리고 줄(綱)로 그것을 묶어 둔다는 뜻이다. 下个(舌)는 躬에서 5尺이 나와 있는데, 절반을 가린다면 가리는

부분은 2尺 5寸이 된다"(侯以左爲尊, 故事未至則不繫左下綱也. '中掩束之'者, 中掩左下个, 而以綱束之也. 下个出於躬五尺, 中掩之, 是所掩者, 二尺五寸矣)라고 하였다. ② 저인량은 "왼쪽 아랫줄(下綱)을 위쪽으로 올려서 비스듬히 가리면서 과녁의 中을 지나고, 오른쪽의 윗줄(上綱)에서 묶는 것"(以左下綱向上, 斜掩, 過侯中, 而束於右上綱)이라 하였다. ③ 장이기는 "과녁(侯)은 앞면이 堂을 향하고 있으므로 서쪽이 왼쪽이 된다. 활쏘기를 시작하지 않았으므로 아직 왼쪽(서쪽)의 아랫줄(下綱)을 과녁 지지대에 매어 놓지 않으며, 아울러 綱과 舌은 동쪽을 향해 가리고 묶어 놓고 司馬가 과녁을 펼치라고 명하기를 기다린다는 뜻이다"(侯向堂爲面, 以西爲左, 射事未至, 故且不繫左下綱, 並綱與舌向東掩束之, 待司馬命張侯)라고 하였다. ④ 성세좌는 "下舌은 길이가 3丈인데 그 중앙 부분을 가린다는 뜻이니, 가리는 부분은 1丈 5尺이다"(下舌三丈中掩之, 是所掩者, 丈五尺也)라고 하였다. ⑤ 강조석은 경문의 '中'을 '侯中'의 '中'(과녁 중앙 부분의 베)으로 해석하고, '中掩束之'는 그 과녁의 '中'을 가려서 묶는 뜻이라고 보았다. ⑥ 초이서는 "'中掩'이라고 한 것은, 과녁의 '中'은 1丈인데, 왼쪽의 躬과 舌 또한 합치면 길이 1丈이 된다. 이 1丈을 끌어당겨 오른쪽으로 향하게 하면 과녁의 '中'과 정확히 서로 가리게 된다. 그러므로 '中掩'이라고 한 것이다. '왼쪽의 아랫줄을 과녁의 지지대에 매지 않는다'(不繫左下綱)는 것은 아직 과녁을 펼치지 않는다는 뜻과 같다"(謂之'中掩'者, 侯中一丈, 而左方之躬與舌合長一丈, 引此一丈以向右方, 則適與侯中相掩, 故曰'中掩'也. '不繫左下綱', 猶若未張者然)라고 하였다. 이처럼 경문의 '中'에 대해서는 ① 오계공, 성세좌 등은 '절반'(半)의 뜻으로 보는 반면, ② 저인량, 강조석, 초이서 등은 과녁의 '中'으로 이해한다. 경문에서는 저인량의 해석에 의거하여 번역하였다.

17_ 화살막이 : 容을 乏이라고 하는데, 화살을 막는 가리개이다.

18_ 화살막이 : 『이아』「석궁」 형병의 소에 "'容'은 射禮를 행할 때 화살의 명중 여부를 신호하는 사람이 자신의 몸을 가리는 물건이다. 일명 '防'이라고도 하는데, 몸을 감추고 화살을 방어하는 것을 말한다. 일명 '乏'이라고도 한다"('容'者, 射禮唱獲者蔽身之物也. 一名'防', 言所以容身防矢也. 一名'乏')라고 하였다.

19_ 과녁과 ~ 있다 : 거리를 이렇게 둔 것은 화살을 막아 주기 위한 것과 아울러 명중 여부를 알리는 소리를 堂에서 들을 수 있도록 하기 위한 것이다. 『의례주소』, 204쪽.

經-13에서 經-15까지는 '속빈速賓' 즉 주인이 다시 한 번 빈의 집으로 찾아가 향사례에 참여할 것을 청하는 절차이다.

[鄕射禮05 : 經-13]

고깃국이 끓으면,

羹定,

정현주

고기를 넣고 끓인 국을 '갱羹'(고깃국)이라고 한다. '정定'은 익는다는 뜻과 같으니, 개고기가 익어 먹을 수 있음을 말한 것이다. 肉謂之'羹'. '定'猶孰也, 謂狗孰可食.

[鄕射禮05 : 經-14]

주인은 조복朝服을 착용하고 빈의 집으로 찾아가서 다시 한 번 참여해 줄 것을 청한다. 빈은 조복을 착용하고 대문 밖으로 나가서 주인을 맞이하는데, 재배를 한다. 주인은 답례로 재배를 한 후에 물러간다. 빈은 주인을 전송하는데 재배를 한다.

主人朝服, 乃速賓. 賓朝服出迎, 再拜. 主人答再拜, 退. 賓送, 再拜.

정현주

'속速'은 초대한다(召)는 뜻이다.[1] 사례射禮에서 빈을 예우하는 것은 향음주례鄕飮酒禮 때보다 가볍다. 계빈戒賓을 할 때에는 현단玄端을 착용한다.[2] 오늘날 군국郡國에서 이 향사례를 행할 때에는 피변복皮弁服을 착용하니, 『의례』의 규정과 다른 것이다. '速', 召也. 射賓輕也. 戒時玄端. 今郡國行此鄕射禮, 皮弁服, 與『禮』爲異.

[鄕射禮05 : 經-15]

빈과 중빈들은 드디어 주인의 뒤를 따라 향사례에 참여하러 간다.[3]

賓及衆賓遂從之.

주

1_ '속'은 초대한다는 뜻이다 : '速'은 다시 한 번 빈객을 맞이하여 청한다는 뜻으로, '宿'으로도 쓴다. 처음 빈의 집으로 찾아가서 의례에 참여해 줄 것을 청하는 것을 '戒'라고 하고, 뒤에 다시 한 번 참여해 줄 것을 청하는 것을 '宿'이라고 한다.

2_ 계빈을 ~ 현단을 착용한다 : 오계공은 예의 규정에서 戒賓을 할 때와 速賓(宿賓)을 할 때에는 동일한 복장을 착용하므로, 이곳의 경문에서 속빈을 할 때 朝服(玄端)을 착용한다고 하였으므로 계빈을 할 때에도 조복을 착용함을 알 수 있다고 하였다. 그러나 성세좌는 속빈을 설명하는 이곳의 경문에서 비로소 조복을 착용한다고 언급하였으므로 계빈을 할 때에는 조복이 아님이 분명하며, 향음주례에서는 계빈과 속빈에 모두 조복을 착용한다고 하였으므로 주인이 빈을 대우하는 경중의 차이를 볼 수 있다고 하여 오계공의 설을 비판하였다. 『의례정의』, 464쪽 참조.

3_ 빈과 중빈들은 ~ 간다 : 주인이 물러간 후에 중빈들이 빈의 집 대문에 이르고, 이어서 빈과 함께 향사례에 참여하러 가는 것이다. 경문에서 '드디어'(遂)라고 한 것은 비록 서로 시간적 간격은 있지만 일은 실제로 서로 이어지기 때문이다. 『의례정의』, 464쪽, 오계공의 설 참조.

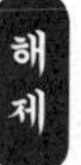
經-16에서 經-21까지는 '영빈배지迎賓拜至' 즉 빈이 이르자 주인이 그를 맞이하고 배례하는 절차이다.

[鄕射禮05 : 經-16]

빈과 중빈들이 학교 문[1]에 이르면, 주인과 한 사람의 상相(가신)은 문 밖으로 나가서 빈을 맞이하고 재배를 한다. 빈은 답례로 재배를 한다.

及門, 主人一相出迎于門外, 再拜. 賓答再拜.

정현주

'상相'은 주인의 가신家臣이니,[2] 예의 진행을 돕고 명을 전달하는 자이다. '相', 主人家臣, 擯贊傳命者.

[鄕射禮05 : 經-17]

주인은 중빈들에게는 읍을 한다.

揖衆賓.

정현주

중빈들은 빈에 비해 신분이 낮으므로,[3] 예禮 또한 달라야 한다. 差卑, 禮宜異.

[鄕射禮05 : 經-18]

주인은 빈과 더불어 읍을 한 후에 먼저 문 안으로 들어간다.

主人以賓揖, 先入.

정현주

'이以'는 더불다(與)와 같은 뜻이다. '먼저 들어간다'(先入)는 것은 문 안으로 들어가 오른쪽으로 나아가서 서쪽을 향해 서는 것을 말한다. '以'猶與也. '先入', 入門右西面.

[鄕射禮05 : 經-19]

빈은 중빈들에게 염厭을 한 후에 먼저 문 안으로 들어간다. 중빈들은 모두 문 안으로 들어가 왼쪽으로 나아가서 동쪽을 향해 서는데, 북쪽을 윗자리로 삼는다. 빈은 조금 앞으로 나아간다.

賓厭衆賓. 衆賓皆入門左, 東面北上. 賓少進.

정현주

두 손을 맞잡고 몸 안쪽으로 끌어당기면서 절하는 것을 '염厭'이라고 한다.[4] '조금 앞으로 나아간다'(少進)는 것은 중빈들과 차이를 두고 앞에 있는 것이다.[5] 금문본에는 모두 '揖衆賓'으로 되어 있다. 引手曰'厭'. '少進', 差在前也. 今文皆曰'揖衆賓'.

[鄕射禮05 : 經-20]

주인은 빈과 더불어 세 차례 읍揖을 한 후에 함께 계단 앞으로 걸어간다.[6] 계단에 이르면, 주인과 빈은 세 차례 양보를 한 후에 주인이 먼저 한 계단을 오르면 빈도 오른다.

主人以賓三揖, 皆行. 及階, 三讓, 主人升一等, 賓升.

정현주

주인과 빈이 세 차례 양보를 한 후에 주인이 먼저 오른다는 것은 주인이 먼저 빈에게 양보를 했다는 뜻이다. 빈이 주인과 함께 계단을 오르지 않은 것은 빈객賓客의 도리로서 나아가는 것을 어렵게 여겨야 하기 때문이다. 三讓而主人先升者, 是主人先讓於賓. 不俱升者, 賓客之道, 進宜難也.

[鄕射禮05 : 經-21]

주인은 조계의 위쪽[7]에서 들보(楣)[8]를 마주하는 곳에서 북쪽을 향해 빈에게 재배를 한다. 빈은 서쪽 계단의 위쪽[9]에서 들보를 마주하는 곳에서 북쪽을 향해 답례로 주인에게 재배를 한다.

主人阼階上當楣北面再拜. 賓西階上當楣北面答再拜.

정현주

빈이 이 당堂에 이른 것에 대해 주인이 배례를 하는 것이다. 主人拜賓至此堂.

주

1_ 학교 문 : 序門 즉 州의 학교 문을 가리킨다. 향음주례는 庠(鄕學)에서 거행하고 향사례는 序(州學)에서 거행하는데, 庠과 序에는 문이 하나밖에 없기 때문에 단지 '門'이라고 할 뿐 '大門'이나 '外門'이라고 말하지 않는다. 『의례정의』, 465쪽, 위협몽의 설 참조.

2_ '상'은 주인의 가신이니 : 이곳의 '相'에 대해 성세좌는, 序에서 활쏘기를 할 때에는 黨正이 예의 진행을 돕는다고 하였고, 오정화도 향음주례와 향사례는 모두 공적인 일이므로 주인의 家臣에게 예의 진행을 맡길 수 없다고 하여 정현의 해석을 비판하였다. 『의례정의』, 465쪽 참조.

3_ 중빈들은 빈에 비해 신분이 낮으므로 : 賓과 衆賓 모두 鄕人으로 작위가 없는 사람들이지만 빈으로 세웠기 때문에 높고 중빈은 낮다는 뜻이다. 『의례주소』, 205쪽.

4_ 두 손을 ~ 한다 : 두 손을 맞잡고 밖을 향하여 내밀어 절하는 것을 '揖'이라 하고, 맞잡은 두 손을 안쪽을 향하여 가슴 앞으로 끌어당기면서 절하는 것을 '厭'이라고 한다. '厭'은 '揖'보다 가벼운 예이다. 『삼례사전』, 981쪽, '厭' 항목 참조.

5_ '조금 앞으로 나아간다'는 ~ 것이다 : 주인이 있는 동쪽으로 조금 앞으로 나아가는 것을 말한다. 따라서 빈의 위치는 중빈들보다 조금 북쪽이 된다.

6_ 함께 ~ 걸어간다 : 경문의 '함께'(皆)에 대해서 가공언은 주인과 빈이 걸어간 후에 중빈도 함께 걸어가는 것이라고 하였지만, 학경은 주인과 正賓이 동행하는 것이라고 하였다. 『의례정의』, 466쪽 참조.

7_ 조계의 위쪽 : '조계의 위쪽'은 조계의 맨 위 층계를 말하는 것이 아니라, 당 위 동쪽 벽(東序)의 앞을 가리킨다.

8_ 들보 : '楣'는 堂의 앞쪽 들보를 말한다. 집을 측면에서 볼 때 5부분으로 나뉜 집을 '五架屋'이라고 하는데, 중앙의 서까래가 가장 높을 곳을 '棟'(마룻대)이라고 하고, 棟의 양쪽 부분을 '楣'(들보)라고 하고, 그 아래 가장자리 양쪽 부분을 '庪'(상인방)라고 한다. 『이아』「석궁」에 "'楣'는 들보를 가리킨다"(楣謂之梁)라고 한 것에 대해 곽박의 注에서는 "'楣'는 문 위의 가로지른 들보이다"(門戶上橫梁)라고 하였다.

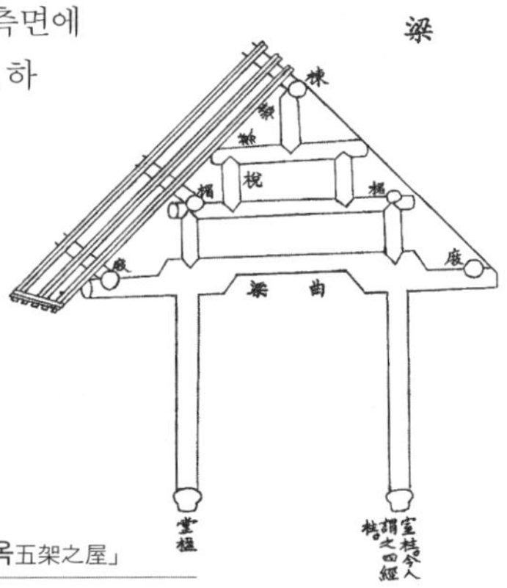

「오가지옥五架之屋」

황이주(淸), 『예서통고』

9_ 서쪽 계단의 위쪽 : '서쪽 계단의 위쪽'은 서쪽 계단의 맨 위 층계를 말하는 것이 아니라, 당 위 서쪽 벽(西序)의 앞을 가리킨다.

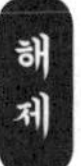

經-22에서 經-42까지는 '주인헌빈主人獻賓' 즉 주인이 빈에게 술을 올려 '헌獻'의 예를 행하는 절차이다.

[鄕射禮05 : 經-22]

주인은 자리에 앉아서 당 위의 대광주리(上篚)에서 술잔(爵 : 1승 용량)[1]을 꺼내 들고 당에서 내려온다.

主人坐取爵於上篚, 以降.

정현주

장차 빈에게 술을 올려 '헌獻'의 예를 행하고자 하는 것이다. 將獻賓也.

[鄕射禮05 : 經-23]

빈도 주인을 따라 당에서 내려온다.

賓降.

정현주

빈이 주인을 따르는 것이다. 從主人也.

[鄕射禮05 : 經-24]

주인은 조계 앞에서 서쪽을 향해 앉아 술잔(爵)을 내려놓고, 다시 일어나 빈에게 내려올 필요가 없다고 사양한다.
主人阼階前西面坐奠爵, 興辭降.

정현주 주인의 일로 빈을 번거롭게 하는 것을 중시하기 때문이다. 금문본에는 '阼階'의 글자가 없다. 重以主人事煩賓也. 今文無'阼階'.

[鄕射禮05 : 經-25]
빈은 응답을 한 후에 내려온다.
賓對.

정현주 '대對'는 응답한다는 뜻이다. '對', 答.

[鄕射禮05 : 經-26]
주인은 앉아서 술잔을 집어 들고 일어나 물받이 항아리(洗)가 있는 곳으로 가서 남쪽을 향해 앉아 술잔을 대광주리 아래에 내려놓은 후 손을 씻고 술잔을 씻는다.
主人坐取爵, 興, 適洗, 南面坐奠爵于篚下, 盥洗.

정현주 손을 씻고 또 술잔을 씻는 것은 정결함과 공경함을 다하는 것이다. 고문본에는 '盥'이 모두 '浣'으로 되어 있다. 盥手又洗爵, 致絜敬也. 古文'盥'皆作'浣'.

[鄕射禮05 : 經-27]

빈은 물받이 항아리가 있는 곳으로 나아가 동북쪽을 향해 주인에게 술잔을 씻어 줄 필요가 없다고 사양한다.

賓進, 東北面辭洗.

정현주 빈이 반드시 물받이 항아리가 있는 곳으로 나아가는 것은 바야흐로 술잔 씻어 주는 것을 사양할 때에는 자기의 위치에서 벗어나야 하기 때문이다.[2] 경문에서 '동북쪽을 향한다'(東北面)라고 말하였으므로 빈의 위치는 물받이 항아리(洗)의 남쪽이다. 必進者, 方辭洗, 宜違位也. 言'東北面', 則位南於洗矣.

[鄕射禮05 : 經-28]

주인은 앉아서 술잔을 대광주리 안에 넣어 둔 후 일어나면서 빈의 사양에 응답을 한다. 빈은 서쪽 계단 아래의 본래 위치로 돌아간다.

主人坐奠爵于篚, 興對. 賓反位.

정현주 주인을 따라 내려왔던 위치로 돌아가는 것이다. 「향음주례」에 "당 위 서쪽 벽(西序)을 마주하는 곳에서 동쪽을 향해 선다"[3]고 하였다. 反從降之位也. 「鄕飮酒」曰, "當西序東面."

[鄕射禮05 : 經-29]

주인은 술잔을 다 씻으면 빈과 한 차례 읍을 하고 한 차례 양보를 한 후에 빈과 함께 당 위로 올라간다. 빈은 서쪽 계단 위쪽에서 북쪽을 향해 주인에게 술잔 씻어 준 것에 배례한다. 주인은 조계 위쪽에서 북쪽을 향해 술잔을 내려놓고 드디어 답배를 하고, 이어서 당에서 내려온다.

主人卒洗, 壹揖壹讓以賓升. 賓西階上北面拜洗. 主人阼階上北面奠爵, 遂答拜, 乃降.

정현주

'이어서 당에서 내려온다'(乃降)는 것은 장차 다시 손을 씻으려는 것이다. 고문본에는 '壹'이 모두 '一'로 되어 있다. '乃降' 將更盥也. 古文'壹'皆作'一'.

[鄕射禮05 : 經-30]

빈도 주인을 따라 당에서 내려온다. 주인은 빈에게 내려올 필요가 없다고 사양을 한다. 빈은 응답을 한 후에 내려온다. 주인은 손을 다 씻으면 빈과 한 차례 읍하고 한 차례 양보를 한 후에 당 위로 올라간다. 빈도 당 위로 올라가 서쪽 계단 위쪽에서 단정하게 선다.

賓降. 主人辭降. 賓對. 主人卒盥, 壹揖壹讓升. 賓升, 西階上疑立.

정현주

'의疑'는 멈춘다(止)는 뜻으로, 근엄하고 장중한 모습을 갖추는 것이다. '疑', 止也, 有矜莊之色.

[鄕射禮05 : 經-31]

주인은 앉아서 술잔을 집어 들어 술을 채운 후, 빈의 자리(席) 앞으로 가서 서북쪽을 향해 빈에게 술을 올려 헌獻의 예를 행한다.

主人坐取爵, 實之, 賓席之前, 西北面獻賓.

정현주

빈에게 술을 올리는 것이다. 무릇 물건을 올리는 것을 '헌獻'이라고 한다. 進酒於賓也. 凡進物曰'獻'.

[鄕射禮05 : 經-32]

빈은 서쪽 계단 위쪽에서 북쪽을 향해 배례를 한다. 주인은 조금 물러난다.

賓西階上北面拜. 主人少退.

정현주

'조금 물러난다'(少退)는 것은 조금 피한다는 뜻이다. '少退'猶少辟也.

[鄕射禮05 : 經-33]

빈은 자리 앞으로 나아가서 술잔을 받고, 다시 서쪽 계단 위쪽의 본래 위치로 돌아온다.

賓進受爵于席前, 復位.

정현주

'본래 위치로 돌아온다'(復位)는 것은 서쪽 계단 위쪽의 위치로 돌아온다는 뜻이다. '復位', 西階上位.

[鄕射禮05 : 經-34]
주인은 술잔을 보내 준 후 조계 위쪽으로 돌아와서 빈에게 배례를 한다.[4] 빈은 조금 물러난다. 주인의 유사有司는 빈의 자리 앞에 말린 고기(脯)와 고기젓갈(醢)을 올린다.
主人阼階上拜送爵. 賓少退. 薦脯·醢.

정현주 '천薦'은 올린다(進)는 뜻이다. '薦', 進.

[鄕射禮05 : 經-35]
빈은 자리의 서쪽을 통해 자리 위로 올라간다.
賓升席自西方.

정현주 빈은 자리의 아래쪽을 통해 오르고 내려간다는 뜻이다.[5] 賓升降由下也.

[鄕射禮05 : 經-36]
이어서 주인의 유사는 빈의 자리 앞에 희생고기의 뼈를 잘라서 올려놓은 희생제기(折俎)를 진설한다.
乃設折俎.

정현주 희생의 몸통에서 사지를 떼어 내고 마디를 잘라서 희생 제기(俎)에 올려놓는다. 牲體枝解節折以實俎也.

[鄕射禮05 : 經-37]

주인은 조계 위쪽의 동쪽에서 단정하게 선다. 빈은 앉아서 왼손으로 술잔을 잡고 오른손으로 말린 고기와 고기젓갈로 고수레를 한 후 술잔을 말린 고기와 고기젓갈의 서쪽에 내려놓고, 일어나 허파(肺)를 집어 들고 다시 앉아서 허파의 끝을 잘라서 끊어 내어 고수레를 한다[6].

主人阼階東疑立. 賓坐, 左執爵, 右祭脯·醢, 奠爵于薦西, 興取肺, 坐絶祭.

정현주 왼 손바닥을 위로 향하게 하여 허파의 두껍고 큰 밑둥 부분을 잡고, 오른손으로 끝을 잘라서 고수레를 한다.[7] 허파를 떼어 내면 윗부분이 밑둥이 되고 아랫부분이 끝이 된다. 卻左手執本, 右手絶末以祭也. 肺離, 上爲本, 下爲末.

[鄕射禮05 : 經-38]

왼손으로 허파를 들어 올리고 맛을 본다.

尙左手, 嚌之.

정현주 '제嚌'는 맛본다는 뜻이다. 오른손을 아래로 내려 허파의 끝을 떼어서 입에 넣어 맛을 보는 것이다. '嚌', 嘗也. 右手在下, 絶以授口嘗之.

[鄉射禮05 : 經-39]

일어서서 허파를 희생제기(俎) 위에 올려놓고, 앉아서 손을 문질러 닦은 후 술잔을 잡고, 앉은 채 술로 고수레를 한다. 다시 일어난 후 자리(席)의 끝으로 가서 앉아 술을 맛본다.

興加于俎, 坐捝手, 執爵, 遂祭酒. 興, 席末坐啐酒.

정현주

'탈捝'은 문질러 닦는다는 뜻이고, '쵀啐'는 맛본다는 뜻이다. 고문본에는 '捝'이 '說'로 되어 있다. '捝', 拭也. '啐', 嘗也. 古文'捝'作'說'.

[鄉射禮05 : 經-40]

자리에서 내려와 앉아서 술잔을 내려놓은 후 주인에게 배례를 하고 술이 맛있다고 고한다.[8]

降席, 坐奠爵, 拜, 告旨.

정현주

'자리에서 내려온다'(降席)는 것은 자리의 서쪽으로 내려온다는 뜻이다. '지旨'는 맛있다는 뜻이다. '降席', 席西也. '旨', 美也.

[鄉射禮05 : 經-41]

빈이 술잔을 잡고 일어서면, 주인은 조계의 위쪽에서 답배를 한다. 빈은 서쪽 계단의 위쪽에서 북쪽을 향해 앉아 술잔의 술을 다 마시고, 일어났다가 다시 앉아서 술잔을 내려놓고, 이어서 배례를 한 다음 술잔을 집어 들고 일어선다.
執爵興, 主人阼階上答拜. 賓西階上北面坐, 卒爵, 興, 坐奠爵, 遂拜, 執爵興.

정현주 '졸卒'은 다 마신다는 뜻이다. '卒', 盡.

[鄕射禮05 : 經-42]
주인은 조계의 위쪽에서 답배를 한다.
主人阼階上答拜.

주

1_ 술잔 : '爵'은 1升 용량의 술잔으로, 그 모습이 참새처럼 생겼다고 하여 爵이라고 부른다. 나무나 청동, 옥으로 만든 것도 있다. 1升은 10合이고, 10升은 1斗이다.

2_ 자기의 위치에서 ~ 때문이다 : 이전에 빈은 당에서 내려와 서쪽 계단의 서쪽에 있었는데, 이제 물받이 항아리의 서남쪽으로 나아가서 주인이 술잔 씻어 주는 곳에 와 있다. 자기의 위치를 벗어난 것이다.

3_ 당 위 서쪽 ~ 향해 선다 : 정현이 「향음주례」를 인용한 것은 빈이 서쪽 계단 아래의 본래 위치로 돌아온 후에 西序와 마주하는 곳에서 동쪽을 향해 선다는 뜻을 밝히기 위한 것이다. [鄕飮酒禮04 : 經-24]에는 "빈은 서쪽 계단 아래의 본래 위치로 돌아와서 당 위 서쪽 벽과 마주하는 곳에서 동쪽을 향해 선다"(賓復位, 當西序東面)라고 되어 있다.

4_ 주인은 ~ 배례를 한다 : 고유에 따르면, 빈이 서쪽 계단 위쪽에서 배례를 할 때 북쪽을 향하므로([鄕射禮05 : 經-32]) 이곳의 주인도 북쪽을 향해 배례하는 것이라고 하였다. 『의례정의』, 469쪽 참조.

5_ 빈은 ~ 뜻이다 : 무릇 자리에 오를 때는 아래쪽으로부터, 자리를 내려갈 때는 위쪽으로부터 한다. 그런데 아래 경문에서 내려갈 때에도 아래쪽으로부터 한다고 한 것은 주인이 동쪽에 있어 주인에게 경의를 표하기 위함이다. 『의례주소』, 207쪽.

6_ 허파의 끝을 ~ 고수레를 한다 : '絶祭'는 허파의 끝을 잘라서 말린 고기와 고기젓갈을 담은 籩과 豆 사이에 놓고서 고수레 하는 것을 가리킨다.

7_ 왼 손바닥을 ~ 한다 : [鄕飮酒禮04 : 經-36]에 같은 내용이 보인다.

8_ 배례를 하고 술이 맛있다고 고한다 : '拜告旨'는 주인에게 배례를 하고 맛있는 술로 대접해 주어서 감사하다는 말을 하는 것이다. 『예기』 「향음주의」에서는 "희생제기 위에 올려놓은 허파를 맛보는 것은 주인의 예에 대하여 감상하는 것이다. 술을 맛보는 것은 주인의 예를 이루어 주는 것이다"(嚌肺, 嘗禮也. 啐酒, 成禮也)라고 하였다. 곧 술을 한 모금 목으로 넘겨 맛보고 주인에게 배례하고 감사하는 말을 함으로써 예가 성사되는 것이다.

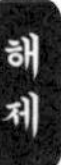

經-43에서 經-52까지는 '빈작주인賓酢主人' 즉 빈이 주인에게 술을 올려 '작酢'의 예를 행하는 절차이다.

[鄉射禮05 : 經-43]

빈은 자신이 비운 술잔을 들고 당에서 내려온다.

賓以虛爵降.

정현주 장차 술잔을 씻어서 주인에게 작酢의 예를 행하려는 것이다. 將洗以酢主人.

[鄉射禮05 : 經-44]

주인도 빈을 따라 당에서 내려온다.

主人降.

정현주 빈을 따라 내려오는 것이다. 주인은 당에서 내려와 조계의 동쪽에 서는데, 당 위 동쪽 벽(東序)과 마주하는 곳에서 서쪽을 향한다. 從賓也. 降立阼階東, 西面當東序.

[鄕射禮05 : 經-45]

빈은 서쪽 계단 앞에서 동쪽을 향해 앉아 술잔을 내려놓은 후 일어나서 주인에게 내려올 필요가 없다고 사양을 한다. 주인은 응답을 한다. 빈은 앉아서 술잔을 집어 들고 물받이 항아리(洗)로 가서 북쪽을 향해 앉아 대광주리(篚) 아래[1]에 술잔을 내려놓고, 다시 일어나서 손을 씻고 술잔을 씻는다.

賓西階前東面坐奠爵, 興, 辭降. 主人對. 賓坐取爵, 適洗, 北面坐奠爵于篚下, 興, 盥洗.

정현주 빈이 북쪽을 향해 손을 씻고 술잔을 씻는 것은 밖에서 들어왔기 때문이다.[2] 賓北面盥洗, 自外來.

[鄕射禮05 : 經-46]

주인은 조계의 동쪽에서 앞으로 조금 나아가 남쪽을 향해 빈에게 술잔을 씻어 줄 필요가 없다고 사양한다. 빈은 앉아서 대광주리 안에 술잔을 넣어 둔 후 일어나서 응답을 한다. 주인은 조계 동쪽의 본래 위치로 돌아간다.

主人阼階之東, 南面辭洗. 賓坐奠爵于篚, 興對. 主人反位.

정현주 '본래 위치로 돌아간다'(反位)는 것은 빈을 따라 내려왔던 위치로 돌아간다는 뜻이다.[3] 주인은 빈에게 술잔 씻어 주는 것을 사양하기 위해 앞으로 나아간다. 反位, 從降之位也. 主人辭洗, 進.

[鄕射禮05 : 經-47]

빈은 술잔 씻는 일을 마치면 처음과 마찬가지로 주인에게 한 차례 읍을 하고 한 차례 양보를 한 후 함께 당 위로 올라간다.[4]

賓卒洗, 揖讓如初, 升.

[鄕射禮05 : 經-48]

주인은 빈에게 술잔 씻어 준 것에 배례를 한다. 빈은 답배를 한 후 일어나 당에서 내려와 손을 씻는데, 처음 주인이 당에서 내려와 손을 씻을 때와 동일한 절차로 한다.[5] 빈은 당 위로 올라가 술잔에 술을 채우고, 주인의 자리(席) 앞으로 가서 동남쪽을 향해 주인에게 술을 올려 작酢의 예를 행한다.

主人拜洗. 賓答拜, 興, 降盥如主人之禮. 賓升, 實爵, 主人之席前, 東南面酢主人.

정현주

'작酢'은 보답한다는 뜻이다. '酢', 報.

[鄕射禮05 : 經-49]

주인은 조계 위에서 배례를 한다. 빈은 조금 물러난다. 주인은 자리 앞으로 나아가 술잔을 받은 후 조계 위쪽의 본래 위치로 되돌아간다. 빈은 술잔을 보내 준 후 서쪽 계단 위쪽으로 가서 배례를 한다. 주인의 유사有司는 주인의 자리 앞에 말린 고기와 고기젓갈을 올린다. 주인은 자리의 북쪽을 통해 자리 위로 올라간다. 이어서 유사는 주인의 자리 앞에 희생고기의 뼈를 잘라서 올려놓은 희생제기(折俎)를 진설한다. 주인은 빈의 경우와 동일한 절차로 고수레를 한다.[6]

主人阼階上拜. 賓少退. 主人進受爵, 復位. 賓西階上拜送爵. 薦脯·醢. 主人升席自北方. 乃設折俎. 祭如賓禮.

정현주 말린 고기와 고기젓갈·허파 및 술로 고수레 하고, 또한 그것들의 맛을 본다. 祭薦俎及酒, 亦嚌啐.

[鄕射禮05 : 經-50]

주인은 빈에게 맛있다고 고하지 않는다.

不告旨.

정현주 자기의 물건들로 술대접을 받았기 때문이다. 酒己物.

[鄕射禮05 : 經-51]

주인은 자리 앞쪽을 통해 내려와 조계 위쪽으로 가서 북쪽을 향해 앉아 술잔의 술을 다 마신 후 일어나고, 다시 앉아서 술잔을 내려놓고, 이어서 빈에게 배례를 한 후 술잔을 들고 일어난다. 빈은 서쪽 계단 위쪽에서 북쪽을 향해 답배를 한다.

自席前適阼階上, 北面坐卒爵, 興, 坐奠爵, 遂拜, 執爵興. 賓西階上北面答拜.

정현주 '자自'는 말미암는다는 뜻이다. 자리(席)의 끝에서 술을 맛보았으므로 자리의 앞쪽을 통해 내려오는 것이 편하기 때문이다. '自', 由也. 啐酒於席末, 由前降, 便也.

[鄕射禮05:經-52]

주인은 앉아서 당 위 동쪽 벽의 남쪽 끝(序端)에 술잔을 내려놓고, 조계 위쪽으로 가서 빈에게 술이 조악하지만 가득 채워준 것에 재배를 한다. 빈은 서쪽 계단 위쪽에서 답례로 재배를 한다.

主人坐奠爵于序端, 阼階上再拜崇酒. 賓西階上答再拜.

정현주 '서단序端'은 당 위 동쪽 벽의 끝이다. '숭崇'은 채운다는 뜻이다. 술이 조악하지만 서로 가득 채워준 것에 감사를 표하는 것이다. '序端', 東序頭也. '崇', 充也. 謝酒惡相充滿也.

주

1_ 대광주리 아래 : 고유는 경문의 '篚下'는 '下篚'의 잘못이라고 한다. '下篚'는 앞의 [經-22]의 '上篚'에 대응하는 것으로, 이곳의 대광주리는 阼階의 아래에 진설하는 것이므로 '下篚'가 된다고 하였다. 『의례정의』, 470쪽 참조. 대광주리(篚)에는 당 위의 北堂에 진설하는 上篚(內篚)와 당 아래의 阼階 동남쪽에 진설하는 下篚가 있다. 이곳에서는 일단 북경대본 『의례주소』본에 따라 번역하기로 하겠다.

2_ 빈이 ~ 때문이다 : 빈은 밖에서 들어왔기 때문에 북쪽을 향하고, 주인은 안에서 나갔기 때문에 남쪽을 향한다는 뜻이다. 『의례주소』, 208쪽.

3_ '본래 위치로 돌아간다'는 ~ 뜻이다 : 앞에서 주인은 당에서 내려와 조계의 동쪽에서 서쪽을 향해 서 있었다.([經-44]의 정현 주) 빈이 술잔 씻어 주는 것을 사양하기 위해 앞으로 조금 나아가 남쪽을 향해 있다가, 다시 조계 동쪽의 본래 위치로 돌아간다는 뜻이다.

4_ 처음과 마찬가지로 ~ 올라간다 : 주인이 빈에게 술을 올려 獻의 예를 올릴 때, 주인이 빈에게 한 차례 읍을 하고 한 차례 양보를 한 후에 빈과 함께 당 위로 올라갔던 것과 동일하게 한다는 뜻이다. [經-29] 참조.

5_ 처음 주인이 ~ 절차로 한다 : 주인이 빈에게 술을 올려 獻의 예를 행할 때 주인은 손을 다 씻은 후 빈과 한 차례 읍하고 한 차례 양보를 한 후에 당 위로 올라갔는데, 빈 또한 이와 동일한 절차로 한다는 뜻이다. [經-30] 참조.

6_ 주인은 ~ 한다 : 주인이 빈에게 술을 올려 獻의 예를 행할 때, 빈이 고수레를 하던 것과 동일한 절차로 한다는 뜻이다. [經-37]~[經-39] 참조.

經-53에서 經-69까지는 '주인수빈主人酬賓' 즉 주인이 빈에게 술을 권하여 '수酬'의 예를 행하는 절차이다.

[鄕射禮05 : 經-53]

주인은 앉아서 대광주리 안에서 술잔(觶 : 3승 용량)[1]을 꺼내어 들고 당에서 내려온다.

主人坐取觶于篚, 以降.

정현주

장차 빈에게 술을 권하여 '수酬'의 예를 행하려는 것이다.

將酬賓.

[鄕射禮05 : 經-54]

빈도 주인을 따라 당에서 내려온다. 주인은 술잔을 내려놓고, 빈에게 내려올 필요가 없다고 사양한다. 빈은 응답을 한 후에 당에서 내려와 서쪽 계단의 서쪽에서 동쪽을 향해 선다. 주인은 앉아서 술잔을 집어 들어 씻는다. 빈은 주인이 술잔을 씻어 주는 것을 사양하지 않는다.

賓降. 主人奠觶, 辭降. 賓對, 東面立. 主人坐取觶, 洗. 賓不辭洗.

정현주

주인이 술잔을 씻어 주는 것을 빈이 사양하지 않는 것은 주인이 장차 그 술잔으로 술을 마실 것이기 때문이다. '不辭洗', 以其將自飮.

[鄕射禮05 : 經-55]

주인은 술잔 씻는 일을 마치면 빈과 한 차례 읍을 하고 한 차례 양보를 한 후에 빈과 함께 당 위로 올라간다. 빈은 서쪽 계단 위쪽에서 단정하게 선다. 주인은 술잔에 술을 채워 빈에게 술을 권하여 수酬의 예를 행하고자 하는데, 조계 위쪽에서 북쪽을 향해 앉아 술잔을 내려놓고 이어서 빈에게 배례를 한 후에 술잔을 들고 일어난다.

卒洗, 揖讓升. 賓西階上疑立. 主人實觶酬之, 阼階上北面坐奠觶, 遂拜, 執觶興.

정현주

'수酬'는 술을 권한다는 뜻이다. 酬, 勸酒.

[鄕射禮05 : 經-56]

빈은 서쪽 계단 위쪽에서 북쪽을 향해 주인에게 답배를 한다. 주인은 앉아서 술로 고수레를 하고, 앉은 채 술을 마셔 술잔의 술을 비운 후 일어나고, 다시 앉아서 술잔을 내려놓고, 이어서 빈에게 배례를 한 후 술잔을 집어 들고 일어난다. 빈은 서쪽 계단 위쪽에서 북쪽을 향해 주인에게 답배를 한다. 주인은 당에서 내려와 술잔을 씻는다. 빈도 주인을 따라 당에서 내려와 주인에게 술잔을 씻어 줄 필요가 없다고 사양하는데, 주인이 빈에게 헌獻의 예를 행

할 때와 동일한 절차로 한다.[2]

賓西階上北面答拜. 主人坐祭, 遂飮, 卒觶, 興, 坐奠觶, 遂拜, 執觶興. 賓西階上北面答拜. 主人降, 洗. 賓降辭如獻禮.

정현주

주인이 장차 그 술잔으로 빈 자신에게 술을 따라줄 것이기 때문이다. 以將酌己.

[鄕射禮05 : 經-57]

빈은 주인을 따라 당 위로 올라가는데, 주인이 술잔을 씻어 준 것에 배례를 하지 않는다.

升, 不拜洗.

정현주

수酬의 예는 간략하기 때문이다. 酬禮殺也.

[鄕射禮05 : 經-58]

빈은 서쪽 계단 위쪽에 선다. 주인은 술잔에 술을 채우고 빈의 자리(席) 앞으로 가서 북쪽을 향해 선다.

賓西階上立. 主人實觶, 賓之席前, 北面.

정현주

빈에게 수酬의 예를 행하는 것이다. 酬賓.

[鄕射禮05 : 經-59]

빈은 서쪽 계단 위쪽에서 주인에게 배례를 한다. 주인은 앉아서 빈의 자리 앞에 진설된 말린 고기와 고기젓갈의 서쪽에 술잔을 내려놓는다. 빈은 사양하고, 자신의 자리(席) 앞으로 가서 앉아 술잔을 집어 들고 일어나 서쪽 계단 위쪽의 본래 위치로 돌아온다.

賓西階上拜. 主人坐奠觶于薦西. 賓辭, 坐取觶以興, 反位.

정현주 '빈이 사양한다'(賓辭)는 것은 주인이 다시 빈 자신에게 직접 술을 따르는 것을 사양한다는 뜻이다. '賓辭', 辭主人復親酌己.

[鄕射禮05 : 經-60]

주인은 술잔을 보내 준 후 조계 위쪽으로 가서 빈에게 배례를 한다. 빈은 자신의 자리(席) 앞으로 가서 북쪽을 향해 앉아 말린 고기와 고기젓갈의 동쪽에 술잔을 내려놓고 서쪽 계단 위쪽의 본래 위치로 돌아온다.

主人阼階上拜送. 賓北面坐, 奠觶于薦東, 反位.

정현주 빈은 주인이 수酬의 예를 행하면서 건네준 술잔을 내려놓고 마시지 않는다.[3] 酬酒不擧.

[鄕射禮05 : 經-61]

주인은 빈에게 읍을 하고 당에서 내려온다. 빈도 주인을 따라 당에서 내려와 서쪽 계단의 서쪽에서 당 위 서쪽 벽(西序)과 마주하는 곳에서 동쪽을 향해 선다.
主人揖降. 賓降, 東面立于西階西當西序.

정현주

주인이 장차 중빈衆賓들과 예를 행하고자 할 때,[4] 빈은 겸손히 하여 감히 홀로 당堂 위에 있지 못하는 것이다. 主人將與衆賓爲禮, 賓謙, 不敢獨居堂.

[鄕射禮05 : 經-62]
주인은 서남쪽을 향해 중빈들에게 삼배를 한다. 중빈들은 모두 답례로 일배를 한다.
主人西南面三拜衆賓. 衆賓皆答壹拜.

정현주

삼배를 하는 것은 두루 배례함을 보이는 것이다. 일배를 한 것은 예禮를 다 갖추지 않는 것이다. 빈에게 술을 올려 '헌獻'의 예를 행한 후에 비로소 중빈들과 배례를 하는 것은 공경함은 한꺼번에 할 수 없기 때문이다. '三拜', 示徧也. 壹拜, 不備禮也. 獻賓畢, 乃與衆賓拜, 敬不能並.

[鄕射禮05 : 經-63]
주인은 중빈들에게 읍을 한 후 당 위로 올라가고, 앉아서 당 위 동쪽 벽의 남쪽 끝(序端)에서 술잔(爵 : 1승 용량)을 집어 들고,[5] 당에서 내려와 술잔을 씻고, 술잔을 씻은 후 다시 당 위로 올라가 술잔에

술을 채우고 서쪽 계단 위쪽으로 가서 중빈들에게 술을 올려 헌獻의 예를 행한다. 중빈들의 우두머리로서 당 위로 올라가 주인에게 배례를 한 후 술잔을 받는 자는 3인이다.
主人揖升, 坐取爵于序端, 降洗, 升, 實爵, 西階上獻衆賓. 衆賓之長升拜受者三人.

정현주

'우두머리'(長)는 그 중에 나이 많은 사람이다. '3인'이라고 말하였으니, 중빈들이 많은 것이다. 나라에서는 덕행德行과 도예道藝를 갖춘 자가 많은 것을 영예롭게 여기니, 어찌 정해진 수가 있겠는가? '長', 其老者. 言'三人', 則衆賓多矣. 國以多德行·道藝爲榮, 何常數之有乎?

[鄕射禮05 : 經-64]
주인은 술잔을 보내 준 후에 배례를 한다.
主人拜送.

정현주

술잔을 보내 준 후에 중빈의 오른쪽에서 배례를 한다. 送拜爵於衆賓右.

[鄕射禮05 : 經-65]
중빈의 우두머리 3인은 앉아서 술로 고수레를 한 후 서서 술을 마시는데, 술잔의 술을 다 마시지만 배례는 하지 않고, 비운 술잔을 주인에게 건네준 후 당에서 내려와 당 아래의 본래 위치[6]로 돌아

온다.
坐祭, 立飮, 不拜旣爵, 授主人爵, 降復位.

정현주 '기旣'는 다 마신다는 뜻이다. '旣', 盡.

[鄕射禮05 : 經-66]
중빈의 우두머리 3인 이하의 중빈들은 모두 배례하지 않고 술잔을 받는데, 앉아서 술로 고수레를 한 후 서서 술을 마신다.
衆賓皆不拜受爵, 坐祭, 立飮.

정현주 네 번째 이하의 중빈들이 배례하지 않고 술잔을 받는 것은 예禮가 더욱 간략하기 때문이다.[7] 自第四已下, 又不拜受爵, 禮彌略.

[鄕射禮05 : 經-67]
중빈의 우두머리 한 사람에게 술을 올려 헌獻의 예를 행할 때마다 그 자리(席) 앞에 말린 고기와 고기젓갈을 올린다.
每一人獻, 則薦諸其席.

정현주 '저諸'는 '어於'의 뜻이다. '諸', 於.

[鄕射禮05 : 經-68]

중빈들에게도 두루 말린 고기와 고기젓갈을 올린다.

衆賓辯有脯·醢.

정현주 중빈들이 서 있는 위치(位)에 말린 고기와 고기젓갈을 올리는 것이다.[8] 薦於其位.

[鄕射禮05 : 經-69]

주인은 중빈들이 비운 술잔을 들고 당에서 내려와 대광주리 안에 술잔을 넣어 둔다.

主人以虛爵降, 奠于篚.

정현주 다시 사용하지 않기 때문이다. 不復用.

주

1_ 술잔 : '觶'는 나무나 청동으로 만든 3升 용량의 술잔이다. 향사례에서 '獻'과 '酢'의 예를 행할 때에는 술잔으로 '爵'(1升 용량)을 사용하고, '酬'의 예를 행할 때에는 술잔으로 '觶'를 사용한다.

2_ 주인이 빈에게 ~ 한다 : 주인이 빈에게 술을 올려 '獻'의 예를 행할 때, 주인이 술잔을 씻어 주면 빈은 물받이 항아리가 있는 곳으로 나아가 동북쪽을 향해 주인에게 술잔을 씻어 줄 필요가 없다고 사양을 한다. 이곳에서도 이와 동일하게 한다는 뜻이다. [經-27] 참조.

3_ 빈은 ~ 않는다 : 酬의 예를 행할 때 건네받은 술잔을 내려놓고 마시지 않는 것은 정식의 예가 완성되었음을 보이는 것이다. 酬의 예를 행할 때 건네받은 술잔은 모두 말린 고기와 고기젓갈의 왼쪽에 내려놓고 다시 들지 않는다.

4_ 주인이 장차 ~ 할 때 : 향음주례에서는 주인이 빈에게 '酬'의 예를 행한 이후 주인이 介에게 술을 올려 '獻'의 예를 행하고 개가 주인에게 술을 올려 '酢'의 예를 행하는 절차가 있는데, 향사례에서는 개가 없기 때문에 그 절차를 모두 생략하고 곧바로 중빈에게 술을 올려 '獻'의 예를 행한다. 『의례정의』, 473쪽, 고유의 설 참조.

5_ 당 위 동쪽 ~ 술잔을 집어 들고 : 이 술잔은 빈이 주인에게 술을 올려 '酢'의 예를 행할 때에 주인이 받아서 내려놓았던 술잔이다. 즉 주인이 중빈에게 '獻'의 예를 행할 때에는 술잔으로 '觶'가 아니라 '爵'을 사용함을 알 수 있다. [經-22] 참조.

6_ 당 아래의 본래 위치 : 오계공도 "위치는 또한 당 아래의 위치이니, 빈의 남쪽이다"(位亦堂下之位, 賓之南)라고 하였고, 가공언도 "빈의 남쪽에서 동쪽을 향하는 위치로 돌아오는 것"(復賓南東面位)이라고 하였다. 이때는 빈이 서쪽 계단의 서쪽에서 동쪽을 향해 서 있으므로 중빈은 빈의 남쪽에서 같은 방향을 향하는 위치로 돌아오는 것이다. 『의례정의』, 474쪽 ; 『의례주소』, 210쪽 및 [經-61] 참조.

7_ 네 번째 ~ 때문이다 : 중빈의 우두머리 3인은 당 위로 올라가 주인에게 배례를 한 후 술잔을 받고 다만 술잔의 술을 다 마신 후에 배례를 하지 않을 뿐인데, 네 번째 이하의 중빈들은 주인에게 술잔을 받을 때에도 배례를 하지 않는다. 예가 더욱 간략해졌기 때문이다. [經-63] 및 [經-65] 참조.

8_ 중빈들이 ~ 것이다 : 당 아래에 중빈들을 위한 별도의 자리(席)가 없기 때문에 그들이 서 있는 서쪽 계단의 서쪽 위치에 말린 고기와 고기젓갈을 올린다. 『의례주소』, 211쪽 참조.

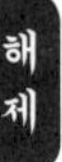

經-70에서 經-76까지는 '일인거치一人擧觶' 즉 주인의 속리 한 사람이 술잔(觶)을 들어 올려 여수旅酬의 시작을 알리는 절차이다.

[鄕射禮05 : 經-70]

주인은 빈과 한 차례 읍을 하고 한 차례 양보를 한 후에 당 위로 올라간다. 빈은 중빈들에게 염厭을 한 후에 당 위로 올라간다. 중빈의 우두머리 3인도 모두 당 위로 올라가 자리(席)로 나아간다.

揖讓升. 賓厭衆賓升. 衆賓皆升就席.

[鄕射禮05 : 經-71]

주인은 속리 한 사람으로 하여금 술잔(觶 : 3승 용량)을 씻고 빈에게 술잔을 들어 올리도록 한다.

一人洗, 擧觶于賓.

정현주

'한 사람'(一人)은 주인의 리吏[1]이다. 一人, 主人之吏.

[鄕射禮05 : 經-72]

거치자擧觶者(술잔을 들어 올리는 속리)는 당 위로 올라가 술잔에 술을 채우고, 서쪽 계단 위쪽[2]으로 가서 앉아서 술잔을 내려놓고, 빈에게 배례를 한 후 술잔을 잡고 일어난다. 빈은 자리(席)의 끝[3]에서 답배를 한다. 거치자는 앉아서 술로 고수레를 하고 앉은 채로 그대로 술을 마시고, 술잔의 술을 다 마신 후 일어나고, 다시 앉아서 술잔을 내려놓고 빈에게 배례를 하고, 다시 술잔을 잡고 일어난다. 빈은 답배를 한다. 거치자는 당에서 내려와 술잔을 씻고, 다시 당 위로 올라가 술잔에 술을 채우고, 서쪽 계단 위쪽으로 가서 북쪽을 향해 선다.

升, 實觶, 西階上坐奠觶, 拜, 執觶興. 賓席末答拜. 擧觶者坐祭, 遂飮, 卒觶, 興, 坐奠觶, 拜, 執觶興. 賓答拜. 降洗, 升實之, 西階上北面.

정현주

장차 빈의 자리 앞으로 나아가 술잔(觶)을 내려놓으려는 것이다. 將進奠觶.

[鄕射禮05 : 經-73]

빈은 배례를 한다.

賓拜.

정현주

술잔을 받은 후에 배례를 하는 것이다. 拜受觶.

[鄕射禮05 : 經-74]

거치자는 빈의 자리 앞으로 나아가 앉아 말린 고기와 고기젓갈의 서쪽에 술잔을 내려놓는다.

擧觶者進, 坐奠觶于薦西.

정현주

빈에게 직접 술잔을 주지 않는 것은 지위가 천하여 감히 빈에게 직접 줄 수 없기 때문이다. 不授, 賤不敢也.

[鄕射禮05 : 經-75]

빈은 사양을 하고, 앉아서 술잔을 집고 다시 일어난다.

賓辭, 坐取以興.

정현주

빈이 거치자에게 직접 받는 듯이 하는 것이다. 若親受然.

[鄕射禮05 : 經-76]

거치자擧觶者는 술잔을 보내 준 후에 서쪽 계단 위쪽으로 가서 빈에게 배례를 한다. 빈은 술잔이 본래 놓여 있던 말린 고기와 고기 젓갈의 서쪽으로 가서 술잔을 되돌려 놓는다. 거치자는 당 아래로 내려간다.

擧觶者西階上拜送. 賓反奠于其所. 擧觶者降.

1_ 주인의 리 : 주인의 屬官이 아니라, 주인의 府·史 이하의 屬吏를 말한다. 『의례주소』, 211쪽.

2_ 서쪽 계단 위쪽 : 당 위 서쪽 벽(西序)의 앞을 말한다.

3_ 자리의 끝 : 당 위 서쪽 벽의 남쪽 끝 즉 序端을 말한다.

經-77에서 經-87까지는 즉 준자遵者가 도착하고, 주인과 준자가 '헌獻'과 '작酢'의 예禮를 행하는 절차이다.

[鄕射禮05 : 經-77]

대부 가운데 만약 준자遵者로 받들 만한 사람이 있다면, 그 준자는 문 안으로 들어가 왼쪽으로 나아가서 선다.

大夫若有遵者, 則入門左.

정현주

이곳 향鄕의 사람으로서 대부가 된 사람을 가리킨다. 그를 '준자遵者'라고 일컫는 것은 바야흐로 예악禮樂으로 백성을 교화시킬 때, 그를 따르고 모범으로 삼고자 하기 때문이다. 그 준자가 사士의 신분이라면, 여수旅酬의 예를 행할 때에 비로소 들어온다.[1] 향대부와 사士가 향인鄕人이 아닌 경우라면 예禮도 또한 이와 마찬가지로 하니, 향인鄕人을 위주로 하기 때문이다. 금문본에는 '遵'이 '僎'으로 되어 있다. 謂此鄕之人爲大夫者也. 謂之'遵者', 方以禮樂化民, 欲其遵法之也. 其士也, 於旅乃入. 鄕大夫·士非鄕人, 禮亦然, 主於鄕人耳. 今文'遵'爲'僎'.

[鄕射禮05 : 經-78]

주인은 당에서 내려온다.

主人降.

정현주

문의 안에서 대부를 맞이한다. 문 밖으로 나가지 않는 것은 빈과 구별하는 것이다.[2] 迎大夫於門內也. 不出門, 別於賓.

[鄕射禮05 : 經-79]

빈과 중빈들은 모두 당에서 내려와 문 안쪽의 처음 위치로 돌아간다.

賓及衆賓皆降, 復初位.

정현주

감히 당堂 위에 머물러 있으면서 대부가 들어오는 것을 기다릴 수 없기 때문이다. '처음 위치'(初位)란 문의 안쪽에서 동쪽을 향하는 곳이다.[3] 不敢居堂, 俟大夫入也. '初位', 門內東面.

[鄕射禮05 : 經-80]

주인은 세 차례 읍을 하고 세 차례 양보를 한 후 대부(준자)와 함께 당 위로 올라가서 대부가 와서 이르게 된 것에 배례를 한다. 대부(준자)는 답배를 한다. 주인은 술잔을 들고 당 아래로 내려온다.[4] 대부도 주인을 따라 당에서 내려온다. 주인은 대부에게 내려올 필요가 없다고 사양을 하고, 대부는 주인에게 술잔을 씻어 줄 필요가 없다고 사양을 하는데, 주인이 빈에게 헌獻의 예를 행할 때와 동일한 절차로 한다. 주인의 유사는 술동이(尊)의 동쪽[5]에 대부의 자리(席)를 펼쳐 놓는다.

主人揖讓, 以大夫升, 拜至, 大夫答拜. 主人以爵降. 大夫降. 主人辭降, 大夫辭洗, 如賓禮. 席于尊東.

정현주 '술동이의 동쪽'(尊東)이라고 말한 것은 빈과 함께 술동이를 끼고 있음을 밝힌 것이다. '동쪽을 윗자리로 삼는다'(東上)라고 하지 않은 것은 술동이에 통섭되기 때문이다. '尊東', 明與賓夾尊也. 不言'東上', 統於尊也.

[鄕射禮05 : 經-81]

주인과 대부(준자)는 당 위로 올라가는데, 대부는 주인이 술잔을 씻어 준 것에 배례를 하지 않는다.[6] 주인은 술잔에 술을 채운 후 대부의 자리(席) 앞으로 가서 대부에게 술을 올려 '헌獻'의 예를 행한다. 대부는 서쪽 계단 위쪽으로 가서 배례를 한 후 자신의 자리 앞으로 나아가 술잔을 받고, 다시 서쪽 계단 위쪽의 본래 위치로 돌아온다. 주인은 술잔을 건네준 후에 대부의 오른쪽(동쪽)으로 가서 배례를 한다. 대부는 덧까는 자리(加席)를 사양한다.[7] 주인은 응답을 하고,[8] 덧까는 자리를 치우지 않는다.

升, 不拜洗. 主人實爵, 席前獻于大夫. 大夫西階上拜, 進受爵, 反位. 主人大夫之右拜送. 大夫辭加席. 主人對, 不去加席.

정현주 대부가 덧까는 자리(加席)를 사양하는 것은 자신의 존귀함이 현자를 능가할 수 없다고 겸양하는 것이다.[9] '치우지 않는다'(不去)고 한 것은 대부는 자리를 두 겹(再重)으로 하는 것이 정례正禮이기 때문이다.[10] 빈은 자리를 한 겹(一重)으로 한다. 辭之者, 謙不以己尊加賢者也. '不去'者, 大夫再重席, 正也. 賓一席重[11].

[鄕射禮05 : 經-82]

이어서 주인의 유사는 대부(준자)의 자리 앞에 말린 고기와 고기젓갈을 올린다. 대부는 자리 위로 올라간다. 주인의 유사는 희생고기의 뼈를 잘라서 올려놓은 희생제기(折俎)를 진설한다. 대부는 빈의 경우와 동일한 절차로 고수레를 하는데,[12] 허파를 맛보지 않고, 술을 맛보지 않고, 술이 맛있다고 고하지도 않는다. 이어서 서쪽 계단 위쪽으로 가서 술잔의 술을 다 마신 후 주인에게 배례를 한다. 주인은 답배를 한다.

乃薦脯·醢. 大夫升席. 設折俎. 祭如賓禮, 不嚌肺, 不啐酒, 不告旨. 西階上卒爵, 拜. 主人答拜.

정현주

무릇 하지 않는 것들은 빈의 경우보다 소략하게 하는 것이다. 대부가 자리 위로 오를 때에는 동쪽을 통해 오른다. 凡所不者, 殺於賓也. 大夫升席由東方.

[鄕射禮05 : 經-83]

대부(준자)는 당에서 내려와 술잔을 씻는다.

大夫降洗.

정현주

장차 주인에게 술을 올려 '작酢'의 예를 행하려는 것이다. 대부가 만약 여러 명이라면, 주인은 대부 한 사람 한 사람에게 두루 술을 올려 '헌獻'의 예를 행하고, 이어서 대부의 우두머리 한 사람이 주인에게 술을 올려 '작酢'의 예를 행한다.[13] 將酢主人也. 大夫若衆, 則辯獻, 長乃酢.

[鄕射禮05 : 經-84]

주인은 조계 위쪽으로 되돌아가고, 이어서 대부를 따라 당에서 내려온다. 대부는 주인에게 내려올 필요가 없다고 사양을 하고, 주인은 대부에게 술잔을 씻어 줄 필요가 없다고 사양을 하는데, 빈이 주인에게 작酢의 예를 행할 때와 동일한 절차로 한다.[14] 대부가 술잔 씻는 일을 마치면, 주인은 손을 씻는다.

主人復阼階, 降. 辭如初. 卒洗, 主人盥.

정현주

주인이 손을 씻는 것은 비록 장차 술을 따라 스스로 마실 것이지만 대부를 높여 감히 더럽히지 않으려는 것이다.[15] 盥者, 雖將酌自飮, 尊大夫, 不敢褻.

[鄕射禮05 : 經-85]

대부는 주인과 한 차례 읍을 하고 한 차례 양보를 한 후에 함께 당 위로 올라간다. 대부(준자)는 당 위의 동쪽과 서쪽 두 기둥(楹) 사이에서[16] 주인에게 술잔을 건네준 후 서쪽 계단 위쪽의 본래 위치로 되돌아온다. 주인은 술잔에 술을 채우고, 서쪽 계단 위쪽에서 스스로 그 술을 마셔 '자작自酢'의 예를 행하고자 하여 대부의 오른쪽에 앉아서 술잔을 내려놓고,[17] 대부에게 배례를 한다. 대부는 주인에게 답배를 한다. 주인은 앉아서 술로 고수레를 하고, 술잔의 술을 다 마신 후 대부에게 배례를 한다. 대부는 주인에게 답배를 한다. 주인은 앉아서 당 위 서쪽 기둥(西楹)의 남쪽에 비운 술잔을 내려놓고, 대부의 오른쪽으로 가서 조악한 술이지만 가득 채워준 것에 재배를 하여 감사를 표한다. 대부는 주인에게 답배를 한다. 주인은 조계 위쪽으로 되돌아가서 대부에게 읍을 한 후 당에서 내려온다.

揖讓升. 大夫授主人爵于兩楹間, 復位. 主人實爵, 以酢于西階上, 坐奠爵, 拜. 大夫答拜. 坐祭, 卒爵, 拜. 大夫答拜. 主人坐奠爵于西楹南, 再拜崇酒. 大夫答拜. 主人復阼階, 揖降.

정현주 주인이 당에서 내려오는 것은 장차 빈에게 당 위로 올라가도록 청하려는 것이다. 將升賓.

[鄉射禮05 : 經-86]

대부도 당에서 내려와 빈의 남쪽에 선다.

大夫降, 立于賓南.

정현주 대부가 당에서 내려오는 것은 비록 존귀하더라도 다른 사람의 정례正禮를 빼앗지 못하기 때문이다. 雖尊, 不奪人之正禮.

[鄉射禮05 : 經-87]

주인은 빈과 한 차례 읍을 하고 한 차례 양보를 한 후에 빈과 함께 당 위로 올라간다. 대부와 중빈들도 모두 당 위로 올라가 자리(席)로 나아간다.

主人揖讓, 以賓升. 大夫及衆賓皆升, 就席.

주

1_ 그 준자가 ~ 들어온다 : 鄕 중의 命士가 와서 예를 참관할 경우 그를 '준자'라고 할 수 있다. 『의례정의』, 475쪽.

2_ 문 밖으로 ~ 것이다 : 준자는 문 안으로 들어가서 왼쪽으로 나아가는데, 이는 빈의 예이다. 준자를 빈으로 대우한다는 뜻이다. 다만 문 밖에서 맞이하지 않는 것은 正賓과 구별하는 것이다. 『의례정의』, 475쪽, 오계공의 설 참조.

3_ '처음 위치'란 ~ 곳이다 : 중빈들은 처음 문 안으로 들어가 왼쪽으로 나아가서 동쪽을 향해 서 있었다. 그 위치로 돌아간다는 뜻이다. [經-19] 참조.

4_ 주인은 술잔을 ~ 내려온다 : 北堂에 진설된 대광주리 즉 '上篚'에서 술잔을 꺼내 들고 당 아래로 내려가는 것이다.

5_ 술동이의 동쪽 : 준자의 자리는 庠(鄕學)에서 향사례를 거행할 경우에는 東房 앞의 서쪽에 펼쳐 놓고, 序(州學)에서 향사례를 거행할 경우에는 棟(마룻대) 뒤의 두 번째 도리 즉 楣(들보)에서 左楹의 왼쪽과 마주하는 곳에 펼쳐 놓는데, 모두 이른바 '술동이의 동쪽'(尊東)이 된다. 『의례정의』, 477쪽, 성세좌의 설 참조.

6_ 주인과 ~ 않는다 : 대부의 지위가 주인보다 높기 때문에 사양하지 않은 것이 아니라, 주인이 답배하는 번거로움을 피하기 위한 것이다. 『의례정의』, 478쪽.

7_ 대부는 덧까는 자리를 사양한다 : 장이기는 '加席'은 아래에 자리를 깔고 그 위에 다른 종류의 자리를 덧까는 것이고 '重席'은 동일한 종류의 자리를 겹쳐서 까는 것이라고 하면서, '加席'과 '重席'은 모두 두 겹의 자리인데 그 까는 방식에 따른 명칭의 차이라고 하였다. 오계공도 동일한 입장을 취하는데, 加席의 경우 위에 덧까는 자리는 아래에 까는 자리에 비해 길이가 절반이라고 하였다. 일반적으로 아래에 까는 자리를 '筵'이라고 하고 그 위에 덧까는 자리를 '席'이라고 하는데, '加席'은 다른 종류로 이루어진 두 겹의 자리를 의미하기도 하지만, 두 겹의 자리 가운데 특히 위쪽에 덧까는 자리만을 가리키기도 한다. 따라서 이곳의 경문에서 "덧까는 자리(加席)를 사양한다"라고 한 것은 위쪽에 덧까는 자리를 사양하고 한 겹의 자리에 앉겠다는 것을 의미한다. 『의례정의』, 710~711쪽 참조.

8_ 주인은 응답을 하고 : 사양을 허락하지 않겠다고 응답하는 것이다.

9_ 자신의 존귀함이 ~ 것이다 : 향사례에서는 향인이 빈이 된다. 대부(준자)가 참여하면 공의 士로 바꾸어 빈을 삼는데, 賢者를 선발하여 빈으로 삼는다. 『의례주소』, 212쪽.

10_ 대부는 자리를 ~ 때문이다 : 향음주례에서 공은 세 겹(三重)의 자리를 사용하고 대부는 두 겹(再重)의 자리를 사용한다고 하였다. 향인은 한 겹(一重)의 자리를 사용하는데, 공의 士가 빈이 되는 경우에는 한 겹(一重)의 자리를 사용한다. 『의례주소』, 212쪽.

11_ 一席重 : 『의례정의』에는 '一席重'이 '一重席'으로 되어 있는데, 이에 따라 번역한다. 『의례정의』, 477쪽 참조.

12_ 빈의 경우와 ~ 하는데 : 주인이 빈에게 술을 올려 '獻'의 예를 행할 때 빈이 고수레

를 하는 것과 동일한 절차로 한다는 뜻이다. [經-37]~[經-40] 참조.

13_ 대부가 만약 ~ 행한다 : 그러나 성세좌는 정현과 달리 대부 한 사람 한 사람이 모두 주인에게 술을 올려 '酢'의 예를 행하는 것으로 해석한다. "대부가 비록 여러 명이라도 주인에게 獻의 예를 받은 후에는 반드시 대부 한 사람 한 사람이 주인에게 술을 올려 '酢'의 예를 행한다는 것은 경문에서 진술한 대로이다. 주인이 대부 한 사람 한 사람에게 '獻'의 예를 행하는데 대부의 우두머리 한 사람만이 주인에게 '酢'의 예를 행하는 것은, 주인의 신분이 존귀하고 빈의 신분이 낮을 경우에나 가능한 것이다. 이제 향사례에서 대부(존자)는 제후의 州長(주인)보다 존귀하고 鄕大夫와 신분이 대등하므로 그렇게 할 수 없는 것이다."(大夫雖衆, 然受獻後, 須一一酢主人, 如經所陳也. 辯獻長乃酢, 唯主人尊賓賤乃可. 今大夫尊於諸侯之州長, 於鄕大夫爲敵, 不可也) 『의례정의』, 479쪽 참조.

14_ 대부는 주인에게 ~ 절차로 한다 : 빈이 주인에게 술을 올려 '酢'의 예를 행할 때에 빈과 주인이 사양하는 절차에 대해서는 [經-45]~[經-47] 참조.

15_ 주인이 ~ 것이다 : 이곳은 대부(준자)가 주인에게 술을 올려 '酢'의 예를 행하는 절차이므로 대부가 술잔을 씻어 주인에게 건네주는데, 주인은 스스로 술잔에 술을 따르고 스스로 그 술을 마시는 '自酢'을 한다. 주인은 대부에게 술잔을 건네받을 때 존귀한 대부에게 더럽힐 것을 염려하여 손을 씻는 것이다. 본래 주인이 빈에게 술을 올려 '獻'의 예를 행해 준 것에 대한 보답으로 빈이 주인에게 술을 올려 '酢'의 예를 행하는 것이지만, 鄕射禮에서 주인(州長=士)은 대부(준자)보다 신분이 낮기 때문에 스스로 술잔에 술을 따르고 스스로 그것을 마심으로써 '酢'의 예를 행한다. 이것이 이른바 '自酢'이다.

16_ 당 위의 동쪽과 서쪽 두 기둥 사이에서 : 당 위에는 東楹과 西楹의 두 기둥이 있다. '楹間'은 동쪽과 서쪽의 두 기둥 사이로 당의 동서의 중앙을 가리킨다. '楹內'라고도 칭한다. 『삼례사전』, 916쪽 참조.

17_ 대부의 오른쪽에 앉아서 술잔을 내려놓고 : 경문의 '坐奠爵'에 대해 위협몽은 '대부의 오른쪽에 앉아서 술잔을 내려놓는다는 뜻'이라고 하였다.(坐奠爵於大夫右也) 『의례정의』, 480쪽 참조.

經-88에서 經-93까지는 '합악낙빈合樂樂賓' 즉 당 위에서 슬瑟의 연주에 맞추어 노래를 하고 동시에 당 아래에서 생笙을 불어 합주하여 빈賓을 즐겁게 해 주는 절차이다.

[鄕射禮05 : 經-88]

서쪽 계단 위쪽에서 조금 동쪽에 악공(工)의 자리(席)를 펼쳐 놓는다. 악정樂正[1]이 먼저 당 위로 올라가 북쪽을 향해 악공들 자리의 서쪽에 선다.

席工于西階上少東. 樂正先升, 北面立于其西.

정현주 '조금 동쪽'(少東)이라고 말한 것은 악정樂正의 서측이 계단임을 밝힌 것이고, 너무 동쪽에 자리를 펼쳐 놓지 않고자 하는 것은 활쏘기를 하기 전에 서 있는 위치(射位)를 피하기 위한 것이다. 言'少東'者, 明樂正西側階, 不欲大東, 辟射位.

[鄕射禮05 : 經-89]

악공(工)은 4명인데, 그 가운데 두 사람은 슬을 타는 악공(瑟)으로,[2] 슬을 타는 악공이 먼저 문 안으로 들어간다. 상자相者(악공을 돕는 사람)[3]들은 모두 슬을 타는 악공을 대신해서 왼쪽 어깨에 슬을 둘러매는데, 슬의 머리 부분(鼓)[4]이 앞쪽을 향하도록 하고, 왼손으로 슬의 아래쪽 구멍(越)을 잡아 줄(弦)이 안쪽으로 향하도록 하며, 오른손으로 악공을 부축한다. 악공과 상자들은 문 안으로 들어가 서쪽 계단을 통해 당 위로 올라가서 북쪽을 향해 서는데, 동쪽을 윗자리로 삼는다. 악공들은 자리로 나아가 앉는다. 상자들은 앉아서 슬을 악공들에게 건네준 후 당에서 내려온다.

工四人, 二瑟, 瑟先. 相者皆左何瑟, 面鼓, 執越, 內弦, 右手相. 入, 升自西階, 北面東上. 工坐. 相者坐授瑟, 乃降.

정현주

슬을 타는 악공이 먼저 문 안으로 들어가는 것은 천한 사람이 먼저 일에 나아가기 때문이다.[5] '상相'은 악공을 부축한다는 뜻이다. '면面'은 앞(前)을 뜻한다. 슬의 머리 부분이 앞쪽을 향하도록 하는 것은 군주의 예禮와 다르게 하는 것이다.[6] '왼손으로 슬의 아래쪽 구멍을 잡아 줄이 안쪽으로 향하도록 하며, 오른손으로 악공을 부축한다'(執越, 內弦, 右手相)는 것은 편리함을 따르는 것이다. '월越'은 슬의 아래쪽 구멍으로, 소리를 발산시키는 부분이다. 슬의 아래쪽 구멍이 앞쪽을 향하도록 하는데 '잡는다'(執)라고 말한 것은 안쪽에 줄묶음이 있어 손을 넣는 부분이 얕기 때문이다. 상자相者는 당에서 내려와 서쪽에 선다. '瑟先', 賤者先就事也. '相', 扶工也. '面', 前也. 鼓在前, 變於君也. '執越, 內弦, 右手相', 由便也. '越', 瑟下孔, 所以發越其聲也. 前越言'執'者, 內有弦結, 手入之淺也. 相者降, 立西方.

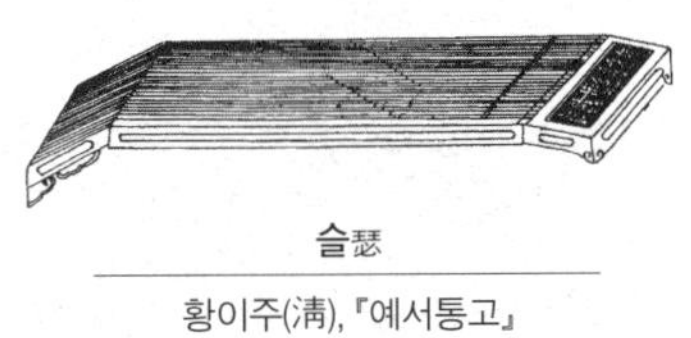

슬瑟

황이주(淸), 『예서통고』

[鄕射禮05 : 經-90]

생을 부는 악공(笙)[7]은 문 안으로 들어가 당 아래에 걸어둔 악기의 중앙(縣中 : 磬의 동쪽)[8]에 서서 서쪽을 향한다.

笙入, 立于縣中西面.

정현주 당 아래에서 악공과 상자相者들이 슬을 타는 악공의 뒤를 따르는 것이다. '현중縣中'은 경磬의 동쪽에 서서 서쪽을 향하는 것이다.[9] 堂下樂相從也. '縣中', 磬東立, 西面.

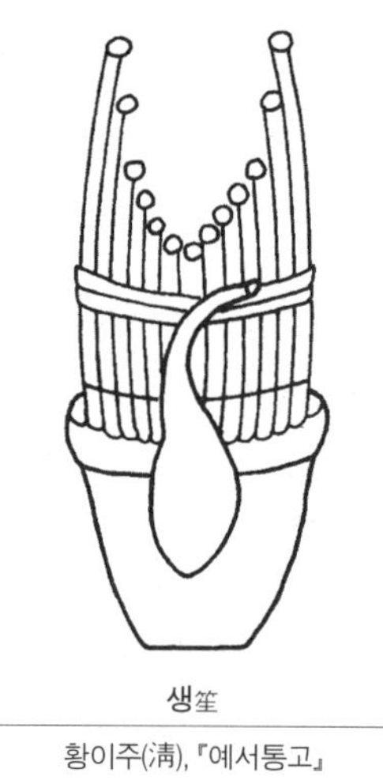

생笙

황이주(淸), 『예서통고』

편경編磬

황이주(淸), 『예서통고』

[鄕射禮05 : 經-91]

이어서 합악合樂의 형식으로 「주남」의 「관저」·「갈담」·「권이」와 「소남」의 「작소」·「채번」·「채빈」의 여섯 시를 노래하고 연주한다.[10]

乃合樂, 「周南」「關雎」·「葛覃」·「卷耳」, 「召南」「鵲巢」·「采蘩」·「采蘋」.

정현주

승가升歌[11]를 하지 않고, 주생奏笙[12]을 하지 않고, 간가間歌[13]를 하지 않는 것은 뜻이 활쏘기에 있으므로 음악에서 줄인 것이다. 합악만을 생략하지 않은 것은 「주남」과 「소남」의 풍風이 향악鄕樂[14]이므로, 그 정악正樂을 줄일 수 없기 때문이다. 옛날 태왕大王·왕계王季·문왕文王이 처음 기산岐山의 남쪽에 거처할 때 몸소 「소남」의 가르침을 실천하여 왕업王業을 이루었다. 천하를 삼분함에 이르러 드디어 「주남」과 「소남」의 교화를 펼치니, 그 처음의 덕에 근본을 두었고, "아내에게 모범을 보이고 형제에까지 이르러 집안과 나라를 다스렸다."[15] 그러므로 '향악'이라고 한 것이다. 부인들 사이에서 사용하다가 조정의 「향례饗禮」·「연례燕禮」·「대사례鄕射禮」·「향음주례鄕飮酒禮」에 미치니, 이 여섯 편은 그 풍화風化의 근원이다. 이 때문에 금金·석石·사絲·죽竹[16]의 악기에 맞추어 이 시편들을 노래하는 것이다. 不歌·不笙·不間, 志在射, 略於樂也. 不略合樂者, 「周南」·「召南」之風, 鄕樂也, 不可略其正也. 昔大王·王季·文王始居岐山之陽, 躬行「召南」之教, 以成王業, 至三分天下, 乃宣「周南」·「召南」之化, 本其德之初, "刑于寡妻, 至于兄弟, 以御于家邦", 故謂之鄕樂. 用之房中以及朝廷「饗」·「燕」·「鄕射」·「飮酒」, 此六篇其風化之原也. 是以合金石絲竹而歌之.

[鄕射禮05 : 經-92]

악공은 일어나지 않은 채로 악정樂正에게 "정가正歌가 모두 연주되었습니다"[17]라고 보고한다.

工不興, 告于樂正曰, "正歌備."

정현주

'일어나지 않는 것'(不興)은 고몽瞽矇[18]에게는 예수禮數가 간략하기 때문이다. '不興'者, 瞽矇禮略也.

[鄕射禮05 : 經-93]

악정樂正은 빈에게 보고하고, 곧바로 당에서 내려온다.

樂正告于賓, 乃降.

정현주 악정이 당에서 내려오는 것은 당상堂上의 정악正樂이 끝났기 때문이다. 당에서 내려온 후에는 서쪽 계단의 동쪽에 서서 북쪽을 향한다. 樂正降者, 堂上正樂畢也. 降立西階東, 北面.

주

1_ 악정 : 악관의 우두머리를 총칭하는 말이다. 『예기』「왕제」에 "樂正은 네 가지 길을 높여서 네 가지 가르침을 세운다. 선왕이 지은 『詩』·『書』·『禮』·『樂』의 순서에 따라 가르쳐서 士를 양성한다"(樂正崇四術, 立四敎, 順先王『詩』·『書』·『禮』·『樂』以造士)라고 한 것에 대해 정현은 "악정은 악관의 우두머리로 國子(公·卿·大夫의 자제)의 교육을 담당한다"(樂正, 樂官之長, 掌國子之敎)라고 하였다.

2_ 악공은 ~ 악공으로 : 4명 가운데 2명은 瑟을 타는 악공이고, 2명은 노래를 부르는 악공이다. '瑟'은 현악기로서 琴과 형태가 유사한데 琴보다 크며 줄이 많다. 길이는 7척 2촌이고, 25개의 줄로 이루어져 있다. 이 슬을 타는 악공도 '瑟'이라고 칭한다.

3_ 상자 : 악공을 돕는 사람으로 衆賓 가운데 젊은 사람이 맡고, 악공마다 한 사람씩 배정한다. 여기서는 슬을 타는 악공을 돕는 두 사람을 말한다.

4_ 슬의 머리 부분 : '鼓'는 연주하는 부분 즉 슬의 경우 슬의 머리 부분을 말한다. 『의례정의』, 482쪽 참조.

5_ 슬을 타는 ~ 때문이다 : 大射禮에서는 太師와 少師가 노래를 부르고 衆工이 슬을 탄다. 따라서 슬을 타는 악공은 천하고, 노래 부르는 악공은 존귀하다. 문 안으로 들어갈 때에는 슬을 타는 악공이 먼저 들어가고 노래 부르는 악공이 뒤에 들어가는 것은 천한 자가 먼저 일에 나아가기 때문이다. 『의례주소』, 214쪽, 가공언의 소 참조.

6_ 슬의 머리 부분이 ~ 것이다 : 가공언은 "「鄕射」는 「大射」와 서로 상대된다. 「大射」는 군주의 의례로서 슬의 머리 부분이 뒤쪽을 향하게 하고, 이곳의 「鄕射」는 신하의 의례로서 슬의 머리 부분이 앞쪽을 향하게 한다. 그러므로 '군주의 예와 다르게 하는 것이다'라고 한 것이다. 「燕禮」는 「鄕飮酒禮」와 서로 상대된다. 이 때문에 「연례」에서는 슬의 머리 부분이 앞쪽을 향하도록 하였으니 또한 「향음주례」에서 슬의 머리 부분이 뒤쪽을 향하도록 하는 것과 서로 다르다"(「鄕射」與「大射」相對, 「大射」君禮而後首, 此臣禮前首, 故云'變於君.' 「燕禮」與「鄕飮酒」相對, 是以「燕禮」面鼓, 又與「鄕飮酒」後首相變)라고 하였다. 장이기는 "'面鼓'란 슬의 머리 부분이 앞쪽에 있는 것을 말한다. '鼓'는 연주할 수 있는 곳을 가리킨다"라고 하였다. 『의례주소』, 214쪽 및 『의례정의』, 482쪽 참조.

7_ 생을 부는 악공 : 笙은 악기 이름으로, 형태가 '竽'와 비슷하다. 대나무를 박(匏)에 꽂아서 만드는데, 13개의 피리가 있다. 『석명』「석악기」에 "'笙'은 태어난다(生)는 뜻이다. 대나무가 박(匏)을 꿰는 것은 사물이 땅을 뚫고 태어나는 것을 상징한다. 박(匏)으로 만들기 때문에 '匏'라고도 한다"('笙', 生也. 竹之貫匏, 象物貫地而生也. 以匏爲之, 故曰'匏'也)라고 하였다. 이 笙을 연주하는 사람 역시 '笙'이라고 칭한다. 『삼례사전』, 757쪽 참조.

8_ 걸어 둔 악기의 중앙 : '縣'은 筍·虡 같은 악기걸이에 매다는 鐘·磬 등의 악기를 말한다. 이를 '樂縣'이라 하는데, 간단하게는 '縣'이라고 칭한다. 『삼례사전』, 1124쪽 참조.

9_ '현중'은 ~ 것이다 : 가공언은 '磬의 서쪽에서 서쪽을 향하지 않는 것'은 만약 磬의

서쪽에서 서쪽을 향하면 笙을 부는 악공은 磬을 등지고 서게 되기 때문이라고 하였다. 이 때문에 정현과 가공언은 '縣中'을 磬의 동쪽 즉 '磬의 뒤쪽의 중앙'으로 해석한 것이다. ○ 한편 정현과 가공언이 경문의 '縣中'에서의 '縣'을 '磬'의 한 가지 악기로 한정시켰지만, 채덕진은 그것을 '鍾'과 '磬'의 두 가지 악기로 보고, "'걸어 둔 악기의 중앙에 선다'(立于縣中)는 것은 '鍾과 磬의 사이에 선다'는 뜻이다"(笙者入, 立于縣中, 當鍾磬之間)라고 해석하였다. 성세좌도 '縣中'은 '磬의 남쪽과 鍾의 북쪽의 사이'라고 하여 채덕진과 같은 입장을 취한다. 『의례주소』, 215쪽 및 『의례정의』, 483쪽 참조.

10_ 합악의 형식으로 ~ 연주한다 : '合樂'은 당 위에서 瑟의 연주에 맞추어 노래를 하고 동시에 당 아래에서 笙을 불면서 연주를 하여 합주하는 것을 말한다. 정현은 '합악'을 "歌樂이 여러 악기소리와 함께 연주되는 것"(歌樂衆聲俱作)이라고 하였는데([鄉飮酒禮04 : 經-91]의 정현 주), 그 구체적인 연주 형태에 대해서는 다양한 설이 존재한다. 능정감은 '합악'을 "당상과 당하에서 동일한 시편을 동시에 노래로 읊고 악기로 연주하는 것"('合樂', 謂堂上堂下笙歌並作也)으로 개념화한다. 그에 따르면, 당 위에서 瑟의 연주에 맞추어 「관저」·「갈담」·「권이」의 시편을 노래로 읊으면 당 아래에서 笙으로 「관저」·「갈담」·「권이」의 시편을 연주하는데 이것이 「주남」의 三終이고, 당 위에서 瑟의 연주에 맞추어 「작소」·「채번」·「채빈」의 시편을 노래로 읊으면 당 아래에서 笙으로 「작소」·「채번」·「채빈」의 시편을 연주하는데 이것이 「소남」의 三終이다. 그러므로 '合樂三終'이라 한다. 『의례정의』, 376~377쪽 참조. '합악'의 연주 형태에 대한 여러 설명은 [燕禮06 : 經-108]의 주석 참조.

11_ 승가 : 당 위에서 슬의 연주에 맞추어 노래하는 것을 말한다.

12_ 주생 : 당 아래에서 생을 불면서 연주하는 것을 말한다.

13_ 간가 : 당 위에서 슬의 연주에 맞추어 노래를 한 후에 당 아래에서 생을 불어 연주하는 것을 말한다.

14_ 향악 : 채덕진에 의하면, 鄉樂은 「관저」·「갈담」의 음악을 가리킨다고 한다. 이 편들의 내용은 모두 수신·제가의 일로서 천자에서 서인에 이르기까지 통용된다. 이 때문에 향음주례와 향사례에서 사·대부들이 모두 사용할 수 있어서 이를 '鄉樂'이라 하였다고 한다. 『의례정의』, 733쪽 참조.

15_ 아내에게 ~ 나라를 다스렸다 : 『시』「대아·사제」의 문장이다.

16_ 금·석·사·죽 : 원래는 악기를 만드는 재료이지만, 이 때문에 악기를 지칭하는 말로도 쓰인다. 金·石·土·革·絲·木·匏·竹의 8가지 재료로 만든 악기를 '八音'이라고 하는데, '金'은 鍾·鎛, '石'은 磬, '土'는 塤, '革'은 鼓·鼗, '絲'는 琴·瑟, '木'은 柷·敔, '匏'는 笙, '竹'은 管·簫 등의 악기를 각각 가리킨다. 『삼례사전』, 32쪽 참조.

17_ 정가가 모두 연주되었습니다 : '正歌'는 升歌(당 위에서 슬의 연주에 맞추어 노래하는 것), 笙奏(당 아래에서 생을 불면서 연주하는 것), 間歌(당 위에서 슬의 연주에 맞추어 노래를 한 후에 당 아래에서 생을 불어 연주하는 것), 合樂(당 위에서 슬

의 연주에 맞추어 노래를 하고 동시에 당 아래에서 생을 불어 연주를 하여 합주하는 것)의 과정을 한 번 마치는 것을 말한다. 이곳에서는 鄕樂을 연주하는 것이므로 '正歌'는 鄕樂을 뜻한다. 『의례정의』, 485쪽 참조. '正歌'의 구체적인 연주 방식에 대해서는 [燕禮06 : 經-109]의 주석 참조.

18_ 고몽 : 눈동자가 있으면서 앞을 보지 못하는 경우를 '瞽', 눈동자가 없이 앞을 보지 못하는 경우를 '矇'이라고 한다. 즉 '瞽矇'은 장님의 뜻으로, 장님은 소리에 밝기 때문에 악공으로 삼는다.

經-94에서 經-101까지는 '헌공여생獻工與笙' 즉 슬을 타거나 노래하는 악공(工)과 생을 부는 악공(笙)에게 술을 올려 '헌獻'의 예를 행하는 절차이다.

[鄕射禮05 : 經-94]

주인은 당 위의 대광주리(上篚)에서 술잔(爵 : 1승 용량)을 꺼내어 슬을 타거나 노래를 부르는 악공들에게 술을 올려 '헌獻'의 예를 행한다. 악공 가운데 태사大師가 있다면, 그를 위해 당에서 내려와 술잔을 씻는다.

主人取爵于上篚獻工. 大師則爲之洗.

정현주

태사大師를 높이는 것이다. 군주가 대부에게 음악을 하사할 경우 아울러 자기의 악공을 딸려서 보내 주는데, 이 악공을 '태사大師'라고 한다. 尊之也. 君賜大夫樂, 又從之以其人, 謂之'大師'.

[鄕射禮05 : 經-95]

빈도 주인을 따라 당에서 내려온다. 주인은 빈에게 내려올 필요가 없다고 사양을 한다.

賓降. 主人辭降.

정현주

대부(준자)는 당에서 내려오지 않으니, 존귀하기 때문이다. 大夫不降, 尊也.

[鄕射禮05 : 經-96]

악공들은 주인이 술잔을 씻어 주는 것을 사양하지 않는다. 주인은 술잔 씻는 일을 마치면, 당 위로 올라가서 술잔에 술을 채운다. 악공들은 일어나지 않고 슬瑟을 왼쪽으로 치운다.[1] 슬을 타는 악공의 우두머리 한 사람이 배례를 한 후에 술잔을 받는다.

工不辭洗. 卒洗, 升實爵. 工不興, 左瑟. 一人拜受爵.

정현주

'슬을 왼쪽으로 치우는 것'(左瑟)은 주인이 술잔을 주는 자리를 비켜주는 것이다. '한 사람'(一人)은 태사大師가 없을 경우에는 악공의 우두머리이다. '左瑟', 辟主人授爵也. '一人', 無大師, 則工之長者.

[鄕射禮05 : 經-97]

주인은 술잔을 보내 준 후 조계 위쪽으로 가서 배례를 한다. 주인의 유사는 슬을 타는 악공의 우두머리 자리 앞에 말린 고기와 고기젓갈을 올린다. 주인은 사람을 시켜 슬을 타는 악공의 우두머리가 고수레 하는 것을 돕도록 한다.

主人阼階上拜送爵. 薦脯·醢. 使人相祭.

정현주

'사람'(人)은 상자相者(악공을 돕는 사람)를 가리킨다. '人', 相者.

[鄕射禮05 : 經-98]

슬을 타는 악공의 우두머리는 술을 마시는데, 술잔의 술은 다 마시지만 배례는 하지 않고 비운 술잔을 주인에게 건네준다. 슬을 타거나 노래를 부르는 여러 악공(衆工)들은 배례를 하지 않고 술잔을 받는데, 앉아서 술로 고수레를 하고 앉아서 술을 마신다. 슬을 타거나 노래를 부르는 여러 악공(衆工)들의 자리 앞에도 한 사람 한 사람 두루 말린 고기와 고기젓갈을 올리는데, 악공들은 이것으로 고수레를 하지는 않는다.

工飮, 不拜既爵, 授主人爵. 衆工不拜受爵, 祭飮. 辯有脯·醢, 不祭.

정현주 '고수레를 하고 술을 마신다'(祭飮)고 한 것은 일어나지 않은 채로 술잔을 받은 후 앉아서 술로 고수레를 하고 앉아서 술을 마신다는 뜻이다. '祭飮', 不興受爵, 坐祭, 坐飮.

[鄕射禮05 : 經-99]

주인은 당 아래로 내려가 술잔을 씻지 않고, 곧바로 서쪽 계단 위쪽으로 가서 생을 부는 악공(笙)들에게 술을 올려 헌獻의 예를 행한다.

不洗, 遂獻笙于西階上.

정현주 '술잔을 씻지 않는다'(不洗)는 것은 생을 부는 악공은 신분이 천하기 때문이다. 슬을 타거나 노래를 부르는 여러 악공(衆工)들에게도 술잔을 씻어 주지 않는데, 여기서 '생을 부는 악공(笙)에게 술잔을 씻어 주지 않는다'(笙不洗)라고 밝힌 것은 생을 부는 악공들은 슬을 타거나 노래를 부르는 여러 악공(衆工)들보다도 신분이 천하기 때문이니, 바야흐로 군주가 보내 준 악공(태사)에게도 오히려 술잔을 씻어 주지 않는 것이다. '不洗'者, 賤也. 衆工而不洗矣, 而著'笙不洗'者, 笙賤於衆工, 正君賜之, 猶不洗也.

[鄉射禮05 : 經-100]

생을 부는 악공의 우두머리 한 사람[2]은 서쪽 계단 아래에서 배례를 한 후 계단의 맨 위 층계까지 올라가는데 당 위로는 올라가지 않고 술잔을 받는다. 주인은 술잔을 보내 준 후에 배례를 한다. 생을 부는 악공의 우두머리는 계단 앞에 앉아서 술로 고수레를 한 후 서서 술을 마시는데, 술잔의 술을 다 마시지만 배례는 하지 않으며, 당 위로 올라가 주인에게 비운 술잔을 건네준다. 생을 부는 여러 악공(衆笙)들은 배례를 하지 않고 술잔을 받는데, 앉아서 술로 고수레를 한 후 서서 술을 마신다. 생을 부는 여러 악공(衆笙)들에게도 한 사람 한 사람 말린 고기와 고기젓갈을 두루 올리는데, 악공들은 이것으로 고수레를 하지는 않는다. 주인은 비운 술잔을 들고 당에서 내려와 대광주리 안에 넣어 둔다.

笙一人拜于下, 盡階, 不升堂, 受爵. 主人拜送爵. 階前坐祭, 立飲, 不拜既爵, 升, 授主人爵. 衆笙不拜, 受爵, 坐祭, 立飲. 辯有脯·醢, 不祭. 主人以爵降, 奠于篚.

[鄕射禮05 : 經-101]

주인은 당 위로 되돌아 올라가서 자리(席)로 나아가 앉는다.

反升, 就席.

정현주

또한 주인은 빈과 한 차례 읍을 하고 한 차례 양보를 한 후에 빈과 함께 당 위로 올라가는데, 중빈衆賓들도 모두 당 위로 올라간다.

亦揖讓以賓升, 衆賓皆升.

주

1_ 슬을 왼쪽으로 치운다 : '슬을 왼쪽으로 치운다'는 것은 몸이 瑟의 오른쪽에 있는 것이니, 주인을 향하는 것이다. 『의례정의』, 487쪽, 장이기의 설 참조.

2_ 생을 부는 악공의 우두머리 한 사람 : 생을 부는 악공은 모두 4명인데, 이 가운데 연장자 한 사람이 생을 부는 악공의 우두머리가 된다.

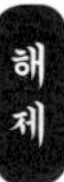

經-102에서 經-112까지는 '입사정立司正' 즉 사정司正을 세우는 절차이다.

[鄕射禮05 : 經-102]

주인은 자리의 남쪽을 통해 자리(席)에서 내려오는데,

主人降席自南方,

정현주

예禮가 줄어들었기 때문에 편리함을 따르는 것이다.[1] 禮殺, 由便.

[鄕射禮05 : 經-103]

주인 혼자 당에서 내려온다.

側降.

정현주

빈은 주인을 따라 당에서 내려오지 않는다는 뜻이다. 賓不從降.

[鄕射禮05 : 經-104]

상相[2]을 사정司正[3]으로 삼는다.[4] 사정은 한 번 사양한 후에 허락한다. 주인은 사정에게 재배한다. 사정은 주인에게 답배를 한다.

作相爲司正. 司正禮辭, 許諾. 主人再拜. 司正答拜.

정현주

술잔이 갖추어지고 음악이 끝나서,[5] 장차 활 쏘는 일로 빈을 머물게 하려는데, 나태하여 예를 잃음이 있을까 염려하여 사정을 세워 감독하게 하고 의절과 법도를 살피게 하는 것이다. 『시』에 "이미 감監을 세우고 혹은 사史로 보좌하게 하네"[6]라고 하였다. 爵備樂畢, 將留賓以事, 爲有解[7]倦失禮, 立司正以監之, 察儀法也. 『詩』云, "旣立之監, 或佐之史."

[鄕射禮05 : 經－105]

주인은 당 위로 올라가서 자리(席)로 나아가 앉는다. 사정司正은 술잔(觶 : 3승 용량)을 씻은 후 서쪽 계단을 통해 당 위로 올라가 당 위 기둥(楹)의 북쪽을 경유하여 조계 위쪽으로 가서 북쪽을 향해 주인에게 명을 받는다.[8]

主人升就席. 司正洗觶, 升自西階, 由楹內適阼階上, 北面受命于主人.

정현주

'술잔을 씻는 것'(洗觶)은 사정은 술을 따라서 그 위치를 나타내고 그 일을 드러내야 하기 때문이다. '영내楹內'는 당 위 기둥(楹)의 북쪽이다.[9] '洗觶'者, 當酌以表其位, 顯其事也. '楹內', 楹北.

[鄕射禮05 : 經-106]

사정은 서쪽 계단 위쪽으로 가서 북쪽을 향해 빈에게 편안하게 머물 것을 청한다.[10]

西階上北面請安于賓.

정현주

주인의 명을 전하는 것이다. 傳主人之命.

[鄕射禮05 : 經-107]

빈은 한 번 사양한 후에 허락한다. 사정은 빈의 응답을 주인에게 보고하고, 이어서 당 위의 동쪽과 서쪽 두 기둥(楹) 사이에 서서 주인과 빈이 배례하는 것을 돕는다.

賓禮辭, 許. 司正告于主人, 遂立于楹間以相拜.

정현주

'상相'은 주인과 빈이 서로 배례하면서 하는 말을 돕는다는 뜻이다. '相', 謂贊主人及賓相拜之辭.

[鄕射禮05 : 經-108]

주인은 조계 위쪽에서 재배하고, 빈은 서쪽 계단 위쪽에서 답례로 재배한다. 주인과 빈은 모두 읍을 한 후에 자리(席)로 나아가 앉는다.

主人阼階上再拜, 賓西階上答再拜. 皆揖就席.

정현주 빈이 이미 편안하게 머문다고 하였기 때문이다. 금문본에는 '揖'이 '升'으로 되어 있다. 爲已安也. 今文'揖'爲'升'.

[鄕射禮05 : 經-109]

사정은 술잔(觶)에 술을 채운 후 서쪽 계단을 통해 당에서 내려와 뜰 중앙(中庭)에서 북쪽을 향해 앉아 술잔을 내려놓고, 다시 일어서서 조금 뒤로 물러나 잠시 선다.

司正實觶, 降自西階, 中庭北面坐奠觶, 興, 退, 少立.

정현주 '술잔을 내려놓는다'(奠觶)는 것은 그 위치를 표시하는 것이다. '잠시 선다'(少立)는 것은 스스로 닦고 바로잡아 그 위치를 삼가는 것이다. 고문본에는 '少退立'이라고 하였다. '奠觶', 表其位也. '少立', 自修正, 愼其位也. 古文曰'少退立'.

[鄕射禮05 : 經-110]

사정은 앞으로 나아가 앉아서 술잔(觶)을 집어 들고 일어나고, 다시 조금 뒤로 물러났던 위치로 돌아가서 앉는데 술로 고수레를 하지 않고 앉은 채로 그대로 술잔의 술을 다 마신 후 일어난다. 또다시 앉아서 술잔을 내려놓고 주인에게 배례를 한 후 술잔을 집고 일어나 술잔을 씻고, 북쪽을 향해 앉아서 뜰 중앙의 제자리에 씻은 술잔을 내려놓는다.

進, 坐取觶, 興, 反坐, 不祭, 遂卒觶, 興. 坐奠觶, 拜, 執觶興, 洗, 北面坐奠于其所.

정현주 금문본에는 '坐取觶'로 되어 있어 '進'이 없다. 또 '坐奠之拜'라고 하였다. 今文'坐取觶', 無'進'. 又曰'坐奠之拜'.

[鄕射禮05 : 經-111]

사정은 일어나서 조금 뒤로 물러나 술잔(觶)의 남쪽에서 북쪽을 향해 선다.

興, 少退, 北面立于觶南.

정현주 '술잔의 남쪽에 선다'(立觶南)는 것은 또한 그곳이 원래 빈擯(相·司正)의 위치이기 때문이다. '立觶南', 亦其故擯位.

[鄕射禮05 : 經-112]

아직 여수旅酬의 예를 행하지 않는다.

未旅.

정현주 '여旅'는 순서(序)의 뜻이다. 아직 순서에 따라 서로 술을 권하지 않는 것은 장차 활을 쏠 것이기 때문이다. 여수의 예를 행하게 되면 예가 끝나는 것이다. '旅', 序也. 未以次序相酬, 以將射也. 旅則禮終也.

주

1_ 예가 ~ 따르는 것이다 : 주인이 빈에게 '酢'의 예를 받을 때에는 예가 성대하기 때문에 주인은 자리의 북쪽을 통해 자리에서 내려왔는데([經-49]), 司正을 세우는 이곳은 예가 줄어들었기 때문에 주인은 자리의 남쪽을 통해 자리에서 내려오는 것이다. 그러나 방포는 정현이 '편리함을 따르는 것'이라고 한 것은 예의 본뜻이 아니라고 반박하였다. "빈이 주인에게 술을 올려 '酢'의 예를 행할 때, 주인이 자리의 북쪽을 통해 자리 위로 오르는 것은 자리에 오르는 正禮를 쓰는 것으로, 존귀한 예이기 때문이다. 司正을 세우거나 장차 徹俎를 하고자 할 때에 주인은 자리의 남쪽을 통해 자리에서 내려오니, 屬吏 및 弟子에게 임할 때에 특별히 그 방향을 바꾸어 주인을 높이는 것이다. 鄭注에서 모두 '편리함을 따르는 것이다'라고 말한 것은 예의 본뜻이 아닌 듯하다." 저인량도 정현이 "예가 줄어들었기 때문에 편리함에 따르는 것이다"라고 한 것의 구체적 내용을 알지 못하겠다고 비판하였다. 『의례정의』, 489쪽 참조.

2_ 상 : 예의 집행을 돕는 사람을 말한다.

3_ 사정 : 향음주례 등에서 빈과 주인 사이의 예가 바르게 되도록 돕는 사람으로, 庭長이라고도 칭한다. 고정된 담당관은 없고, 주인이 相(예의 집행을 돕는 사람) 가운데 한 사람을 임명한다. 『삼례사전』, 263~264쪽, '司正' 항목 참조.

4_ 상을 사정으로 삼는다 : 사정은 旅酬의 예를 위해 세우는 것인데 아직 旅酬의 예를 행하지 않았음에도 먼저 사정을 세우는 것은, 주인이 상을 사정으로 세운 후에 사정에게 司馬의 일을 시키기 위한 것이다. 『의례정의』, 490쪽, 위협몽의 설 참조.

5_ 술잔이 갖추어지고 음악이 끝나서 : '술잔이 갖추어졌다'(爵備)는 것은 빈, 중빈, 준자(대부) 및 瑟을 연주하는 악공과 笙을 연주하는 악공들에게 모두 술을 올려 '獻'의 예를 행하였다는 뜻이다. '음악이 끝났다'(樂畢)는 것은 합악의 연주가 끝났다는 뜻이다. 향사례에서는 '升歌'·'奏笙'·'間歌'가 없기 때문에 '음악이 완성되었다'(樂成)고 말하지 않고 '음악이 끝났다'(樂畢)고 말한 것이다. 『의례주소』, 218쪽 참조.

6_ 이미 ~ 보좌하게 하네 : 『시』「소아·빈지초연」의 문장이다.

7_ 解 : 『석문』, 徐本, 陳本, 『통해』에는 모두 '解'로 되어 있지만, 毛本과 호배휘의 『의례정의』에는 '懈'로 되어 있다. 『의례주소』, 218쪽 校勘 참조.

8_ 주인에게 명을 받는다 : 빈에게 편안하게 머물도록 하라는 명을 주인에게 받는 것이다. 아래 [經-106] 참조.

9_ '영내'는 당 위 기둥의 북쪽이다 : 오계공은 '楹'은 당 위의 동쪽과 서쪽 두 기둥(兩楹)을 가리킨다고 하였고, 성세좌는 '楹'은 당 위 앞쪽의 기둥(前楹)을 가리키는데 '楹의 안쪽을 경유한다'고 말한 것은 堂 안으로 들어가는 것을 의미한다고 하였다. 『의례정의』, 490쪽 참조.

10_ 빈에게 편안하게 머물 것을 청한다 : 경문의 '安'에 대해 정현은 '머문다'(留)의 뜻으로 보았지만([經-104]의 정현 주), 성세좌는 예를 행한 지 이미 오래되어서 빈의 몸에 혹 불안함이 있을 것을 두려워하여 '편안하게 머물라고' 청하는 뜻이라고 하

였다. 만약 단지 '빈이 떠나고자 하기 때문에 머물게 하는 것'의 의미라면, 이 향사례에서 활을 쏘기 위해 온 빈이 활쏘기가 아직 시작도 되지 않았는데 떠나고자 하고 주인이 이를 머물게 한다는 일은 있을 수 없다고 하였다. 『의례정의』, 490~491쪽 참조.

「향사청사도鄕射請射圖」

(清), 『흠정의례의소』

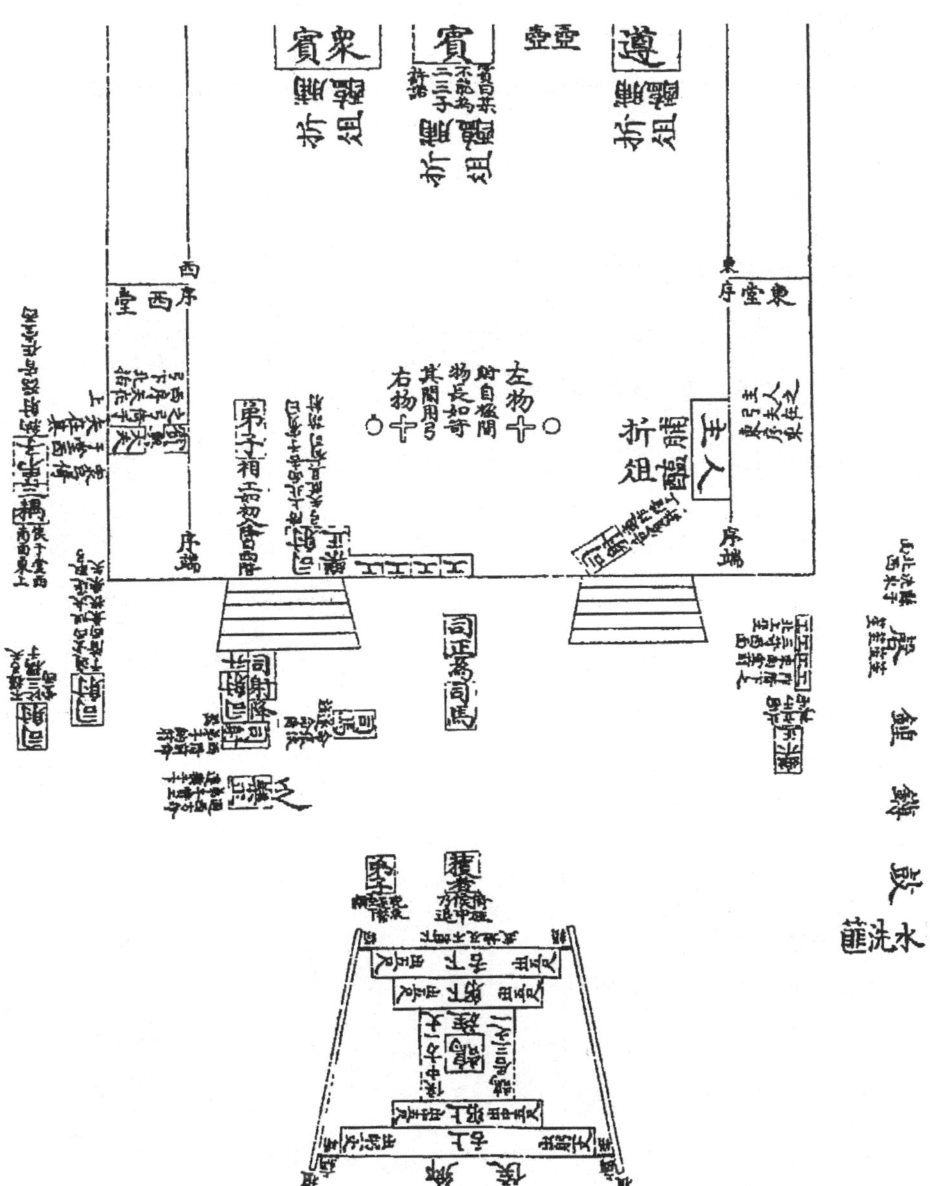

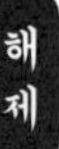
經-113에서 經-116까지는 '사사청사司射請射' 즉 사사司射가 빈賓에게 첫 번째 활쏘기를 청하는 절차이다.

[鄕射禮05 : 經-113]

삼우三耦[1]들은 서당西堂의 아래[2]에서 남쪽을 향해 활쏘기를 기다리는데,[3] 동쪽을 윗자리로 삼는다.

三耦俟于堂西, 南面, 東上.

정현주

사정司正을 세운 후에 사사司射[4]는 제자弟子[5] 가운데 덕행德行과 도예道藝가 높은 자를 뽑아서 삼우로 삼고, 이곳에서 활 쏘는 일을 기다리도록 한다. 司正旣立, 司射選弟子之中德行道藝之高者, 以爲三耦, 使俟事於此.

[鄕射禮05 : 經-114]

사사司射는 서당西堂 아래의 서쪽으로 가서 왼팔 소매를 벗어 내고(袒), 오른손 엄지손가락에 활깍지(決)[6]를 끼우고, 왼팔에 활팔찌(遂)[7]를 착용한 후 서쪽 계단의 서쪽으로 가서 활을 집어 들고, 네 대의 화살과 활시위를 함께 잡고서 서쪽 계단을 통해 당 위로 올라간다. 이어서 서쪽 계단 위쪽에서 북쪽을 향하여 빈에게 "활과 화살이 이미 갖추어졌으니, 유사有司[8]들이 활쏘기를 청합니다"라고 고한다.
司射適堂西, 袒·決·遂, 取弓于階西, 兼挾乘矢, 升自西階. 階上北面告于賓曰, "弓矢既具, 有司請射."

정현주 '사사司射'는 주인의 속리이다. 서당 아래의 서쪽에서 왼팔 소매를 벗어 내고, 오른손 엄지손가락에 활깍지를 끼우고, 왼팔에 활팔찌를 착용하는 것은 주인에게는 옷 갈아입는 곳(次)이 없으므로 몸을 숨기고 가리도록 하기 위함일 뿐이다. '단袒'은 왼팔에서 소매를 벗어 내는 것이다. '결決'(활깍지)은 연다(闓)는 뜻과 같으니, 상아 뼈로 만들어 오른쪽 엄지손가락에 끼우고 활시위를 꽉 쥐어서 활의 몸체를 여는 것이다. '수遂'(활팔찌)는 사구射鞲인데, 부드러운 가죽으로 만들며, 활시위가 몸에 튕기는 것을 막아준다. 활을 쏠 때가 아니면 '습拾'이라고 칭한다. '습拾'은 거두어들인다(斂)는 뜻이니, 피부를 가리거나 옷을 거두어들이는 것이다.[9] 활시위와 화살을 함께 잡는 것을 '협挾'이라고 한다.[10] '승시乘矢'는 네 대의 화살이다. 「대사의大射儀」에 "네 대의 화살을 잡고, 활의 줌통(弣 : 활 중앙의 손잡이 부분)에서 활 밖으로 화살촉이 보이도록 하고, 오른손 엄지손가락으로 활시위를 꽉 쥔다"[11]고 하였다.[12] 고문본에는 '挾'이 모두 '接'으로 되어 있다. '司射', 主人之吏也. 於堂西袒·決·遂者, 主人無次, 隱蔽而已. '袒', 左免衣也. '貴'[13]猶闓也, 以象骨爲之, 著右大擘指, 以鉤弦闓體也. '遂', 射鞲也, 以韋爲之, 所以遂弦者也. 其非射時, 則謂之拾. '拾', 斂也, 所以蔽膚斂衣也. 方持弦矢曰'挾'. '乘矢', 四矢也. 「大射」曰, "挾乘矢, 於弓外見鏃於弣, 右巨指鉤弦." 古文'挾'皆作'接'.

[鄕射禮05 : 經-115]

빈은 "아무개(某 : 빈의 이름)는 활을 잘 쏘지 못하지만, 여러분들을 위해 허락하겠습니다"라고 대답한다.

賓對曰, "某不能, 爲二三子許諾."

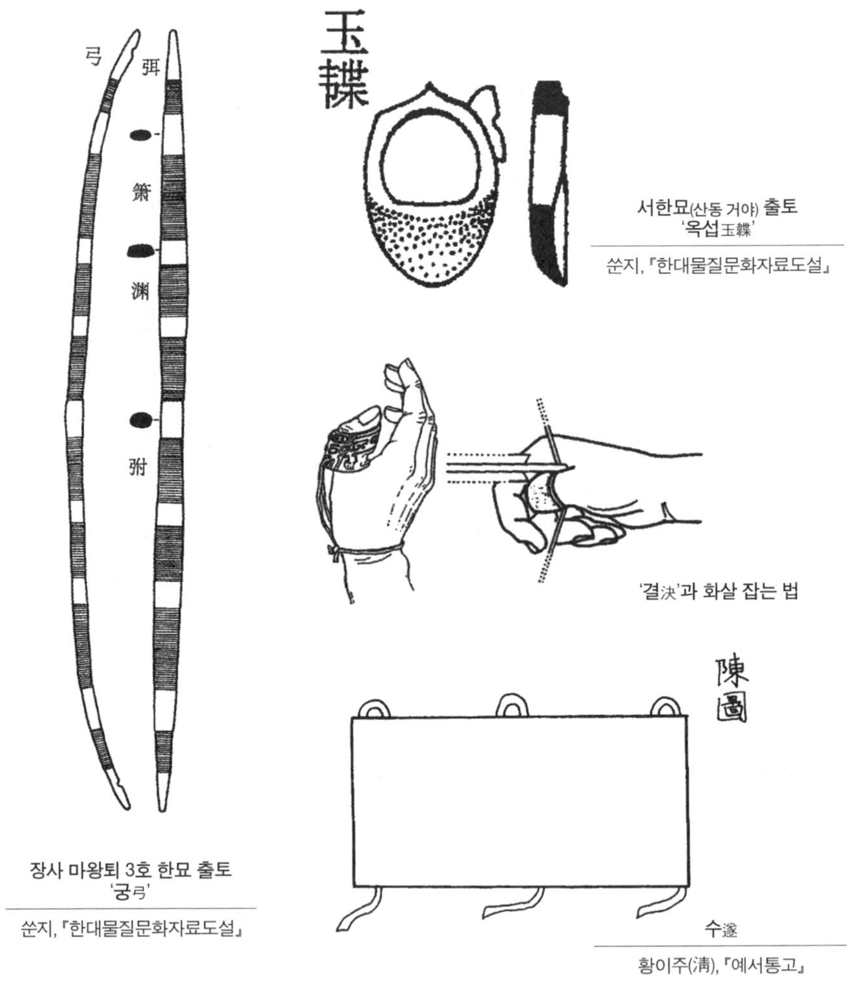

장사 마왕퇴 3호 한묘 출토 '궁弓'

쑨지, 『한대물질문화자료도설』

서한묘(산동 거야) 출토 '옥섭玉韘'

쑨지, 『한대물질문화자료도설』

'결決'과 화살 잡는 법

수遂

황이주(淸), 『예서통고』

정현주

'아무개는 활을 잘 쏘지 못합니다'(某不能)라고 말하는 것은 겸양을 보이는 것이다. '여러분'(二三子)은 중빈 이하를 가리킨다. 言'某不能', 謙也. '二三子', 謂衆賓已下.

[鄕射禮05 : 經-116]

사사司射는 조계 위쪽으로 가서 동북쪽을 향해 주인에게 "빈에게 활쏘기를 청하였는데, 빈이 허락하였습니다"라고 보고한다.

司射適阼階上, 東北面告于主人, 曰, "請射于賓, 賓許."

주

1_ 삼우 : 활을 쏠 때에는 2인이 한 짝을 이루므로, 3耦는 6인으로 구성된다. 학경은 무릇 활쏘기에는 2인이 짝(耦)이 되는데, 천자는 6짝(耦), 제후는 4짝(耦), 대부와 사는 3짝(耦)으로서 이를 '正耦'라고 하며, 향사례에서의 정우는 3이므로 6인이 필요한데 司射가 빈 가운데 德行과 道藝가 있는 자를 선발하여 충당한다고 하였다. 또 활쏘기는 모두 세 차례를 하는데, 첫 번째는 이들 삼우의 활쏘기, 두 번째는 빈·주인·대부·중빈의 耦射, 세 번째는 음악을 동반한 활쏘기이다. 『의례정의』, 495쪽 참조.

2_ 서당의 아래 : 경문의 '堂西'에 대해서 『흠정의례의소』 권45 「예절도」 1에는 "'堂西'는 堂의 서쪽 치우친 곳으로, 이른바 '西堂의 아래'이다"('堂西', 蓋堂之西偏, 所謂'西堂下'也)라고 하였고, 오계공도 "'堂東'은 '東堂의 아래'를 가리키고 '堂西'는 '西堂의 아래'를 가리킨다"('堂東', 東堂之下也, 堂西亦然)라고 하였다. 『의례정의』, 564쪽 참조.

3_ 활쏘기를 기다리는데 : 학경에 의하면, 이때에 삼우를 구성하는 6인은 뽑혔지만 누구와 누구를 짝으로 할 것인지는 결정되지 않았기 때문에 西堂 아래의 서쪽에 서서 司射가 짝을 맞추어 주기를 기다리는 것이다. 『의례정의』, 495쪽 참조.

4_ 사사 : '司射'는 주인을 위해 활쏘기를 관장하는 사람으로, 주인의 속리 가운데에서 충당한다.

5_ 제자 : 빈의 무리들 가운데 젊고 어린 사람들을 말한다.

6_ 활깍지 : '決'은 활쏘기를 할 때 손 부위를 보호하기 위하여 엄지손가락에 씌워 끼우는 깍지를 말한다. 상아 뿔, 가죽, 비단 등으로 만든다. '抉', '玦', '韘'이라고도 한다.

7_ 활팔찌 : '遂'는 가죽으로 만든 팔 보호대로서, 활을 쏠 때 왼쪽 팔에 착용하여 활시위가 몸에 튕기는 것을 막아 주는 도구이다.

8_ 유사 : 이곳의 '有司'는 주인을 위해 활쏘기 일을 관장하는 사람들로, 司射, 司馬 등을 두루 가리킨다.

9_ '습'은 ~ 것이다 : 활을 쥐는 왼팔 소매를 걷어 올렸기 때문에, 이 걷어 올린 팔의 살갗을 가리거나 걷어 올린 옷을 갈무리하여 고정시킨다는 의미이다. 따라서 '遂'와 '拾'은 동일한 물건을 지칭한다. 활을 쏠 때 활시위가 몸에 튕기는 것을 막아 주기 때문에 '遂'라고 하고, 활을 쏘지 않을 때 살갗을 가리고 옷을 거두어들여 갈무리하는 것이기 때문에 '拾'이라고 하여, 그 용도에 따라 명칭을 달리하는 것이다.

10_ 활시위와 ~ 한다 : 『장자』 「산수」편의 사마표 주와 『한서』 「서전하」의 진작 주에서 "'方'은 함께의 뜻이다"(方, 並也)라고 하였듯이 '方持'는 '並持'(함께 나란히 잡는다)의 뜻으로, 활시위와 화살을 함께 나란히 잡기 때문에 '方持'라고 한 것이다. 이에 비해 활시위와 화살을 단독으로 하나씩 잡는 것을 '側持'라고 한다. [經-265]의 정현 주에서 "활시위와 화살을 단독으로 하나씩 잡는 것을 '執'이라고 한다"(側持弦矢曰'執')라고 하였듯이, '側持'는 '단독으로 하나씩 잡는다'는 뜻이다. 『의례정의』, 498쪽, 호배휘의 설 참조.

11_ 네 대의 화살을 ~ 꽉 쥔다 : [大射儀07 : 經-124] 참조.

12_「대사의」에 ~ 하였다 : 성세좌는 손가락에 화살을 끼우는 방법에 대해서 "왼손으로 줌통(弣 : 활 중앙의 손잡이 부분)을 잡고, 오른손 엄지손가락으로 활시위를 꽉 쥐고, 네 대의 화살을 검지와 중지 사이에서 함께 끼우고, 활 밖으로 줌통에서 화살촉이 보이도록 한다"(以左手執弣, 右大指鉤弦, 而幷夾四矢於第二·第三間, 於弓外見鏃於弣)라고 하였다. 『의례정의』, 498쪽.

13_ 貴 : 『의례정의』 495쪽에는 '貴'가 '決'로 되어 있다. 이에 따라 번역한다.

經-117에서 經-118까지는 '제자납사기弟子納射器' 즉 제자弟子가 활 쏘는 도구를 들여오는 절차이다.

[鄕射禮05 : 經-117]

사사司射는 서쪽 계단을 통해 당에서 내려와 계단 앞에서 서쪽을 향해 제자弟子들에게 활쏘기에 필요한 기물들을 들여오라고 명한다.

司射降自西階, 階前西面, 命弟子納射器.

정현주

'제자弟子'는 빈의 무리들 가운데 젊고 어린 사람들이다. '납納'은 들여온다는 뜻이다. '활쏘기에 필요한 기물'(射器)은 활(弓)·화살(矢)·활깍지(決)·활팔찌(拾)·깃발(旌)[1]·산가지통(中)[2]·산가지(籌)[3]·화살꽂이 통(楅)[4]·술잔 받침대(豐)[5]이다. 빈의 무리들은 동쪽을 향하고, 주인의 속리들은 서쪽을 향한다. '弟子', 賓黨之年少者也. '納', 內也. '射器', 弓·矢·決·拾·旌·中·籌·楅·豐也. 賓黨東面, 主人之吏西面.

녹중鹿中

(淸), 『흠정의례의소』

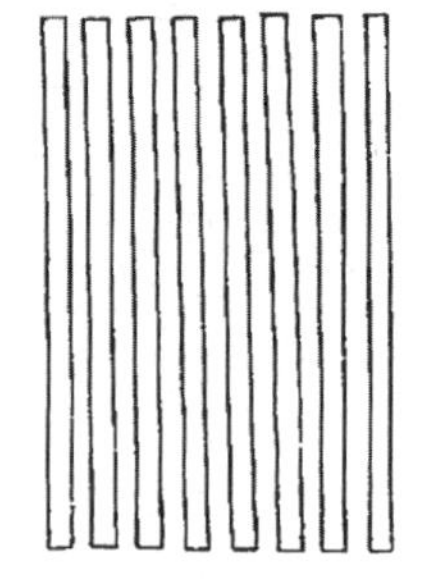

주籌

섭숭의(宋), 『삼례도』

풍豐

(淸), 『흠정의례의소』

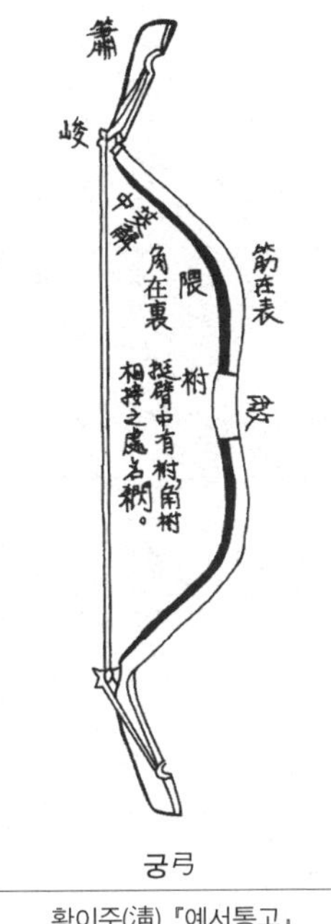

궁弓

황이주(淸), 『예서통고』

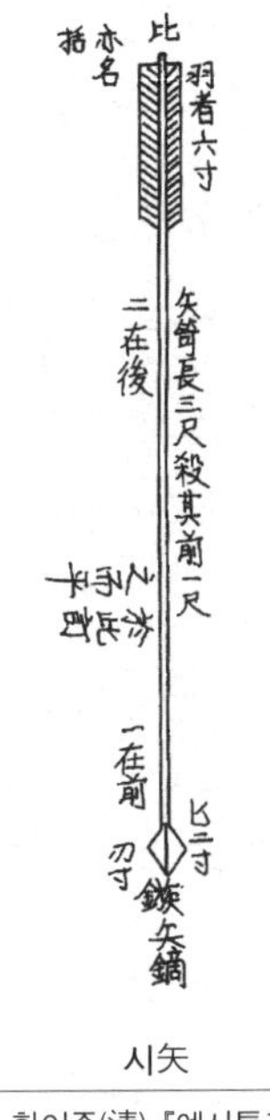

시矢

황이주(淸), 『예서통고』

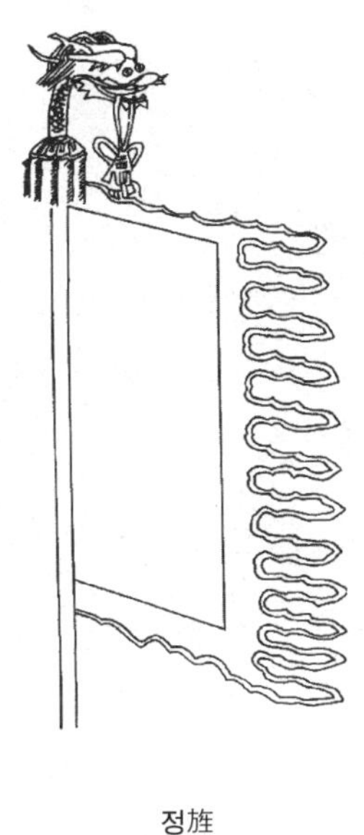

정旌

황이주(淸), 『예서통고』

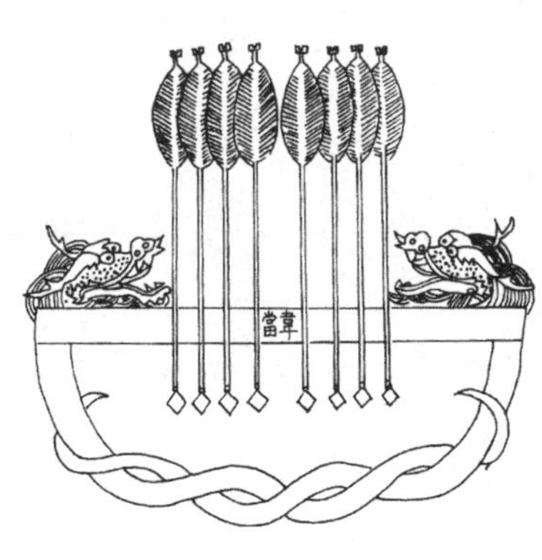

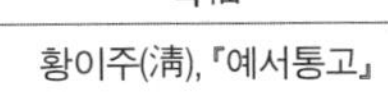

복楅

황이주(淸), 『예서통고』

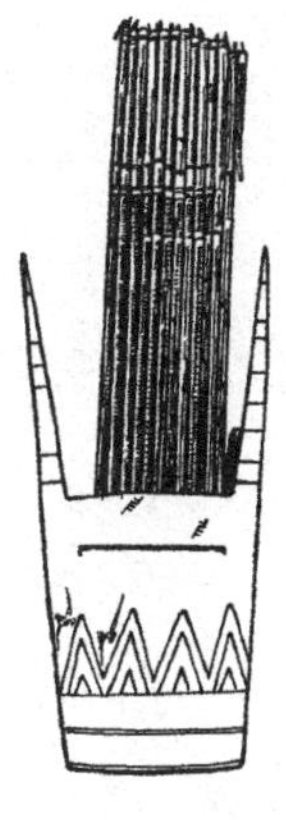

장사 마왕퇴 3호 한묘 출토
'전복궁箭服弓'

쑨지, 『한대물질문화자료도설』

[鄕射禮05 : 經-118]

이어서 제자들은 활쏘기에 필요한 기물들을 문 안으로 들여오는데, 일단 모두 서당西堂 아래의 서쪽에 놓아둔다.[6] 이 가운데 빈과 대부의 활은 당 위 서쪽 벽(西序)의 서쪽[7]에 기대어 놓고, 화살은 활 아래에 두는데 오늬(括)[8]가 북쪽을 향하도록 하여 놓아둔다. 중빈들의 활은 서당 아래의 서쪽에 기대어 놓고, 화살은 당 위의 서쪽 모서리(西廉)에 놓아둔다.[9]

乃納射器, 皆在堂西. 賓與大夫之弓倚于西序, 矢在弓下, 北括. 衆弓倚于堂西, 矢在其上.

정현주

'위'(上)는 당 위의 서쪽 모서리(西廉)이다. 화살은 또한 오늬(括)가 북쪽으로 향하도록 하여 놓는다. '上', 堂西廉. 矢亦北括.

[鄕射禮05 : 經-119]

주인의 활과 화살은 당 위 동쪽 벽(東序)의 동쪽에 놓아둔다.

主人之弓矢在東序東.

정현주

역시 당 위 동쪽 벽(東序)에 기대어 두는 것이다. 화살은 그 아래 두는데, 오늬(括)가 북쪽을 향하도록 하여 놓는다. 亦倚于東序也. 矢在其下, 北括.

주

1_ 깃발 : 화살이 과녁에 명중되었을 때 그것을 알리는 깃발을 말한다.

2_ 산가지통 : 산가지를 넣어 두는 통을 말한다. '中'은 나무로 만드는데, 형상은 외뿔소(兕)나 사슴(鹿)과 같고 등 위에 원형의 통을 만들어 8개의 산가지를 담는다. 그 종류는 '鹿中', '兕中', '皮樹中', '閭中', '虎中' 등 다양하다.

3_ 산가지 : '筭'을 말하며, 명중의 많고 적음을 셈할 때 사용한다.

4_ 화살꽂이 통 : 화살을 나란히 꽂아 두는 기구로 시렁처럼 생겼다. '箙'이라고도 한다. 호조흔에 따르면 『설문』에는 '楅'자가 없으니, 본래 글자는 '箙'이었다. 『주례』「고공기·시인」의 정현 주에 "'箙'은 화살을 담는 그릇인데, 짐승가죽으로 만든다"라고 하였다. 화살을 담는 그릇은 처음에는 나무나 대나무로 만들어 짐승가죽으로 장식했기 때문에 그 글자가 '竹'변을 써서 '箙'이라 하기도 하고 '木'변을 써서 '楅'이라 하기도 하였던 듯하다.

5_ 술잔 받침대 : 술잔을 받치는 그릇으로 형태는 豆와 같은데 높이가 낮다.

6_ 이어서 ~ 놓아둔다 : 처음 문 안으로 기물들을 들여올 때에는 분류하지 않고 모두 西堂 아래의 서쪽에 일단 진열해 놓는다. 그 후에 다시 뒤의 문장에서 서술한 대로 빈과 대부 및 중빈의 활과 화살을 분류하여 진설해 놓는 것이다. 그 위치에 대해서는 앞의 『흠정의례의소』 '鄕射請射' 그림 참조.

7_ 당 위 서쪽 벽의 서쪽 : 오계공은 아래 [經-119]에서 주인의 활과 화살을 '東序의 東'에 놓아둔다고 하였으므로, 이곳 경문의 '西序' 다음에 '西'자가 빠진 것으로 본다. 오계공의 설을 긍정하는 양대육은 경문의 '堂西'는 '西堂의 아래'이며, '東序의 東'은 '東夾의 동쪽', '西序의 西'는 '西夾의 서쪽'이라고 하였다. 『의례정의』, 501쪽 참조.

8_ 오늬 : 화살의 끝을 시위에 끼도록 두 갈래지게 에어낸 부분을 말한다. '比'라고도 한다.

9_ 이 가운데 빈과 대부의 활은 ~ 놓아둔다 : 학경은 "'西序'는 당 위의 서쪽 벽이다. '括'은 화살의 끝을 활시위에 끼도록 두 갈래지게 에어 낸 부분으로, 화살의 오늬를 가리킨다. '括'은 만난다(會)는 뜻으로, 화살과 활시위가 만나는 곳이다. 화살의 오늬가 북쪽을 향한다면 화살촉(鏃)은 남쪽을 향하니, 북쪽에서 남쪽으로 향하는 것이다. 衆耦의 활은 西堂의 아래와 서쪽 계단 아래 사이에 기대어 놓고, 화살은 계단 위쪽에 놓는다"('西序', 堂上西牆. '括', 矢端受弦處. '括'言會也, 矢與弦會也. 括向北, 鏃向南, 順也. 衆耦之弓倚于堂西階下, 矢在階上)라고 하였다. 『의례정의』, 501쪽 참조.

「삼우사三耦射」

양톈위, 『의례역주』

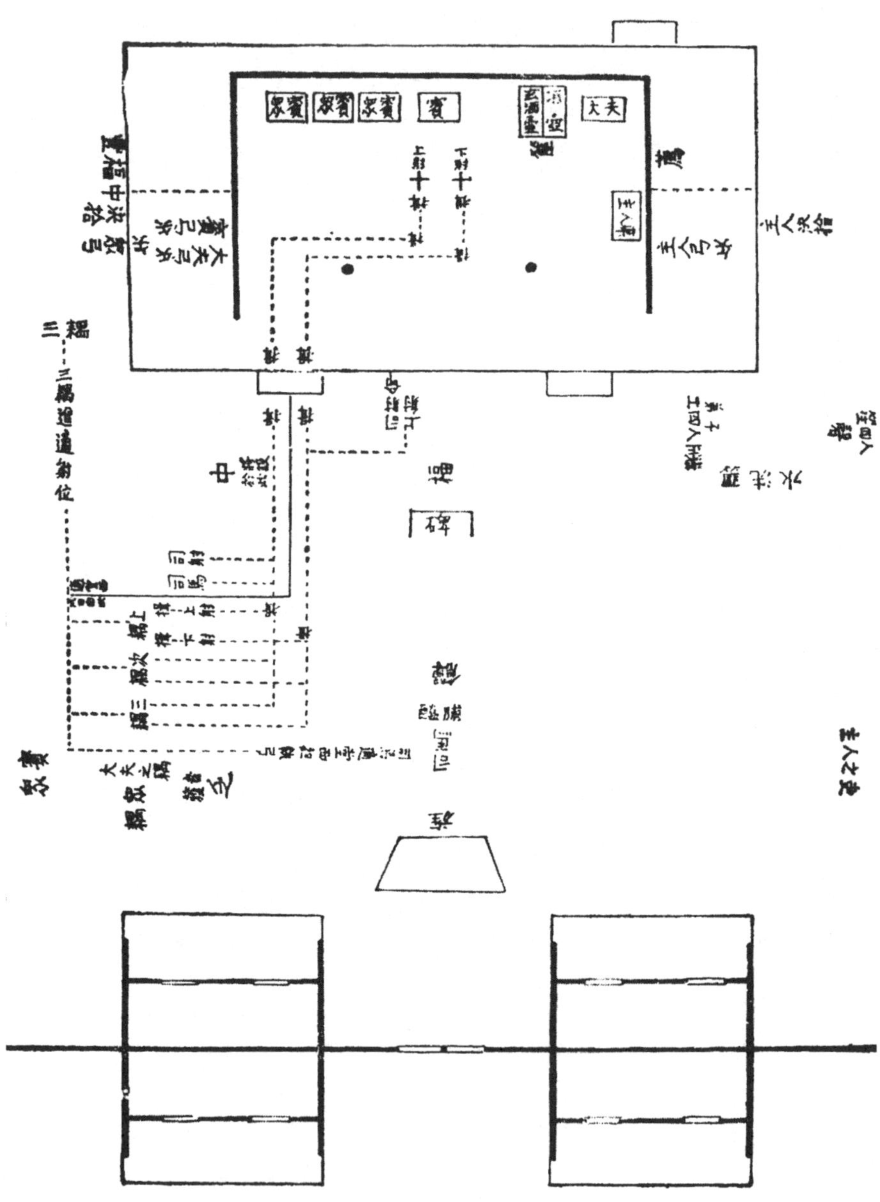

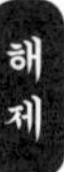

經－120은 '사사비삼우司射比三耦' 즉 사사司射가 삼우三耦의 상대를 뽑아서 짝으로 정해 주는 절차이다.

[鄕射禮05 : 經－120]

사사司射는 활과 화살을 풀어 놓지 않고 손에 든 채로 그대로 서당西堂 아래의 서쪽으로 가서 삼우三耦를 뽑아서 정해 준다.[1] 사사는 삼우들의 남쪽에 서서 북쪽을 향해 상사上射[2]에게는 "아무개(某 : 下射의 字)가 당신을 모시고 활을 쏘게 될 것입니다"라고 명하고, 하사下射에게는 "당신은 아무개 분(某子 : 上射의 氏)과 짝을 이루어 활을 쏘시오"라고 명한다.[3]

司射不釋弓矢, 遂以比三耦於堂西. 三耦之南, 北面, 命上射曰, "某御於子", 命下射曰, "子與某子射."

정현주 '비比'는 그 재주가 서로 비슷한 사람을 뽑아서 순서를 정하는 것이다.[4] 고문본에는 '某從於子'라고 하였다. '比', 選次其才相近者也. 古文曰'某從於子'.

주

1_ 사사는 ~ 정해 준다 : 학경은 司射는 처음부터 활을 잡고 화살을 손가락에 끼고 있었는데, 이때에 이르러서도 손에서 활과 화살을 풀어서 내려놓지 않는 것은 자기의 맡은 일을 집행해야 하기 때문이라고 하였다. 또 "무릇 짝(耦)은 존귀한 자가 오른쪽에 서서 上射가 된다. 武의 일은 오른쪽을 숭상하니, 왼쪽이 아래가 된다"(凡耦, 尊者立右爲上射. 武事尙右, 左爲下)라고 하였다. 『의례정의』, 502쪽 참조.

2_ 상사 : 짝(耦)마다 두 사람으로 구성되는데, 그 가운데 신분이 존귀한 사람(연장자)이 上射가 되어 오른쪽 사대(右物)에서 활을 쏘고, 신분이 낮은 사람(연소자)이 下射가 되어 왼쪽 사대(左物)에서 활을 쏜다.

3_ 사사는 ~ 명한다 : 장이기는 경문의 '某御於子'에 대해서 "'御'는 '나아간다'(進), '모신다'(侍)의 뜻으로, '그대에게 나아가 모시고 활을 쏘게 될 것입니다'라고 말하는 것이니, 높이는 말이다"('御', 進也, 侍也, 進而侍射於子, 尊辭也)라고 하였다. 성세좌는 경문의 '某御於子'에서의 '某'는 下射의 字를 일컫는 것이고 '子與某子射'에서의 '某子'는 上射의 氏를 일컫는 것으로, 또한 尊卑에 따라 말을 달리하는 것이라고 하였다.('某', 字也. '某子', 氏也. 下射稱字, 上射稱氏, 亦尊卑異辭也.) 『의례정의』, 503쪽 참조.

4_ '비'는 ~ 것이다 : 오계공은 "'比'는 합한다는 뜻으로, 합해서 짝을 만드는 것을 가리킨다"(比猶合也, 謂合之而爲耦也)라고 하였다. 이에 대해 호조흔은 『주례』의 정현 주에서 '比'를 '비교하여 순서를 나눈다'(校次之)라고 한 것에 의거하여 오계공이 '比'를 '합한다'(合)는 뜻으로 해석한 것은 정현의 해석과 다르다고 비판하면서도, "반드시 그 재주가 서로 비슷한 사람들을 선발하고 순서를 나누어야 비로소 합하여 짝을 만들 수 있다"(然必選次其才相近者, 乃可合之爲耦)라고 하여 오계공의 해석에도 타당함이 있다고 평하였다. 『의례정의』, 503쪽 참조.

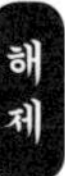

經-121에서 經-124까지는 사마司馬가 제자弟子들에게 과녁(侯)을 펼치고, 획자獲者에게 깃발(旌)을 과녁에 기대놓으라고 명을 내리는 절차이다.

[鄕射禮05 : 經-121]

사정司正을 사마司馬로 삼는다.

司正爲司馬.

정현주

관직을 겸하게 하는 것은 편리함을 따르는 것이다. 사정을 세운 것은 음주의 예를 관장하도록 하기 위함이었는데, 이제 활쏘기를 하므로 사정은 일이 없어졌기 때문이다.[1] 兼官, 由便也. 立司正爲涖酒爾, 今射, 司正無事.

[鄕射禮05 : 經-122]

사마는 제자弟子들에게 과녁(侯)을 펼치도록 명한다. 제자들은 묶어 놓았던 과녁의 줄을 풀고, 이어서 과녁의 왼쪽(서쪽) 아랫줄(左下綱)을 왼쪽의 과녁지지대(植)에 묶는다.[2]

司馬命張侯. 弟子說束, 遂繫左下綱.

정현주

활 쏘는 일이 시작되기 때문이다. 금문본에는 '說'이 모두 '稅'로 되어 있다. 事至也. 今文'說'皆作'稅'.

[鄕射禮05 : 經-123]

사마는 또 획자獲者(화살의 명중 여부를 알려 주는 사람)[3]에게 과녁의 중앙에 깃발(旌)을 기대어 놓도록 명한다.

司馬又命獲者倚旌于侯中.

정현주 마땅히 과녁을 등지고 있어야 하기 때문이다. 획자 역시 제자弟子이다. '획자獲者'라고 일컫는 것은 그 하는 일을 가지고 이름을 삼은 것이다. 爲當負侯也. 獲者亦弟子也. 謂之'獲者', 以事名之.

[鄕射禮05 : 經-124]

획자는 서당西堂 아래의 서쪽으로 가서[4] 앉아 깃발을 집어 들고,[5] 일어나서 동쪽으로 가서 과녁의 중앙에 기대어 놓고, 이어서 물러난다.[6]

獲者由西方坐取旌, 倚于侯中, 乃退.

주

1_ 관직을 ~ 때문이다 : 司正은 본래 음주의 예인 旅酬를 관장하도록 하기 위해 세운 것인데, 이제 여수를 거행하기에 앞서 먼저 射禮를 거행하므로 사정은 특별한 일이 없기 때문에 사정을 그대로 司馬에 충원하여 사례를 주관하게 하는 것이다. 호광충의 『의례석관』에 따르면 대부와 사의 예에서는 사정이 음주의 예를 주관하고 사마가 사례를 주관하는데 그 주관하는 예의 일이 같기 때문에 서로 겸직하게 하지만, 군주의 예인 大射禮에서는 이와 달리 별도로 사마를 두어 사례를 사정에게 맡기지 않는다고 하였다. 『의례정의』, 503쪽 참조.

2_ 제자들은 ~ 묶는다 : 앞에서 과녁을 펼칠 때(張侯)에는 왼쪽의 아랫줄(左下綱) 과녁의 서쪽 지지대에 매지 않고 위쪽으로 비스듬히 올려 中(과녁의 중앙 부분)을 가리고 오른쪽의 윗줄(右上綱)에서 묶어 놓았는데([經-10], [經-11]), 이제 활쏘기가 시작되므로 司馬가 弟子들에게 명하여 그 묶여 있던 줄을 풀고 왼쪽의 아랫줄을 과녁지지대(植)에 묶도록 하는 것이다.

3_ 획자 : '獲者'는 弟子들 가운데에서 임명하며, 화살이 과녁의 중앙 부분을 맞추었을 경우 깃발을 들어 '獲'(명중)이라고 외치는 사람으로, 명중 여부를 알려 주는 자이다. 이 때문에 '唱獲'이라고도 한다.

4_ 서당 아래의 서쪽으로 가서 : 서쪽으로 가서 깃발을 집어 드는 것은 활쏘기에 필요한 기물들이 西堂의 아래에 진설되어 있기 때문이다.

5_ 앉아 깃발을 집어 들고 : 오계공은 이때 獲者가 앉아서 깃발을 집어 드는 것은 깃발이 땅에 엎어져 놓여 있기 때문이라고 하였다.

6_ 물러난다 : 오계공은 "서쪽의 위치로 돌아오는 것"(反於西房之位也)이라고 하였다. 이케다 스에토시(池田末利)는 '乏의 서쪽'으로 보았고, 양톈위(楊天宇)는 '庭의 서쪽'으로 보았으며, 『흠정의례의소』에서는 '西階의 앞'으로 보았다.

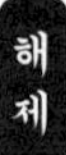

經-125에서 經-127까지는 '악정천악樂正遷樂' 즉 악정樂正이 악기를 옮기도록 명령하고, 그에 따라 악공들이 악기를 옮기는 절차이다.

[鄕射禮05 : 經-125]

악정樂正은 서쪽으로 가서[1] 제자들에게 악공들을 도와 악기[2]를 당 아래로 옮겨 놓도록 명한다.

樂正適西方, 命弟子贊工, 遷樂于下.

정현주 활 쏘는 자리를 피해야 하기 때문이다. '찬贊'은 돕는다는 뜻이다. '천遷'은 옮긴다는 뜻이다. 當辟射也. '贊', 佐也. '遷', 徙也.

[鄕射禮05 : 經-126]

제자들은 악공들을 부축하여 당에서 내려오는데, 처음 문 안으로 들어올 때와 동일한 절차로 한다.[3] 악공들은 서쪽 계단을 통해 당에서 내려와 조계 아래의 동남쪽으로 가서 당 앞에서 화살대 세 대(三笴)의 길이만큼[4] 떨어진 곳에서 서쪽을 향해 앉는데, 북쪽을 윗자리로 삼는다.

弟子相工, 如初入. 降自西階, 阼階下之東南, 堂前三笴, 西面北上, 坐.

정현주 '가笴'는 화살대(矢幹)이다. 금문본에는 '南'이 없다. '笴', 矢幹也. 今文無'南'.

[鄕射禮05 : 經-127]

악정은 북쪽을 향해 악공의 남쪽에 선다.

樂正北面立于其南.

정현주 '북쪽을 향한다'(北面)는 것은 당堂을 향한다는 뜻이니, 악공과 순서를 정하지 않는다.[5] '北面', 鄕堂, 不與工序也.

주

1_ 서쪽으로 가서 : 경문의 '適西方'(서쪽으로 간다)에 대해서 오계공은 '서쪽 계단의 동쪽에서 서쪽 계단의 앞으로 간다'는 뜻이라고 하였고, 학경은 "樂正은 이전에 당에서 내려와 서쪽 계단에 서 있었는데, 이때에 이르러 西堂 아래의 서쪽으로 가서 제자들에게 악공을 도와 당 아래로 악기를 옮겨 활 쏘는 자리를 피하도록 명한다"(樂正前降立西階, 至是適堂西, 命弟子相瞽遷樂于下, 辟射位也)라고 하였다. 『의례정의』, 505쪽 참조. 『흠정의례의소』 권8에서는 "弟子는 西堂 아래의 남쪽에서 동쪽을 향하고 있기 때문에, 서쪽으로 가서 비로소 명을 한다"(弟子, 在西堂下之南, 東面立, 故適西方乃命之)라고 하였다.

2_ 악기 : 이때 옮기는 '악기'에 대해 오계공은 '瑟'이라고 하였고, 오정화도 磬은 물받이 항아리(洗)의 동쪽에 걸어 두었기 때문에([經-09]) 옮길 필요가 없으며, 옮기는 것은 '瑟'뿐이라고 하였다. 『의례정의』, 504쪽 참조.

3_ 처음 문 안으로 ~ 한다 : 처음 문 안으로 들어올 때처럼 왼쪽 어깨로 瑟을 둘러매고 오른손으로 악공을 부축한다는 뜻이다. [經-89] 참조.

4_ 화살대 세 대의 길이만큼 : '笴'는 화살대를 가리킨다. 『주례』「고공기·시인」의 정현 주에 "화살대의 길이는 3尺"(矢幹張三尺)이라고 하였으므로, 화살대 세 대의 길이는 9尺이 된다.

5_ '북쪽을 향한다'는 ~ 않는다 : 악공들은 북쪽을 윗자리로 삼아 서쪽을 향해 앉으니, 이는 남쪽과 북쪽으로 순서를 삼는 것이다. 악정은 북쪽을 향해 서 있으므로 동쪽과 서쪽으로 열을 짓는 것이다. 이 때문에 "악공과 순서를 정하지 않는다"라고 한 것이다. 『의례주소』, 224쪽, 가공언의 소 참조.

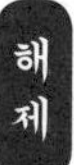

經-128에서 經-132까지는 삼우三耦가 활과 화살을 집어 들고 활쏘기를 기다리는 절차이다.

[鄕射禮05 : 經-128]

사사司射는 여전히 네 대의 화살과 활시위를 함께 잡은 채로 삼우三耦들에게 "각자 자신들의 짝과 서로 읍양揖讓의 예를 행하고 활과 화살을 잡는데, 번갈아가면서 하시오"라고 명한다.

司射猶挾乘矢, 以命三耦, "各與其耦讓取弓矢, 拾."

정현주

'유猶'는 예전부터 그랬다는 말이다.[1] '습拾'은 번갈아가면서 한다는 뜻이다. '猶', 有故之辭. '拾', 更也.

[鄕射禮05 : 經-129]

삼우들은 모두 왼팔 소매를 벗어 내고(袒), 오른손 엄지손가락에 활깍지(決)를 끼우고, 왼팔에 활팔찌(遂)를 착용한다. 유사有司들은 왼손으로 줌통(弣)을 잡고, 오른손으로 활시위를 잡고서 활을 삼우들에게 건네준다.

三耦皆袒·決·遂. 有司左執弣, 右執弦, 而授弓.

정현주

'유사有司'는 제자 가운데 활쏘기에 필요한 기물을 들여온 자들이다. 무릇 활쏘기에 필요한 기물을 가져온 자들은 모두 그것을 들고서 일을 기다린다. '有司', 弟子納射器者也. 凡納射器者, 皆執以俟事.

[鄕射禮05 : 經-130]
이어서 유사들은 드디어 화살을 삼우들에게 건네준다.
遂授矢.

정현주

유사들이 화살을 들여온 제자에게 받아서 삼우들에게 건네주는 것이다. 受於納矢而授之.

[鄕射禮05 : 經-131]
삼우들은 모두 활을 잡고, 세 대의 화살을 허리띠의 오른쪽에 꽂고 나머지 한 대의 화살은 오른손의 검지와 중지 사이에 끼운다.[2]
三耦皆執弓, 搢三而挾一个.

정현주

활쏘기를 기다리던 곳을 벗어나지 않는다.[3] '진搢'은 꽂는다는 뜻으로, 허리띠(帶)의 오른쪽에 꽂는 것이다. 未違俟處也. '搢', 插也, 插於帶右.

[鄕射禮05 : 經-132]
사사司射는 먼저 산가지통(中)[4]을 진설할 곳의 서남쪽에서 동쪽을

향해 선다.[5] 삼우三耦들은 모두 나아가는데, 사사의 서쪽을 지나 그 서남쪽으로 가서 북쪽을 윗자리로 삼아 동쪽을 향해 서서 활쏘기를 기다린다.

司射先立于所設中之西南東面. 三耦皆進, 由司射之西, 立于其西南, 東面北上而俟.

주

1_ '유'는 예전부터 그랬다는 말이다 : 司射는 빈들에게 활쏘기를 청할 때부터 네 대의 화살과 활시위를 줄곧 잡고 있었는데, 이때에도 여전히 계속해서 잡고 있다는 뜻이다. [經-114] 참조.

2_ 세 대의 화살을 ~ 끼운다 : 학경에 의하면 세 대의 화살을 허리띠 사이에 꽂고, 한 대의 화살을 두 번째 손가락 사이에 끼워서 먼저 활 쏠 준비를 하는 것이다. '一个'는 1대의 화살을 가리키는데, 무릇 홀수를 '个'라고 한다. 『의례정의』, 506쪽 참조.

3_ 활쏘기를 ~ 벗어나지 않는다 : 三耦들은 西堂 아래의 서쪽에서 남쪽을 향해 활쏘기를 기다리고 있었는데, 이곳에서 벗어나지 않고 활과 화살을 건네받는다는 뜻이다. [經-113] 참조.

4_ 산가지통 : 장이기에 따르면 이때의 '中'(산가지통)은 '鹿中'이라고 한다. 『의례정의』, 507쪽 참조.

5_ 사사는 ~ 향해 선다 : 오계공은 아래의 [經-163]에서 "뜰 중앙에 화살꽂이 통을 진설하는데, 남쪽으로 물받이 항아리와 마주하도록 하여 놓는다"(設楅于中庭, 南當洗)라고 하였고, 또 [經-188]에서 "산가지통(中)을 진설하는데, 남쪽으로 화살꽂이 통(楅)과 마주하도록 하고 서쪽으로 당 위 서쪽 벽(西序)과 마주하도록 하여 놓는다"(設中, 南當楅, 西當西序)라고 하였음을 근거로 이때의 司射의 위치는 물받이 항아리(洗)보다 조금 남쪽이고 서쪽으로 지붕의 추녀(榮)와 마주하는 곳이라고 추정하였다.(此時司射之位, 少南於洗而西當榮與.) 『의례정의』, 507쪽 참조.

「사사유사도 司射誘射圖」

(淸), 『흠정의례의소』

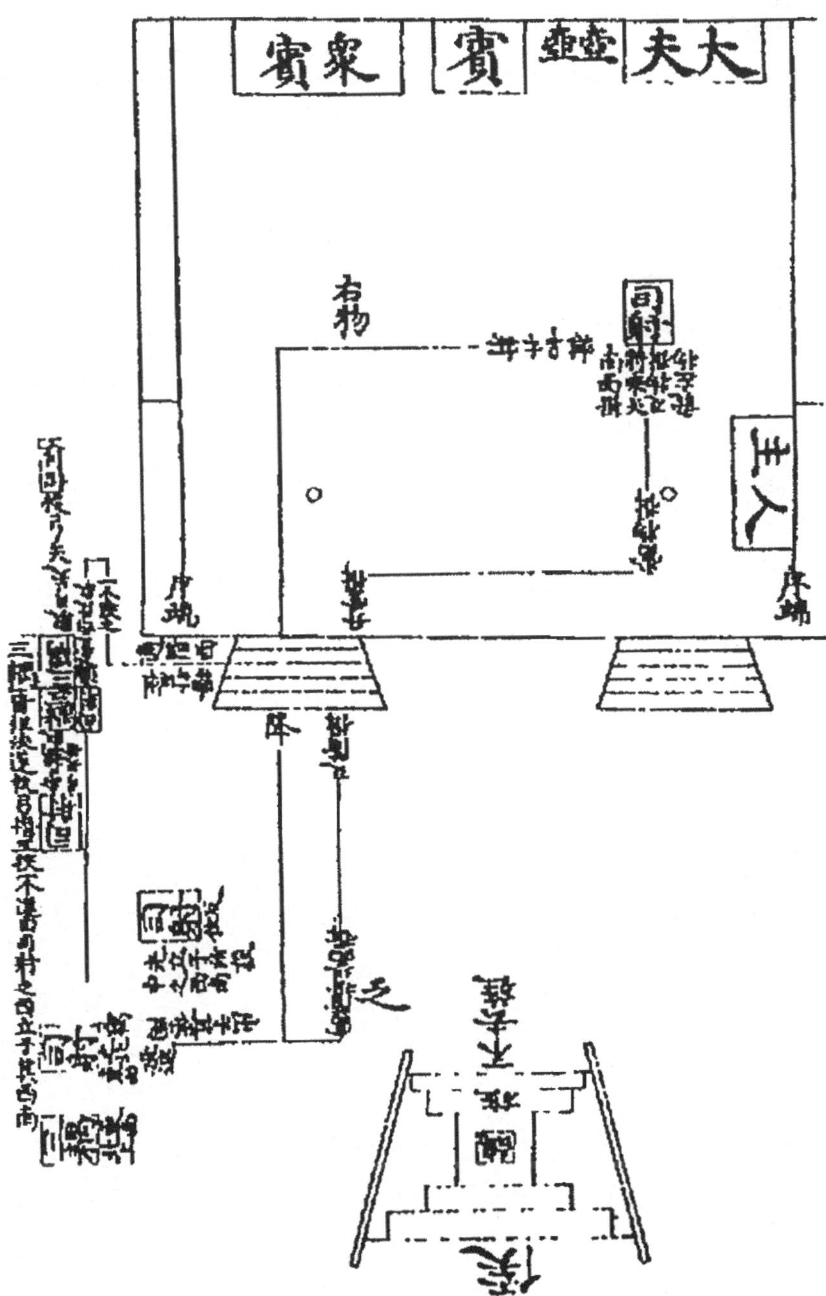

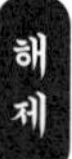
經-133에서 經-141까지는 '사사유사司射誘射' 즉 사사司射가 시범을 보여 활쏘기를 유도하는 절차이다.

[鄕射禮05 : 經-133]

사사司射는 삼우三耦들의 북쪽으로 가서 동쪽을 향해 서서 네 대의 화살 가운데 세 대는 허리띠의 오른쪽에 꽂고 한 대는 오른손 검지와 중지 사이에 끼운다.

司射東面立于三耦之北, 搢三而挾一个.

정현주

활쏘기를 유도해야 하기 때문에 거듭 동쪽을 향하는 것이다. 중복해서 이를 말한 것은 본래 위치로 물러나올 때에 돌아서 나오는 것임을 밝히는 것이다.[1] 爲當誘射也, 固東面矣. 復言之者, 明卻時還.

[鄕射禮05 : 經-134]

이어서 읍을 한 후 동쪽으로 나아가고, 서쪽 계단과 마주하는 곳에서 북쪽을 향해 읍을 한다. 서쪽 계단 아래에 이르러 읍을 하고, 당 위로 올라간 후에 또 읍을 한다. 예를 행하는 장소가 주학州學이라면 당 위 서쪽 기둥(西楹)의 안쪽(북쪽)으로 돌아서 동쪽으로 나아가고, 향학鄕學이라면 당 위 서쪽 기둥의 바깥쪽(남쪽)을 따라서 동쪽으로 간다.[2] 왼쪽 사대(左物)와 마주하는 곳에서 북쪽을 향해 읍을 한 후 북쪽으로 간다.

揖進, 當階, 北面揖. 及階, 揖, 升堂, 揖. 豫則鉤楹內, 堂則由楹外. 當左物, 北面揖.

정현주 '구영鉤楹'은 기둥(楹)을 돌아 동쪽으로 향해 간다는 뜻이다. 서序(州學)에는 실室이 없으므로, 깊이 들어갈 수 있다. 주周 나라는 도성 안에 4왕조의 학교를 세웠고,[3] 또 유우씨有虞氏(순임금)의 상庠을 향학鄕學으로 삼았다. 『예기』「향음주의鄕飮酒義」에 "주나라 사람은 상庠의 문 밖에서 빈賓을 맞이한다"고 한 것이 그것이다. 상庠의 제도는 당堂이 있고 실室이 있다. 지금 '예豫'라고 말한 것은 주학州學을 일컫는다. '성주선사재成周宣謝災'(성주의 선사에 화재가 발생하다)라고 할 때의 '사謝'와 같은 뜻으로 읽으니, 『주례』에는 '서序'로 되어 있다.[4] 무릇 건물에 실室이 없는 것을 '사謝'라고 하니, '사謝'의 뜻으로 읽어야 한다. 주州에 사謝를 세운 것은 향鄕보다 낮춘 것이다. '왼쪽 사대'(左物)는 하사下射가 밟는 사대(下物)이다.[5] 금문본에는 '豫'가 '序'로 되어 있는데, 서序는 하후씨夏后氏의 학교이니, 역시 잘못이다. '鉤楹', 繞楹而東也. 序無室, 可以深也. 周立四代之學於國, 而又以有虞氏之庠爲鄕學. 「鄕飮酒義」曰"主人迎賓於庠門外"是也. 庠之制, 有堂有室也. 今言'豫'者, 謂州學也. 讀如'成周宣謝災'之謝, 『周禮』作'序.' 凡屋無室曰'謝', 宜從'謝'. 州立謝者, 下鄕也. '左物', 下物也. 今文'豫'爲'序', 序乃夏后氏之學, 亦非也.

[鄕射禮05 : 經-135]

북쪽으로 나아가서 왼쪽 사대(左物) 앞에 이르면 북쪽을 향해 읍을 한다. 왼발로 사대를 밟는데, 오른발을 왼발과 나란히 하여 서 있

지 않고, 몸을 돌려서 남쪽을 향해 과녁의 중앙을 살펴본 후 내려다보면서 발을 바르게 한다.[6]

及物, 揖. 左足履物, 不方足, 還, 視侯中, 俯正足.

정현주

'방方'은 나란히 한다(併)는 뜻과 같다. 뜻이 활쏘기에 있으니, 왼발이 이르고, 오른발이 돌아오면 발을 나란히 하게 되니, 이것은 서 있는 것이다. 남쪽을 향하여 과녁의 중앙을 살피고, 이어서 내려다보면서 발을 나란히 하여 바르게 하는 것이다. '方'猶併也. 志在於射, 左足至, 右足還, 併足則是立也. 南面視侯之中, 乃俯視併正其足.

[鄕射禮05 : 經-136]

깃발(旌)을 치우지 않는다.

不去旌.

정현주

'명중'이라고 외치는 경우가 아니기 때문이다.[7] 以其不獲.

[鄕射禮05 : 經-137]

활을 쏘아 활쏘기를 유도한다.

誘射.

정현주

'유誘'는 가르친다(敎)는 뜻과 같다.[8] '誘'猶敎也.

[鄕射禮05 : 經-138]

네 대의 화살을 쏜다.

將乘矢.

정현주 '장將'은 행한다(行)는 뜻이다. 네 대의 화살을 쏘는 것은 사방에서 일이 있음을 상징하는 것이다.[9] '將', 行也. 行四矢, 象有事於四方.

[鄕射禮05 : 經-139]

활쏘기를 마치면, 왼손으로 활을 잡고,[10] 화살을 오른손 엄지와 검지 사이에 끼우지 않고, 오른손으로 활시위를 잡는다.

執弓, 不挾, 右執弦.

정현주 '화살을 오른손 엄지와 검지 사이에 끼우지 않는다'(不挾)는 것은 화살을 모두 쏘았기 때문이다. '不挾', 矢盡.

[鄕射禮05 : 經-140]

남쪽을 향해 읍을 하고,[11] 당에서 내려와 서쪽 계단으로 갈 때에 읍을 하는데 당 위로 올라가 활을 쏠 때와 동일한 절차로 한다. 당에서 내려온 후 본래의 위치인 산가지통 서남쪽의 남쪽을 지나[12] 서당西堂 아래의 서쪽으로 가서, 화살 한 개를 다시 집어 들어 오른손 손가락 사이에 끼운다.

南面揖, 揖如升射. 降, 出于其位南, 適堂西, 改取一个, 挾之.

정현주 'ᄀ개改'는 다시(更)라는 뜻이다. 쏘지 않는데 손가락 사이에 끼우는 것은 일이 있음을 보이는 것이다. 금문본에는 '適序西'라고 하였다.
'改', 更也. 不射而挾之, 示有事也. 今文曰'適序西'.

[鄕射禮05 : 經-141]
이어서 서쪽 계단의 서쪽으로 가서 종아리채(扑)를 집어 들어 허리띠에 꽂고, 산가지통 서남쪽의 본래 위치로 돌아온다.
遂適階西, 取扑搢之, 以反位.

정현주 '복扑'은 가르침을 위반한 자를 매질하는 도구이다. 『서書』「순전舜典」에 "종아리채(扑)로 학교의 형벌을 삼았다"라고 하였다. '扑', 所以撻犯教者. 『書』云, "扑作教刑."

복扑
섭숭의(宋), 『삼례도』

주

1_ 활쏘기를 ~ 것이다 : 가공언은 司射는 앞에서 산가지통(中)의 서남쪽에서 동쪽을 향해 서 있었는데([經-132]), 三耦들이 자리를 정해 선 후 본래의 위치로 돌아와서 三耦들의 북쪽(中의 서남쪽)에서 동쪽을 향해서 있으므로, 司射가 본래 위치로 돌아올 때 산가지통의 서남쪽을 오른쪽으로 돌아서 동쪽을 향하고 있음을 밝히기 위한 것이라고 하였다. 『의례주소』, 226쪽 참조.

2_ 향학이라면 ~ 간다 : 오계공은 경문의 '堂'은 庠(鄕學)을 가리키고, '楹外'는 '楹의 남쪽'을 가리킨다고 하였다. 또 '由楹外'는 '당 위 서쪽 기둥의 남쪽을 따라서 곧바로 동쪽으로 나아가고, 기둥을 돌아서 가지 않는다'는 뜻이라고 하였다. 『의례정의』, 509쪽 참조.

3_ 주나라는 도성 안에 ~ 세웠고 : 有虞氏의 上庠과 下庠, 夏后氏의 東序와 西序, 殷의 右學과 左學, 周의 東膠와 虞庠을 말하니, 주나라를 포함하여 4왕조가 된다. 『예기』, 「왕제」 참고.

4_ '성주선사재'라고 ~ 되어 있다 : 『춘추』 宣公 16년조에 "成周宣榭災"로 되어 있는데, 『좌전』에는 "成周宣榭火"로 되어 있고 『공양전』에는 "成周宣謝災"로 되어 있다. 정현은 今文을 취한 것이다. '謝'와 '豫'·'序'는 古音이 서로 가깝다. 『의례정의』, 512쪽 참조.

5_ '왼쪽 사대'는 ~ 사대이다 : 장이기에 따르면 '物'은 붉은 색이나 검은색으로 땅에 그어서 십자형으로 만든 것으로 활을 쏘는 사람이 이를 밟고서 활을 쏘는데, '左物'은 下射가 밟는 것이기 때문에 '下物'이라고도 한다. 『의례정의』, 512쪽 참조.

6_ 왼발로 사대를 ~ 바르게 한다 : 주희는 "왼발로 사대를 밟고, 오른발은 왼발과 나란히 모으지 않고 곧바로 오른발을 돌려서 남쪽을 향해 과녁의 중앙을 살펴보는 것이다. 만약 곧바로 왼발과 오른발을 나란히 모으면 이것은 서 있는 것이다. 뜻이 서로 활쏘기 하는 데에 있기 때문에 서 있을 겨를이 없어서 먼저 과녁을 살펴본다. 과녁을 살펴본 후에 내려다보면서 그 양발을 나란히 모으는 것이다"(左足履物, 而右足不併, 便還足南面, 視侯之中也. 若便併右足, 則是立矣, 以志在相射, 故未暇立而先視侯, 旣視侯而後俯併其足也)라고 하였다. 오계공은 "왼발로 사대를 밟을 때에는 세로선을 밟는다. 「대사의」에 '사사는 下射의 사대를 따라 약간 뒤로 물러난다'([大射儀07 : 經-136])고 하였으므로, 사대를 밟는 자는 마땅히 그 세로선을 밟아야 한다. '양발을 나란히 하여 모으지 않는 것'은 북쪽을 향해 서 있을 겨를이 없기 때문이다. 다른 때에는 몸을 돌리고자 하는 자는 반드시 먼저 선다. 따라서 이를 말해서 밝힌 것이다. '돌아선다'(還)는 것은 오른쪽으로 돌아서 남쪽을 향한다는 뜻이다. '오른쪽으로 도는 것'은 下射는 마땅히 上射를 향해야 하기 때문이다. 과녁의 중앙을 바라본 후에 비로소 내려다보면서 발을 바로잡는다. 그렇다면 과녁의 중앙을 살펴볼 때에는 오른발이 또한 세로선에 있는데 약간 뒤로 물러나는 것인 듯하다. '발을 바로잡는다'(正足)는 것은 왼발과 오른발이 각각 가로선의 양쪽 끝을 밟는다는 뜻이니, 또한 왼발이 앞쪽을 밟고 오른발로 그 다음에 아래를 밟는 것이다"(左足履物, 履從畫

也.「大射儀」曰, '司射由下物少退', 則履物者, 當履其從畫也. 不方足, 未暇北面而立也. 他時, 凡欲還者必先立, 故言此以明之. '還'謂右還而南面也, 右還者, 爲下射宜向上射也. 旣視侯中, 乃俯視而正足, 則視侯中之時, 右足其亦在從畫而少退與? '正足'謂左右各履橫畫之兩端也, 亦左先而右次之)라고 하였다.『의례정의』, 513쪽 참조.

7_ '명중'이라고 ~ 때문이다 : 司射가 활쏘기를 유도하기 위하여 먼저 활을 쏘아 시범을 보이는 것은 명중시키는 것을 목적으로 하지 않으며, 따라서 獲者는 '명중'이라고 외칠 필요가 없다. 이 때문에 깃발(旌)은 그대로 과녁의 중앙에 기대어 놓고 치우지 않는다.

8_ '유'는 가르친다는 뜻과 같다 : 호배휘는 "'誘'는 인도한다는 뜻이니, 또한 가르친다는 뜻이 있다"('誘', 引導也, 亦有敎之之意)라고 하였다.『의례정의』, 515쪽.

9_ 네 대의 화살을 ~ 것이다 :『예기』「사의」에 "남자 아이가 태어나면 뽕나무 활에 쑥대 화살 6대를 천지와 사방에 쏜다. 천지와 사방은 남자가 일을 하는 영역이다"(男子生, 桑弧蓬矢六, 以射天地四方. 天地四方者, 男子之所有事也)라고 하였다.

10_ 왼손으로 활을 잡고 : 오계공은 경문의 '執弓'은 '왼손으로 활의 줌통(弣)을 잡는 것'을 말하며, '挾弓'은 오른손 엄지손가락으로 활시위를 꽉 쥐는 것을 가리킨다고 하였다.『의례정의』, 515쪽 참조.

11_ 남쪽을 향해 읍을 하고 : '남쪽을 향해 읍을 한다'는 것은 읍을 한 후에 물러난다는 뜻이다.

12_ 본래의 위치인 ~ 남쪽을 지나 : 司射의 본래 위치는 산가지통(中)의 서남쪽에서 동쪽을 향하는 곳인데([經-132]), 이제 그 위치의 남쪽을 지나 북쪽으로 돌아서 西堂의 서쪽으로 가는 것이다.

「삼우재사석획도三耦再射釋獲圖」

(淸),『흠정의례의소』

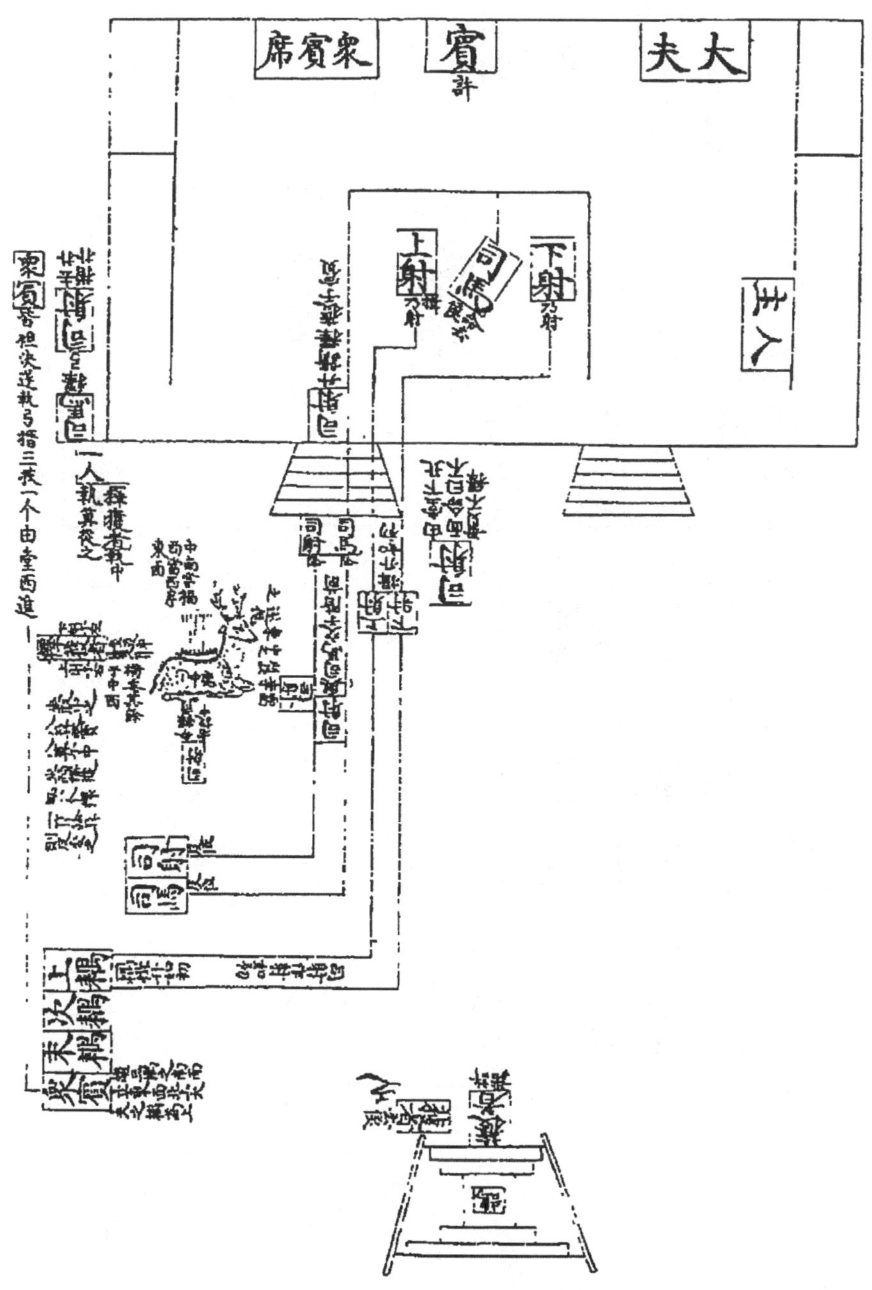

「상우차우승강상좌도上耦次耦乘降相左圖」

(淸),『흠정의례의소』

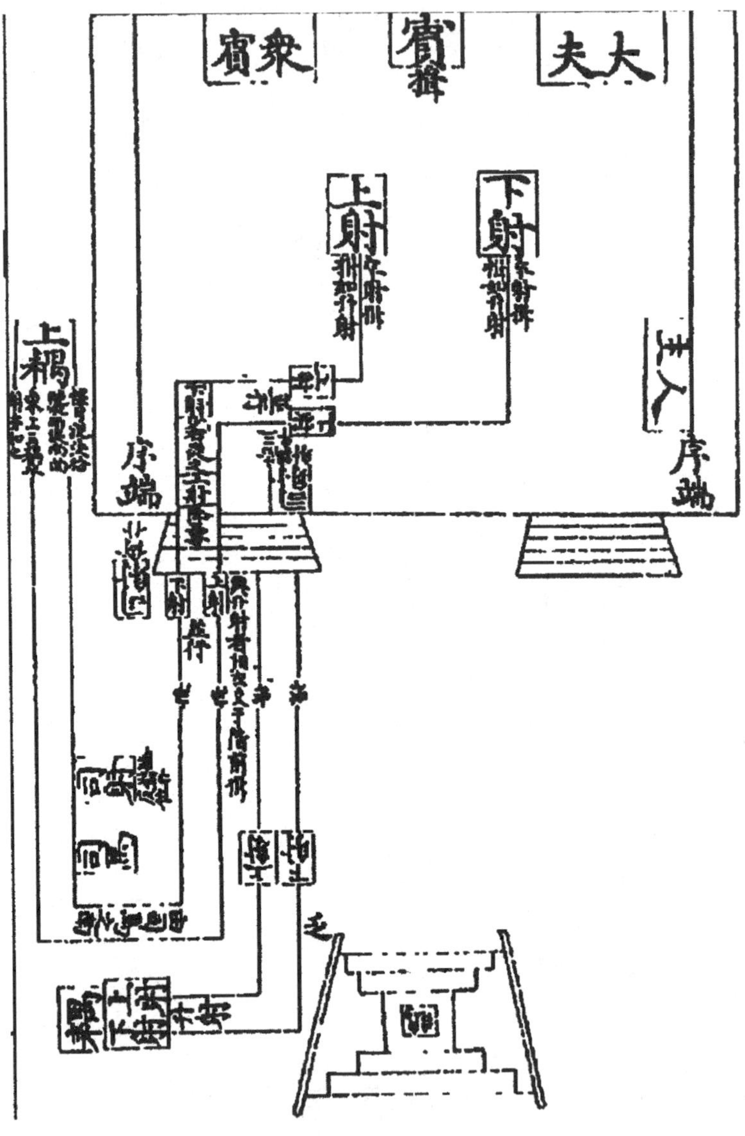

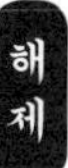

經-142에서 經-159까지는 '삼우사三耦射' 즉 삼우三耦(上耦, 次耦, 下耦)들이 활을 쏘는 절차이다.

[鄕射禮05 : 經-142]

사마司馬는 획자獲者에게 깃발을 들고 과녁을 등지고 서 있도록 명한다.

司馬命獲者執旌以負侯.

정현주

활 쏘는 사람으로 하여금 과녁과 깃발을 보고 명중시키는 데에 깊이 집중할 수 있도록 하고자 하는 것이다. 欲令射者見侯與旌, 深有志於中.

[鄕射禮05 : 經-143]

획자는 과녁의 앞으로 가서 깃발(旌)을 들고 과녁을 등지고 서서 명을 기다린다.[1]

獲者適侯, 執旌負侯而俟.

정현주

'사俟'는 기다린다는 뜻이다. 금문본에는 '俟'가 '立'으로 되어 있다. '俟', 待也. 今文'俟'爲'立'.

[鄕射禮05 : 經-144]

사사司射는 왼쪽으로 몸을 돌려 상우上耦와 마주하는 곳에서 서쪽을 향해 상우에게 당 위로 올라가 활을 쏘도록 명한다.[2]

司射還, 當上耦, 西面作上耦射.

정현주 '환還'은 몸을 왼쪽으로 돌린다는 뜻이다. '작作'은 시킨다는 뜻이다. '還', 左還也. '作', 使也.

[鄕射禮05 : 經-145]

사사는 산가지통 서남쪽의 본래 위치로 돌아온다. 상우의 상사와 하사는 읍을 한 후 동쪽으로 나아가는데, 상사上射는 왼쪽으로 하사下射는 오른쪽으로 나란히 함께 걸어간다. 서쪽 계단과 마주하는 곳에 이를 때 북쪽을 향해 읍을 하고, 서쪽 계단 앞에 이를 때 다시 북쪽을 향해 읍을 한다. 상사가 먼저 세 계단을 오르면, 하사가 그 뒤를 따라 한 계단을 오르는데 중간에 한 계단을 사이에 두고 오른다.

司射反位. 上耦揖進, 上射在左, 竝行. 當階, 北面揖, 及階, 揖. 上射先升三等, 下射從之, 中等.

정현주 '중中'은 사이(間)라는 뜻이다. '中'猶間也.

[鄕射禮05 : 經-146]

상사는 당 위로 올라가 조금 왼쪽(서쪽)으로 선다.[3] 하사가 당 위로 올라오면, 상사는 하사에게 읍을 한 후 함께 나란히 동쪽으로 걸어간다.

上射升堂, 少左. 下射升, 上射揖, 並行.

정현주

'병並'은 나란히 한다(倂)는 뜻으로, 나란히 동쪽으로 걸어가는 것이다. '並', 倂也, 倂東行.

[鄕射禮05 : 經-147]

상사와 하사 두 사람 모두 각자의 사대(物)와 마주하는 곳에 이를 때 북쪽을 향해 읍을 한 후 북쪽으로 걸어가고, 각자의 사대 앞에 이르면 다시 북쪽을 향해 읍을 한다. 두 사람 모두 왼발로 사대(物)를 밟고, 몸을 돌려서 남쪽을 향해 과녁의 중앙을 살펴본 후 양발을 합치고 서서 명을 기다린다.[4] 사마司馬는 서당西堂 아래의 서쪽으로 가서, 오른손 엄지손가락에 활깍지(決)를 끼우지 않고 왼팔에 활팔찌(遂)를 착용하지 않은 채 단지 왼팔 소매만을 벗어 내고(袒) 활을 집어 든다.

皆當其物, 北面揖, 及物揖. 皆左足履物, 還, 視侯中, 合足而俟. 司馬適堂西, 不決·遂, 袒, 執弓.

정현주

'오른손 엄지손가락에 활깍지를 끼우지 않고 왼팔에 활팔찌를 착용하지 않는다'(不決遂)는 것은 활을 쏘지 않기 때문에 갖추지 않는 것이다. '不決遂', 因不射, 不備.

[鄕射禮05 : 經-148]

사마는 사사의 남쪽으로 나오고 다시 동쪽으로 가서 서쪽 계단을 통해 당 위로 올라간다. 당 위로 올라간 후 당 위 서쪽 기둥(西楹)의 북쪽을 돌아서 상사上射의 뒤쪽을 경유하여 2개의 사대(物) 사이에 이르러 서남쪽을 향해 선다. 오른손으로 활고자(簫)[5]를 잡은 후 남쪽을 향해 활을 치켜들고 획자獲者에게 과녁에서 떨어져 있으라고 명한다.

出于司射之南, 升自西階. 鉤楹, 由上射之後, 西南面立于物間. 右執簫, 南揚弓, 命去侯.

정현주 '당 위 서쪽 기둥을 돈다'(鉤楹)고 한 것은 상사의 뒤쪽을 경유해야 하기 때문이다. '소簫'는 활의 끝부분이다. 「대사의」에 "왼손으로 줌통(弣)을 잡는다"라고 하였다. '양揚'은 치켜든다는 뜻이다. '鉤楹', 以當由上射者之後也. '簫', 弓末也. 「大射」曰, "左執弣." '揚'猶擧也.

[鄕射禮05 : 經-149]

획자는 깃발을 들고 응답을 하는데 그 소리가 끊어지지 않도록 하면서, 화살막이(乏)의 서쪽으로 가서 동쪽을 향해 앉아 깃발을 눕혀 놓고,[6] 일어나서 기다린다.[7]

獲者執旌許諾, 聲不絶, 以至于乏, 坐, 東面偃旌, 興而俟.

정현주 '성부절聲不絶'은 궁宮과 상商의 소리로 응답하지 않고, 소리가 끊어지지 않도록 할 뿐이라는 뜻이다. 향사례에서는 위의威儀가 줄어든 것이다.[8] '언偃'은 눕혀 놓는다는 뜻이다. '聲不絶', 不以宮商, 不絶而已. 鄕射威儀省. '偃'猶仆也.

[鄕射禮05 : 經-150]

사마司馬는 하사下射의 남쪽으로 나와서 그 뒤쪽으로 돌아서 서쪽으로 가고, 다시 남쪽을 향해 가서 서쪽 계단을 통해 당에서 내려오고,[9] 당 위로 올라갈 때와 같은 길을 따라 돌아와 사사司射의 남쪽을 거쳐 서당西堂 아래의 서쪽으로 가서 활을 풀어 놓고, 벗어 낸 왼팔 소매를 다시 갖추어 입은(襲)[10] 후 본래 위치로 돌아와 사사의 남쪽에 선다.

司馬出于下射之南, 還其後, 降自西階, 反由司射之南, 適堂西, 釋弓, 襲, 反位, 立于司射之南.

정현주

하사의 뒤쪽으로 돌아가는 것은 두 사람을 위해 획자에게 과녁에서 떨어져 있으라고 명한 것임을 밝히는 것이다.[11] 圍下射者, 明爲二人命去侯.

[鄕射禮05 : 經-151]

사사司射는 북쪽을 향해 나아갈 때 남쪽을 향해 돌아오는 사마司馬와 서쪽 계단 앞에서 상대방을 서로 왼쪽에 두고서 교차하여 지나간다.[12] 사사는 동쪽으로 당 아래 서쪽 계단의 동쪽에서 북쪽을 향해 상사上射를 바라보면서 "획자獲者에게 쏘지 마시오. 화살막이(之) 옆으로 쏘지 마시오!"라고 명한다. 상사는 사사에게 읍을 한다. 사사는 물러나 본래 위치로 돌아간다.

司射進, 與司馬交于階前, 相左. 由堂下西階之東, 北面視上射, 命曰, "無射獲, 無獵獲!" 上射揖. 司射退, 反位.

정현주 '사획射獲'은 화살로 사람을 맞힌다는 뜻이다. '렵獵'은 화살이 옆으로 날아간다는 뜻이다.[13] '射獲', 謂矢中人也. '獵', 矢從傍.

[鄕射禮05 : 經-152]

이어서 활을 쏜다. 상사上射는 첫 번째 화살을 쏜 후 활과 두 번째 쏠 화살을 함께 잡고,[14] 그런 후에 하사下射가 첫 번째 화살을 쏜다.[15] 이러한 식으로 교대로 쏘는데, 네 대의 화살을 모두 쏜다.

乃射. 上射既發, 挾弓矢, 而后下射射. 拾發, 以將乘矢.

정현주 고문본에는 '而后'가 '後'로 되어 있는데, 잘못된 것이다. 『효경설孝經說』에서 '然后'를 설명하면서 "后는 後의 뜻이다"라고 하였으니 '后'를 따라야 한다. 古文'而后'作'後', 非也. 『孝經說』'然后'曰"后者, 後也", 當從'后'.

[鄕射禮05 : 經-153]

획자는 앉아서 "명중"이라고 외친다.[16]

獲者坐而獲.

정현주

활 쏘는 사람이 명중시키면 큰 소리로 '명중'이라고 외친다. '획獲'은 얻는다(得)는 뜻이다. 활쏘기는 무예와 사냥을 익히는 종류이기 때문에 명중시키는 것을 '획獲'이라고 한다. 射者中, 則大言獲. '獲', 得也. 射, 講武田之類, 是以中爲獲也.

[鄕射禮05 : 經-154]

깃발을 들 때에는 궁宮(높은음)의 소리로 '명중'이라고 외치고, 깃발을 눕혀 놓을 때에는 상商(낮은음)의 소리로 '명중'이라고 외친다.[17]

擧旌以宮, 偃旌以商.

정현주

'궁宮'은 임금이고, '상商'은 신하이니,[18] 소리의 조화는 율律과 려呂의 상생으로 말미암는다. '宮'爲君, '商'爲臣, 聲和律呂相生.

[鄕射禮05 : 經-155]

'명중했습니다'라고 외치지만 명중시킨 화살의 수는 계산하지 않는다.[19]

獲而未釋獲.

정현주

다만 큰소리로 '명중했습니다'라고 외치고, 그 산가지(筭)를 땅에 내려놓고 계산하지는 않는다. 但大言獲, 未釋其筭.

[鄕射禮05 : 經-156]

활쏘기를 마치면, 두 사람 모두 활을 잡는데, 화살은 오른손 검지와 중지 사이에 끼우지 않으며, 남쪽을 향해 읍을 한 후에 당에서 내려오는데, 당 위로 올라가 활을 쏠 때와 동일한 절차로 읍을 한다.

卒射, 皆執弓, 不挾, 南面揖, 揖如升射.

정현주 '화살은 오른손의 검지와 중지 사이에 끼우지 않는다'(不挾)는 것은 또한 사사司射와 마찬가지로 오른손으로 활시위를 잡는다는 뜻이다.[20] '不挾', 亦右執弦, 如司射.

[鄕射禮05 : 經-157]

상사上射가 먼저 서쪽 계단으로 세 계단을 내려오면, 하사下射는 조금 오른쪽(서쪽)으로 상사를 따라 한 계단을 내려오는데, 중간에 한 계단을 사이에 두고 내려온다. 당에서 내려온 후 상사와 하사 두 사람은 나란히 남쪽을 향해 나아가는데, 상사가 왼쪽에서 걸어간다.

上射降三等, 下射少右, 從之, 中等. 並行, 上射於左.

정현주 '강降'은 내려온다는 뜻이다. '降', 下.

[鄕射禮05 : 經-158]

상우上耦 두 사람은 활을 쏘러 올라오는 차우次耦 두 사람과 서쪽 계단 앞에서 상대방을 서로 왼쪽에 두고서[21] 교차하여 지나가는데, 서로 읍을 한다. 상우 두 사람은 사마司馬의 남쪽을 경유하여 서당西堂 아래의 서쪽으로 가서 활을 풀어 놓고, 활깍지(決)와 활팔찌(拾)를 벗고, 벗어 낸 왼팔 소매를 다시 갖추어 입은(襲) 후 서당西堂의 아래에서 남쪽을 향해 서서 사사司射의 명을 기다리는데, 동쪽을 윗자리로 삼는다. 차우次耦와 하우下耦가 활쏘기를 마치고 돌아올 때에도 이와 동일한 절차로 한다. 사사司射는 허리띠에서 종아리채를 뽑아 서쪽 계단의 서쪽에 기대어 놓고, 당 위로 올라가 북쪽을 향해 빈에게 고하는데, "삼우三耦들이 활쏘기를 마쳤습니다"라고 말한다.

與升射者相左, 交于階前, 相揖. 由司馬之南適堂西, 釋弓, 說決·拾, 襲而俟于堂西, 南面, 東上. 三[22]耦卒射, 亦如之. 司射去扑, 倚于西階之西, 升堂, 北面告于賓, 曰, "三耦卒射".

정현주 종아리채(扑)를 뽑은 후에 비로소 당 위로 올라가는 것은 감히 형벌기구를 차고 존귀한 사람의 옆에 다가갈 수 없기 때문이다. 去扑乃升, 不敢佩刑器卽尊者之側.

[鄕射禮05 : 經-159]

빈賓은 사사司射에게 읍을 한다.

賓揖.

정현주 읍을 함으로써 알았다고 하는 것이다. 以揖然之.

주

1_ 서서 명을 기다린다 : 가공언에 따르면 과녁을 치우라는 司馬의 명을 기다리는 것이다. 『의례주소』, 229쪽.

2_ 사사는 ~ 명한다 : 이때 三耦들은 司射의 서남쪽에서 동쪽을 향하고 있으므로, 司射는 먼저 남쪽으로 나아간 후에 왼쪽으로 몸을 돌려 나아가서 上耦와 마주한다. 三耦들은 북쪽에서 남쪽으로 나란히 서 있는데, 북쪽에서부터 순서대로 上耦, 次耦, 下耦(三耦)가 된다.

3_ 상사는 ~ 왼쪽으로 선다 : 당 위로 올라갈 때에는 북쪽을 향하므로 서쪽이 왼쪽이 된다. 조금 왼쪽에 서 있는 것은 下射가 당 위로 올라오는 데에 편리하도록 해 주기 위한 것이다.

4_ 양발을 합치고 서서 명을 기다린다 : 성세좌는 경문의 '合足'은 "'正足'(발을 바로한다)과 같은 뜻으로, 그 발의 세로와 가로를 굽어 살펴서 반드시 그어진 사대의 선 안에서 합하는 것을 말한다"('合足', 猶正足也, 謂俯察其足之縱橫, 必合於所畫之物)라고 하였다. '명을 기다린다'는 것은 司馬가 과녁을 치우라고 명하고 司射가 활을 쏘라고 명하는 것을 기다린다는 뜻이다. 『의례정의』, 523쪽 참조.

5_ 활고자 : '簫'는 '弰'로도 쓰는데, 활고자 즉 활시위를 메는 활의 양끝 머리 부분을 가리킨다. 『석명』「석기」에 "활은 그 양끝 부분을 '簫'라고 한다. '簫'는 나뭇가지의 끝(梢)이라는 뜻이다"라고 하였다.

6_ 획자는 ~ 눕혀 놓고 : 획자는 과녁에서 벗어나 빠른 걸음으로 서쪽으로 향하고, 이어서 북쪽으로 꺾어져 화살막이(乏)의 서쪽으로 나아가 동쪽을 향해 깃발을 눕혀 놓는다. 이때 깃발은 머리가 동쪽을 향하도록 한다. 『의례정의』, 525쪽, 오계공의 설 참조.

7_ 기다린다 : 가공언은 활을 쏘는 사람이 활 쏠 때를 기다리는 것이라고 하였다. 『의례주소』, 230쪽 참조.

8_ '성부절'은 ~ 줄어든 것이다 : 가공언은 「대사의」에서 "과녁을 등지고 있는 사람들은 모두 宮聲으로 응답을 한 후 빠른 걸음으로 서쪽으로 가고, 화살막이(乏)의 남쪽에 이르면 또 商聲으로 응답을 하고, 화살막이(乏)에 이르면 소리를 그친다"([大射儀 07 : 經-148])라고 하면서, 이것은 威儀가 성대한 경우라고 하였다. 『의례주소』, 230쪽 참조.

9_ 사마는 ~ 당에서 내려오고 : 司馬는 上物(上射의 사대)과 下物(下射의 사대) 사이에서 나와 동쪽으로 가서 下射의 남쪽을 경유하고, 다시 북쪽을 향해 가서 下射의 뒤쪽에 이르고, 다시 꺾어서 서쪽으로 가고, 다시 남쪽을 향해 가서 서쪽 계단을 통해 당에서 내려온다. 『의례정의』, 526쪽, 저인량의 설 참조.

10_ 벗어 낸 왼팔 소매를 다시 갖추어 입은 : 겉옷(上衣)의 왼쪽 소매를 벗어서 裼衣(中衣)가 드러나게 하는 것을 '裼'이라 하고 裼衣(中衣)가 드러나지 않게 하는 것을 '襲'이라고 하는데, 이는 文과 質을 구별하는 것으로서 質의 일에는 襲을 하고 文의 일에는 裼을 한다. 그러나 이곳 경문에서의 '襲'은 '袒'에 대응하여 말한 것으로, 袒을

하여 벗어 냈던 왼팔 소매를 다시 갖추어 입는 것을 말한다. 능정감은『의례석례』에서 "무릇 활쏘기에서 일이 있을 때에는 袒을 하고, 활쏘기에서 일이 없을 때에는 襲을 한다"(凡有事于射則袒, 無事于射則襲)라고 하였다.『의례정의』, 526쪽 참조.

11_ 하사의 뒤쪽으로 ~ 것이다 : 上射를 위해서만이 아니라 下射를 위해서도 獲者에게 과녁에서 떨어져 있으라고 명하였다는 의미이다.『의례주소』, 230쪽 참조.

12_ 사사는 북쪽을 ~ 지나간다 : 司射가 북쪽을 향해 나아갈 때 司馬는 남쪽을 향해 서쪽 계단을 통해 당에서 내려오는 도중이었다.([經-150]) 따라서 司射는 司馬와 서쪽 계단 앞에서 서로 교차하여 지나간다. 경문의 '交'는 서로 교차하여 지나간다는 뜻이다. 오계공에 따르면 두 사람이 서로 교차할 때, 司馬는 서쪽에 있고 司射는 동쪽에 있어서 서로 상대방을 왼쪽에 두고 지나가기 때문에 '左相'이라 하였다고 한다.『의례정의』, 527쪽 참조.

13_ '사획'은 ~ 뜻이다 : '射獲'은 화살이 獲者를 맞추는 것이고, '獵獲'은 화살이 화살막이(乏)의 옆으로 날아가는 것을 말한다. 화살이 화살막이 쪽으로 날아가면 獲者를 다치게 하거나 놀라게 할 수 있다. 화살막이(乏)는 獲者의 바로 옆 서쪽에 있다. 성세좌는 "'획자에게 쏘지 마시오'라고 한 것은 사람을 다치게 하는 것을 경계하는 것이고, '화살막이 옆으로 쏘지 마시오'라고 한 것은 사람을 놀라게 하는 것을 경계하는 것이다"('無射獲', 戒其傷人也, '無獵獲', 戒其驚人也)라고 하였다.『의례정의』, 527쪽 참조.

14_ 상사는 첫 번째 ~ 잡고 : 上射는 첫 번째 화살을 쏜 다음 다시 허리띠 사이에서 두 번째 화살을 취하여 활에 메겨서 활과 화살을 함께 잡는다.『의례정의』, 528쪽.

15_ 상사는 첫 번째 ~ 쏜다 : 채덕진은 "上射가 먼저 첫 번째 화살을 쏘고, 다시 활에 화살을 끼우기를 기다린 후에 下射가 활을 쏜다. 下射는 활을 쏜 후에 다시 활에 화살을 끼우고, 그런 후에 上射가 또 활을 쏜다. 이렇게 하여 각자 네 대의 화살을 쏜다"(上射先發一矢, 俟再挾矢於弓, 而後下射發. 下射旣發, 再挾矢於弓, 而後上射又發, 各行四矢也)라고 하였다.『의례정의』, 528쪽.

16_ 획자는 앉아서 '명중'이라고 외친다 : 앉아서 '명중'이라고 외치는 것은 깃발이 땅에 있기 때문에 반드시 앉아야 깃발을 집어 들고 '명중'이라고 외칠 수 있기 때문이다.

17_ 깃발을 들 때에는 ~ 외친다 : 한 번 명중시켰는데 두 번 '명중'이라고 외치는 것이다. 깃발을 들 때의 소리는 높아서 宮聲이 되고, 깃발을 눕혀 놓을 때의 소리는 낮아서 商聲이 된다.

18_ '궁'은 임금이고, '상'은 신하이니 :『예기』「악기」의 문장이다.

19_ 계산하지 않는다 : 위협몽은 "위의 '獲'자는 명중했다고 소리친다는 뜻이고, 아래의 '獲'자는 명중시킨 것을 계산한다는 뜻이다. 산가지를 땅에 내려놓고 명중시킨 화살의 수를 계산하지 않는 것은 三耦의 활쏘기는 명중시키는 것을 위주로 하지 않기 때문이다"(上'獲', 唱獲也, 下'獲', 獲之算也. 未釋獲者, 三耦之射, 不主於中也)라고

하였다. 『의례정의』, 529쪽.

20_ '화살은 오른손의 검지와 중지 사이에 끼우지 않는다'는 ~ 뜻이다 : 司射가 시범을 보이는 활쏘기를 할 때에는 네 대의 화살을 모두 쏜 후 화살을 오른손 검지와 중지 사이에 끼우지 않은 채 왼손으로는 활과 화살을 함께 잡고 오른손으로는 활시위를 잡았다. 上耦의 上射와 下射 모두 그와 마찬가지로 한다는 뜻이다. [經-139] 참조.

21_ 상대방을 서로 왼쪽에 두고서 : 당에서 내려오는 上耦들은 서쪽으로 내려오고 당 위로 올라가는 次耦들은 동쪽으로 올라가기 때문에 상대방을 서로 왼쪽에 두게 되는 것이다.

22_ 三 : 오계공, 호조흔, 채덕진 등에 따르면 '三'은 '二'의 잘못으로, 오계공은 '二耦'는 次耦와 三耦(下耦)를 가리킨다고 하였다. 『의례정의』, 532쪽. 이에 따라 번역한다.

「설복청사작사비우도設楅請射作射比耦圖」

(淸), 『흠정의례의소』

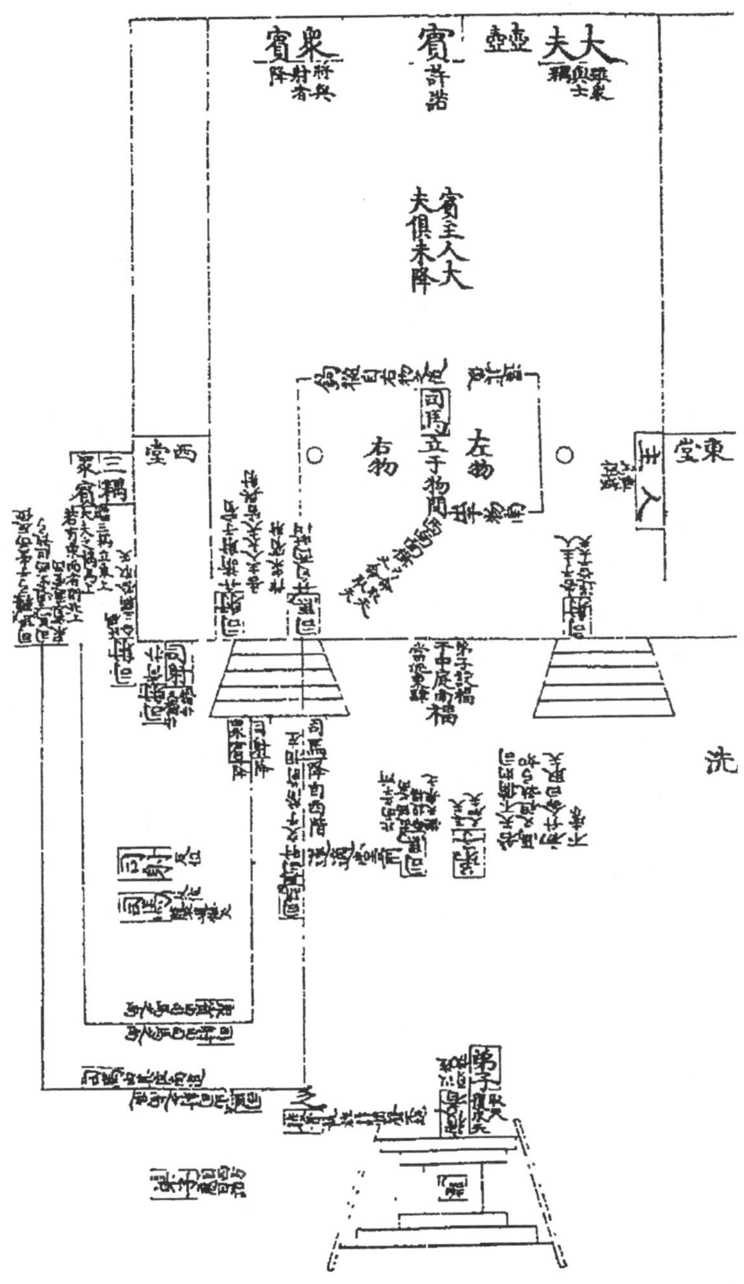

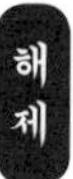

經-160에서 經-166까지는 삼우들이 활쏘기를 마친 후 쏜 화살들을 가져다 화살꽂이 통(楅)에 꽂아두어 첫 번째 활쏘기가 끝나는 절차이다.

[鄕射禮05 : 經-160]

사사司射는 당에서 내려와 종아리채를 허리띠에 꽂고 본래 위치로 돌아온다. 사마司馬는 서당西堂 아래의 서쪽으로 가서 왼팔 소매를 벗어 내고 활을 잡은 후 본래 위치의 남쪽을 경유하여 북쪽으로 나아가는데, 서쪽 계단 앞에서 당에서 내려오는 사사와 서로 상대방을 왼쪽에 두고서 교차하여 지나간다. 사마는 서쪽 계단을 통해 당 위로 올라간다. 당 위 서쪽 기둥(西楹)을 돌아서 오른쪽 사대(右物)의 뒤쪽을 경유하여 두 사대 사이에서 서남쪽을 향해 서서 활을 앞으로 내밀면서[1] 획자獲者와 제자弟子에게 화살을 집어 들라고 명한다.[2]

司射降, 搢扑, 反位. 司馬適堂西, 袒, 執弓, 由其位南進, 與司射交于階前, 相左. 升自西階. 鉤楹, 自右物之後, 立于物間, 西南面, 揖弓, 命取矢.[3]

정현주

'읍揖'은 앞으로 내민다는 뜻이다. '揖', 推之也.

[鄕射禮05 : 經-161]

획자獲者는 깃발을 들고 응답을 하는데 그 소리가 끊어지지 않도록 하면서, 깃발을 들고 과녁을 등지고서 기다린다.

獲者執旌許諾, 聲不絶, 以旌負侯而俟.

정현주

제자弟子들이 화살 집기를 기다리는 것인데, 깃발로 지시한다. 俟弟子取矢, 以旌指敎之.

[鄕射禮05 : 經-162]

사마司馬는 왼쪽 사대(左物)의 남쪽으로 나와서 동쪽으로 나아가고, 왼쪽 사대의 뒤쪽을 돌아서 서쪽 계단을 통해 당에서 내려오고, 이어서 당 앞으로 가서 화살꽂이 통(楅)을 진설할 곳의 남쪽에서 북쪽을 향해 서서 제자弟子들에게 화살꽂이 통을 진설하라고 명한다.

司馬出于左物之南, 還其後, 降自西階, 遂適堂前, 北面立于所設楅之南, 命弟子設楅.

정현주

'복楅'은 폭幅(가선)의 뜻으로, 화살대를 받아 꽂고 화살을 가지런히 하는 기물이다.[4] '楅'猶幅也, 所以承笴[5]矢者.

[鄕射禮05 : 經-163]

이에 제자들은 뜰 중앙[6]에 화살꽂이 통을 진설하는데, 남쪽으로 물반이 항아리(洗)와 마주하며, 머리 부분이 서쪽을 향하고 꼬리 부분이 동쪽을 향하도록 하여 놓는다.
乃設楅于中庭, 南當洗, 東肆.

정현주 '머리 부분이 서쪽을 향하고 꼬리 부분이 동쪽을 향하도록 하여 놓는다'(東肆)는 것은 빈賓에게 통섭되도록 하는 것이다. '東肆', 統於賓.

[鄕射禮05 : 經-164]
사마司馬는 사사司射의 남쪽을 경유하여 물러나서 서당西堂 아래의 서쪽으로 가서 활을 풀어 놓고 벗어 낸 왼팔 소매를 다시 갖추어 입은 후 본래 위치로 돌아온다. 제자는 화살을 집어 들고 화살꽂이 통(楅)의 남쪽에서 북쪽을 향해 앉아 화살을 놓아두는데 화살의 오늬(括)가 북쪽을 향하도록 하고, 이어서 뜰 서쪽의 본래 위치로 물러난다. 사마는 벗어 낸 왼팔 소매를 갖추어 입은 채로 화살꽂이 통의 남쪽으로 나아가서 북쪽을 향해 앉아, 왼손과 오른손으로 화살을 매만지면서 네 대씩 세어 좌우로 나누어 놓는다.
司馬由司射之南退, 釋弓于堂西, 襲, 反位. 弟子取矢, 北面坐委于楅, 北括, 乃退. 司馬襲進, 當楅南, 北面坐, 左右撫矢而乘之.

정현주 '무撫'는 매만진다는 뜻이다. 화살을 놓아둔 곳으로 나아가 왼손과 오른손으로 매만지면서 4대씩 세어 나누는 것이다. 앞에서 이미 '벗어 낸 왼팔 소매를 갖추어 입는다'(襲)고 말했는데 여기서 다시 '벗어 낸 왼팔 소매를 갖추어 입는다'(襲)고 말한 것은 일이 있으면 곧 왼팔의 소매를 벗어 내는 것(袒)으로 오해할 혐의가 있기 때문이다. 무릇 일이 있어서 당 위로 올라갈 때에 비로소 왼팔의 소매를 벗어 낸다. '撫', 拊之也. 就委矢, 左右手撫而四四數分之也. 上旣言'襲'矣, 復言之者, 嫌有事卽袒也. 凡事升堂乃袒.

[鄕射禮05 : 經-165]

만약 화살이 모자라면, 사마는 다시 처음처럼 왼팔의 소매를 벗어 내고 활을 들고서 당 위로 올라가 제자에게 "화살을 들고 오라. 다만 모두 가져오지는 마라"라고 명한다.

若矢不備, 則司馬又袒執弓, 如初, 升, 命曰, "取矢不索."

정현주

'색索'은 모두(盡)의 뜻과 같다. '索'猶盡也.

[鄕射禮05 : 經-166]

제자는 뜰의 서쪽에서 "예"(諾)라고 응답하고, 이어서 다시 화살을 들고 와서 화살꽂이 통에다 더하여 놓는다.

弟子自西方應曰, "諾!" 乃復求矢, 加于楅.

정현주

옛 것에 더하는 것을 '가加'라 한다. 이전에 획자獲者가 응답을 하였고, 이때에 이르러 제자弟子가 '예'(諾)라고 한 것은 일이 같은 것이니 서로 뜻을 밝힌 것이다. 增故曰'加'. 曏獲者許諾, 至此弟子曰'諾', 事同, 互相明.

주

1_ 활을 앞으로 내밀면서 : 가공언은 『주례』「추관·사의」의 '土揖', '時揖', '天揖'에 대한 정현 주에 모두 '손을 내밀다'(推手)의 뜻으로 해석한 것을 근거로, 이곳의 '揖弓'은 과녁(侯)을 향하여 활을 내미는 것으로 弟子에게 화살을 집으라고 명하기 위한 것이며, 또 앞의 '揚弓'은 화살막이(乏)를 향하여 활을 치켜드는 것으로 獲者에게 과녁에서 벗어나라고 명하기 위한 것이라고 하였다. 오계공은 '揖弓'을 활을 내밀어 아래로 향하게 하는 것이라고 하였지만, 성세좌는 '揖弓'은 활을 내밀어서 밖을 향하도록 하는 것이고 '揚弓'은 활을 들어 올려서 위를 향하도록 하는 것이라고 구분하여 이를 비판하였다. 『의례주소』, 232쪽 및 『의례정의』, 533쪽 참조.

2_ 화살을 집어 들라고 명한다 : 司射가 시범을 보이면서 쏜 화살과 三耦들이 쏜 화살을 집어 들라고 명하는 것으로, 司射는 1명이고 三耦는 6명인데 각각 네 대의 화살을 쏘는 것이므로 모두 28대의 화살을 집는 것이다.

3_ 司射降 ~ 命取矢 : 북경대본에는 '司馬適堂西' 이상과 '袒' 이하의 2개의 경문으로 분리하였지만, 호배휘의 『의례정의』, 532쪽에는 하나의 경문으로 합쳤다. 내용상 호배휘의 설이 타당하므로 이에 따른다.

4_ '복'은 ~ 기물이다 : 가공언은 정현이 '楅'을 '幅'의 뜻으로 해석한 것은 '楅'에는 베나 비단에 가선(幅)이 있어 가지런히 하는 것과 같은 뜻이 있음을 취했기 때문이라고 하였다. 『의례주소』, 232쪽 참조.

5_ 笴 : 徐本에도 '笴'로 되어 있지만, 聶崇義本, 『통해』, 楊復本, 毛本에는 모두 '笴'에 '齊'자가 있으며, 호배휘의 『의례정의』에도 마찬가지이다. 『의례주소』, 232쪽 校勘 참조. 이에 따라 번역한다.

6_ 뜰 중앙 : 성세좌는 '中庭' 즉 '뜰 중앙'은 동쪽 계단과 서쪽 계단의 사이라고 하였다.('中庭', 兩階之間也) 『의례정의』, 534쪽 및 앞의 『흠정의례의소』, '設楅請射作射比耦圖' 그림 참조.

經-167에서 經-173까지는 사사司射가 빈賓에게 두 번째 활쏘기를 청하고, 각각의 상대를 뽑아서 짝으로 정해 주는 절차이다.

[鄕射禮05 : 經-167]

사사司射는 종아리채(扑)를 서쪽 계단의 서쪽에 기대어 놓고 당 위로 올라가 빈에게 활쏘기를 청하는데, 처음 활쏘기를 할 때와 동일한 절차로 한다.[1] 빈은 응답을 한다. 만약 빈·주인·대부가 모두 활쏘기에 참여할 경우, 먼저 빈에게 고하고 조계 위쪽으로 가서 주인에게 고하는데, 주인과 빈이 짝(耦)이 된다.

司射倚扑于階西, 升, 請射于賓, 如初. 賓許諾. 賓·主人·大夫若皆與射, 則遂告于賓, 適阼階上告于主人, 主人與賓爲耦.

정현주 '만약'(若)이라고 말한 것은 활을 쏘거나 쏘지 않는 것이 그때마다 하고자 하는 바에 달려 있기 때문이다. 활쏘기는 자신의 뜻을 펼치는 것이니, 군자가 힘쓰는 바이다. '대부大夫'는 준자遵者를 가리킨다. 빈에게는 "주인이 당신을 모시고 활을 쏘게 될 것입니다"라고 고하고, 주인에게는 "당신은 빈과 짝을 이루어 활을 쏘시오"라고 고한다. 言'若'者, 或射或否, 在時欲耳. 射者繹己之志, 君子務焉. '大夫', 遵者也. 告賓曰, "主人御于子", 告主人曰, "子與賓射."

[鄕射禮05 : 經-168]

이어서 대부에게 고한다. 대부는 비록 사람이 많더라도 모두 사士와 짝이 된다. 대부에게 짝을 고할 때 "아무개(某 : 士)가 당신을 모시고 활을 쏘게 될 것입니다"라고 한다.

遂告于大夫. 大夫雖衆, 皆與士爲耦. 以耦告于大夫曰, "某御於子."

정현주

대부가 모두 사士와 짝이 되는 것은 겸손히 하는 뜻이다. 예를 참관하러 왔는데 같은 작위끼리 서로 짝이 된다면, 스스로 높여 구별 짓는다는 혐의가 있게 된다. 대부가 하사下射인데도 '당신을 모시고'라고 말한 것은 대부를 높이는 것이다. '사士'는 당 아래에 있는 중빈衆賓 및 예를 참관하러 온 여러 사士들이다. 예禮의 규정에 일명一命 이하의 경우 향鄕 안에서는 연치로 한다고 하였다. 大夫皆與士爲耦, 謙也. 來觀禮, 同爵自相與耦, 則嫌自尊別也. 大夫爲下射而云'御於子', 尊大夫也. '士'謂衆賓之在下者及群士來觀禮者也. 禮, 一命已下, 齒於鄕里.

[鄕射禮05 : 經-169]

사사司射는 서쪽 계단 위쪽으로 가서 북쪽을 향해 중빈衆賓[2]들에게 활을 쏘도록 명한다.

西階上北面作衆賓射.

정현주

'작作'은 시킨다는 뜻이다. '作', 使.

[鄕射禮05 : 經-170]

사사司射는 당에서 내려와 종아리채를 허리띠 사이에 꽂고 사마司馬의 남쪽을 경유하여 서당西堂 아래의 서쪽으로 가서 선 채로 중우衆耦들에게 짝을 뽑아서 정해 준다.[3]

司射降, 搢扑, 由司馬之南適堂西, 立, 比衆耦.

정현주 '중우衆耦'는 대부의 짝(耦) 및 중빈衆賓을 가리킨다. 사사는 대부의 짝에게 명할 때에는 "당신은 아무개 분(某子 : 대부의 字)과 짝을 이루어 활을 쏘시오"라고 말한다. 중우에게 명할 때에는 삼우三耦에게 명할 때와 동일하게 한다.[4] '衆耦', 大夫耦及衆賓也. 命大夫之耦曰, "子與某子射." 其命衆耦如三耦.

[鄕射禮05 : 經-171]

중빈衆賓(3인의 賓長)으로서 장차 활쏘기에 참여할 사람들은 모두 당에서 내려와 사마司馬의 남쪽을 경유하여 서당西堂 아래의 서쪽으로 가서 삼우三耦들을 이어서 그 서쪽에 서는데 동쪽을 윗자리로 삼는다.[5] 대부와 짝을 이루게 될 빈이 윗자리가 되는데, 만약 동쪽을 향해 서는 자가 있다면 북쪽을 윗자리로 삼는다.[6]

衆賓將與射者皆降, 由司馬之南適堂西, 繼三耦而立, 東上. 大夫之耦爲上, 若有東面者, 則北上.

정현주 '만약 있다면'(若有)이라고 말한 것은 예를 참관하러 온 대부와 사士 및 중빈衆賓의 수가 많아 헤아릴 수 없는 경우이다. 言'若有'者, 大

夫士來觀禮及衆賓多, 無數也.

[鄕射禮05 : 經-172]

빈과 주인 및 대부는 모두 당에서 아직 내려오지 않는다.

賓·主人與大夫皆未降.

정 현 주 '당에서 아직 내려오지 않는다'(未降)고 말한 것은 그 뜻이 활쏘기에 있음을 보이는 것이다.[7] 言'未降'者, 見其志在射.

[鄕射禮05 : 經-173]

사사는 이어서 중우衆耦들에게 짝을 뽑아서 정해 주는데, 두루 정해 준다.

司射乃比衆耦, 辯.

정 현 주 중빈衆賓으로서 활을 쏘는 자가 당을 내려오면 그들에게 짝을 정해 주는 것이니, 짝이 이때에 두루 갖추어지게 된다. 衆賓射者降, 比之, 耦乃徧.

주

1_ 처음 ~ 절차로 한다 : 첫 번째 활쏘기를 할 때와 마찬가지로 司射가 서쪽 계단을 통해서 당 위로 올라가고, 서쪽 계단의 위쪽에서 북쪽을 향해 빈에게 고한다는 뜻이다. [經-113]~[經-116] 참조.

2_ 중빈 : 이곳의 '衆賓'에 대해 성세좌는 당 위에 있는 3명의 賓長만을 가리킨다고 하였고, 호배휘는 당 아래에 있는 중빈까지를 포함한다고 하였다. 『의례정의』, 543쪽 참조.

3_ 중우들에게 짝을 ~ 정해 준다 : 오계공은 경문에서 司射가 堂西로 가는 것은 衆耦에게 짝을 뽑아서 정해 주기 위한 것임을 밝히기 위한 것으로, 실제로 중우들에게 짝을 뽑아서 정해 주는 것은 중빈들이 모두 당에서 내려온 이후에 한다고 하였고, 성세좌도 이때에는 아직 중우들에게 짝을 뽑아서 정해 주지 않은 상태라고 하였다. 『의례정의』, 544쪽 참조.

4_ 중우에게 명할 때에는 ~ 동일하게 한다 : 上射에게는 "아무개(某 : 下射의 字)가 당신(子 : 上射)을 모시고 활을 쏘게 될 것입니다"라고 명하고, 下射에게는 "당신(子 : 下射)은 아무개 분(某子 : 上射의 氏)과 짝을 이루어 활을 쏘시오"라고 명한다. [經-120] 참조.

5_ 중빈으로서 장차 ~ 삼는다 : 오계공에 따르면, 당 위에 있던 중빈(3인의 賓長)이 당에서 내려와 西堂의 서쪽으로 갈 때, 당 아래에 있던 중빈들도 따라서 西堂의 서쪽으로 간다. 『의례정의』, 544쪽 참조.

6_ 만약 동쪽을 ~ 삼는다 : 중빈들의 수가 많아서 西堂의 서쪽에서 남쪽을 향해 서 있는 자리가 부족하게 되면 西壁에서 동쪽을 향해 서야 하는데, 이때에는 북쪽을 윗자리로 삼는다.

7_ '당에서 아직 내려오지 않는다'고 ~ 것이다 : 정현은 경문에서 '내려오지 않는다'(不降)라고 말하지 않고 '아직 내려오지 않는다'(未降)라고 말한 것은 빈과 주인 및 대부의 뜻이 활쏘기에 있어서 三耦들이 활쏘기를 마친 후에 비로소 당에서 내려온다는 뜻을 보이기 위한 것으로 파악하였다. 『의례정의』, 545쪽 참조.

「삼우습취시진퇴상좌도三耦拾取矢進退相左圖」

(淸), 『흠정의례의소』

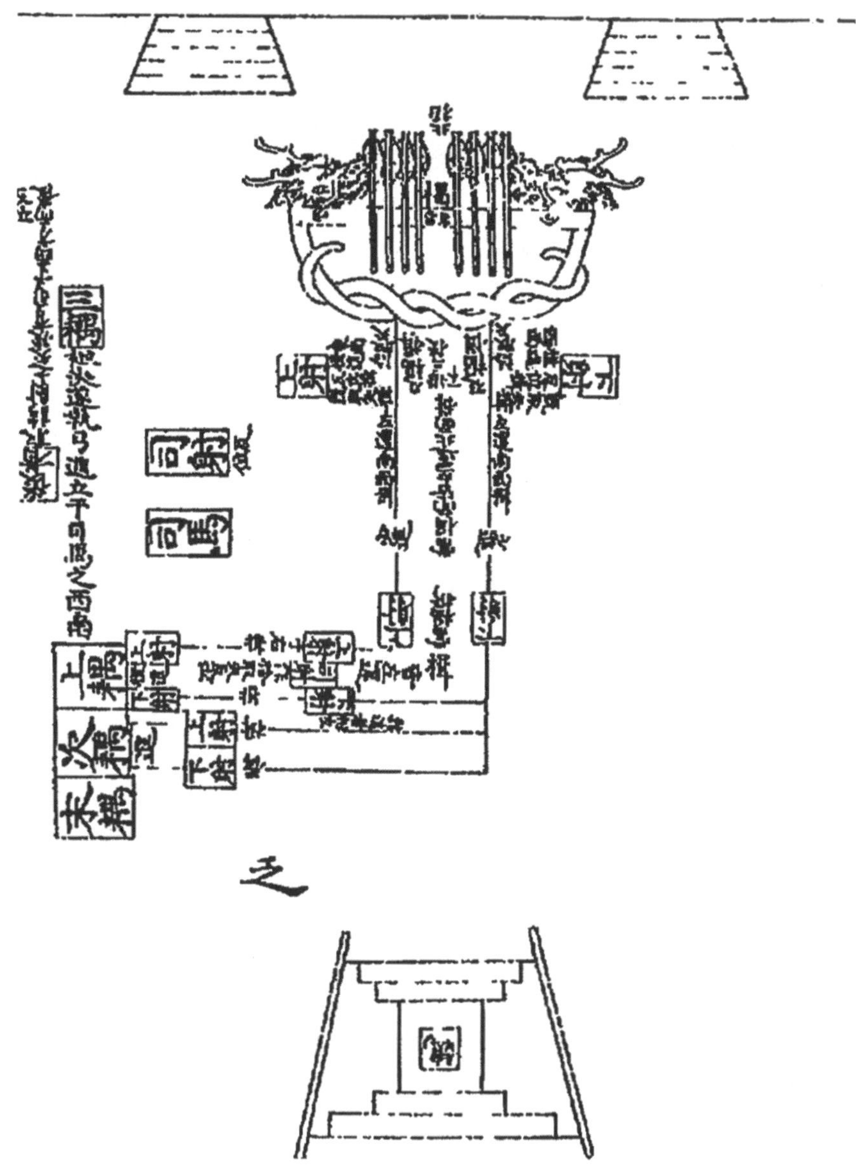

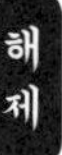

經-174에서 經-183까지는 삼우三耦들이 번갈아가면서 화살을 집어 드는 절차이다.

[鄕射禮05 : 經-174]

사사司射는 이어서 삼우三耦들에게 번갈아가면서 화살꽂이 통에서 화살을 집어 들도록 명한 후에[1] 사마司馬 북쪽의 본래 위치로 돌아온다.[2]

遂命三耦拾取矢, 司射反位.

정현주

'사마司馬 북쪽의 본래 위치로 돌아오는 것'은 삼우들이 모두 왼팔 소매를 벗어 내고(袒), 오른손 엄지손가락에 활깍지(決)를 끼우고, 왼팔에 활팔찌(遂)를 착용하고 오기를 기다리기 위한 것이다. '反位'者, 俟其袒·決·遂來.

[鄕射禮05 : 經-175]

삼우들은 화살을 집어 들기 위해[3] 모두 왼팔 소매를 벗어 내고(袒), 오른손 엄지손가락에 활깍지(決)를 끼우고, 왼팔에 활팔찌(遂)를 착용하고서 활을 잡고 남쪽으로 나아가 사마司馬의 서남쪽에 선다.

三耦拾取矢, 皆袒·決·遂, 執弓, 進立于司馬之西南.

정현주 반드시 왼팔 소매를 벗어 내고, 오른손 엄지손가락에 활깍지를 끼우고, 왼팔에 활팔찌를 착용하는 것은 장차 활쏘기가 있음을 밝히는 것이다. 必袒·決·遂者, 明將有射事.

[鄕射禮05 : 經-176]
사사司射는 상우上耦로 하여금 화살을 집어 들도록 명한다.
司射作上耦取矢.

정현주 '명한다'고 말한 것은 사사司射는 몸을 돌려 상우上耦와 마주하는 곳으로 나아가 활을 쏘도록 시킬 때와 동일한 절차로 화살을 집어 들도록 명한다는 뜻이다.[4] 作之者, 還當上耦, 如作射.

[鄕射禮05 : 經-177]
사사는 본래 위치로 돌아온다. 상우 두 사람은 서로 읍을 한 후 동쪽으로 나아가 화살꽂이 통(楅)과 마주하는 곳에서 북쪽을 향해 서로 읍을 하고, 화살꽂이 통에 이르면 다시 서로 읍을 한다.
司射反位. 上耦揖進, 當楅北面揖, 及楅揖.

정현주 '화살꽂이 통(楅)과 마주하는 곳'이란 화살꽂이 통의 정남쪽의 동쪽과 서쪽이다. '當楅', 楅正南之東西.

[鄕射禮05 : 經-178]

상사上射는 동쪽을 향해 읍을 하고, 하사下射는 서쪽을 향해 읍을 한다.[5] 상사는 읍을 한 후 동쪽으로 나아가 화살꽂이 통의 서쪽에 앉아서 활을 남쪽으로 눕혀 놓는다.[6] 왼손으로 손바닥이 아래로 향하게 하여 활의 줌통을 잡고, 오른손으로 손바닥이 위로 향하게 하여 활시위의 아래로 화살 한 대를 집어 들며,[7] 다시 이 화살을 왼손으로 넘겨서 활의 줌통에서 활과 화살을 함께 잡고, 오른손으로 화살의 깃털을 가지런히 하면서 일어난다. 오른손으로 활시위를 잡고서 왼쪽으로 몸을 돌리고, 물러나 본래 위치[8]로 돌아와서 동쪽을 향해 하사에게 읍을 한다.[9]

上射東面, 下射西面. 上射揖進, 坐, 橫弓, 郤手自弓下取一个, 兼諸弣, 順羽, 且興, 執弦而左還, 退反位, 東面揖.

정현주 '활을 가로 방향으로 놓는다'(橫弓)는 것은 활을 남쪽으로 눕혀 놓는다는 뜻이다. '손바닥이 위로 향하게 하여 활시위의 아래로 화살을 집어 든다'(郤手由弓下取矢)고 한 것은 왼손이 활의 줌통 위쪽(表)에 있으므로 오른손을 활시위의 아래쪽(裏)으로 넣어 화살을 집는 것이 편리하기 때문이다. 왼손으로 활의 줌통(弣)에서 활과 화살을 함께 잡는 것은 오른손은 화살의 깃털을 가지런히 해야 하고, 가지런히 한 후에는 또 활시위를 잡아야 하기 때문이다. '순우順羽'는 손을 펴고 화살의 깃털을 쓰다듬어 내려 정돈되지 않은 곳을 가지런하게 한다는 뜻이다. '완전히 한 바퀴를 돌지 않도록 한다'(毋周)라고 말하지 않은 것은 조계阼階에 있는 자가 군주가 아니면 한 바퀴 도는 것도 가능하기 때문이다. '橫弓'者, 南踣弓也. '郤手由弓下取矢'者, 以左手

在弓表, 右手從裏取之, 便也. 秉幷矢於弣, 當順羽, 既又當執弦也. '順羽'者, 手放而下, 備不整理也. 不言'毋周', 在阼非君, 周可也.

[鄕射禮05 : 經-179]

하사下射는 서쪽으로 나아가 화살꽂이 통의 동쪽에 앉아서 활을 남쪽으로 눕혀 놓는다. 왼손으로 손바닥이 위로 향하게 하여 활의 줌통을 잡고, 오른손으로 손바닥이 아래로 향하게 하여 활시위의 위로 화살 한 대를 집어 든 후 일어난다.[10] 그 밖에는 상사上射의 경우와 동일한 절차로 한다.

下射進, 坐, 橫弓, 覆手自弓上取一个, 興, 其他如上射.

정현주

'손바닥이 아래로 향하게 하여 활시위의 위로 화살을 집어 든다'(覆手由弓上取矢)고 한 것은 왼손이 활의 줌통 아래쪽에 있기 때문에 오른손을 활시위의 위쪽으로 넣어 화살을 집어 드는 것이니 또한 편리함을 따르는 것이다. '覆手由弓上取矢'者, 以左手在弓裏, 右手從表取之, 亦便.

[鄕射禮05 : 經-180]

상사와 하사는 번갈아가면서 화살 네 대를 집어 든 후 서로 읍을 하고, 두 사람 모두 왼쪽으로 몸을 돌려 남쪽을 향해 읍을 하고, 이어서 두 사람 모두 남쪽으로 조금 나아가 화살꽂이 통(楅)의 남쪽에 이르러서 모두 왼쪽으로 몸을 돌려 북쪽을 향하고,[11] 네 대의 화살 가운데 세 대는 허리띠의 오른쪽에 꽂고, 한 대는 오른손 엄지와 검지 사이에 끼운다.

既拾取乘矢, 揖, 皆左還, 南面揖, 皆少進, 當楅南, 皆左還, 北面, 搢三挾一个.

정현주

'화살꽂이 통의 남쪽'(楅南)은 이전에 화살꽂이 통과 마주던 위치이다.[12] 楅南, 鄉當楅之位.

[鄉射禮05 : 經-181]

상사와 하사는 읍을 한 후 두 사람 모두 왼쪽으로 몸을 돌려 서쪽으로 나란히 걸어가는데,[13] 상사가 오른쪽에서 걸어간다.

揖, 皆左還, 上射於右.

정현주

상사가 몸을 돌려 오른쪽에 있는 것은 본래 위치로 되돌아가는 데에 편리하도록 하는 것이다.[14] 하사는 왼쪽으로 몸을 돌려 약간 남쪽으로 걸어가고 이어서 서쪽을 향한다. 上射轉居右, 便其反位也. 下射左還, 少南行, 乃西面.

[鄉射禮05 : 經-182]

상우上耦의 상사·하사는 동쪽으로 화살을 집으러 나오는 차우次耦의 상사·하사와 서로 상대방을 왼쪽에 두고서 교차하여 지나가는데,[15] 교차할 때 서로 읍을 하고, 읍을 한 후에 상우의 상사·하사는 물러나 본래 위치[16]로 돌아온다.

與進者相左, 相揖, 反位[17].

정현주

상대방을 서로 왼쪽에 두고서 지나가면, 상우上耦의 상사·하사는 모두 화살을 집으러 나오는 차우次耦의 상사·하사의 북쪽을 경유하게 된다. 相左皆由進者之北.

[鄕射禮05 : 經-183]

차우次耦와 하우下耦가 번갈아가면서 화살을 잡을 때에도 상우上耦와 동일한 절차로 한다. 마지막으로 화살을 잡는 하우下耦의 하사下射는 네 대의 화살을 집어 들고 이어서 사사司射가 활쏘기 시범을 보일 때 사용한 네 대의 화살을 집어 함께 들고서 서당西堂의 아래에서 유사有司[18]에게 건네주고, 그런 후에 본래 위치로 돌아온다.

三[19]耦拾取矢, 亦如之. 後者遂取誘射之矢, 兼乘矢而取之, 以授有司于西方, 而后反位.

정현주

활쏘기 시범을 보일 때 사용한 화살을 집어 들고, 다섯 대의 화살을 손가락 사이에 끼우면, 제자弟子가 동쪽을 향하는 위치의 뒤쪽에서 맞이하여 받는다.[20] 取誘射之矢, 挾五个, 弟子逆受於東面位之後.

주

1_ 번갈아가면서 ~ 명한 후에 : 上射가 화살 한 대를 집어 들고 下射가 한 대를 집어 들어, 서로 번갈아가면서 네 대의 화살을 집는다.

2_ 본래 위치로 돌아온다 : 채덕진에 따르면, 서쪽 계단에서 동쪽을 향하는 위치로 돌아오는 것으로, 곧 司馬의 북쪽 위치이다. 『의례정의』, 545쪽 및 앞의 『흠정의례의소』 '設楅請射作射比耦圖' 그림 참조.

3_ 삼우들은 화살을 집어 들기 위해 : 경문의 '三耦拾取矢' 5글자에 대해 주희는 衍文이라고 하였지만, 왕인지는 다음의 문장 '皆袒·決·遂' 이하를 '三耦拾取矢'에 대한 설명으로 보아, '왼팔 소매를 벗어 내고, 오른손 엄지손가락에 활깍지를 끼우고, 왼팔에 활팔찌를 착용할 때'는 아직 화살을 집어 들지 않은 상태이므로 衍文으로 볼 필요가 없다고 반박하였다. 성세좌도 '왼팔 소매를 벗어 내고, 오른손 엄지손가락에 활깍지를 끼우고, 왼팔에 활팔찌를 착용하고서 활을 잡는 것'은 번갈아가면서 화살을 집기 위한 것이라고 하였으며, 위협몽은 '三耦拾取矢' 5글자는 아래에 진행되는 일에 대한 표제어라고 하였다. 『의례정의』, 546쪽 참조.

4_ '명한다'고 말한 것은 ~ 뜻이다 : 上耦에게 활을 쏘도록 명할 때와 마찬가지 절차로 司射는 왼쪽으로 몸을 돌려 上耦와 마주하는 곳으로 나아가 서쪽을 향해 화살을 집어 들도록 명한다. [經-144] 참조.

5_ 상사는 ~ 한다 : 화살꽂이 통(楅)의 정남쪽 위치에서 上射는 서쪽에서 동쪽을 향해 읍을 하고 下射는 동쪽에서 서쪽을 향해 읍을 한다는 뜻이다. 『의례주소』, 236쪽.

6_ 상사는 ~ 놓는다 : 오계공은 이때 上射는 화살꽂이 통의 남쪽에서 북쪽을 향하므로, 경문의 '橫弓'은 활을 동쪽에서 서쪽을 향하도록 하여 놓는 것이라고 하였다. 그러나 저인량은 경문에 '북쪽을 향한다'(北面)는 문장이 없으므로 오계공의 설은 잘못이라고 반박하였고, 오정화와 성세좌 역시 이때 上射는 여전히 서쪽에서 동쪽을 향하고 있으므로 경문의 '橫弓'(활을 가로 방향으로 놓는다)은 정현 주와 마찬가지로 활을 남북의 방향으로 놓는다는 뜻이라고 하였다. 성세좌는 "정현 주에 '橫弓은 활을 남쪽으로 눕혀 놓는다는 뜻이다'라고 하였는데, 옳다. 동쪽이나 서쪽을 향하는 자에게는 남북이 가로 방향이 된다"라고 하였다. 『의례정의』, 548쪽 참조.

7_ 왼손으로 ~ 집어 들며 : 경문에는 화살꽂이 통에 있는 화살을 집어 드는 방식만 언급하였지만, 역대의 주석가와 아래의 정현 주에 의하면 경문에는 활을 잡는 방식이 생략되어 있다. 성세좌는 "왼손으로 손바닥이 아래를 향하도록 하여 활의 위쪽에서 활을 잡고, 오른손으로 손바닥이 위를 향하도록 하여 활의 아래에서 화살을 집는다"(左手覆弓上執之, 而仰右手自弓下取矢也)라고 하였고, 오정화는 "왼손으로 활을 잡아서 화살 위에 가로(남북) 방향으로 놓고, 이어서 오른손으로 손바닥을 위로 향하도록 하여 화살을 집는다"(左手執弓, 橫矢上, 乃仰右手取矢也)라고 하였다. 이에 따라 경문을 보충하여 번역한다. 화살은 화살꽂이 통(楅) 위에 가로(남북) 방향으로 놓여 있어 화살의 오늬(括)가 북쪽을 향하고 화살촉(鏃)이 남쪽을 향하며, 화살의 오늬에는 깃털이 달려 있다. 上射는 화살의 깃털이 가지런하고 손상되지 않도록

하기 위해 오른손으로 화살촉을 잡아서 뽑는다. 이때에 손은 화살의 아래에 있기 때문에 오른손 바닥이 위를 향하도록 하고, 활의 아래와 화살의 위 사이에 빈 공간이 거의 없기 때문에 손바닥이 아래를 향하도록 하지 못한다. 성세좌, 『의례집편』 및 오정화, 『의례장구』 참조.

8_ 본래 위치 : 화살꽂이 통(楅)의 서쪽에서 동쪽을 향하는 자리로서, 앞의 [經-177]에서 화살꽂이 통 앞에 이르렀을 때 읍을 하던 위치를 가리킨다.

9_ 왼쪽으로 ~ 한다 : 성세좌는 "동쪽을 향하는 사람은 북쪽을 왼쪽으로 삼으니, 왼쪽으로 몸을 돌리면 북쪽을 향하게 된다. 이어서 서쪽으로 몸을 돌려 남쪽을 향하고, 본래 위치로 돌아와서 여전히 동쪽을 향한다. 이것은 왼쪽으로 몸을 돌아서 완전히 한 바퀴를 도는 것이다"라고 하였다. 『의례정의』, 548쪽 참조.

10_ 하사는 ~ 일어난다 : 성세좌는 경문을 다음과 같이 설명한다. '나아간다'(進)는 것은 화살꽂이 통(楅)의 동쪽에서 서쪽을 향하는 위치로 나아간다는 뜻이다. 경문에서 '읍을 한다'고 말하지 않은 것은 문장을 생략한 것이다. '앉는다'(坐)는 것은 서쪽을 향해 앉는다는 뜻이다. '활을 가로 방향으로 눕혀 놓는다'(橫弓)는 것은 활을 남쪽으로 눕혀 놓는다는 뜻이다. 서쪽을 향해 앉아서 활을 남쪽으로 눕혀 놓으면 활을 잡는 손은 저절로 손바닥이 위를 향하게 된다. 손바닥을 위로 하여 활을 잡는 것은 손이 활의 아래에 있고 활시위가 위쪽을 향하고 있기 때문이다. 활을 잡는 손의 손바닥이 이미 위를 향하고 있다면 화살을 집어 드는 손은 손바닥이 아래를 향하지 않을 수 없게 된다. '활의 위'(弓上)는 활시위의 위를 가리킨다. 『의례정의』, 551쪽 참조.

11_ 남쪽으로 조금 나아가 ~ 향하고 : 경문의 '조금 나아간다'(少進)고 한 것에 대해 오계공, 오정화, 저인량은 上射와 下射가 각각 동쪽과 서쪽으로 가서 서로 가까이 근접하고 이어서 남쪽으로 나아가는 것이라고 하였다. 성세좌도 上射와 下射가 각자 화살꽂이 통의 서쪽과 동쪽의 위치에서 남쪽으로 나아가고, 화살꽂이 통의 남쪽에 이를 때에 꺾어서 서쪽으로 간다고 하였다. 오정화는 "네 대의 화살을 모두 집어 들면 왼쪽으로 몸을 돌려 본래 위치로 돌아오고, 그런 후에 남쪽을 향해 읍을 하고, 이어서 두 사람 모두 왼쪽으로 몸을 돌려 上射는 동남쪽을 향해 걸어가고 下射는 서남쪽을 향해 걸어가서, 화살꽂이 통의 남쪽에 이를 즈음에 두 사람 모두 왼쪽으로 몸을 돌려 북쪽을 향해서 3대의 화살을 허리에 꽂고 1대의 화살을 손가락에 끼운 후 몸을 돌려 남쪽으로 걸어 간다"라고 하였다. 『의례정의』, 553쪽 참조.

12_ '화살꽂이 통의 남쪽'은 ~ 위치이다 : 앞의 [經-177] 참조.

13_ 상사와 ~ 걸어가는데 : 장이기에 따르면, 세 대의 화살을 허리띠에 꽂고 한 대의 화살을 손가락 사이에 끼운 후에 두 사람 모두 왼쪽으로 몸을 돌려 서쪽을 향해서 나란히 걸어가는 것이다.

14_ 상사가 ~ 것이다 : 본래 위치로 돌아간 후에 북쪽을 윗자리로 삼는데, 오른쪽으로 걸어가야 북쪽에 위치하기 편리하기 때문에 上射가 下射의 오른쪽으로 걸어가는

것이다. 『의례정의』, 554쪽, 장이기의 설 참조.

15_ 상우의 ~ 지나가는데 : 장이기에 따르면, 次耦의 上射·下射는 남동쪽으로 걸어가고 上耦의 上射·下射는 북서쪽으로 걸어가기 때문에, 서로 상대방을 왼쪽에 두고서 교차하여 지나가게 된다. 『의례정의』, 554쪽 참조.

16_ 본래 위치 : '본래 위치'는 司馬의 서남쪽 위치를 가리킨다. [經-175] 참조.

17_ 反位 : 唐石經과 호배휘의 『의례정의』에는 '反位' 다음에 '退' 한 글자가 더 있다. 『의례주소』, 237쪽 및 『의례정의』, 554쪽 참조. 이에 따라 번역한다.

18_ 유사 : 활쏘기에 필요한 기물을 들여왔던 弟子를 말한다. [經-129] 정현주 참조.

19_ 三 : 오계공은 이곳의 '三'은 '二'의 잘못이라고 하였다. '二耦'는 '次耦'와 '下耦'를 가리킨다. 『의례정의』, 555쪽 참조.

20_ 활쏘기 시범을 ~ 받는다 : 下耦의 下射는 번갈아가면서 네 대의 화살을 집어 든 후에 또 司射가 활쏘기 시범을 보일 때 사용했던 네 대의 화살을 집어서 활의 줌통에서 함께 잡고는 화살꽂이 통(楅)의 남쪽으로 가고, 이어서 북쪽을 향해 화살 세 대를 허리띠에 꽂고 나머지 다섯 대의 화살을 손가락 사이에 끼운 후에 서쪽으로 손가락에 끼고 있던 다섯 대의 화살 가운데 네 대의 화살을 有司에게 건네주고, 나머지 한 대를 손가락에 끼운 채 본래 자리로 돌아온다. '有司'는 이전에 활쏘기에 필요한 기물을 들여왔던 弟子를 가리키는데, 활을 들여온 후에 西堂의 서쪽에 머물러 있다. 이때 下耦의 下射가 화살을 有司에게 건네주는데, 弟子는 西堂의 서쪽에서 남쪽으로 가서 三耦의 남쪽에서 下射를 맞이하여 화살을 받는다. 『의례주소』, 238쪽 참조.

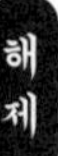

經-184는 중빈이 유사에게서 활과 화살을 받고 삼우의 남쪽에서 순서대로 서는 절차이다.

[鄕射禮05 : 經-184]

중빈衆賓들은 번갈아가면서 화살을 집어 드는 절차를 행하지 않으며, 모두 왼팔 소매를 벗어 내고(袒), 오른손 엄지손가락에 활깍지(決)를 끼우고, 왼팔에 활팔찌(遂)를 착용하고서 활을 잡고, 네 대의 화살 가운데 세 대는 허리띠의 오른쪽에 꽂고, 한 대는 오른손의 검지와 중지 사이에 끼운 후, 서당西堂의 아래에서 남쪽으로 나아가 삼우三耦의 남쪽에 이어 서서 동쪽을 향하는데, 북쪽을 윗자리로 삼는다. 이때 대부의 짝(耦)이 될 빈이 윗자리에 선다.

衆賓未拾取矢, 皆袒·決·遂, 執弓, 搢三挾一个, 由堂西進, 繼三耦之南而立, 東面, 北上, 大夫之耦爲上.

정현주

'미未'는 하지 않는다(不)는 뜻과 같다. 중빈들이 번갈아가면서 화살을 집어 드는 절차를 행하지 않는 것은 아직 활을 쏘지 않아서 화살꽂이 통(楅) 위에 화살이 없기 때문이다. 이것을 말한 것은 중빈은 삼우三耦와 신분이 동등하기 때문에 삼우의 경우와 마찬가지로 번갈아가면서 화살을 집는 것으로 오해될 혐의가 있기 때문이다. 처음 활을 쏜 적이 있고, 후에 이어서 활을 쏠 때에 번갈아가면서 화살을 집어 드는 것이 예이다.[1] '未'猶不也. 衆賓不拾者, 未射, 無楅上矢也. 言此者, 嫌衆賓三耦同倫, 初時有射者, 後乃射有拾取矢, 禮也.

주

1_ 이것을 말한 것은 ~ 예이다 : 앞에서 삼우들이 번갈아가면서 화살을 집는 절차를 말한 것([經-174]~[經-183])에 이어서 이곳에서 중빈들이 활과 화살을 받는 일을 언급하였다. 중빈은 삼우와 신분이 동등하므로 중빈들도 번갈아가면서 화살을 집는 것으로 오해될 수 있다. 이 때문에 경문에서 특별히 "중빈들은 번갈아가면서 화살을 집어 들지 않는다"라고 한 것이다. 번갈아가면서 화살을 집어 드는 예는 반드시 먼저 활을 쏜 이후에 적용된다. 앞에서 삼우들이 활을 쏘았기 때문에 후에 비로소 삼우들이 번갈아가면서 활을 집어 드는 예가 있는 것이다. 이곳의 경우는 중빈들이 아직 활을 쏘지 않았기 때문에 번갈아가면서 화살을 집지 않는 것이다. 『의례정의』, 557쪽, 호조흔의 설 참조.

「상우승거후급초사도上耦升去侯及初射圖」

(淸), 『흠정의례의소』

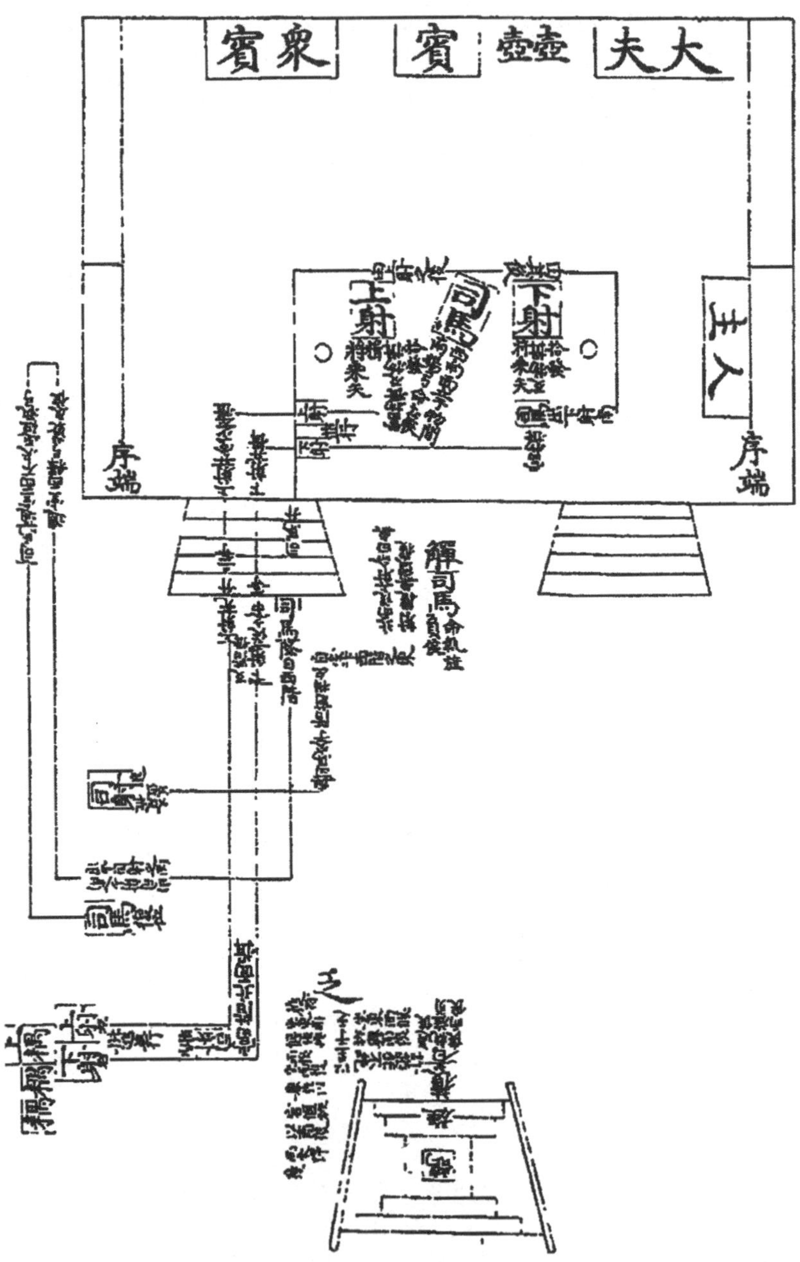

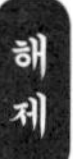

經-185에서 經-190까지는 사사司射가 활을 쏘도록 명하고, 명중시킨 화살의 수를 계산하고자 빈에게 청하는 절차이다.

[鄕射禮05 : 經-185]

사사司射는 상우上耦에게 당 위로 올라가 활을 쏘도록 명하는데, 처음 활쏘기를 할 때와 동일한 절차로 한다.[1] 한 짝(一耦 : 上耦)이 서로 읍을 하고 당 위로 올라가는데, 처음 활쏘기를 할 때와 동일한 절차로 한다.[2] 사마司馬는 획자獲者에게 과녁에서 떨어져 있으라고 명한다. 획자는 응답을 하고 과녁에서 떨어진다. 사마는 당에서 내려와 서당西堂 아래의 서쪽으로 가서 활을 풀어 놓은 후 사사司射 남쪽의 본래 위치로 돌아온다. 사사는 여전히 화살 한 대를 오른손 검지와 중지 사이에 끼우고 종아리채(扑)를 허리띠에서 뽑아 서쪽 계단에 기대어 놓은 후 당 위로 올라가는데, 서쪽 계단 앞에서 본래 위치로 돌아오는 사마와 교차하여 지나간다.[3] 사사는 당 위로 올라가 빈賓에게 명중시킨 화살의 수를 계산하고자 한다고 청한다.[4]

司射作射如初. 一耦揖升如初. 司馬命去侯, 獲者許諾. 司馬降, 釋弓反位. 司射猶挾一个, 去扑, 與司馬交于階前, 升, 請釋獲于賓.

정현주

'유猶'는 이전부터 그래왔다는 말이다. 사사司射는 활쏘기 시범을 보여 활쏘기를 유도한 후에도 항상 활을 잡고 화살을 오른손 손가락 사이에 끼우고서 활 쏘는 일을 관장하는데, 여전히 활 쏘는 절차를 알지 못하는 사람이 있을 것에 대비하고 활쏘기를 가르쳐 주어야 하기 때문이다.[5] 이제 삼우三耦들이 활쏘기를 끝냈으므로 중빈들은 활쏘기를 충분히 알 수 있을 것이다. 그럼에도 여전히 화살을 손가락 사이에 끼우고 있는 것은 군자는 기필하지 않기 때문이다. '猶', 有故之辭. 司射旣誘射, 恒執弓挾矢以掌射事, 備尙未知, 當敎之也. 今三耦卒射, 衆足以知之矣. 猶挾之者, 君子不必也.

[鄕射禮05 : 經-186]

빈은 허락한다. 사사는 당에서 내려와 종아리채(扑)를 허리띠에 꽂은 후 산가지통(中)을 진설할 곳의 동쪽에서 서쪽을 향해 서고, 다시 북쪽을 향하여 석획자釋獲者[6]에게 산가지통을 진설하도록 명하고,[7] 이어서 석획자가 산가지통을 제대로 진설하는지 살피고 가르친다.

賓許. 降, 搢扑, 西面立于所設中之東, 北面命釋獲者設中, 遂視之.

정현주 '살핀다'(視之)는 것은 가르쳐야 하기 때문이다. '視之', 當敎之.

[鄕射禮05 : 經-187]

석획자釋獲者는 사슴 형상의 산가지통(鹿中)[8]을 들고, 다른 한 사람은 산가지(筭)를 들고서 그 뒤를 따른다.

釋獲者執鹿中, 一人執筭以從之.

정현주 '사슴 형상의 산가지통'(鹿中)은 사謝(州學)[9]에서 활쏘기를 할 때 사용하는 산가지통을 가리킨다. 상庠(鄕學)에서는 외뿔소 형상의 산가지통(兕中)을 사용한다. '鹿中', 謂射於謝也, 於庠當兕中.

시중兕中

(淸), 『흠정의례의소』

[鄕射禮05 : 經-188]

석획자釋獲者는 앉아서 산가지통(中)을 진설하는데, 남쪽으로 화살꽂이 통(楅)과 마주하고 서쪽으로 당 위 서쪽 벽(西序)과 마주하는 곳에서 머리 부분이 동쪽을 향하도록 하여 놓는다.[10] 산가지통을 진설한 후 일어나서 산가지(筭)를 들고 있는 사람에게서 산가지를 건네받고, 앉아서 산가지통 안에 8개의 산가지를 넣어 놓고, 그 나머지는 산가지통의 서쪽에 가로 방향 놓아두는데,[11] 산가지의 끝부분이 남쪽을 향하도록 하여 놓는다.[12] 다시 일어나서 양손을 맞잡고 기다린다.

釋獲者坐設中, 南當楅, 西當西序, 東面. 興受筭, 坐實八筭于中, 橫委其餘于中西, 南末. 興, 共而俟.

정현주 일어서서 몸을 돌려 북쪽을 향해 산가지(筭)를 건네받고, 다시 몸을 돌려 동쪽을 향해 산가지통(中) 안에 산가지를 넣어 둔다. 興還北面受筭, 反東面實之.

[鄕射禮05 : 經-189]

사사司射는 이어서 서쪽 계단의 동쪽으로 나아가서 당堂 아래에서 북쪽을 향해 상사上射에게 "과녁의 중앙을 맞추지 못하면, 명중시킨 것으로 계산하지 않습니다"라고 명한다.

司射遂進, 由堂下, 北面命曰, "不貫不釋."

정현주 '관貫'은 맞춘다(中)는 뜻이다. 정正[13]을 맞추지 못하면 산가지를 땅에 내려놓고 계산하지 않는다. 고문본에는 '貫'이 '關'으로 되어 있다. '貫'猶中也. 不中正不釋筭也. 古文'貫'作'關'.

[鄕射禮05 : 經-190]

상사上射는 사사司射에게 읍을 한다. 사사는 물러나 본래 위치로 돌아온다. 석획자釋獲者는 앉아서 산가지통(中) 안에 들어 있던 8개의 산가지(筭)를 꺼내고, 다시 8개의 산가지로 바꾸어 넣은 후 일어나서 꺼낸 산가지를 들고 기다린다.

上射揖. 司射退, 反位. 釋獲者坐取中之八筭, 改實八筭于中, 興, 執而俟.

정현주 꺼낸 산가지를 들고 있는 것이다. 執所取筭.

주

1_ 처음 ~ 절차로 한다 : [經-144] 참조.

2_ 처음 ~ 절차로 한다 : [經-145]~[經-147] 참조.

3_ 사사는 ~ 지나간다 : 司馬가 당에서 내려와 본래 위치로 돌아올 때 司射는 당 위로 올라가고자 한다. 그러므로 서쪽 계단 앞에서 서로 교차하여 지나가게 되는데, 이 때 상대방을 서로 왼쪽에 두고서 지나간다. 종아리채(扑)를 허리띠에서 뽑은 후에는 서쪽 계단에 기대어 놓는다. 『의례정의』, 558쪽, 오정화의 설 참조.

4_ 빈에게 ~ 청한다 : 경문의 '釋獲'은 활을 쏜 후 명중시킨 화살의 수를 계산하는 것을 말한다. 학경은 "산가지를 땅에 내려놓고 활을 쏜 사람이 명중시킨 화살의 수를 계산하는 것이다. '獲'은 활을 쏘아 명중시켰다는 뜻이다"라고 하였다. 『의례정의』, 558쪽 참조.

5_ 사사는 ~ 때문이다 : 司射는 활쏘기 시범을 보여 활쏘기를 유도한 후에 다시 화살 한 대를 오른손 손가락 사이에 끼우는데([經-140]), 이때에 이르러서도 여전히 한 대의 화살을 오른손 손가락에 끼우고 있다. 경문에서 '여전히'(猶)라고 말한 것은 화살 한 대를 손가락에 끼운 지 오래되었기 때문에 손가락에 끼우지 않는 것으로 오해할 혐의가 있기 때문이다. 『의례정의』, 559쪽, 오계공의 설 참조.

6_ 석획자 : '釋獲者'는 산가지를 땅에 내려놓고 명중시킨 화살의 수를 계산하는 사람으로, 주인의 유사 가운데에서 뽑아 담당시킨다.

7_ 다시 ~ 명하고 : 이때 명중시킨 화살의 수를 계산하는 사람(釋獲者)은 西堂의 서쪽에 있기 때문에 다시 북쪽을 향해 명하는 것이다.

8_ 사슴 형상의 산가지통 : '鹿中'은 나무를 깎아서 땅에 엎드려 있는 사슴 형상을 만든 산가지통을 말한다. 오계공은 이곳에서 '鹿中'을 사용한다고 말한 것은 주인이 士이기 때문이라고 하였고, 성세좌는 이곳은 제후의 州長(士)인 경우를 말한 것으로, 천자의 주장(大夫)이라면 序(州의 학교)에서도 兕中을 사용한다고 하였다. 『의례정의』, 559쪽 참조.

9_ 사 : '謝'는 '序'를 가리킨다. '序'는 州學이다.

10_ 남쪽으로는 ~ 놓는다 : '남쪽으로 화살꽂이 통과 마주한다'는 것은 남북의 방위를 가지고 말한 것이고, '서쪽으로 당 위 서쪽 벽과 마주한다'는 것은 동서의 방위를 가지고 말한 것이다. 따라서 산가지통(中)의 위치는 서쪽 계단의 서남쪽이 된다. 또 산가지통(中)은 동서 방향으로 진설하는데, 머리 부분이 동쪽을 향하고 꼬리 부분이 서쪽을 향한다. 『의례정의』, 559쪽, 성세좌의 설 및 앞의 『흠정의례의소』, '三耦再射釋獲圖' 그림 참조.

11_ 산가지통 안에 ~ 두는데 : 8개의 산가지를 넣어 두는 것은, 한 사람당 네 대의 화살을 쏘므로 두 사람으로 이루어진 한 짝(一耦)의 경우 모두 8대의 화살을 쏘게 되기 때문이다. 명중시킬 수 있을지 알 수는 없지만, 화살 1대당 산가지 1개를 갖추어 놓아야 한다. 또 다른 8개의 산가지를 산가지통에 바꾸어 넣는 것은 다음에 활을 쏘게 될 짝을 위해 미리 준비해 두는 것이다.

12_ 산가지의 끝부분이 남쪽을 향하도록 놓는다 : 저인량은 "산가지 통(楅)에 산가지(筭)를 넣는 사람은 동쪽을 향하므로, 산가지는 뜰을 기준으로 하면 세로 방향이 되고 사람을 기준으로 하면 가로 방향이 된다. 화살은 오늬(括, 末, 끝 부분)가 북쪽을 향하고 화살촉(鏃, 本, 머리 부분)이 남쪽을 향하고 있는데, 산가지는 끝부분(末)이 남쪽을 향하고 있어 화살과 반대 방향이다"라고 하였다. 『의례정의』, 560쪽 참조.

13_ 정 : 과녁(侯)의 한가운데를 '鵠'이라고 하고, 鵠의 한가운데를 '正'이라고 한다.

經-191에서 經-192까지는 삼우들이 활을 쏘고 명중시킨 화살의 수를 계산하는 절차이다.

[鄕射禮05 : 經-191]

이어서 삼우三耦들이 활을 쏜다. 만약 명중시키면, 석획자釋獲者는 앉아서 산가지(筭)를 땅에 내려놓고 명중시킨 화살의 수를 계산하는데,[1] 화살 한 대가 명중할 때마다 한 개의 산가지를 땅에 내려놓는다. 상사上射의 산가지는 산가지통의 오른쪽(남쪽)에 놓고, 하사下射의 산가지는 산가지통의 왼쪽(북쪽)에 놓는다. 만약 남은 산가지가 있으면,[2] 산가지통의 서쪽에 있는 산가지와 합쳐 되돌려 놓는다.

乃射. 若中, 則釋獲者坐而釋獲, 每一个釋一筭. 上射於右, 下射於于左. 若有餘筭, 則反委之.

정현주 남은 산가지를 놓는 것은 예禮는 다름을 숭상하기 때문이다.[3] '놓는다'(委之)는 것은 산가지통의 서쪽에 합쳐 놓는다는 뜻이다.[4] 委餘筭, 禮尙異也. '委之', 合於中西.

[鄕射禮05 : 經-192]

석획자는 또 산가지통 안에 들어 있던 8개의 산가지를 꺼내고,

다시 8개의 산가지로 바꾸어 넣은 다음 일어나서 꺼낸 산가지를 들고 기다린다. 이와 같은 절차로 삼우三耦들이 모두 활쏘기를 마친다.

又取中之八筭, 改實八筭于中, 興, 執而俟. 三耦卒射.

주

1_ 산가지를 ~ 계산하는데 : 敖繼公은 "'釋'은 산가지를 땅에 내려놓는다는 뜻이다. 명중시키면 이 산가지를 사용하여 계산을 한다. 이 때문에 이 산가지의 이름을 '獲'이라고 한다"(釋謂置算於地. 獲則用此算, 故因名此算曰獲)라고 하였다. 오정화는 '釋獲'은 손에서 산가지를 풀어 땅에 내려놓고 명중시킨 화살의 수를 계산하는 것이라고 하였다. 『의례정의』, 563쪽 참조.

2_ 만약 남은 산가지가 있으면 : 8대의 화살을 모두 명중시키지 못할 경우 남은 산가지가 있게 된다.

3_ 남은 산가지를 ~ 때문이다 : 8대 모두를 명중시키지 못하여 남게 된 산가지는 산가지통의 서쪽에 갖다 놓고 사용하지 않으며, 다음 짝이 활을 쏠 때에는 별도로 산가지통 안에 있는 8개의 산가지를 꺼내어 명중시킨 수를 계산한다. 예는 다름을 숭상하기 때문이다.

4_ '놓는다'는 것은 ~ 뜻이다 : 가공언은 산가지통(中)의 서쪽에 가로 방향으로 놓여 있던 산가지([經-188])와 지금 손 안에 들고 있는 나머지 산가지를 합쳐 놓는 것이라고 하였다. 오계공은 정현 주의 '中西'는 '산가지통 서쪽의 산가지'를 가리킨다고 하였다.(中西謂中西之算) 『의례주소』, 240쪽 및 『의례정의』, 563쪽 참조.

經-193은 '빈주인사賓主人射' 즉 빈과 주인이 활을 쏘는 절차이다.

[鄕射禮05 : 經-193]

빈·주인·대부는 서로 읍을 한 후 모두 각자의 계단을 통해 당에서 내려온다.[1] 당에서 내려온 후 다시 서로 읍을 한다. 주인은 동당東堂의 아래[2]로 가서 왼팔 소매를 벗어 내고(袒), 오른손 엄지손가락에 활깍지(決)를 끼우고, 왼팔에 활팔찌(遂)를 착용하고서 활을 잡고, 네 대의 화살 가운데 세 대는 허리띠의 오른쪽에 꽂고, 나머지 한 대는 오른손의 검지와 중지 사이에 끼운다. 빈도 서당西堂 아래의 서쪽으로 가서 이와 동일한 절차를 행한다. 모두 각자의 계단을 통해 당 위로 올라가는데,[3] 계단 아래에서 북쪽을 향해 읍을 하고, 당 위로 올라간 후 다시 북쪽을 향해 읍을 한다. 주인이 하사下射가 된다. 주인과 빈 모두 각자의 사대(物)와 마주하는 곳에 이를 때 북쪽을 향해 읍을 하고, 사대에 이르면 다시 북쪽을 향해 읍을 한 후 이어서 활을 쏜다. 활쏘기를 마치면, 주인과 빈은 남쪽을 향해 읍을 한 후 모두 각자의 계단을 통해 당에서 내려오는데, 계단 위쪽에서 남쪽을 향해 읍을 하고, 당에서 내려온 후 다시 남쪽을 향해 읍을 한다. 빈은 당 위 서쪽 벽(西序)의 서쪽으로 가고, 주인은 당 위 동쪽 벽(東序)의 동쪽으로 가서 모두 활을 풀어 놓고 활깍지(決)와 활팔찌(拾)를 벗고, 벗어 낸 왼팔 소매를 다시 갖추어 입은(襲) 후 각자 본래 위치로 돌아갔다가 다시 당 위로 올라간다.[4] 주인과 빈은 계단 아래에서 북쪽을 향해 읍을 하고 당 위로 올라간 후 다시 북쪽을 향해 읍을 한 다음, 모두 자리(席)로 나아가 앉는다.

賓·主人·大夫揖, 皆由其階降, 揖. 主人堂東袒·決·遂, 執弓, 搢三挾一个. 賓於堂西亦如之. 皆由其階, 階下揖, 升堂揖. 主人爲下射. 皆當其物, 北面揖, 及物揖, 乃射. 卒, 南面揖, 皆由其階, 階上揖, 降階揖. 賓序西, 主人序東, 皆釋弓, 說決·拾, 襲, 反位, 升, 及階揖, 升堂揖, 皆就席.

정현주 '당堂'이라 말하기도 하고, '서序'라고 말하기도 하는 것은 또한 상庠(鄕學)에서 활을 쏘기도 하고 사謝(州學)에서 활을 쏘기도 하기 때문에 번갈아가면서 말한 것이다. 빈과 주인이 활을 쏠 때 대부는 서당西堂의 아래에 머물러 있는다. 或言'堂', 或言'序', 亦爲庠謝互言也. 賓主人射, 大夫止於堂西.

주

1_ 모두 ~ 내려온다 : 주인은 동쪽 계단을 통해 당에서 내려오고, 빈과 대부는 서쪽 계단을 통해 당에서 내려온다.

2_ 동당의 아래 : 오계공은 '堂東'은 '東堂의 아래', '堂西'는 '西堂의 아래'를 가리킨다고 하였다. 『의례정의』, 564쪽 참조.

3_ 모두 ~ 올라가는데 : 주인은 동쪽 계단을 통해 당 위로 올라가고 빈은 서쪽 계단을 통해 당위로 올라가는데, 대부는 이때 활을 쏘지 않기 때문에 西堂의 서쪽에 계속 머물러 있다.

4_ 각자 본래 위치로 ~ 올라간다 : 주인의 본래 위치는 동쪽 계단의 동쪽에서 당 위 동쪽 벽(東序)과 마주하는 곳이고, 빈의 본래 위치는 서쪽 계단의 서쪽에서 당 위 서쪽 벽(西序)과 마주하는 곳이다. 주인과 빈은 이곳으로 돌아와 서서 기다리다가 다시 당 위로 올라간다. 『의례정의』, 565쪽, 오계공의 설 참조.

「대부여기우사도大夫與其耦射圖」

(淸),『흠정의례의소』

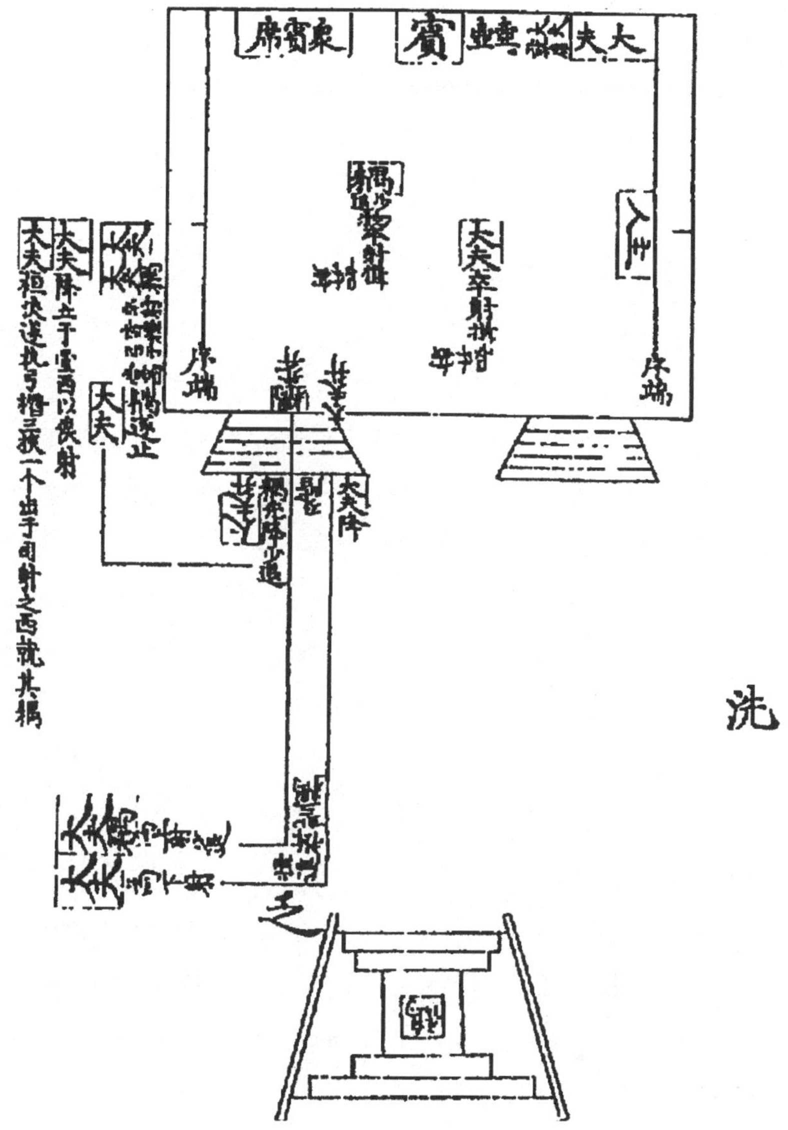

經-194는 대부와 대부의 짝(耦)이 활을 쏘는 절차이다.

[鄕射禮05 : 經-194]

대부는 서당西堂 아래의 서쪽으로 가서 왼팔 소매를 벗어 내고(袒), 오른손 엄지손가락에 활깍지(決)를 끼우고, 왼팔에 활팔찌(遂)를 착용하고서 활을 잡고,[1] 네 대의 화살 가운데 세 대는 허리띠의 오른쪽에 꽂고 한 대는 오른손의 검지와 중지 사이에 끼운 후, 서당西堂 아래의 서쪽으로부터 사사司射의 서쪽으로 나오고, 다시 남쪽으로 가서 대부의 짝(耦)이 있는 곳으로 나아가 선다.[2] 대부는 하사下射가 된다.[3] 대부와 대부의 짝은 동쪽을 향해 읍을 한 후 뜰로 나아가는데, 대부의 짝이 조금 뒤로 물러나서 나아간다.[4] 대부와 대부의 짝은 서쪽 계단을 향해 나아가는데, 삼우三耦들의 경우와 동일한 절차로 읍을 한다.[5] 서쪽 계단 앞에 이르면, 대부의 짝이 먼저 계단을 오른다.[6] 활쏘기를 마친 후 당에서 내려오는데, 당 위로 올라가 활을 쏠 때와 동일한 절차로 읍을 한다.[7] 대부의 짝이 먼저 계단을 내려온다. 계단을 내려온 후 남쪽으로 나아가는데, 대부의 짝이 조금 뒤로 물러나서 나아간다. 대부와 대부의 짝은 모두 서당西堂 아래의 서쪽으로 가서 활을 풀어 놓고, 벗어 낸 왼팔 소매를 다시 갖추어 입는다. 대부의 짝은 그대로 서당의 아래에 머물러 있고, 대부는 당 위로 올라가 자리(席)로 나아가 앉는다.

大夫袒·決·遂, 執弓, 搢三挾一个, 由堂西出于司射之西, 就其耦. 大夫爲下射. 揖進, 耦少退. 揖如三耦. 及階, 耦先升. 卒射, 揖如升射. 耦先降. 降階, 耦少退. 皆釋弓于堂西, 襲. 耦遂止于堂西, 大夫升就席.

정현주

대부의 짝이 뜰에서 대부와 나란히 걷지 않는 것은 대부를 높이는 것이다. 대부의 짝이 당堂에서 상사上射의 의절과 동일하게 하는 것은 활 쏘는 공간과 가까워서 상사上射의 예禮를 펼 수 있게 되었기 때문이다.[8] 耦於庭, 不並行, 尊大夫也. 在堂如上射之儀, 近其事, 得申.

주

1_ 활을 잡고 : 대부는 西堂의 아래에서 有司에게 활을 건네받는다.

2_ 서당 아래의 서쪽으로부터 ~ 선다 : 대부는 빈과 함께 서쪽 계단을 통해 堂에서 내려온 후에 西堂의 서쪽에 머물러 있었는데([經-193]의 정현 주), 이때에 이르러 활쏠 준비를 하기 위해 西堂의 서쪽에서 남쪽으로 걸어가 司射의 서쪽으로 나오고, 다시 계속해서 남쪽으로 걸어가서 그의 짝의 서쪽을 경유하여 짝의 남쪽으로 가서 선다. 앞의 『흠정의례의소』, '大夫與其耦射圖' 그림 참조.

3_ 대부는 하사가 된다 : 오계공은 대부가 下射가 되는 것은 신분이 귀한 사람이 천한 사람에게 낮추는 것으로, 대부는 본래부터 짝(士)보다 신분이 존귀한데, 만약 대부를 上射로 삼게 되면 그 신분적 차이가 더욱 현격해지기 때문에 사와 짝을 이룰 경우에는 반드시 대부가 하사가 되는 것이라고 하였다. 『의례정의』, 567쪽 참조.

4_ 대부와 대부의 짝은 ~ 나아간다 : 이 경문은 사와 대부가 짝을 이루는 경우의 의절을 말한 것으로, 뜰에서 걸어갈 때 대부의 짝(士)이 대부보다 조금 뒤로 물러나 걸어가는 것이 三耦(上耦, 次耦, 下耦)의 경우와 다를 뿐 나머지 절차는 모두 三耦의 경우와 동일하다. 三耦의 경우에는 上射는 왼쪽으로, 下射는 오른쪽으로 나란히 함께 걸어간다. 『의례정의』, 567쪽, 오계공의 설 및 [經-145] 참조.

5_ 대부와 대부의 짝은 ~ 읍을 한다 : 서쪽 계단과 마주하는 곳에 이를 때 북쪽을 향해 읍을 하고, 서쪽 계단 앞에 이를 때 다시 북쪽을 향해 읍을 한다. [經-145] 참조.

6_ 서쪽 계단 ~ 오른다 : 대부의 짝이 먼저 세 계단을 오르면 대부가 그 뒤를 따라서 한 계단을 오르는데, 중간에 한 계단을 사이에 두고 오른다. [經-145] 참조.

7_ 당 위로 ~ 읍을 한다 : 堂 위에서 모두 3차례 읍을 하는 것을 말한다. ① 대부의 짝(上射)이 먼저 당 위로 올라가는데, 대부(下射)가 당 위로 올라오면 대부의 짝은 대부에게 읍을 한다. ② 각자의 사대(物)와 마주하는 곳에 이를 때 북쪽을 향해 읍을 한다. ③ 각자의 사대 앞에 이르면 다시 북쪽을 향해 읍을 한다. 당에서 내려올 때에도 이와 같은 절차로 읍을 한다. [經-146]~[經-147], [經-156] 참조.

8_ 대부의 짝이 ~ 때문이다 : 대부의 짝은 먼저 계단을 오르고 내리며, 당 위로 올라가서는 세 차례 읍을 한다. 당 위에서 세 차례 읍을 하고 계단을 오르내릴 때 먼저 하는 것은 모두 上射의 의절이다. 활 쏘는 공간과 멀리 떨어진 뜰에서는 대부를 높여 주지만, 활 쏘는 공간과 가까운 계단이나 당 위에서는 대부의 짝이 上射의 예를 행하게 되는 것이다.

 經－195에서 經－196까지는 중빈들이 서로 이어서 활을 쏘고, 석획자가 활쏘기가 끝났음을 빈에게 보고하는 절차이다.

[鄕射禮05 : 經－195]

중빈衆賓들은 서로 이어서 활을 쏜다. 석획자釋獲者는 모든 짝들이 활을 쏠 때마다 산가지를 땅에 내려놓고 명중시킨 화살의 수를 계산하는데, 처음과 동일한 절차로 한다.[1] 사사司射는 오직 상우上耦에게만 당 위로 올라가 활을 쏘도록 명한다.[2]

衆賓繼射. 釋獲皆如初. 司射所作, 唯上耦.

정현주

이곳에서 '오직 상우上耦에게만 명한다'라고 말한 것은 빈과 주인이 활을 쏠 때에도 명한다는 혐의를 피하기 위한 것이다.[3] 「대사의大射儀」에는 삼우三耦들이 활쏘기를 마치면, 사사司射는 군주(公)와 빈賓에게 활쏘기를 청한다고 하였다.[4] 於是言'唯上耦'者, 嫌賓·主人射亦作之. 「大射」三耦卒射, 司射請於公及賓.

[鄕射禮05 : 經－196]

중빈들이 활쏘기를 마치면, 석획자는 이어서 남은 산가지(餘獲)[5]를 들고 서쪽 계단으로 올라가는데, 계단의 가장 위 층계까지만 올라가고 당 위로는 올라가지 않으며, 빈에게 "하사(左)와 상사(右)가 모두 활쏘기를 마쳤습니다"라고 보고한다. 석획자는 계단을 내려와 산가지통의 서쪽에서 동쪽을 향하는 본래 위치로 돌아오고, 앉아서 남은 산가지를 산가지통의 서쪽에 놓아두고, 다시 일어나서 양손을 맞잡고 기다린다.

卒射, 釋獲者遂以所執餘獲, 升自西階, 盡階, 不升堂, 告于賓曰, "左右卒射." 降, 反位, 坐委餘獲于中西, 興, 共而俟.

정현주 사사司射가 활쏘기를 마쳤다고 고하지 않는 것은 이때에는 석획자釋獲者가 일을 관장했으므로 마땅히 그 일을 끝내도록 해야 하기 때문이다.[6] '여획餘獲'은 남은 산가지를 가리키는데, 남은 산가지가 없으면 빈손으로 고한다.[7] '사俟'는 기다렸다가 산가지를 계산한다는 뜻이다.[8] 司射不告卒射者, 釋獲者於是有事, 宜終之也. '餘獲', 餘筭也, 無餘筭則空手耳. '俟', 俟數也.

주

1_ 석획자는 ~ 절차로 한다 : '모두'는 주인 이하 모든 짝들을 가리키는데, 주인 이하 모든 짝들이 활을 쏠 때마다 釋獲者는 동일한 절차로 명중시킨 화살의 수를 계산한다는 뜻이다. 釋獲者는 앉아서 손 안에 들고 있던 산가지를 땅에 내려놓고 명중시킨 화살의 수를 계산하는데, 화살 한 대가 명중할 때마다 한 개의 산가지를 땅에 내려놓는다. [經-191] 참조.

2_ 사사는 ~ 명한다 : 司射가 上耦에게 당 위로 올라가 활을 쏘도록 명하면, 次耦와 下耦들도 명하는 소리를 들을 수 있기 때문에 굳이 다시 명을 할 필요가 없다. 『의례정의』, 567쪽, 위협몽의 설 참조.

3_ 이곳에서 ~ 것이다 : 경문의 '上耦'는 '衆耦'(次耦·下耦)와 대응해서 말한 것이지, 빈·주인과 대응하여 말한 것이 아니다. 그런데 정현이 빈·주인을 언급한 것은 나머지 짝들과 마찬가지로 빈과 주인에게도 활을 쏘도록 명하지 않음을 보이기 위한 것이다. 『의례정의』, 567쪽 참조.

4_ 「대사의」에는 ~ 하였다 : 정현이 「대사의」를 인용한 것은, 군주는 존귀하기 때문에 군주가 빈과 활쏘기를 할 때에는 활을 쏘도록 명하지 않고 단지 청할 뿐임을 밝히기 위한 것이다. 『의례주소』, 242쪽, 가공언의 설 참조.

5_ 남은 산가지 : 화살 한 대가 명중될 때마다 석획자는 산가지 한 개를 땅에 내려놓고 명중시킨 화살의 수를 계산한다. 따라서 석획자는 중빈들이 명중시키지 못한 화살의 수만큼 손 안에 산가지를 그대로 들고 있다. 이것이 '남은 산가지'이다. 화살이 명중하면 산가지를 땅에 내려놓고 그 산가지로 명중시킨 화살의 수를 계산하기 때문에, 산가지(筭)를 또 '獲'(명중)이라고도 칭한다.

6_ 사사가 ~ 때문이다 : 三耦들이 활쏘기를 할 때에는 司射가 당 위로 올라가 빈에게 활쏘기를 마쳤다고 고한다. [經-158] 참조.

7_ 남은 산가지가 없으면 빈손으로 고한다 : 한 짝마다 8대의 화살을 쏘는데, 8대를 모두 명중시키면 8개의 산가지를 모두 땅에 내려놓게 되므로 손에는 남은 산가지가 없게 된다. 이때에는 빈손으로 빈에게 고한다.

8_ '사'는 ~ 뜻이다 : 오계공은 司射가 산가지를 살펴보러 오기를 기다렸다가 이후에 산가지를 계산하는 것이라고 하였다. 『의례정의』, 568쪽 참조.

經-197에서 經-198까지는 사마司馬가 획자獲者와 제자弟子들에게 화살을 집어 들라고 명하고, 또 직접 화살을 네 대씩 세어서 나누어 놓는 절차이다.

[鄕射禮05 : 經-197]

사마司馬는 서당西堂 아래의 서쪽으로 가서 왼팔 소매를 벗어 내고 활을 잡은 후,[1] 당 위로 올라가 획자獲者와 제자弟子들에게 화살을 집어 들라고 명하는데, 처음 활쏘기를 할 때와 동일한 절차로 한다.[2] 획자는 응답을 한 후 깃발(旌)을 들고서 과녁을 등지고 서는데, 처음 활쏘기를 할 때와 동일한 절차로 한다.[3] 사마는 당에서 내려와 서당의 아래로 가서 활을 풀어 놓은 후 사사司射 남쪽의 본래 위치로 돌아간다. 제자들은 화살을 화살꽂이 통 위에 놓아두는데, 처음 활쏘기를 할 때와 동일한 절차로 한다.[4] 대부의 화살들은 띠풀(茅)로 만든 끈으로 함께 묶어 두는데, 손으로 잡는 부분의 위쪽을 묶는다.

司馬袒·決, 執弓, 升命取矢, 如初. 獲者許諾, 以旌負侯, 如初. 司馬降, 釋弓, 反位. 弟子委矢, 如初. 大夫之矢, 則兼束之以茅, 上握焉.

정현주

대부의 화살들을 함께 묶어두는 것은 대부를 우대하는 것이니, 이 때문에 대부는 화살을 번갈아가면서 집어 들지 않는다.[5] 악握의 위쪽을 묶으면 네 대의 화살을 한꺼번에 집어 들 수 있으니, 화살의 깃털을 가지런히 하기에 편리하다.[6] '악握'은 화살대의 중앙을 가리킨다. 주인의 화살들을 묶지 않는 것은 빈과 예를 달리 할 수 없기 때문이다. '대부의 화살들'이라고 말했으므로, 화살에 표식이 있는 것이다. 숙신씨肅愼氏가 싸리나무로 만든 화살(楛矢)을 공물로 바쳤는데, 화살의 오늬(括: 화살의 끝을 활시위에 끼도록 두 갈래 지게 에어 낸 부분)에 표식을 새겨 넣었다.[7] 금문본에는 '上'이 '尙'으로 되어 있다. 兼束大夫矢, 優之, 是以不拾也. 束於握上, 則兼取之, 順羽便也. '握', 謂中央也. 不束主人矢, 不可以殊於賓也. 言'大夫之矢', 則矢有題識也. 肅愼氏貢楛矢, 銘其括. 今文'上'作'尙'.

[鄕射禮05 : 經-198]

사마司馬는 제자가 화살꽂이 통 위에 놓아둔 화살을 네 대씩 세어 나누어 놓는데, 처음 활쏘기를 할 때와 동일한 절차로 한다.[8]

司馬乘矢如初.

주

1_ 왼팔 소매를 벗어 내고 활을 잡은 후 : 경문에는 '袒·決'로 되어 있지만, 오계공에 의하면 '決'은 필요 없는 글자이다. 그는 "예의 규정에서 활깍지(決)를 끼우는데 활팔찌(遂)를 착용하지 않는 경우는 없으므로 이곳의 '決'은 필요 없는 글자이다. 앞의 [經-160]에서도 '사마는 서당의 아래로 가서 왼팔 소매를 벗어 내고 활을 잡는다'(司馬適堂西, 袒, 執弓)라고 하였으므로, 이곳에서도 마땅히 이와 같이 해야 한다"라고 하였다.『의례정의』, 568쪽. 오계공의 설에 따라 번역한다.

2_ 처음 ~ 절차로 한다 : [經-160] 참조. 경문의 '처음과 같이 한다'(如初)는 것은 三耦들이 첫 번째 활쏘기를 할 때와 동일한 절차로 한다는 뜻이다. 이하에서도 마찬가지이다.

3_ 처음 ~ 절차로 한다 : [經-161] 참조.

4_ 처음 ~ 절차로 한다 : [經-164] 참조.

5_ 대부의 화살들을 ~ 않는다 : 대부의 화살은 띠풀로 묶여 있기 때문에 대부는 번거롭게 한 대씩 집어 들지 않고 네 대의 화살을 한꺼번에 집어 든다.

6_ 악의 위쪽을 ~ 편리하다 : 정현은 화살의 깃털을 가지런히 하여 손상시키지 않도록 하기 위해 화살대 중앙의 위쪽, 즉 화살촉과 가까운 부분을 묶는 것이라고 해석한 것이다.

7_ 숙신씨가 ~ 새겨 넣었다 :『국어』「노어하」에 내용이 보인다. 주 무왕 때 숙신씨가 싸리나무로 만든 화살(楛矢)을 공물로 바쳤는데, 그 길이가 1尺 2촌이었다. 무왕은 그 화살의 오늬에 '숙신씨가 공물로 바친 화살'(肅愼氏之貢矢)이라고 표식을 하고 맏딸 太姬에게 주었다.

8_ 처음 ~ 절차로 한다 : [經-164] 참조.

「재사시산도再射視筭圖」

(淸), 『흠정의례의소』

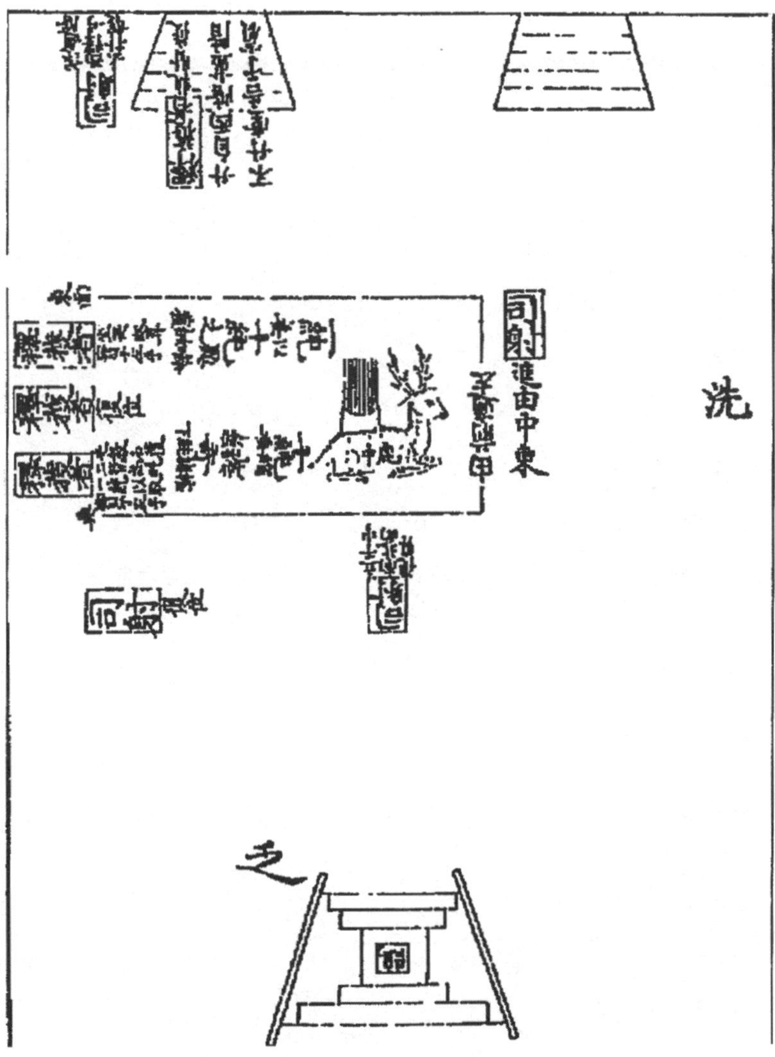

經-199에서 經-211까지는 '수획數獲' 즉 산가지로 명중시킨 화살의 수를 계산하는 절차이다.

[鄕射禮05 : 經-199]

사사司射는 이어서 서쪽 계단의 서쪽으로 가서[1] 활을 풀어 놓고, 허리띠에서 종아리채(扑)를 뽑아내고, 벗어 낸 왼팔 소매를 다시 갖추어 입은 후 남쪽으로 나아가고, 산가지통(中)의 동쪽을 경유하여 산가지통의 남쪽으로 가서 북쪽을 향해 서서 석획자가 산가지로 명중시킨 화살의 수를 계산하는 것을 살펴본다.

司射遂適西階西, 釋弓, 去扑, 襲, 進由中東, 立于中南, 北面視筭.

정현주

활을 풀어 놓고 허리띠에서 종아리채를 뽑아내는 것은 활 쏘는 일이 끝났기 때문이다. '釋弓去扑', 射事已.

[鄕射禮05 : 經-200]

석획자釋獲者는 산가지통의 서쪽 조금 남쪽에서 동쪽을 향해 앉아 먼저 오른쪽 산가지(上射의 산가지)를 계산한다.

釋獲者東面于中西坐, 先數右獲.

정현주 본래부터 동쪽을 향하고 있었는데, 다시 동쪽을 향한다고 말한 것은 석획자가 조금 남쪽으로 오른쪽의 산가지가 있는 곳으로 나아가기 때문이다. 固東面矣, 復言之者, 爲其少南就右獲.

[鄕射禮05 : 經-201]

2개의 산가지를 한 쌍(純)이라고 한다.

二筭爲純.

정현주 '순純'은 전체(全)의 뜻과 같다. 짝은 음陰과 양陽이 합쳐져 이루어지기 때문이다. '純'猶全也. 耦陰陽.

[鄕射禮05 : 經-202]

오른손으로 한 쌍(一純)씩 세어서 집은 후 왼손에 옮겨 놓고, 열 쌍이 되면 오른쪽 산가지(上射의 산가지)의 남쪽에 세로(동서) 방향으로 놓아둔다.[2]

一純以取, 實于左手, 十純則縮而委之.

정현주 '축縮'은 세로(從)의 뜻이다. 계산하는 사람에게는 동서 방향이 세로가 된다. 고문본에는 '縮'이 모두 '蹙'으로 되어 있다. '縮', 從也. 於數者東西爲從. 古文'縮'皆爲'蹙'.

[鄕射禮05 : 經-203]

열 쌍씩 될 때마다 놓는 위치를 달리한다.[3]

每委異之.

정현주

수를 비교하기 쉽도록 하기 위해서이다. 易校數.

[鄕射禮05 : 經-204]

열 쌍을 이루지 못하고 남은 쌍들이 있으면, 열 쌍 단위의 산가지들 아래(서쪽)에 가로(남북) 방향으로 놓아둔다.

有餘純, 則橫於下.

정현주

또 놓는 위치를 달리하는 것이니, 가까운 곳이 아래가 된다.[4] 又異之也, 自近爲下.

[鄕射禮05 : 經-205]

한 쌍을 이루지 못하고 남은 한 개의 산가지를 '우수리'(奇)라고 하는데, 우수리는 열 쌍을 이루지 못한 여러 쌍들의 아래(남쪽)에 세로(동서) 방향으로 놓는다.

一筭爲奇, 奇則又縮諸純下.

정현주

'기奇'는 이지러진다는 뜻이다. 또다시 세로 방향으로 두는 것이다. '奇'猶虧也. 又從之.

[鄕射禮05 : 經-206]

오른쪽 산가지(上射의 산가지)의 계산이 끝나면, 석획자는 일어나서 동쪽으로 나아가고, 산가지통의 앞(동쪽)에서 북쪽으로 나아가, 다시 서쪽으로 가서 왼쪽 산가지(下射의 산가지)의 서쪽에서 동쪽을 향한다.

興, 自前適左, 東面.

정현주 일어난 후 산가지통의 동쪽에서 왼쪽 산가지(下射의 산가지)로 나아가는 것이니, 이전의 위치보다 조금 북쪽에서 동쪽을 향한다. 起由中東就左獲, 少北於故, 東面鄕之.

[鄕射禮05 : 經-207]

석획자는 앉아서 산가지를 한꺼번에 거두어 왼손에 쌓아 놓고, 오른손으로 한 쌍(一純)씩 집어서 왼쪽 산가지(下射의 산가지)의 북쪽에 놓아두는데, 열 쌍이 될 때마다 놓는 위치를 달리한다.[5]

坐, 兼斂筭, 實于左手, 一純以委, 十則異之.

정현주 오른쪽 산가지(上射의 산가지)를 계산할 때와 방식을 변화시키는 것이다.[6] 變於右.

[鄕射禮05 : 經-208]

그 나머지는 오른쪽 산가지(上射의 산가지)를 계산할 때와 동일한 절차로 한다.
其餘如右獲.

정현주

계산한 산가지를 세로 방향으로 놓고 가로 방향으로 놓는 것을 가리킨다.[7] 謂所縮所橫.

[鄕射禮05 : 經-209]

왼쪽 산가지(下射의 산가지)의 계산이 끝나면, 사사司射는 산가지통 서남쪽의 본래 위치로 돌아온다. 석획자는 이어서 이긴 편의 산가지 앞으로 나아가 이긴 편의 남은 산가지를 집고, 그것을 들고서 서쪽 계단으로 올라가는데, 계단의 가장 위 층계까지만 올라가서 당 위로는 올라가지 않고 빈에게 승부의 결과를 보고한다.
司射復位. 釋獲者遂進取賢獲, 執以升自西階, 盡階, 不升堂, 告于賓.

정현주

'현획賢獲'은 이긴 편의 산가지이다. 오른쪽의 산가지(上射의 산가지)와 왼쪽의 산가지(下射의 산가지)를 똑같게 한 다음 그 남은 것을 집는다.[8] '賢獲', 勝黨之筭也. 齊之而取其餘.

[鄕射禮05 : 經-210]

만약 오른쪽(上射)이 이겼다면 "오른쪽이 왼쪽보다 뛰어납니다"라고 하고, 만약 왼쪽(下射)이 이겼다면 "왼쪽이 오른쪽보다 뛰어납니다"라고 한다. 이긴 편의 남은 산가지 수도 고하는데, 짝수라면 쌍(純)으로 고하고, 만약 홀수가 있다면 또한 "우수리"(奇)라고 말한다.

若右勝, 則曰"右賢於左", 若左勝, 則曰"左賢於右." 以純數告, 若有奇者, 亦曰"奇."

정현주 '현賢'은 이긴다(勝)는 뜻과 같다. '뛰어나다'(賢)라고 말하는 것은 활쏘기에서는 명중시키는 것을 뛰어난 것으로 삼기 때문이다. 가령 오른쪽이 이겼다면 "오른쪽이 왼쪽보다 뛰어난데, 몇 쌍·몇 우수리가 많습니다"라고 보고한다. '賢'猶勝也. 言'賢'者, 射之以中爲儁也. 假如右勝, 告曰"右賢於左, 若干純·若干奇."

[鄕射禮05 : 經-211]

만약 왼쪽과 오른쪽의 산가지가 똑같다면, 왼쪽과 오른쪽의 산가지를 각각 한 개씩 들고서 "왼쪽과 오른쪽의 산가지의 수가 똑같습니다"라고 빈에게 보고한다. 보고를 마치면, 석획자는 서쪽 계단을 내려와 산가지통 서쪽의 본래 위치로 돌아와 동쪽을 향해 앉아서 산가지통의 왼쪽·오른쪽의 산가지와 산가지통의 서쪽에 놓여 있는 산가지를 함께 거두어서 8개의 산가지는 산가지통 안에 넣어 두고, 그 나머지는 산가지통의 서쪽에 놓아두고, 일어나서 양손을 맞잡고 서서 명을 기다린다.

若左右鈞, 則左右皆執一筭以告曰, "左右鈞." 降復位, 坐, 兼斂筭, 實八筭于中, 委其餘于中西, 興, 共而俟.

주

1_ 드디어 서쪽 계단의 서쪽으로 가서 : 司射의 본래 위치인 산가지통(中)의 서남쪽에서 북쪽으로 서쪽 계단의 서쪽으로 나아가는 것이다.

2_ 세로 방향으로 놓아둔다 : 산가지의 끝부분이 동쪽을 향하도록 하여 놓는다는 뜻이다.

3_ 열 쌍씩 ~ 달리한다 : 열 쌍이 되면 순서대로 먼저 놓은 열 쌍의 남쪽에 놓는다는 뜻이다.

4_ 가까운 곳이 아래가 된다 : 호배휘는 釋獲者와 가까운 곳이 아래가 되는 것이라고 하였다. 『의례정의』, 571쪽 참조.

5_ 열 쌍이 될 때마다 ~ 달리한다 : 열 쌍이 될 때마다 순서대로 먼저 놓은 열 쌍의 북쪽으로 놓는다는 뜻이다.

6_ 오른쪽 산가지를 ~ 것이다 : 오른쪽 산가지(上射의 산가지)를 계산할 때에는 오른손으로 땅에 있는 산가지를 한 쌍씩 집으면서 계산을 하는데, 왼쪽 산가지(下射의 산가지)를 계산할 때에는 먼저 왼손으로 땅에 있는 산가지를 한꺼번에 집은 후 오른손으로 왼손에 있는 산가지를 한 쌍씩 집어서 계산한다. 가공언은 "오른쪽 산가지의 경우에는 땅에서 산가지를 한 쌍씩 집어서 왼손에 옮겨 놓는다. 왼쪽 산가지의 경우에는 왼손으로 산가지를 한꺼번에 집은 후 오른손으로 왼손에서 산가지를 한 쌍씩 집어서 땅에 내려놓는다"라고 하였다. 『의례주소』, 243쪽 참조.

7_ 계산한 ~ 가리킨다 : [經-202]~[經-205] 참조.

8_ '현획'은 ~ 집는다 : '賢獲'에 대해 오계공은 오른쪽의 산가지와 왼쪽의 산가지를 비교하여 똑같은 수를 빼고 남은 이긴 편의 산가지라고 하였고, 장이기는 '賢'은 많다(多)는 뜻이라고 하였다. 오계공은 "왼쪽의 산가지(下射의 산가지)를 계산한 후 조금 물러나고, 산가지통(中)의 정서쪽과 마주하여 산가지의 다과를 비교하고, 비교를 마친 후에 이긴 편의 산가지 앞으로 나아가서 비교하고 남은 이긴 편의 산가지를 집고, 양손으로 공손히 받들고서 계단을 오른다"라고 하였다. 『의례정의』, 572쪽 참조.

「음불승자도飮不勝者圖」

(淸), 『흠정의례의소』

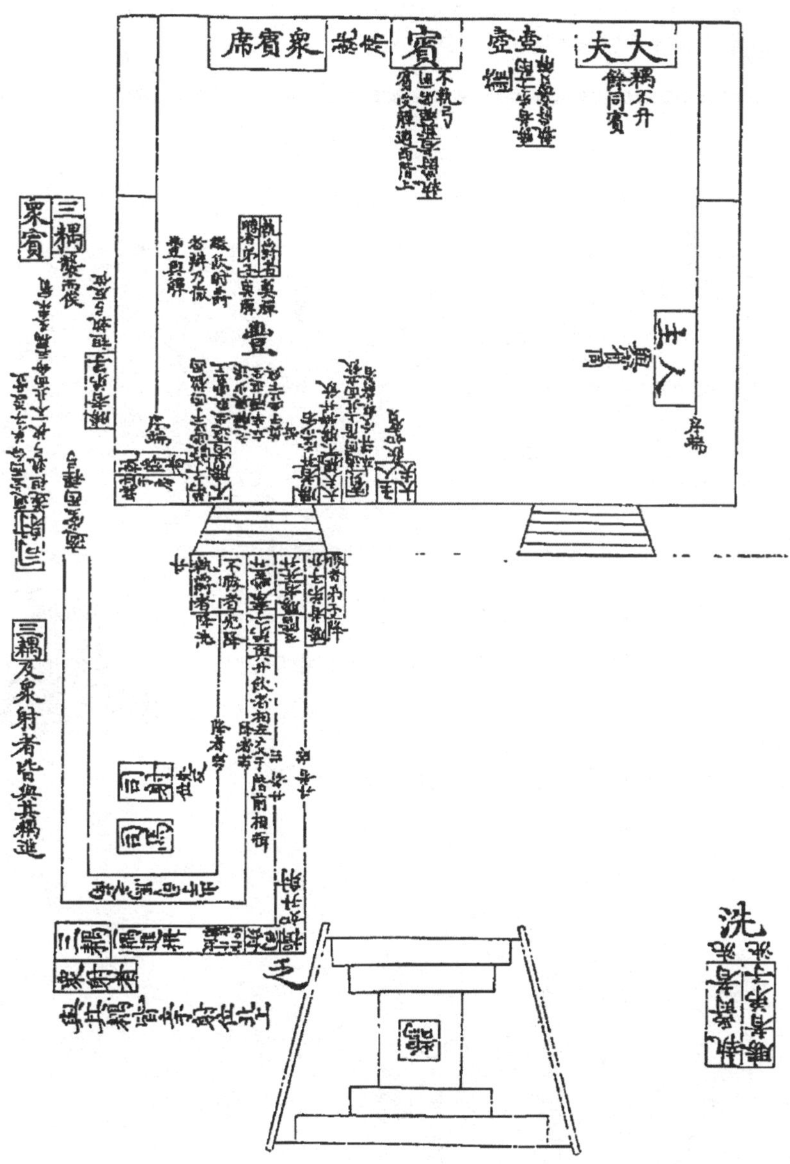

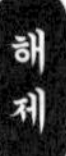

經-212에서 經-227까지는 '음불승자飮不勝者' 즉 활쏘기에서 이기지 못한 사람에게 벌주를 마시게 하는 절차이다.

[鄕射禮05 : 經-212]

사사司射는 서당西堂 아래의 서쪽으로 가서 제자들에게 술잔 받침대(豐)[1]를 진설하도록 명한다.

司射適堂西, 命弟子設豐.

정현주 장차 이기지 못한 사람에게 벌주를 마시게 하려는 것이다. 술잔 받침대(豐)를 진설하는 것은 그 술잔을 받들게 하려는 것이다. 술잔 받침대의 형태는 대체로 나무제기(豆)와 비슷한데 높이가 낮다. 將飮不勝者. 設豐所以承其爵也. 豐形蓋似豆而卑.

풍豐

(淸), 『흠정의례의소』

[鄕射禮05 : 經-213]

제자들은 술잔 받침대를 받들고 당 위로 올라가 당 위 서쪽 기둥(西楹)의 서쪽에 진설하고 다시 당에서 내려온다. 이긴 편의 제자는 술잔(觶)을 씻고, 당 위로 올라가 술잔에 술을 따라 채우고, 남쪽을 향해 앉아서 술잔 받침대 위에 술잔을 올려놓는다. 이어서 당

에서 내려와 왼팔 소매를 벗어 내고[2] 활을 잡고서 본래 위치로 돌아온다.[3]
弟子奉豐升, 設于西楹之西, 乃降. 勝者之弟子洗觶, 升酌, 南面坐奠于豐上. 降, 袒執弓, 反位.

정현주

'이긴 편의 제자'(勝者之弟子)는 이긴 편의 사람들 가운데 나이가 어린 자이다. 이긴 편의 짝(耦)이 되었던 사람이 술을 따르지 않는 것은 능력이 없는 자(이기지 못한 자)를 낮추는 것이다. 술잔에 술을 따라 채운 사람이 술잔을 건네주지 않는 것은 문장을 생략한 것이다.[4] 활을 잡고서 활쏘기를 하기 전에 서 있는 위치(射位)로 돌아오고 자기 편 사람들을 기다리지 않는 것은 이미 술을 따랐고 활쏘기의 일이 있기 때문이다. '勝者之弟子', 其少者也. 耦不酌, 下無能也. 酌者不授爵, 略之也. 執弓反射位, 不俟其黨, 已酌有事.

[鄕射禮05 : 經-214]

사사司射는 이어서 왼팔 소매를 벗어 내고,[5] 활을 잡고, 한 대의 화살을 오른손의 검지와 중지 사이에 끼우고, 종아리채를 허리띠에 꽂고서 삼우三耦들의 남쪽에서 북쪽을 향해 서서 삼우三耦 및 중빈衆賓에게 명을 한다. "이긴 편의 사람들은 모두 왼팔 소매를 벗어 내고, 오른손 엄지손가락에 활깍지(決)를 끼우고, 왼팔에 활팔찌(遂)를 착용하고서 오른손으로 활시위를 메운 활을 잡도록 하시오.
司射遂袒, 執弓, 挾一个, 搢扑, 北面于三耦之南, 命三耦及衆賓. "勝者皆袒·決·遂, 執張弓.

정현주

'활시위를 메운 활을 잡는다'(執張弓)는 것은 활쏘기를 할 수 있음을 보이는 뜻이다. 오른손으로 활시위를 잡는데, 활쏘기를 마쳤을 때처럼 한다.[6] '執張弓', 言能用之也. 右手執弦, 如卒射.

[鄕射禮05 : 經-215]

이기지 못한 편의 사람들은 모두 벗어 낸 왼팔 소매를 다시 갖추어 입고(襲), 활깍지(決)와 활팔찌(拾)를 벗겨낸 후, 왼손의 손바닥이 위를 향하게 하고, 오른손으로 활시위를 풀어 놓은 활을 왼손 손바닥 위에 옮겨 놓고, 이어서 양손으로 활의 줌통(弣 : 활 중앙의 손잡이 부분)을 잡도록 하시오."

不勝者皆襲, 說決·拾, 卻左手, 右加弛弓于其上, 遂以執弣."

정현주

본래부터 이미 왼팔 소매를 다시 갖추어 입고, 활깍지와 활팔찌를 벗겨 내고 있었는데, 이곳에서 이를 다시 말한 것은 이긴 편의 사람들을 홍기시키기 위한 것이다. '활시위를 풀어 놓은 활을 잡는다'(執弛弓)는 것은 활쏘기를 할 수 없음을 보이는 뜻이다. 양손으로 활의 줌통을 잡으면, 다시는 활시위를 잡을 수 없게 된다. 固襲說決拾矣, 復言之者, 起勝者也. '執弛弓', 言不能用之也. 兩手執弣, 又不得執弦.

[鄕射禮05 : 經-216]

사사司射는 먼저 산가지통 서남쪽의 본래 위치로 돌아온다.

司射先反位.

정현주

앞에 있으면서 명을 받은 삼우와 중빈들이 오기를 기다리는 것이다. 居前俟所命來.

[鄕射禮05 : 經-217]

삼우三耦 및 활을 쏘는 사람들은 모두 각자의 짝과 함께 남쪽으로 나아가 사위射位(활쏘기를 하기 전에 서 있는 위치)[7]에 서는데, 북쪽을 윗자리로 삼는다. 사사司射는 당 위로 올라가 벌주를 마시도록 명하는데, 활을 쏘도록 명할 때와 동일한 절차로 한다.[8] 한 짝(一耦 : 上耦)이 나아가 읍을 하는데, 당 위로 올라가 활쏘기를 할 때와 동일한 절차로 한다.[9] 서쪽 계단 앞에 이르면, 이긴 사람이 먼저 당 위로 오르고, 당 위로 올라가서는 조금 오른쪽(동쪽)[10]에 선다.

三耦及衆射者, 皆與其耦進, 立于射位, 北上. 司射作升飮者, 如作射. 一耦進, 揖如升射. 及階, 勝者先升, 升堂少右.

정현주

'먼저 오른다'(先升)는 것은 이긴 사람을 높이는 것이다. '조금 오른쪽에 선다'(少右)는 것은 벌주를 마실 사람이 올라오는 길을 피해주는 것이니, 또한 서로 술을 마시는 위치이기도 하다.[11] '先升', 尊賢也. '少右', 辟飮者也, 亦相飮之位.

[鄕射禮05 : 經-218]

이기지 못한 사람은 당 위로 올라간 후 북쪽으로 나아가 북쪽을 향해 앉아서 오른손으로 술잔 받침대(豐) 위의 술잔(觶)을 잡고, 일어나서 조금 뒤로 물러나 선 채로 술잔의 술을 다 마신다. 이어서 다시 앞으로 나아가 북쪽을 향해 앉아서 비운 술잔을 술잔 받침대의 남쪽에 내려놓고 일어나서 읍을 한다.
不勝者進, 北面坐取豐上之觶, 興, 少退, 立卒觶. 進, 坐奠于豐下, 興, 揖.

정현주

'선 채로 술잔의 술을 다 마신다'(立卒觶)는 것은 술로 고수레를 하지 않고 술을 마시게 해 준 것에 배례를 하지 않는다는 뜻이니, 벌주의 술잔을 받는 것이므로 예禮를 갖추지 않는 것이다. 오른손으로 술잔을 잡고, 왼손으로 활을 잡는다. '立卒觶', 不祭不拜, 受罰爵, 不備禮也. 右手執觶, 左手執弓.

[鄕射禮05 : 經-219]
이기지 못한 사람이 먼저 당에서 내려온다.
不勝者先降.

정현주

이기지 못한 사람이 나중에 올라왔는데 먼저 내려가는 것은 예를 간략히 하여 순서를 따르지 않는 것이다. 後升先降, 略之, 不由次.

[鄕射禮05 : 經-220]
상우上耦는 술을 마시러 당 위로 올라오는 차우次耦와 서쪽 계단 앞에서 서로 만나는데, 상대방을 서로 왼쪽에 두고서 교차하여 지

나가며, 교차할 때 서로 읍을 한다. 상우는 남쪽으로 가서 사마司馬의 남쪽으로 나오고, 이어서 북쪽을 향해 서당西堂 아래의 서쪽으로 가서 활을 풀어 놓고, 벗어 낸 왼팔 소매를 갖추어 입고서 다시 활쏘기를 기다린다.

與升飮者相左, 交于階前, 相揖. 出于司馬之南, 遂適堂西釋弓, 襲而俟.

정현주 다시 활 쏘는 것을 기다리는 것이다. 俟復射.

[鄕射禮05 : 經-221]

이때 당 위에는 집작자執爵者가 있다.

有執爵者.

정현주 주인은 찬자贊者로 하여금 이긴 편의 제자를 대신하여 술을 따르게 한다.[12] 집작자는 상우上耦가 당 위로 올라가고 이기지 못한 사람이 벌주를 마신 후에 서쪽 계단을 통해 당 위로 올라가 당 위 서쪽 벽의 남쪽 끝(序端)에 선다. 主人使贊者代弟子酌也. 於旣升飮而升自西階, 立于序端.

[鄕射禮05 : 經-222]

집작자는 북쪽을 향해 앉아서 술잔(觶)을 집어 들고, 그 술잔에 술을 따라 채운 후 몸을 돌려 남쪽을 향해 술잔 받침대(豐) 위에 올려놓는다. 당 위로 올라와 벌주를 마실 때마다 이와 동일한 절차로 한다.
執爵者坐取觶, 實之, 反奠于豐上. 升飮者如初.

정현주

이기지 못한 사람이 벌주를 마실 때마다 집작자가 매번 술을 따라 한 사람씩 순서대로 두루 마시게 한다. 每者輒酌, 以至於徧.

[鄕射禮05 : 經-223]

이처럼 삼우三耦 가운데 이기지 못한 사람들은 모두 벌주를 마친다. 빈·주인·대부는 이기지 못했더라도 활시위를 풀어 놓은 활을 잡지 않으며, 집작자가 술잔을 집어 들고 당에서 내려가 술잔을 씻고, 다시 당 위로 올라와 술잔에 술을 따라 채워 각자의 자리(席) 앞에서 술잔을 건네준다.[13]

三耦卒飮. 賓·主人·大夫不勝, 則不執弓, 執爵者取觶, 降洗, 升, 實之, 以授于席前.

정현주

빈·주인·대부를 우대하고 높이는 것이다. 優尊也.

[鄕射禮05 : 經-224]

빈·주인·대부 가운데 이기지 못한 사람들은 술잔을 받아 들고 서쪽 계단 위쪽으로 가서 북쪽을 향해 선 채로 벌주를 마신다.

受觶, 以適西階上, 北面立飮.

정현주

벌주의 술잔을 받은 사람은 스스로를 높여서 구별해서는 안 되기 때문이다.[14] 受罰爵者, 不宜自尊別.

[鄕射禮05 : 經-225]

빈·주인·대부 가운데 이기지 못한 사람들은 술잔의 술을 다 마신 후 집작자에게 비운 술잔을 건네주고 각자의 자리(席)로 돌아온다. 대부가 벌주를 마실 때, 대부의 짝은 당 위로 올라가지 않는다.[15]

卒觶, 授執爵者, 反就席. 大夫飮, 則耦不升.

정현주

빈과 주인이 벌주를 마실 때에는 그들의 짝이 당 위에 있기 때문에, 대부의 짝도 당 위로 올라가는 것으로 오해할 혐의가 있기 때문이다. 以賓·主人飮, 耦在上, 嫌其升.

[鄕射禮05 : 經-226]

만약 대부의 짝이 이기지 못했다면, 또한 활시위를 풀어 놓은 활을 잡고 혼자서 당 위로 올라가 벌주를 마신다.

若大夫之耦不勝, 則亦執弛弓, 特升飮.

정현주

존귀한 사람은 능력이 없는 자(이기지 못한 자)를 혼자서 마시게 할 수 있기 때문이다.[16] 尊者可以孤無能對[17].

[鄕射禮05 : 經-227]

중빈 가운데 이기지 못한 사람들은 서로 이어서 벌주의 술잔[18]을 두루 마신 후, 이어서 술잔 받침대(豐)와 술잔(觶)을 치운다.

衆賓繼飮射爵者辯, 乃徹豐與觶.

정현주 '철徹'은 치운다는 뜻이다. 술잔 받침대를 진설한 제자弟子는 서당西堂의 아래에 술잔 받침대를 되돌려 놓고, 집작자는 대광주리 안에 술잔을 되돌려 놓는다. '徹'猶除也. 設豐者反豐於堂西, 執爵者反觶於篚.

주

1_ 술잔 받침대 : 채덕진은 "'豐'은 나무로 만드는데, 그 형태는 豆와 비슷하다. 벌주의 술잔을 바치는 기구이다"라고 하였고, 섭숭의의 『의례도』에는 "활쏘기에서 벌주의 술잔을 바치는 '豐'은 사람의 형상으로 만든다. '豐'은 나라 이름이다. 그 나라의 군주가 술로 나라를 멸망시켰기 때문에, 豐으로 술잔을 바쳐서 경계로 삼게 되었다"라는 『구도』에 인용된 『제도』의 설을 소개하고 있다. 그러나 장일은 망국의 술잔 받침대로 경계를 삼는 일은 있을 수 없다고 비판한다. 『의례정의』, 574쪽 참조.

2_ 왼팔 소매를 벗어 내고 : 성세좌는 이곳 경문의 '袒執弓' 3글자를 衍文으로 보지 않는 입장에서, '袒'의 글자 다음에 '決·遂'의 두 글자가 생략된 것으로 이해한다. 『의례정의』, 576쪽 참조.

3_ 왼팔 소매를 ~ 돌아온다 : 경문의 '袒執弓'과 '反位'에 대해서는 역대로 논란의 대상이 되었다. ① 오계공은 '袒執弓'의 3글자는 衍文이고, '反位'는 '西堂의 아래 위치로 돌아온다'(反堂西之位)는 뜻이라고 해석한다. "'反位'는 西堂의 아래 위치로 돌아온다는 뜻이다. 이때에 '왼팔 소매를 벗어 내고 활을 잡는 것'은 예의 규정에 있어 합당하지 않으므로, 아마도 衍文인 듯하다. 「대사의」에도 이러한 행례 절차는 없다."('反位', 反堂西之位. 此時袒執弓, 於禮無所當, 疑衍. 「大射儀」無之) ② 『흠정의례의소』에서도 '袒執弓'의 3글자를 衍文으로 파악한다. "이곳의 경문에서는 단지 '왼팔 소매를 벗어 내고 활을 잡고서 본래 위치로 돌아온다'(袒執弓反位)고 하였는데, 아래의 경문에서 '司射가 三耦 및 衆賓에게 명을 한 후에 비로소 이긴 편의 사람들이 모두 왼팔 소매를 벗어 내고 오른손 엄지손가락에 활깍지를 끼우고, 왼팔에 활팔찌를 착용하고서 활시위를 메운 활을 잡는다'라고 한 것에 의거한다면, 이곳에서 어떻게 먼저 왼팔 소매를 벗어 내고 활을 잡을 수 있겠는가? 하물며 射禮에서 무릇 활을 쏘는 사람은 모두 '왼팔 소매를 벗어 내고, 오른손 엄지손가락에 활깍지를 끼우고, 왼팔에 활팔찌를 착용하니', 왼팔 소매를 벗어 내는데 활깍지와 활팔찌를 착용하지 않는 경우는 없다. 또 활을 잡는 것은 오직 司馬가 당 위로 올라간 이후에 하는 것이니, 이긴 편의 제자가 또 어떻게 이렇게 할 수 있겠는가? 오계공이 3글자를 衍文이라고 한 것이 옳다."(經云'袒執弓反位', 據下經'司射命三耦及衆賓, 始有勝者, 皆袒決遂執張弓'之說, 此烏得先袒而執弓, 況射禮凡射者皆袒決遂, 無袒而不決遂, 且執弓者, 惟司馬升堂, 則袒執弓, 勝者之弟子, 又烏得而有此, 敖氏以三字爲衍文, 是也.) ③ 성세좌는 '袒執弓'의 3글자를 衍文으로 볼 필요가 없으며, '反位'는 '西堂의 아래에서 동쪽을 윗자리로 삼아 남쪽을 향해 서 있는 위치([經-158])로 돌아간다'는 뜻이라고 해석한다. "이긴 편의 제자는 또한 활쏘기에 참여한 자이다. 그가 술잔을 씻고 당 위로 올라가 술잔에 술을 따를 때에는 西堂의 아래로부터 와서 한다. 그렇다면 그가 '본래 위치로 돌아온다'(反位)는 것은 또한 '西堂의 아래로 돌아온다'(反于堂西)는 뜻이다. 정현 주에서 '활쏘기를 하기 전에 서 있는 위치로 돌아오는 것이다'(反射位)라고 한 것은 經文에 '袒執弓'의 3글자가 '反位'의 문장 앞에 있는 것으로 인해서 잘못 해석한 것이다. 활을 쏘는 사람들의 활은 모두 '西堂의 아래'에 풀어 놓으니, 예의 규

정에 있어 계단 앞 즉 활쏘기를 하기 전에 서 있는 위치(射位)에서 '왼팔 소매를 벗어 내고 활을 잡는'(袒執弓) 것은 있을 수 없다. 이 때문에 오계공이 衍文으로 의심했던 것이다. 그러나 내가 고찰해 보건대, 또한 衍文이 아니다. 경문에서 '당에서 내려와 왼팔 소매를 벗어 내고 활을 잡는다'(降, 袒執弓)고 하였으므로 이긴 편의 제자는 西堂의 아래로 가는 것임을 알 수 있다. '본래 위치로 돌아간다'(反位)는 것은 '(西堂의 아래에서) 동쪽을 윗자리로 삼아 남쪽을 향해 서 있는 위치([經-158])로 돌아간다'는 뜻이니, 그의 짝에게로 나아가는 것이다. 먼저 '왼팔 소매를 벗어 내고 활을 잡은' 후에 '본래 위치로 돌아가는 것'은 그의 짝이 이미 활시위를 메우지 않은 활을 잡고 기다리고 있기 때문이다."('勝者之弟子', 亦與于射者也, 其洗觶升酌也, 自堂西而來, 則其反位也, 亦反于堂西耳. 注乃以爲'反射位'者, 因經'袒執弓'三字, 在'反位'之上耳誤也. 夫衆射者之弓, 皆釋于堂西, 禮未有于階前袒執弓者, 敖氏所以有衍文之疑也. 以愚考之, 則亦非衍也. 蓋云'降袒執弓', 則其適堂西可知矣. '反位'者, 反南面東上之位, 就其耦也, 先袒執弓而後反位者, 爲其耦已執弛弓而俟也.) 『의례정의』, 575~576쪽 및 『흠정의례의소』, 권45, '禮器圖 5' 참조.

4_ 술잔에 ~ 생략한 것이다 : 오정화는 이긴 편의 제자가 술잔 받침대(豐) 위에 술잔을 올려놓기만 하고 이기지 못한 편의 사람에게 술잔을 건네주지 않는 것은 벌주의 술잔은 이기지 못한 사람이 직접 집어 들어서 마셔야 하기 때문이라고 하여, 문장을 생략한 것이라는 정현의 해석을 비판하였다. 『의례정의』, 575쪽 참조.

5_ 왼팔 소매를 벗어 내고 : 오계공은 경문의 '袒'의 글자 뒤에 '決·遂' 두 글자가 생략되었다고 하였다. 따라서 司射가 왼팔 소매를 벗어 내고(袒) 오른손 엄지손가락에 활깍지(決)를 끼우고 왼팔에 활팔찌(遂)를 착용하고서 三耦 및 衆賓들에게 명을 내리는 것이다. 『의례정의』, 576쪽 참조.

6_ 오른손으로 ~ 한다 : 활쏘기를 마친 후에는 왼손으로 활을 잡고, 화살을 오른손의 엄지와 중지 사이에 끼우지 않고, 오른손으로 활시위를 잡는데, 이와 마찬가지로 한다는 뜻이다. [經-139] 참조.

7_ 사위 : 산가지통(中)의 서남쪽에 司射의 자리가 있고, 그 남쪽에 司馬의 자리가 있고, 그 서남쪽에 射位가 있다. 앞의 『흠정의례의소』, '飮不勝者圖' 그림 참조.

8_ 사사는 ~ 절차로 한다 : [經-144] 참조.

9_ 당 위로 ~ 절차로 한다 : [經-145] 참조.

10_ 오른쪽 : 주희는 북쪽을 향하고 있으므로 오른쪽은 동쪽을 가리킨다고 하였다. 『의례정의』, 577쪽 참조.

11_ 서로 ~ 위치이기도 하다 : 서쪽 계단 위쪽에서 술잔을 주고받기 때문에 서로 술을 마시는 위치라고 한 것이다. 가공언은 서로 술을 마시는 자는 모두 서쪽 계단 위쪽에서 북쪽을 향하는데 술잔을 건네주는 자는 동쪽에 있고 술을 마시는 자는 서쪽에 있다고 하였고, 주희는 벌주를 마시게 하는 자는 벌주를 마시는 자의 오른쪽에 있다고 하였다. 『의례정의』, 577쪽 참조.

12_ 주인은 ~ 따르게 한다 : 처음에는 이긴 편의 弟子가 술을 따르지만 두 번째부터 끝날 때까지는 주인이 贊者로 하여금 이긴 편의 제자를 대신하여 술을 따르도록 하는데, 이 사람이 '執爵者'이다. 제자도 3번째 활쏘기에 참여하기 때문에 찬자로 하여금 대신 술을 따르게 하는 것이다. 찬자는 활을 쏘지 않는 사람이다. 『의례주소』, 246쪽 및 『의례정의』, 579쪽 참조.

13_ 빈·주인·대부는 ~ 건네준다 : 오계공에 따르면, 上射가 이긴 경우에는 주인과 대부에게 벌주를 따르고 下射가 이긴 경우에는 빈에게 벌주를 따르며, 자리 앞에서 술을 건네줄 때에는 빈과 주인의 경우에는 그 오른쪽에서, 대부의 경우에는 그 왼쪽에서 건네주는데 모두 비스듬히 향한다. 『의례정의』, 579쪽 참조.

14_ 벌주의 술잔을 ~ 때문이다 : 오계공은 "서쪽 계단의 위쪽(西階上)은 또한 당 위 서쪽기둥(西楹)에서 조금 남쪽으로, 이곳은 벌주의 술잔을 마시는 사람들의 正位이다. 이 예는 벌주의 술잔을 마시는 것을 위주로 하는 것이기 때문에 존귀하더라도 마땅히 이곳으로 나아가서 벌주를 마셔야 한다"라고 하였다. 학경도 자리(席)에서 벌주를 마시지 않고 서쪽 계단 위쪽에서 북쪽을 향하여 선 채로 마시는 것은 벌주를 마시는 것임을 보여 주기 위한 것이라고 하였다. 『의례정의』, 580쪽 참조.

15_ 대부의 짝은 ~ 않는다 : 오계공은 대부의 짝은 당 위로 올라가지 않고 射位(활쏘기를 하기 전에 서 있는 위치, 司馬의 서남쪽에서 동쪽을 향하는 위치)에 서 있고, 대부가 벌주를 마신 후에 곧바로 西堂의 아래로 가서 활을 풀어 놓는다고 하였다. 그러나 저인량은, 대부의 짝이 이기지 못했을 때에 대부는 이긴 자의 뜻을 보이지 않기 위해 활시위를 메운 활을 잡지 않는데, 대부가 이기지 못했을 때에 그 짝이 활시위를 메운 활을 잡는 것은 있을 수 없다고 하여 오계공의 설을 비판한다. 『의례정의』, 580쪽 참조.

16_ 존귀한 ~ 때문이다 : 성세좌는 대부는 그의 짝과 신분의 존비가 대등하지 못하기 때문에 혼자서 마시게 할 수 있지만, 그 신분이 대등한 경우에는 반드시 함께 마신다고 하였다. 오계공에 따르면, 대부의 짝이 혼자서 당 위로 올라가 벌주를 마실 때 대부는 자신의 자리(席)에 그대로 있는다. 『의례정의』, 581쪽 참조.

17_ 對 : 徐本에는 '對'자가 없다. 완원의 校勘記에는 당시에 宋本이 발견되지 않아서 '對'자가 잘못 들어갔는데 嚴本에는 '對'자가 없다고 하였다. 성세좌도 嚴本에 따라 '對'자를 삭제하였다. 『의례정의』, 621쪽 참조. 이에 따라 번역한다.

18_ 벌주의 술잔 : 경문의 '射爵'은 이기지 못한 자가 마시는 벌주의 술잔, 즉 '罰爵'을 가리킨다.

「헌획자급석획자도獻獲者及釋獲者圖」

(淸), 『흠정의례의소』

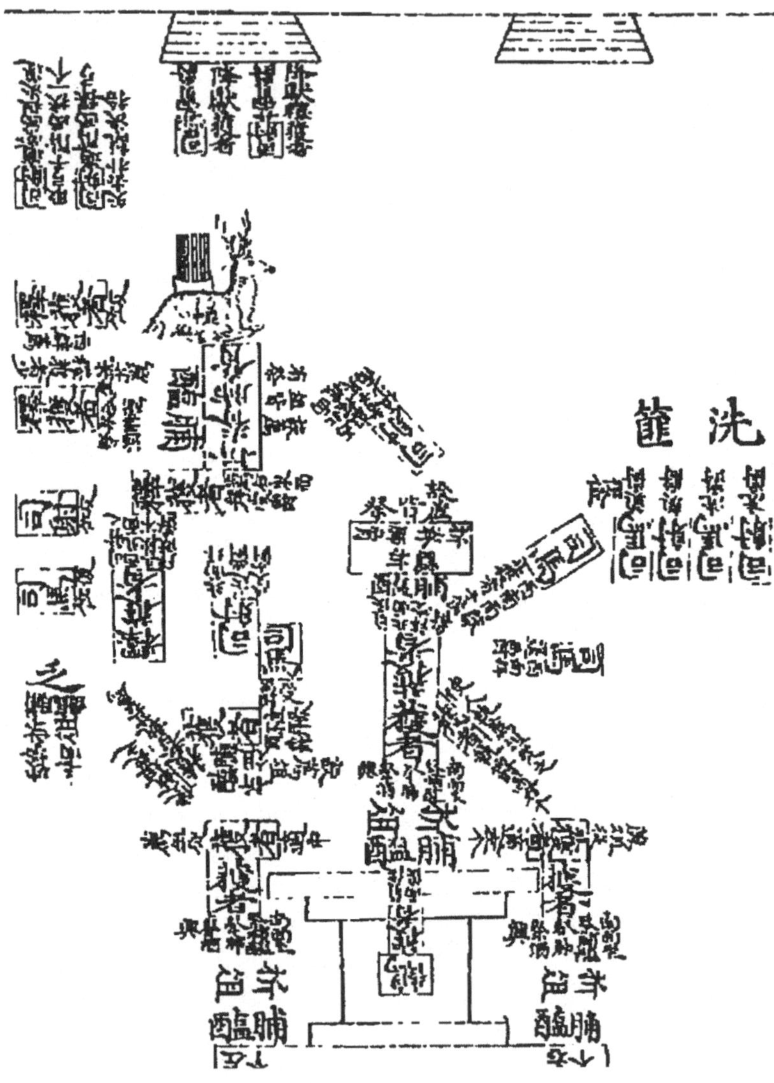

해제

經-228에서 經-236까지는 사마司馬가 획자獲者에게 술을 올려 '헌獻'의 예를 행하는 절차이다.

[鄕射禮05 : 經-228]

사마司馬는 술잔을 씻고 당 위로 올라가고, 술잔에 술을 채운 후 다시 내려와, 과녁(侯) 앞에서 획자獲者에게 술을 올려 헌獻의 예를 행한다.

司馬洗爵, 升, 實之以降, 獻獲者于侯.

정현주

향인鄕人인 획자는 신분이 천하니, 주로 과녁의 일로 공功을 세워 헌獻의 예를 받을 수 있음을 밝힌 것이다. 鄕人獲者賤, 明其主以侯爲功得獻也.

[鄕射禮05 : 經-229]

주인의 찬자贊者는 말린 고기(脯)와 고기젓갈(醢)을 올리고, 희생고기의 뼈를 잘라서 올려놓은 희생제기(折俎)를 진설한다. 획자는 희생제기 위에 올려놓은 희생고기의 뼈(折俎)와 말린 고기·고기젓갈(薦)로 모두 세 곳에 고수레를 한다.[1]

薦脯·醢, 設折俎. 俎與薦皆三祭.

정현주 '모두 세 곳에 고수레를 한다'(皆三祭)고 말한 것은 획자는 장차 과녁에 고수레를 할 것이기 때문이니, 과녁의 세 곳에 고수레 함을 이른다. '皆三祭', 爲其將祭侯也, 祭侯三處也.

[鄕射禮05 : 經-230]
획자는 과녁을 등지고 북쪽을 향해 배례를 한 후 술잔을 받는다. 사마는 술잔을 건네준 후 서쪽을 향해 배례를 한다.
獲者負侯, 北面拜受爵. 司馬西面拜送爵.

정현주 '과녁을 등진다'(負侯)는 것은 과녁의 중中(중앙 부분)을 등진다는 뜻이다. 술잔을 보낸 후 배례를 할 때 향하는 방향을 획자와 똑같이 하지 않는 것은 정식의 군주와 동일하게 한다는 혐의를 피하는 것이다.[2] 말린 고기·고기젓갈(薦)과 희생고기의 뼈를 잘라서 올려놓은 희생제기(折俎)를 진설할 때에는 서쪽을 향해 엇갈려서 놓는데, 남쪽을 윗자리로 삼는다. 술잔을 과녁에서 받기 때문에 서 있는 위치에 음식을 올리는 것이다. 고문본에는 '再拜受爵'이라고 하였다. '負侯', 負侯中也. 拜送爵不同面者, 辟正主也. 其設薦·俎, 西面錯, 以南爲上. 爲受爵于侯, 薦之於位. 古文曰'再拜受爵'.

[鄕射禮05 : 經-231]
획자는 술잔을 잡고, 주인의 찬자로 하여금 말린 고기·고기젓갈(薦)과 희생고기의 뼈를 잘라서 올려놓은 희생제기(折俎)를 들고서 자신을 따르게 하여, 우개右个(과녁의 오른쪽 부분)로 가서 말린 고기·

고기젓갈(薦)과 희생고기의 뼈를 잘라서 올려놓은 희생제기(折俎)를 진설하게 한다.

獲者執爵, 使人執其薦與俎從之, 適右个, 設薦俎.

정현주

획자는 과녁의 일로 공을 세웠기 때문에 헌獻의 예를 받는다.[3] '인人'은 주인의 찬자贊者를 가리키는데, 위에서 말린 고기·고기젓갈(薦)과 희생고기의 뼈를 잘라서 올려놓은 희생제기(折俎)를 진설했던 자이다. 말린 고기(籩)를 동쪽에, 고기젓갈(豆)을 서쪽에 진설하기 때문에 희생고기의 뼈를 잘라서 올려놓은 희생제기(折俎)는 그 북쪽에 놓는다. '진설하게 한다'(使設)고 말한 것은 새롭게 진설한다는 뜻이다. 獲者以侯爲功, 是以獻焉. '人', 謂主人贊者, 上設薦俎者也. 爲設籩在東, 豆在西, 俎當其北也. 言'使設', 新之.

[鄕射禮05 : 經-232]

획자는 남쪽을 향해 앉아서 왼손으로 술잔을 잡고, 오른손으로 말린 고기(脯)와 고기젓갈(醢)로 고수레를 하고, 술잔을 잡은 채로 일어나고, 희생제기 위의 허파(肺)를 집고 다시 앉아서 고수레를 하고, 이어서 앉은 채로 술로 고수레를 한다.

獲者南面坐, 左執爵, 祭脯醢, 執爵興, 取肺坐祭, 遂祭酒.

정현주

과녁에 고수레를 하는 것이다. 또한 두 손으로 술을 고수레 하는데, 술잔을 몸 안쪽으로 향하게 하여 붓는 것은 「대사의」와 마찬가지이다.[4] 爲侯祭也. 亦二手祭酒反注, 如「大射」.

[鄕射禮05 : 經-233]

획자는 일어나서 좌개左个(과녁의 왼쪽 부분)와 중中(과녁의 중앙 부분)으로 가서 고수레를 하는데, 모두 우개右个로 가서 고수레를 할 때와 동일한 절차로 한다.

興, 適左个·中, 皆如之.

정현주 먼저 좌개에 고수레를 하고, 나중에 중中에 고수레를 하는 것은 바깥쪽에서부터 하고, 중앙으로 이르는 것이니, 신이 중앙에 있는 듯하기 때문이다. 先祭左个, 後中者, 以外卽之, 至中, 若神在中也.

[鄕射禮05 : 經-234]

획자는 주인의 찬자를 시켜 좌개左个의 서북쪽으로 3보 되는 곳에 동쪽을 향해 말린 고기·고기젓갈(薦)과 희생고기의 뼈를 잘라서 올려놓은 희생제기(折俎)를 진설하게 한다. 획자는 말린 고기·고기젓갈(薦)의 오른쪽에서 동쪽을 향해 서서 술을 마시는데, 술잔의 술을 다 마신 후 배례는 하지 않는다.

左个之西北三步, 東面設薦·俎. 獲者薦右東面立飮, 不拜旣爵.

정현주 화살막이(乏)로 가서 진설하지 않는 것은 과녁에 고수레하고 남은 음식임을 밝히는 것이다. 말린 고기와 고기젓갈의 오른쪽에서 서서 술을 마시면 사마司馬와 가까운데, 이때 사마는 북쪽을 향한다.[5] 不就乏者, 明其享侯之餘也. 立飮薦右, 近司馬, 於是司馬北面.

[鄕射禮05 : 經-235]

사마는 획자의 비운 술잔을 받아서 대광주리 안에 넣어 두고, 사사司射 남쪽의 본래 위치로 돌아온다. 획자는 말린 고기·고기젓갈(薦)을 들고, 주인의 찬자로 하여금 희생고기의 뼈를 잘라서 올려놓은 희생제기(折俎)를 들고서 자기를 따르게 하여, 화살막이(乏)의 남쪽으로 옮겨서 다시 진설하게 한다.

司馬受爵, 奠于篚, 復位. 獲者執其薦, 使人執俎從之, 辟設于乏南.

정현주 획자가 말린 고기·고기젓갈(薦)과 희생고기의 뼈를 잘라서 올려놓은 희생제기(折俎)를 옮겨서 화살막이로 나아가 진설하는 것은 자신이 예禮를 얻은 곳임을 밝히는 것이다.[6] '피한다'(辟之)는 것은 본래 위치에 놓지 않도록 한다는 뜻이니, 깃발을 들거나 깃발을 눕혀 놓도록 피하여 옮겨 놓는 것이다.[7] '남쪽에 진설한다'(設于南)는 것은 화살막이의 오른쪽에 진설한다는 뜻이다. 무릇 이 밖에 말린 고기·고기젓갈(薦)과 희생고기의 뼈를 잘라서 올려놓은 희생제기(折俎)를 진설하는 경우 모두 각자의 위치 앞에 놓는다.[8] 遷設薦俎就乏, 明己所得禮也. 言'辟之'者, 不使當位, 辟擧旌·偃旌也. '設于南', 右之也. 凡他薦俎, 皆當其位之前.

[鄕射禮05 : 經-236]

획자는 과녁을 등지고서 기다린다.[9]

獲者負侯而俟.

주

1_ 획자는 ~ 고수레를 한다 : 과녁의 右·左·中央의 세 곳에 고수레를 한다.

2_ 술잔을 ~ 피하는 것이다 : 정식의 주인(州長)이 빈과 중빈에게 '獻'의 예를 행할 때에는 '獻'의 예를 받는 빈·중빈과 마찬가지로 주인도 북쪽을 향해 배례를 한다. 『의례정의』, 583쪽 및 [經-31]~[經-32] 참조.

3_ 획자는 ~ 예를 받는다 : 獲者는 과녁의 일을 주관하기 때문에 '獻'의 예를 받는다. 그러므로 과녁으로 나아가 말린 고기·고기젓갈(薦) 및 희생제기 위에 올려 있는 희생고기의 뼈(折俎)와 술(酒)로 고수레를 한다. 『의례정의』, 584쪽 참조.

4_ 「대사의」와 마찬가지이다 : [大射儀07 : 經-254] 참조.

5_ 말린 고기와 ~ 향한다 : 이때 獲者는 동쪽을 향하고 있으므로, 司馬는 반드시 북쪽을 향해야 獲者의 오른쪽에서 술잔을 받을 수 있다. 司馬가 獲者의 오른쪽에서 술잔을 받는 것은 술잔을 건네줄 때 획자의 오른쪽을 말미암았기 때문이다. 『의례정의』, 586쪽 참조.

6_ 화살막이로 나아가 ~ 것이다 : 앞에서는 과녁(侯) 근처에 진설하였는데([經-234]), 과녁에 고수레를 하고 남은 음식임을 보이는 것이다. 이곳에서 화살막이(乏) 근처에 진설하는 것은 화살막이는 자기가 일을 주관하는 곳이기 때문으로, 이곳으로 옮겨 진설하는 것은 자기가 예를 얻은 곳임을 밝히기 위한 것이다. 『의례주소』, 249쪽 참조.

7_ '피한다'는 ~ 것이다 : 본래 과녁의 서북쪽에 진설하였는데([經-234]), 그곳에 깃발을 올리거나 눕혀 놓아야 하기 때문에 그곳을 피해 근처의 화살막이(乏) 남쪽에 다시 진설한다는 뜻이다. 오계공은 "'辟'는 '辟奠'(옮겨서 놓는다)이라고 할 때의 '辟'(옮기다)의 뜻으로, 본래 있었던 곳에서 떨어뜨려 놓는 것을 가리킨다"('辟'如'辟奠'之'辟', 謂離於故處也)라고 하였다. 『의례정의』, 586쪽 참조. 『국어』「진어」의 위소 주에 "'辟'는 치운다는 뜻이다. '奠'은 놓는다는 뜻이다"('辟', 去也. '奠', 置也)라고 하였다.

8_ 무릇 ~ 놓는다 : 燕禮, 食禮 및 제사를 지낼 때에는 말린 고기·고기젓갈(薦)과 희생고기의 뼈를 잘라서 올려놓은 희생제기(折俎)를 모두 각자의 위치 앞에 진설하여 射禮의 경우와 다르게 한다는 뜻이다.

9_ 기다린다 : 가공언과 장이기는 세 번째 활쏘기를 기다리는 것이라고 하였고, 오계공은 과녁에서 떨어져 있으라는 명을 기다리는 것이라고 하였다. 『의례주소』, 249쪽 및 『의례정의』, 586쪽 참조.

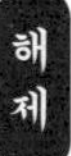

經-237에서 經-238까지는 사사가 석획자에게 술을 올려 '헌獻'의 예를 행함으로써 두 번째 활쏘기가 끝나는 절차이다.

[鄕射禮05 : 經-237]

사사司射[1]는 서쪽 계단의 서쪽으로 가서 활과 화살을 풀어 놓고, 허리띠에서 종아리채(扑)를 뽑아낸 후[2] 서당西堂 아래의 서쪽으로 가서 활깍지(決)와 활팔찌(拾)를 벗고, 벗어 낸 왼팔 소매를 다시 갖추어 입은(襲) 후[3] 물받이 항아리(洗)로 가서 술잔을 씻는다. 술잔을 씻은 후 당 위로 올라가서 술잔에 술을 따라 채우고, 다시 당에서 내려와 석획자釋獲者(명중시킨 화살의 수를 계산하는 사람)가 서 있는 위치의 조금 남쪽에서 석획자에게 술을 올려 헌獻의 예를 행한다.[4] 주인의 찬자贊者는 말린 고기(脯)와 고기젓갈(醢)을 올리고, 희생고기의 뼈를 잘라서 올려놓은 희생제기(折俎)를 진설하는데, 제물이 있다.[5]

司射適階西, 釋弓矢, 去扑, 說決·拾, 襲, 適洗, 洗爵. 升, 實之以降, 獻釋獲者于其位少南. 薦脯·醢, 折[6]俎, 有祭.

정현주

석획자가 서 있는 위치에서 헌의 예를 행하지 않는 것은 산가지통(中)을 피하는 것이다.[7] 不當其位, 辟中.

[鄕射禮05 : 經-238]

석획자는 말린 고기·고기젓갈(薦)의 오른쪽에서 동쪽을 향해 배례를 한 후 술잔을 받는다. 사사司射는 북쪽을 향해 술잔을 보내 준 후 배례를 한다. 석획자는 말린 고기·고기젓갈의 서쪽으로 나아가서 동쪽을 향해 앉아 왼손으로 술잔을 잡고, 오른손으로 말린 고기와 고기젓갈로 고수레를 한 후 일어나고, 허파를 잡고 다시 앉아서 고수레를 하고, 앉은 채로 그대로 술로 고수레를 한 후 일어난다. 이어서 사사의 서쪽으로 가서 북쪽을 향해 서서 술을 마시는데, 술잔의 술을 다 마신 후 배례는 하지 않는다. 사사는 석획자가 비운 술잔을 받아서 대광주리 안에 넣어 둔다. 석획자는 말린 고기와 고기젓갈(薦)을 조금 서쪽으로 옮겨서 다시 진설한 후, 산가지통 서쪽의 본래 위치로 돌아온다.

釋獲者薦右東面拜受爵. 司射北面拜送爵. 釋獲者就其薦坐, 左執爵, 祭脯·醢, 興, 取肺, 坐祭, 遂祭酒, 興. 司射之西, 北面立飮, 不拜旣爵. 司射受爵, 奠于篚. 釋獲者少西辟薦, 反位.

정현주

말린 고기와 고기젓갈(薦)을 조금 서쪽으로 옮겨서 다시 진설하는 것은 다시 활쏘기를 할 때에 사사가 산가지를 살펴보러 오는 것을 방해하기 때문이다. 이때에 희생고기의 뼈를 잘라서 올려놓은 희생제기(折俎)도 옮겨서 다시 진설해 놓는다.[8] 辟薦少西之者, 爲復射妨司射視筭也. 亦辟俎.

주

1_ 사사 : 司射가 釋獲者에게 술을 올려 獻의 예를 행하는 것에 대해서, 오계공은 석획자는 사사에게서 명을 받기 때문이라고 하였고, 성세좌는 사사는 당 위로 올라가 벌주를 마시라고 명하는 일이 끝나면 석획자에게 獻의 예를 행하는데, 司馬가 획자에게 술을 올려 獻의 예를 행하는 것과 동시에 거행한다고 하였다. 『의례정의』, 587쪽 참조.

2_ 허리띠에서 종아리채를 뽑아낸 후 : 오계공은 獻의 예를 행할 때에는 형벌기구를 찰 수 없기 때문에 허리띠에서 종아리채를 뽑아내는 것이라고 하였다. 『의례정의』, 587쪽 참조.

3_ 활깍지와 ~ 입은 후 : 활깍지와 활팔찌를 벗고 벗어 낸 왼팔 소매를 다시 갖추어 입는 것은 西堂의 아래에서 하는 것인데, 경문에서 이를 말하지 않은 것은 문장을 생략한 것이다.

4_ 석획자에게 술을 올려 ~ 행한다 : 獲者와 釋獲者는 모두 빈의 제자로서 활쏘기의 일을 담당하는 공이 있기 때문에 '獻'의 예를 받는다. 그 밖의 제자들은 '獻'의 예를 받지 못한다. 『의례정의』, 587쪽, 오계공의 설 참조.

5_ 제물이 있다 : 오계공에 따르면 이곳의 '제물'은 고수레를 할 때 사용하는 祭脯와 切肺를 가리킨다. '祭脯'는 고수레를 할 때 사용하는 반조각의 말린 고기이며, '切肺'는 고수레를 하기 위해 진설하는 허파로서 중앙 부위를 완전하게 끊어서 자른 것인데 祭肺 혹은 刌肺라고도 한다.

6_ 折 : 오계공은 '折'자 앞에 '設'자가 빠진 것으로 본다. 『의례정의』, 587쪽 참조. 이에 따라 번역한다.

7_ 석획자가 ~ 것이다 : 釋獲者의 위치는 산가지통(中)의 서남쪽이므로, 그 조금 남쪽에서 獻의 예를 행하여 산가지통이 있는 곳을 피하는 것이다.

8_ 이때에 ~ 진설해 놓는다 : 오계공에 따르면 희생제기(折俎)는 有司 즉 주인의 贊者가 옮겨 놓는다. 『의례정의』, 588쪽 참조.

經-239에서 經-242까지는 사사가 빈에게 세 번째 활쏘기를 청하고, 삼우와 중빈들에게 사위射位(활쏘기를 하기 전에 서 있는 위치)로 돌아가서 활쏘기 준비를 하도록 명하는 절차이다.

[鄕射禮05 : 經-239]

사사司射는 서당西堂 아래의 서쪽으로 가서 왼팔 소매를 벗어 내고(袒), 오른손 엄지손가락에 활깍지(決)를 끼우고, 왼팔에 활팔찌(遂)를 착용한 후 서쪽 계단의 서쪽에서 활을 집어 들고, 한 대의 화살을 오른손의 검지와 중지 사이에 끼우고, 종아리채(扑)를 허리띠에 꽂고서 산가지통 서남쪽의 본래 위치로 돌아온다.

司射適堂西, 袒·決·遂, 取弓于階西, 挾一个, 搢扑, 以反位.

정현주

장차 다시 활쏘기를 하고자 하는 것이다. 爲將復射.

[鄕射禮05 : 經-240]

사사는 허리띠에서 종아리채를 뽑아 내어 서쪽 계단의 서쪽에 기대어 놓은 후 당 위로 올라가 빈에게 활쏘기를 청하는데, 처음 활쏘기를 할 때와 동일한 절차로 한다.[1] 빈은 허락한다. 사사는 당에서 내려와 종아리채를 허리띠에 꽂고, 사마司馬의 남쪽을 경유하고 다시 북쪽으로 서당西堂의 아래로 가서 삼우三耦 및 중빈衆賓에게 "모두 왼팔 소매를 벗어 내고, 오른손 엄지손가락에 활깍지를 끼우고, 왼팔에 활팔찌를 착용한 후 활을 집어 들고서 사위射位(활쏘기를 하기 전에 서 있는 위치)[2]로 나아가시오"라고 명한다.
司射去扑, 倚于階西, 升, 請射于賓, 如初. 賓許. 司射降, 搢扑, 由司馬之南適堂西, 命三耦及衆賓, "皆袒·決·遂, 執弓, 就位."

정현주 '위位'는 사위射位이다. '사射'(활쏘기)를 말하지 않은 것은 이후부터 번갈아가면서 화살을 집어야 하기 때문이다. '位', 射位也. 不言'射'者, 以當序取矢.

[鄕射禮05 : 經-241]
사사는 먼저 산가지통 서남쪽의 본래 위치로 돌아온다.
司射先反位.

정현주 삼우 및 중빈보다 먼저 본래 위치로 돌아오는 것을 말한다. 명을 한 후에 삼우 및 중빈을 기다리지 않고 곧바로 본래 위치로 돌아오는 것이다. 이전에 활쏘기를 할 때에는 '삼우보다 먼저 본래 위치로 돌아온다'(先三耦)라고 말하지 않았는데, 아직 번갈아가면서 화살을 집어 드는 위치가 정해지지 않아서 '먼저'라고 말할 필요가 없었기 때문이다.[3] 言先三耦及衆賓也. 旣命之, 卽反位, 不俟之也. 曩不言'先三耦', 未有拾取矢位, 無所'先'.

[鄕射禮05 : 經-242]

삼우 및 중빈들은 모두 왼팔 소매를 벗어 내고, 오른손 엄지손가락에 활깍지를 끼우고, 왼팔에 활팔찌를 착용한 후, 활을 집어 들고 각자 자신의 짝과 함께 남쪽으로 나아가 사위射位(활쏘기를 하기 전에서 있는 위치)로 돌아온다.

三耦及衆賓皆袒·決·遂, 執弓, 各以其耦進, 反于射位.

정현주

'이以'는 함께(與)와 같은 뜻이다. 금문본에는 '以'가 '與'로 되어 있다. 以猶與也. 今文'以'爲'與'.

주

1_ 처음 ~ 절차로 한다 : [經-167] 참조.

2_ 사위 : '射位'는 활쏘기를 하기 전에 서 있는 위치로, 司馬의 서남쪽에서 동쪽을 향하는 위치이다.

3_ 이전에 활쏘기를 ~ 때문이다 : 장이기는 정현 주를 부연 설명하여, 처음 활쏘기를 할 때 三耦들은 司射의 서남쪽에 있었는데, 司馬가 司射의 남쪽에 서게 되었을 때 三耦들은 번갈아가면서 화살을 집어 들고 司馬의 서남쪽으로 위치를 옮긴다. 따라서 번갈아가면서 화살을 집어 들 때 비로소 射位(활쏘기를 하기 전에 서 있는 위치)가 정해지기 때문에 그 이전에는 '먼저'라고 말할 수 없다고 하였다. 그러나 성세좌는 이전에 활쏘기를 할 때 '먼저'라고 말하지 않은 것은 문장을 생략한 것이라고 하여 정현을 비판한다. "앞의 경문에서 三耦들이 처음 활과 화살을 집어 들 때 이미 '司射는 먼저 산가지통(中)을 진설할 곳의 서남쪽에 선다'([經-132])고 말하였고 이기지 못한 자에게 벌주를 마시게 하고자 할 때 또 '司射는 먼저 본래 위치로 돌아온다'([經-216])고 하여, 이곳까지 모두 3번 '먼저'라고 하였으니 그 의리는 똑같은 것이다. 두 번째 활쏘기를 하고자 할 때 三耦들에게 번갈아가면서 화살을 집어 들도록 명을 한 후 司射가 본래 위치로 돌아왔는데도 '먼저 돌아온다'고 말하지 않은 것은([經-174]), 문장에 상세함과 생략함이 있는 것일 뿐이다. 정현 주의 설명은 잘못된 것이다." 『의례정의』, 589쪽 참조.

「대부여기우습취시도大夫與其耦拾取矢圖」

(淸), 『흠정의례의소』

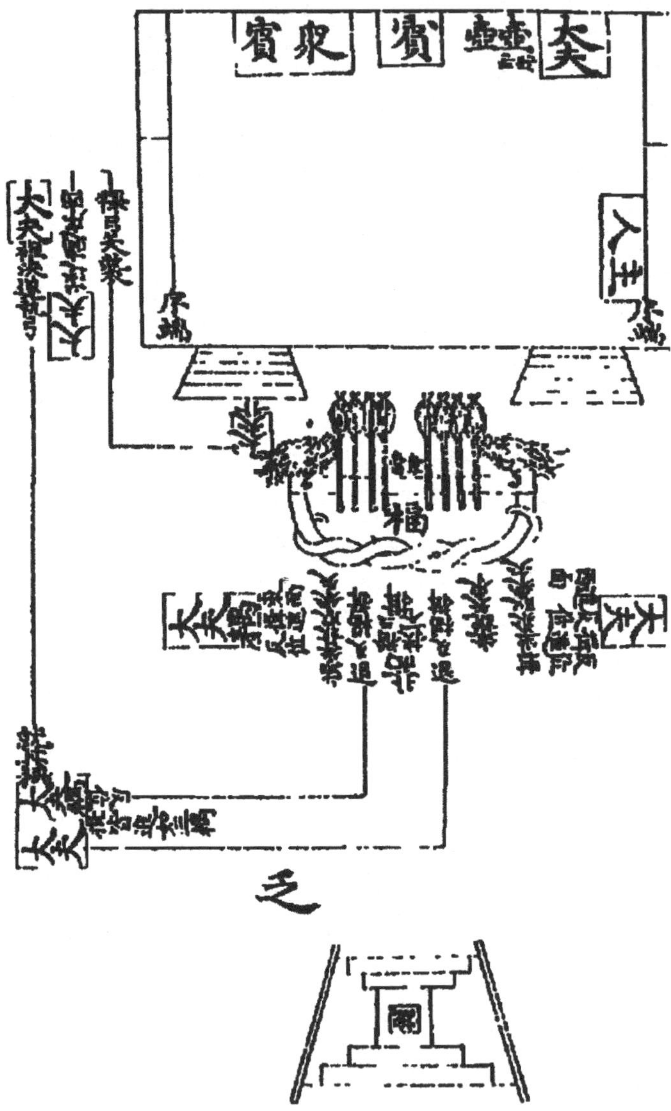

經-243에서 經-253까지는 삼우·빈·주인·대부·중빈들이 모두 번갈아 가면서 화살꽂이 통에서 화살을 집어 드는 절차이다.

[鄕射禮05 : 經-243]

사사司射는 번갈아가면서 화살꽂이 통에서 화살을 집어 들도록 명한다. 삼우三耦들은 번갈아가면서 화살을 집어 드는데 처음 활쏘기를 할 때와 동일한 절차로 하고,[1] 사위射位(활쏘기 전에 서 있는 위치, 사마의 서남쪽)로 돌아온다. 빈·주인·대부는 당에서 내려와 읍을 하는데, 처음 활쏘기를 할 때와 동일한 절차로 한다.[2] 주인은 동당東堂의 아래[3]로 가고, 빈은 서당西堂 아래의 서쪽으로 가서 모두 왼팔 소매를 벗어 내고, 오른손 엄지손가락에 활깍지를 끼우고, 왼팔에 활팔찌를 착용한 후, 활을 집어 들고 모두 서쪽과 동쪽으로 나아가 각자의 계단 앞에서 남쪽을 향해 읍을 한다.

司射作拾取矢. 三耦拾取矢如初, 反位. 賓·主人·大夫降揖如初. 主人堂東, 賓堂西, 皆袒·決·遂, 執弓, 皆進, 階前揖.

정현주 주인과 빈이 남쪽을 향해 서로 기다렸다가 읍을 하고 간다. 南面相俟而揖行也.

[鄕射禮05 : 經-244]

주인과 빈은 화살꽂이 통(楅)의 동쪽과 서쪽에 이르러 읍을 한다. 번갈아가면서 화살꽂이 통에서 화살을 집어 드는데, 삼우三耦들의 경우와 동일한 절차로 한다.

及楅揖. 拾取矢如三耦.

정현주 '화살꽂이 통에 이른다'(及楅)는 것은 화살꽂이 통의 동쪽과 서쪽을 마주한다는 뜻이다. 주인은 서쪽을 향하고, 빈은 동쪽을 향하여 서로 읍을 한 후 번갈아가면서 화살을 집어 든다. 북쪽을 향해 읍을 하지 않은 것은 편리함을 따르는 것이다. '及楅', 當楅東西也. 主人西面, 賓東面, 相揖拾取矢. 不北面揖, 由便也.

[鄕射禮05 : 經-245]

주인과 빈은 화살을 집는 일을 마치면, 북쪽을 향해 네 대의 화살 가운데 세 대는 허리띠의 오른쪽에 꽂고, 한 대는 오른손의 검지와 중지 사이에 끼운다.

卒, 北面, 搢三挾一个.

정현주 또한 삼우三耦들이 했던 위치에서 하는 것이다. 亦於三耦爲之位.

[鄕射禮05 : 經-246]

주인과 빈은 읍을 한 후 물러난다.

揖退.

정현주

주인과 빈은 모두 읍을 한 후 왼쪽으로 돌아서 각각 자신들의 길을 따라 동당 아래와 서당 아래의 위치로 돌아간다.[4] 皆已揖左還, 各由其塗反位.

[鄕射禮05 : 經-247]

빈은 서당西堂의 아래에서, 주인은 동당東堂의 아래에서 모두 활과 화살을 풀어 놓고, 벗어 낸 왼팔 소매를 다시 갖추어 입는다. 이어서 계단 앞에 이르러 북쪽을 향해 읍을 하고, 당 위로 올라가 북쪽을 향해 읍을 한 후 자리(席)로 나아가 앉는다.

賓堂西, 主人堂東, 皆釋弓矢, 襲. 及階揖, 升堂揖, 就席.

정현주

왼팔 소매를 벗으려고 할 때에는 주인을 먼저 언급하고, 벗어 낸 왼팔 소매를 다시 갖추어 입으려고 할 때에는 빈을 먼저 언급한 것은 빈을 높이는 것이다. 將袒先言主人, 將襲先言賓, 尊賓也.

[鄕射禮05 : 經-248]

대부는 서당西堂의 아래에서 왼팔 소매를 벗어 내고, 오른손에 활깍지를 끼우고, 왼팔에 활팔찌를 착용한 후, 활을 집어 들고 사위

射位에 있는 자신의 짝에게 나아간다.

大夫袒·決·遂, 執弓, 就其耦.

정현주

대부는 당에서 내려와 서당의 아래에서 왼팔 소매를 벗어 내고, 오른손에 활깍지를 끼우고, 왼팔에 활팔찌를 착용한 후 사위射位에 있는 자신의 짝에게 나아가고, 그와 함께 화살꽂이 통으로 가서 번갈아가면서 화살을 집어 든다. 降袒·決·遂於堂西, 就其耦於射位, 與之拾取矢.

[鄉射禮05 : 經-249]

대부와 대부의 짝은 읍을 하고 모두 화살꽂이 통으로 나아가는데, 삼우三耦들의 경우와 동일한 절차로 한다. 대부의 짝은 화살꽂이 통의 서쪽에서 동쪽을 향하고, 대부는 화살꽂이 통의 동쪽에서 서쪽을 향한다. 대부는 화살꽂이 통의 앞으로 나아가 서쪽을 향해 앉아서 묶여 있던 화살묶음을 푼다.

揖, 皆進, 如三耦. 耦東面, 大夫西面. 大夫進, 坐, 說矢束.

정현주

'묶여 있던 화살묶음을 푼다'(說矢束)는 것은 짝에게 낮추는 것이니,[5] 장차 번갈아가면서 화살을 잡으려는 것이다. '說矢束'者, 下耦, 以將拾取.

[鄉射禮05 : 經-250]

대부는 일어나서 화살꽂이 통 동쪽의 본래 위치로 돌아온다. 그런 후에 대부의 짝은 동쪽을 향해 읍을 하고, 화살꽂이 통 앞으로 나아가 앉아서, 네 대의 화살을 한꺼번에 집어 들고, 화살의 깃털을 가지런히 한 후 일어나 화살꽂이 통 서쪽의 본래 위치로 돌아와서 동쪽을 향해 읍을 한다.
興, 反位. 而后耦揖進, 坐, 兼取乘矢, 順羽而興, 反位, 揖.

정현주

'네 대의 화살을 한꺼번에 집어 든다'(兼取乘矢)는 것은 대부를 높여서 감히 대부와 더불어 번갈아가면서 화살을 집어 들지 않는다는 뜻이다. 서로 자신을 낮추고 서로 상대를 높이는 것이니, 군자가 서로 교류하는 방법이다. '兼取乘矢'者, 尊大夫, 不敢與之拾也. 相下相尊, 君子之所以相接也.

[鄕射禮05 : 經-251]
대부는 화살꽂이 통 앞으로 나아가 앉아 그의 짝과 마찬가지로 네 대의 화살을 한꺼번에 집어 들고, 북쪽을 향해 네 대의 화살 가운데 세 대는 허리띠의 오른쪽에 꽂고 한 대는 오른손 검지와 중지 사이에 끼운다.
大夫進坐, 亦兼取乘矢, 如其耦, 北面, 搢三挾一个.

정현주

또한 삼우三耦들이 하였던 위치에서 하는 것이다. 亦於三耦爲之位.

[鄕射禮05 : 經-252]

대부는 읍을 한 후 물러나 화살꽂이 통 동쪽의 본래 위치로 돌아온다. 대부의 짝은 사위射位로 돌아온다. 대부는 이어서 당 위 서쪽 벽(西序)의 서쪽으로 가서 활과 화살을 풀어 놓고, 벗어 낸 왼팔 소매를 다시 갖추어 입은 후 당 위로 올라가 자리(席)로 나아가 앉는다.

揖退. 耦反位. 大夫遂適序西, 釋弓矢, 襲, 升卽席.

정현주

대부가 당 아래에서 순서를 따르지 않는 것은 존귀하기 때문이다. 大夫不序於下, 尊也.

[鄕射禮05 : 經-253]

중빈衆賓들도 서로 이어서 번갈아가면서 화살을 집어 드는데, 모두 삼우三耦들의 경우와 동일한 절차로 하고, 그런 후에 사위射位로 돌아간다.

衆賓繼拾取矢, 皆如三耦, 以反位.

주

1_ 처음 ~ 절차로 하고 : [經-175]~[經-178] 참조.

2_ 처음 ~ 절차로 한다 : [經-193] 참조.

3_ 동당의 아래 : 오계공은 '堂東'은 '東堂의 아래', '堂西'는 '西堂의 아래'를 가리킨다고 하였다. 『의례정의』, 564쪽 참조.

4_ 주인과 빈은 ~ 돌아간다 : 가공언은, 빈과 주인은 북쪽을 향해 읍을 한 후 물러날 때 모두 왼쪽으로 몸을 돌려 서로 등지면서 각자 堂塗(庭에서 堂에 이르는 동·서 양쪽의 길)를 향해 東堂 아래와 西堂 아래의 위치로 돌아간다고 하였다. 그러나 성세좌는 빈과 주인은 북쪽을 향해 읍을 한 후 각자 자신들의 본래 길을 따라 東堂 아래와 西堂 아래의 위치로 돌아가는 것이라고 하였고, 또 북쪽을 향해 나아가는데 이곳에서 '물러난다'고 한 것은 화살꽂이 통(楅)을 기준으로 말한 것으로, 정현이 '읍을 한 후에 왼쪽으로 몸을 돌린다'고 한 것은 잘못이라고 비판하였다. 『儀禮正義』, 591쪽 참조.

5_ '묶여 있던 화살묶음을 푼다'는 ~ 것이니 : 오정화는 정현 주의 '下耦'는 "아래로 짝과 동등하게 한다는 뜻이다"(下同於耦也)라고 하였고, 또 화살을 묶는 것은 대부를 높이는 뜻이니 이것을 푼다는 것은 감히 그 존귀하게 하는 뜻을 감당하지 못하고 스스로 푸는 것이라고 하였다. 대부의 화살들은 띠풀로 묶어 놓는데 번거롭게 번갈아가면서 한 대씩 집어 들지 않고 네 대의 화살을 한꺼번에 집어 들 수 있도록 해주기 위해서이다. 『의례정의』, 592쪽 및 [經-197]의 경문과 정현 주 참조.

「삼사이악낙빈도三射以樂樂賓圖」

(淸),『흠정의례의소』

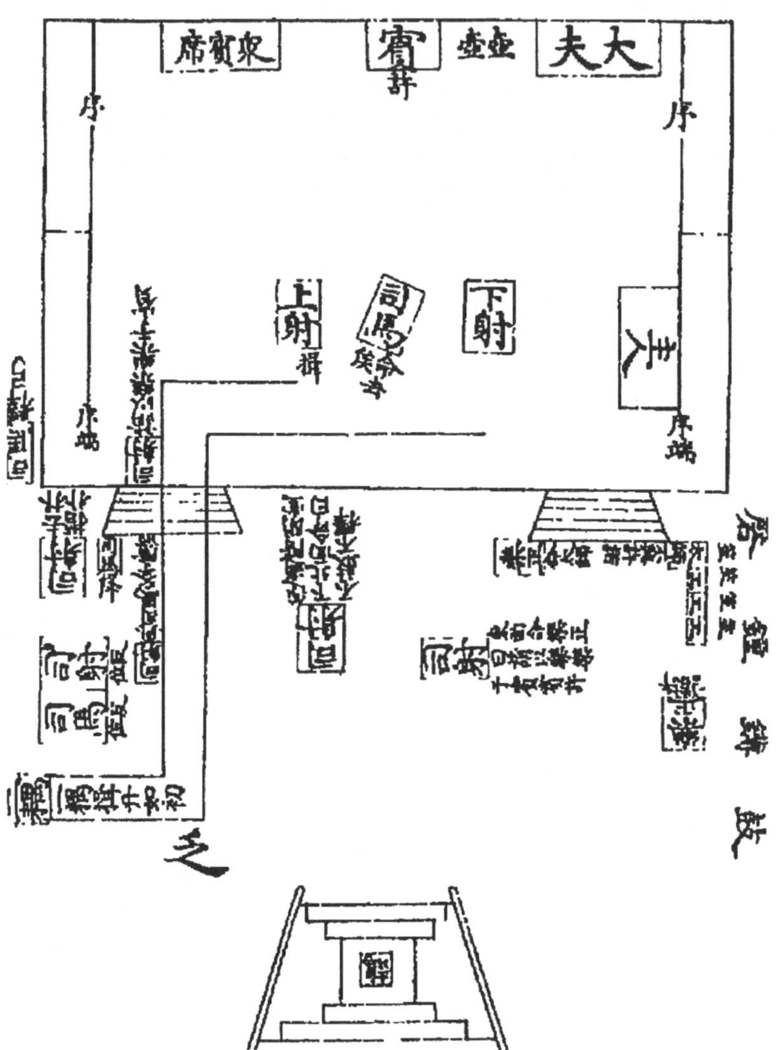

經-254에서 經-258까지는 사사가 빈에게 음악의 반주에 맞추어 활쏘기 할 것을 청하는 절차이다.

[鄕射禮05 : 經-254]

사사司射는 여전히 화살 한 대를 오른손의 검지와 중지 사이에 끼운 채로 상우上耦의 상사上射 앞으로 나아가, 상사에게 당 위로 올라가 활을 쏘도록 명하는데, 처음 활쏘기를 할 때와 동일한 절차로 한다.[1] 한 짝(一耦 : 上耦)이 읍을 한 후 당 위로 올라가는데, 처음 활쏘기를 할 때와 동일한 절차로 한다.[2]

司射猶挾一个以進, 作上射如初. 一耦揖升如初.

정현주

'진進'은 앞으로 나아간다는 뜻이다.[3] 앞에서는 '사사는 몸을 돌려 상우와 마주하는 곳에서 서쪽을 향한다'[4]고 말하고, 이곳에서는 '나아간다'고 말한 것은 처음과 끝에서 서로 밝혀 주는 것이다. 금문본에는 혹 '作升射'라고 되어 있기도 하다. '進', 前也. 曏言'還當上耦西面', 是言'進', 終始互相明也. 今文或言'作升射'.

[鄕射禮05 : 經-255]

사마司馬는 당 위로 올라가 획자獲者에게 과녁에서 떨어져 있으라고 명한다. 획자는 응답을 하고 과녁에서 떨어진다. 사마는 당에서 내려와 서당西堂의 아래로 가서 활을 풀어 놓은 후, 사사司射 남쪽의 본래 위치로 돌아온다. 사사는 당 위로 올라가는데, 서쪽 계단 앞에서 본래 위치로 돌아오는 사마와 교차하여 지나간다. 사사는 서쪽 계단의 서쪽으로 가서 허리띠에서 종아리채를 뽑아내고, 벗어 낸 왼팔 소매를 다시 갖추어 입은 후, 당 위로 올라가 빈에게 음악을 연주하여 즐겁게 하고자 한다고 청한다. 빈은 응답을 한다. 사사는 당에서 내려와 종아리채를 허리띠에 꽂고, 서쪽 계단 앞에서 동쪽을 향해 악정樂正에게 명하여 "빈에게 음악을 연주하여 즐겁게 하고자 한다고 청하였는데, 빈이 허락하였습니다"라고 말한다.

司馬升, 命去侯. 獲者許諾. 司馬降, 釋弓, 反位. 司射與司馬交于階前. 去扑, 襲, 升, 請以樂樂于賓. 賓許諾. 司射降, 搢扑, 東面命樂正曰, "請以樂樂于賓, 賓許."

정현주

'동쪽을 향한다'(東面)는 것은 서쪽 계단 앞에서 한다는 뜻이다. 악정樂正 앞으로 나아가서 명하지 않는 것은 존귀한 자의 명을 천한 자에게 전할 경우에는 멀리서 호령하면 되기 때문이다. 악정이 또한 허락을 한 후에 여전히 북쪽을 향하고 서쪽으로 몸을 돌리지 않는 것은 빈이 당 위에 있기 때문이다.[5] '東面', 於西階之前也. 不就樂正命之者, 傳尊者之命於賤者, 遙號令之可也. 樂正亦許諾, 猶北面不還, 以賓在堂.

[鄉射禮05 : 經-256]

사사司射는 이어서 동쪽 계단과 서쪽 계단 사이로 가서, 당 아래에서 북쪽을 향해 상우上耦에게 명하여 "활을 쏠 때 음악의 절주節奏에 맞추지 못하면 명중시킨 것으로 계산하지 않습니다"라고 말한다.
司射遂適階間, 堂下北面命曰, "不鼓不釋."

정현주

활을 쏠 때 음악의 절주에 맞추지 못하면, 산가지를 풀어놓고 계산하지 않는다.[6] 향사鄕射에서의 음악은 5절節로 연주하고, 노래는 5종終으로 부른다. 여덟 대의 화살을 들고 있는데, 1절을 연주하는 사이에 상사와 하사가 번갈아가면서 활을 쏘아야 하니, 4절을 연주하는 사이에 네 대의 화살을 번갈아가면서 쏘고, 나머지 1절의 연주는 활쏘기를 하기 전에 먼저 듣는다. 不與鼓節相應, 不釋筭也. 鄕射之鼓五節, 歌五終. 所以將八矢, 一節之間當拾發, 四節四拾, 其一節先以聽也.

[鄕射禮05 : 經-257]
상우의 상사上射는 읍을 한다. 사사司射는 물러나 산가지 통 서남쪽의 본래 위치로 돌아온다. 악정樂正은 동쪽을 향해 태사大師에게 "「추우騶虞」를 연주하는데, 각 절의 연주 시간은 모두 동일하게 하시오"라고 명한다.
上射揖. 司射退反位. 樂正東面命大師曰, "奏「騶虞」, 間若一."

정현주

'동쪽을 향한다'(東面)는 것은 북쪽으로 나아가 몸을 돌려 태사를 향한다는 뜻이다.[7] 「추우」는 『시』 「국풍國風 · 소남召南」의 시편이다. 『예기』 「사의射義」에 "「추우」는 관직이 잘 갖추어졌음을 즐거워하는 노래이다"라고 하였다. 그 시詩에 "화살 한 발을 쏘아, 암퇘지 5마리와 새끼 돼지 5마리를 잡았네. 아아, 추우騶虞여!"라는 가사가 있다. 현명한 자를 많이 얻었음을 즐거워하고, 지극히 어진 사람으로 관직을 채우게 된 것을 찬탄하는 것이니, 이것은 천자天子가 활쏘기 할 때의 악절樂節이다. 그런데 향사례에서 이 시를 연주하는 것은 바야흐로 현명한 자를 기뻐하는 뜻이 있어 그 마땅함을 취한 것이다.[8] 그 밖의 빈객賓客과 향대부鄕大夫의 경우에는 「채빈采蘋」을 노래한다. '각 절의 연주 시간은 모두 동일하게 한다'(閒若一)는 것은 악절을 중시하는 것이다. '東面'者, 進還鄕大師也. 「騶虞」, 「國風·召南」之詩篇也. 「射義」曰, "「騶虞」者, 樂官備也." 其詩有"一發五豝·五豵, 于嗟騶虞"之言. 樂得賢者衆多, 嘆思至仁之人以充其官, 此天子之射節也. 而用之者, 方有樂賢之志, 取其宜也. 其他賓客·鄕大夫則歌「采蘋」. '閒若一'者, 重節.

[鄕射禮05 : 經-258]

태사大師는 일어나지 않은 채로 응답을 한다. 악정樂正은 물러나 악공 남쪽의 본래 위치로 돌아온다.

大師不興, 許諾. 樂正退反位.

주

1_ 처음 ~ 절차로 한다 : [經-144] 참조.

2_ 처음 ~ 절차로 한다 : [經-145] 참조.

3_ '진'은 ~ 뜻이다 : 司馬의 동쪽을 경유하여 남쪽으로 上耦의 앞으로 나아가는 것이다. 앞의 『흠정의례의소』, '三司以樂樂賓圖' 그림 참조.

4_ 사사는 ~ 향한다 : [經-144] 참조.

5_ 악정이 ~ 때문이다 : 樂正은 동쪽 계단의 동남쪽에 서서 북쪽을 향하고, 大師는 동쪽 계단의 동북쪽에서서 서쪽을 향하고, 賓은 당 위에서 남쪽을 향하고 있다. 악정은 司射에게 명을 받을 때, 여전히 북쪽을 향하고, 몸을 돌려 서쪽을 향하지 않는다. 『의례주소』, 252쪽 참조.

6_ 활을 쏠 때 ~ 않는다 : 이곳의 '鼓'는 음악을 뜻한다. 『예기』「악기」에 "먼저 북을 쳐서 경계시킨다"(先鼓以警戒)라고 한 것에 대해 정현은 "'먼저 북을 친다'(先鼓)는 것은 음악을 연주하려고 할 때에는 먼저 북을 쳐서 대중을 경계시키는 것을 말한다"('先鼓', 將奏樂, 先擊鼓, 以警戒衆也)라고 하였다. 따라서 '북을 친다'(鼓)는 것은 음악의 연주 전체를 의미하기도 한다. 또 '節'은 '樂節' 즉 음악의 節奏로서, 음악을 연주하는 과정에서 일정한 박자나 규칙에 의해서 음의 장단이나 세기 등이 반복될 때의 그 규칙적인 음의 흐름, 즉 가락을 가리킨다.

7_ '동쪽을 향한다'는 ~ 뜻이다 : 太師와 樂工은 阼階의 동남쪽에서 서쪽을 향해 서 있고, 樂正은 그 남쪽에서 북쪽을 향해 서 있다. 그러므로 악정은 북쪽으로 나아가 몸을 돌려 동쪽을 향해 태사에게 명을 하는 것이다. 앞의 『흠정의례의소』, 「三射以樂樂賓圖」 그림 참조.

8_ 그 마땅함을 취한 것이다 : 「추우」는 현자를 많이 얻었음을 비유하는 시인데, 향사례 역시 현자를 즐겁게 하는 것이므로 「추우」를 연주하는 것이다.

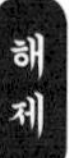

經-259에서 經-260까지는 삼우·빈·주인·대부·중빈이 음악의 연주에 맞추어 활을 쏘는 절차이다.

[鄕射禮05 : 經-259]

이어서 악공은 「추우騶虞」를 연주하고, 활 쏘는 사람들은 음악의 절주에 맞추어 활을 쏜다. 삼우三耦들이 활쏘기를 마치면, 빈·주인·대부·중빈이 순서에 따라 이어서 활을 쏜다. 석획자釋獲者는 산가지를 땅에 내려놓고 명중시킨 화살의 수를 계산하는데, 처음 활쏘기를 할 때와 동일한 절차로 한다.[1] 활쏘기를 마치면, 중빈衆賓들은 당에서 내려온다.

乃奏「騶虞」以射. 三耦卒射, 賓·主人·大夫·衆賓繼射. 釋獲如初. 卒射, 降.

정현주

모두 연주와 노래의 절주에 맞추어 활을 쏘고, 이어서 산가지를 땅에 내려놓고 명중시킨 화살의 수를 계산한다. 당에서 내려오는 사람은 중빈이다.[2] 皆應鼓與歌之節, 乃釋筭. 降者, 衆賓.

[鄕射禮05 : 經-260]

석획자는 남은 산가지(餘獲)[3]를 들고, 서쪽 계단으로 올라가[4] 빈에게 하사(左)와 상사(右)가 모두 활쏘기를 마쳤음을 보고하는데, 처

음 활쏘기를 할 때와 동일한 절차로 한다.[5]

釋獲者執餘獲, 升告左右卒射, 如初.

정현주 '졸卒'은 마쳤다는 뜻이다. 금문본에 '告于賓'(빈에게 고하다)이라고 하였다. '卒', 已也. 今文曰'告于賓'.

주

1_ 처음 ~ 절차로 한다 : [經-191]~[經-192] 참조.

2_ 당에서 내려오는 사람은 중빈이다 : 빈·주인·대부는 활쏘기를 마친 후 모두 당 위로 올라가는데, 중빈만 당에서 내려온다.

3_ 남은 산가지 : 화살 한 대가 명중될 때마다 석획자는 산가지 한 개를 땅에 내려놓고 명중시킨 화살의 수를 계산한다. 따라서 석획자는 명중시키지 못한 화살의 수만큼 손 안에 산가지를 그대로 들고 있다. 이것이 '남은 산가지'이다. 앞의 [經-196] 각주 5) 참조.

4_ 서쪽 계단으로 올라가 : 이때 釋獲者는 계단의 가장 위 층계까지만 올라가고 당 위로는 올라가지 않는다. [經-196] 참조

5_ 처음 ~ 절차로 한다 : [經-196] 참조.

經-261은 음악의 연주에 맞추어 세 번째 활쏘기를 마친 후, 화살을 집어 들고, 화살을 네 대씩 세어서 나누어 놓는 절차이다.

[鄕射禮05 : 經-261]

사마司馬는 당 위로 올라가 획자獲者와 제자弟子들에게 화살을 집어 들도록 명한다. 획자는 응답을 한다. 사마는 당에서 내려와 서당西堂의 아래로 가서 활을 풀어 놓은 후 사사司射 남쪽의 본래 위치로 돌아온다. 제자들은 집어 든 화살을 화살꽂이 통 위에 놓아두고, 사마는 화살을 네 대씩 세어 나누어 놓는데, 모두 처음 활쏘기를 할 때와 동일한 절차로 한다.[1]

司馬升, 命取矢. 獲者許諾. 司馬降, 釋弓反位. 弟子委矢, 司馬乘之, 皆如初.

1_ 처음 ~ 절차로 한다 : [經-197]~[經-198] 참조.

經-262에서 經-263까지는 음악의 연주에 맞추어 세 번째 활쏘기를 마친 후, 산가지를 살펴보고, 명중시킨 화살의 수를 보고하는 절차이다.

[鄕射禮05 : 經-262]

사사司射는 활을 풀어 놓은 후 석획자釋獲者가 산가지로 명중시킨 화살의 수를 계산하는 것을 살펴보는데, 처음 활쏘기를 할 때와 동일한 절차로 한다.[1]

司射釋弓視筭, 如初.

정현주

'산筭'은 명중시킨 화살의 수를 계산하는 산가지이다.[2] 금문본에는 '視數'로 되어 있다. '筭', 獲筭也. 今文曰'視數'也.

[鄕射禮05 : 經-263]

석획자는 이긴 편의 산가지의 수나 양 편의 산가지의 수가 동등함을 빈에게 보고하는데, 처음 활쏘기를 할 때와 동일한 절차로 한다.[3] 보고를 마친 후 석획자는 당에서 내려와 산가지통 서쪽의 본래 위치로 돌아온다.

釋獲者以賢獲與鈞告, 如初. 降, 復位.

주

1_ 처음 ~ 절차로 한다 : [經-199] 참조.

2_ '산'은 ~ 산가지이다 : 경전에서 '筭'과 '算'은 혼용되어 사용되는데, 발음은 같지만 뜻은 다르다. '筭'은 수를 계산하는 도구 즉 '산가지'로서 『說文』에 따르면 길이가 6척이다. '算'은 '계산한다'(數)는 뜻이다. 즉 '筭'은 명사이고, '算'은 동사이다. 『의례』에서 '執筭'·'受筭'이라고 할 때에는 '산가지'의 뜻으로 쓰인 것이고, '無算爵'·'無算樂'이라고 할 때에는 '계산한다'는 뜻으로 쓰인 것이다. 『의례정의』, 599쪽, 호승공의 설 참조.

3_ 처음 ~ 절차로 한다 : [經-209]~[經-211] 참조.

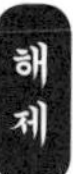

經-264는 음악의 연주에 맞추어 세 번째 활쏘기를 마친 후, 이기지 못한 자에게 벌주를 마시게 하는 절차이다.

[鄕射禮05 : 經-264]

사사司射는 제자들에게 술잔 받침대(豐)를 진설하도록 명한다. 이긴 편의 제자는 술잔 받침대를 진설한 후 술잔(觶)에 술을 따라 채우는데, 처음 활쏘기를 할 때와 동일한 절차로 한다.[1] 이어서 사사司射는 이긴 편의 사람들에겐 활시위를 메운 활을 잡게 하고, 이기지 못한 편의 사람들에겐 활시위를 풀어 놓은 활을 잡은 채 당 위로 올라가 벌주를 마시도록 명하는데 처음 활쏘기를 할 때와 동일한 절차로 한다.[2]

司射命設豐. 設豐, 實觶, 如初. 遂命勝者執張弓, 不勝者執弛弓, 升飮如初.

1_ 처음 ~ 절차로 한다 : [經-213] 참조.
2_ 처음 ~ 절차로 한다 : [經-214]~[經-215] 참조.

經-265에서 經-267까지는 번갈아가면서 화살을 집어 들고 유사에게 건네주는 절차이다.

[鄕射禮05 : 經-265]

사사司射는 여전히 왼팔 소매를 벗어내고, 오른손 엄지손가락에 활깍지를 끼우고, 왼팔에 활팔찌를 착용한 채로 왼손으로 활을 잡고, 오른손으로 화살 한 대를 집어 활시위와 함께 잡는데, 화살촉이 위쪽을 향하도록 한다. 이어서 사사는 서당西堂 아래의 서쪽으로 가서 삼우三耦들에게 번갈아가면서 화살꽂이 통에서 화살을 집어 들도록 명하는데, 처음 활쏘기를 할 때와 동일한 절차로 한다.[1]

司射遂[2]袒·決·遂, 左執弓, 右執一个, 兼諸弦, 面鏃. 適堂西, 以命拾取矢, 如初.

정현주

활시위와 화살을 단독으로 하나씩 잡는 것을 '집執'이라고 한다.[3] '면面'은 향한다(尙)는 뜻과 같다.[4] 화살을 활시위와 나란한 방향으로 잡고, 화살촉이 위쪽을 향하도록 하는 것은 장차 활쏘기를 그치려는 것이니, 활쏘기를 할 때와 변화시키는 것이다.

側持弦矢曰'執'. '面'猶尙也. 幷矢於弦, 尙其鏃, 將止, 變於射也.

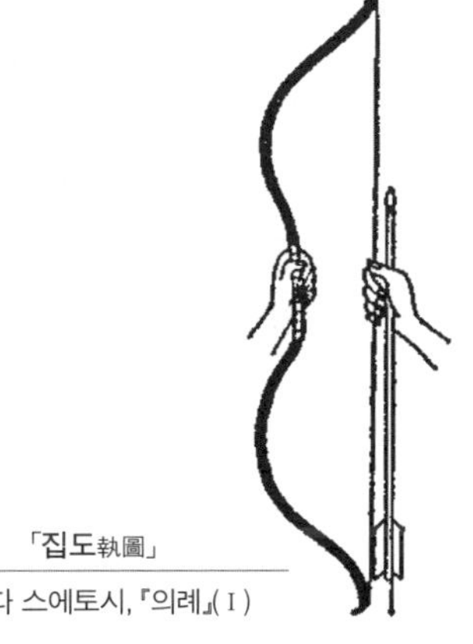

「집도執圖」

이케다 스에토시, 『의례』(Ⅰ)

[鄕射禮05 : 經-266]

사사는 화살꽂이 통 서남쪽의 본래 위치로 돌아온다. 삼우 및 빈·주인·대부·중빈들은 모두 왼팔 소매를 벗어 내고, 오른손 엄지손가락에 활깍지를 끼우고, 왼팔에 활팔찌를 착용한 후 번갈아가면서 화살을 집어 드는데, 처음 활쏘기를 할 때와 동일한 절차로 한다.[5] 화살꽂이 통에서 집어든 네 대의 화살은 오른손 검지와 중지 사이에 끼우지 않고, 한 대는 오른손으로 활시위와 나란한 방향으로 함께 잡고, 세 대는 왼손으로 활의 줌통과 함께 잡고서 물러나는데, 사위射位(활쏘기를 하기 전에 서 있는 위치)로 돌아오지 않고, 그대로 서당의 아래로 가서 유사有司에게 활과 화살을 건네준다.

司射反位. 三耦及賓·主人·大夫·衆賓皆袒·決·遂, 拾取矢, 如初. 矢不挾, 兼諸弦弣以退, 不反位, 遂授有司于堂西.

정현주

'오른손 검지와 중지 사이에 끼우지 않는다'(不挾)는 것은 또한 사사처럼 잡는 것을 말한다.[6] 사위로 돌아오지 않고 유사에게 건네주는 것은 사례射禮가 끝났기 때문이다. '不挾', 亦謂執之如司射也. 不以反射位, 授有司者, 射禮畢.

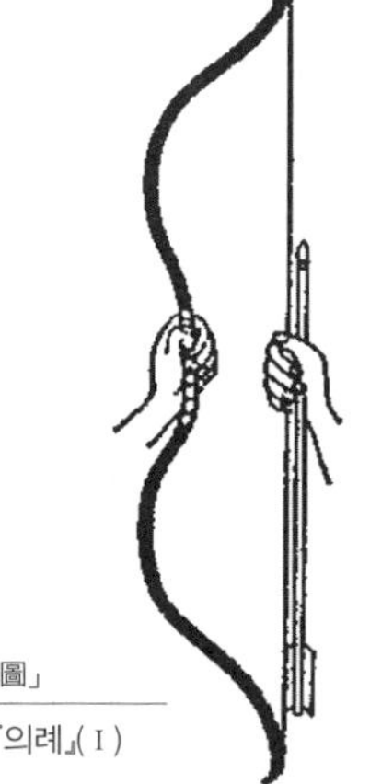

「겸집도兼執圖」
이케다 스에토시, 『의례』(Ⅰ)

[鄕射禮05 : 經-267]

빈·대부·중빈들은 두루 번갈아가면서 화살꽂이 통에서 화살을 집어 든 후 읍을 하고, 모두 당 위로 올라가 자리(席)로 나아가서 앉는다.

辯拾取矢, 揖, 皆升就席.

정현주 빈·대부·중빈을 가리킨다. 서당西堂의 아래에서 서로 기다리고, 이어서 서쪽 계단의 앞으로 나아가 선다. 주인은 빈과 함께 읍을 한 후 당 위로 올라가고, 대부 및 중빈들이 주인과 빈의 뒤를 따라 당 위로 올라가는데, 계단 앞에 서 있을 때에는 중빈이 대부보다 조금 뒤로 물러나 선다. 삼우三耦 및 제자弟子들은 그대로 당 아래에 머무른다. 謂賓·大夫及衆賓也. 相俟堂西, 進立于西階之前. 主人以賓揖升, 大夫及衆賓從升, 立時少退于大夫. 三耦及弟子自若留下.

주

1_ 처음 ~ 절차로 한다 : [經-243] 참조.

2_ 遂 : 『의례정의』, 599쪽에는 '遂'자가 '猶'자로 되어 있다. 이에 따라 번역한다.

3_ 활시위와 ~ 한다 : 이곳의 '側持弦矢曰執'은 [經-114]의 정현 주에서 '方持弦矢曰挾'(활시위와 화살을 함께 잡는 것을 '협'이라고 한다)이라고 한 것에 대응하여 설명한 것이다. 장이기는 "'方持弦矢曰挾'은 화살을 활시위 위에 가로 방향으로 놓고서 잡는다(矢橫弦上而執之)는 뜻이다. '側持弦矢曰執'은 화살을 활시위와 나란한 방향으로 잡는다(矢順並於弦而執之)는 뜻이다"라고 하였다. 『의례정의』, 600쪽 및 앞의 이케다 스에토시, 『의례』(I), 「兼執圖」 그림 참조.

4_ '면'은 향한다는 뜻과 같다 : 호배휘는 '尙'은 '向'과 통하는 글자(尙與向通)라고 하였고, 장이기는 화살촉이 위쪽을 향하도록 한다(鏃向上也)는 뜻이라고 하였다. 『의례정의』, 600쪽 참조.

5_ 처음 ~ 절차로 한다 : [經-244]~[經-253] 참조.

6_ 사사처럼 잡는 것을 말한다 : 가공언은 司射와 화살 잡는 방식이 다르다고 해석한다. "司射는 단지 화살 한 대를 잡기 때문에, 화살 세 대를 활의 줌통과 함께 잡는 일이 없다. 三耦 이하는 화살 한 대를 잡는데 활시위와 함께 잡고, 또 화살 세 대를 활의 줌통과 함께 잡는다. 그러므로 다른 것이다."(以其司射直執一个, 無三矢兼於弣, 三耦以下則執一个, 並於弦, 又以三矢並於弣, 所以異也.) 오계공은 "번갈아가면서 화살꽂이 통에서 화살을 집어 들 때에는 오히려 네 대의 화살을 모두 활의 줌통과 함께 잡는데, 화살꽂이 통의 남쪽으로 가서 북쪽을 향한 후에는 네 대의 화살을 함께 잡지 않고, 단지 한 대의 화살을 집어 활시위와 함께 잡고 나머지 세 대의 화살은 그대로 활의 줌통과 함께 잡는다. 이것은 또한 세 대의 화살을 허리띠에 꽂고 한 대의 화살을 오른손의 검지와 중지 사이에 끼우는 것을 상징하며, 또 司射가 활 쏘는 법을 가르칠 때와 같은 것이다"(拾取矢猶皆兼諸弣, 至楅南北面, 則不挾矢, 但取一矢兼諸弦, 餘三矢則兼諸弣自若, 亦象搢三挾一之儀, 且如司射之戒也)라고 하였다. 『의례주소』, 254쪽.

經-268에서 經-270까지는 활쏘기에 필요한 기물을 물리고 활쏘기를 끝내는 절차이다.

[鄕射禮05 : 經-268]

사사司射는 이어서 서당西堂 아래의 서쪽으로 가서 활을 풀어 놓고, 허리띠에서 종아리채를 뽑아내고, 활깍지와 활팔찌를 벗겨내고, 벗어 낸 왼팔 소매를 다시 갖추어 입은 후 산가지통 서남쪽의 본래 위치로 돌아온다.

司射乃適堂西, 釋弓, 去扑, 說決·拾, 襲, 反位.

[鄕射禮05 : 經-269]

사마는 제자弟子들에게 과녁의 왼쪽 아랫줄(左下綱)을 풀어서 묶어 놓도록 명한다.

司馬命弟子說侯之左下綱而釋之.

정현주

'탈說'은 푼다(解)는 뜻이다. '석지釋之'는 다시 활쏘기를 하지 않으므로 과녁의 중中(중앙 부분)을 가리면서 묶어 놓는다는 뜻이다.

'說', 解也. '釋之', 不復射, 奄[1]束之.

[鄕射禮05 : 經-270]

사마는 획자獲者에게 깃발(旌)을 들고 물러나도록 명하고, 제자에게 화살꽂이 통(楅)을 들고 물러나도록 명한다. 사사司射는 석획자釋獲者에게 산가지통(中)과 산가지(筭)를 들고 물러나 기다리도록 명한다.

命獲者以旌退, 命弟子退楅. 司射命釋獲者退中與筭而俟.

정현주

물러난 자들은 모두 서당西堂 아래의 서쪽에서 기다리면서 다시 활 쏠 때에 대비한다.[2] 정旌에 '이以'를 붙여서 말한 것은 깃발은 항상 잡고 있는 기물이기 때문이다. 획자獲者와 석획자釋獲者 또한 말린 고기·고기젓갈(薦)과 희생고기의 뼈를 잘라서 올려놓은 희생제기(折俎)를 들고 물러난다. 諸所退皆俟堂西, 備復射也. 旌言'以'者, 旌恒執也. 獲者, 釋獲者, 亦退其薦俎.

1_ 奄 : 이여규의 『의례집석』, 毛本, 학경의 『의례절해』, 성세좌의 『의례집편』에는 '奄'이 '掩'으로 되어 있다. 『의례주소』, 255쪽 및 『의례정의』, 622쪽 교감 참조.

2_ 물러난 ~ 대비한다 : 장이기는 旅酬의 예를 행한 후에 燕射를 행하고자 하기 때문이라고 하였다. 『의례정의』, 602쪽 참조.

해제

經-271에서 經-281은 '여수旅酬'의 예를 행하는 절차이다.

[鄕射禮05 : 經-271]

사마司馬는 본래의 직무로 돌아가 사정司正이 되는데, 물러나 술잔(觶)의 남쪽으로 돌아와서 선다.[1]

司馬反爲司正, 退復觶南而立.

정현주

여수旅酬의 예를 감독하고 살펴야 하기 때문이다. 當監旅酬.

[鄕射禮05 : 經-272]

악정樂正은 제자弟子들에게 악공樂工들을 도와 당 위의 자리로 나아가도록 명한다. 제자들은 악공들을 부축하는데 당에서 내려올 때와 동일한 절차로 하고,[2] 서쪽 계단을 통해 당 위로 올라가 악공들로 하여금 서쪽 계단 위쪽에서 조금 동쪽의 본래 위치로 돌아가 앉게 한다.[3]

樂正命弟子贊工卽位. 弟子相工如其降也, 升自西階, 反坐.

정현주

악공을 도와 악기를 옮기는 것이다.[4] 당에서 내려올 때에는 처음 문 안으로 들어올 때와 동일한 절차로 한다.[5] 악정은 서쪽 계단의 동쪽에서 북쪽을 향하는 위치로부터 조계의 동남쪽으로 돌아온다.[6] 贊工遷樂也. 降時如初入. 樂正反自西階東北面.

[鄕射禮05 : 經-273]

빈은 북쪽을 향해 앉아 희생제기(俎)의 서쪽에 놓아두었던 술잔(觶)[7]을 집어 들고 일어나, 조계阼階 위쪽[8]에서 북쪽을 향해 주인에게 술을 권하여 수酬의 예를 행한다. 주인은 자리(席)에서 내려와 빈의 동쪽에 선다. 빈은 앉아서 술잔을 내려놓고 배례를 한 후, 다시 술잔을 집어 들고 일어난다. 주인은 답배를 한다. 빈은 술로 고수레를 하지 않고, 서서 술잔의 술을 다 마시는데, 술을 마신 후 배례를 하지 않으며 술잔도 씻지 않는다. 빈은 술잔에 술을 채운 후 주인 앞으로 나아가 동남쪽을 향해 술잔을 건네준다.

賓北面坐, 取俎西之觶, 興, 阼階上北面酬主人. 主人降席, 立于賓東. 賓坐奠觶, 拜, 執觶興. 主人答拜. 賓不祭, 卒觶, 不拜, 不洗. 實之, 進東南面.

정현주

'하지 않는다'(不)는 것은 수酬의 예를 행하여 예가 줄었기 때문이다. 빈은 서서 술을 마신다. 所'不'者, 酬而禮殺也. 賓立飮.

[鄕射禮05 : 經-274]

주인은 조계 위쪽에서 북쪽을 향해 배례를 한다. 빈은 조금 뒤로 물러난다.
主人阼階上北面拜. 賓少退.

정현주 '조금 뒤로 물러난다'(少退)는 것은 조금 뒷걸음질을 하면서 피한다는 뜻이다. '少退', 少逡遁也.

[鄕射禮05 : 經-275]
주인은 빈 앞으로 나아가 술잔을 받는다. 빈은 술잔을 건네준 후 주인의 서쪽으로 가서 북쪽을 향해 배례를 한다.
主人進受觶. 賓主人之西, 北面拜送.

정현주 여수旅酬의 예를 행할 때에 주인과 빈이 똑같이 조계 위쪽에서 하는 것은 예가 줄어들었기 때문이다.[9] 旅酬而同階, 禮殺也.

[鄕射禮05 : 經-276]
빈은 주인에게 읍을 한 후 자리로 나아가 앉는다. 주인은 술잔을 들고 서쪽 계단 위쪽으로 가서 대부에게 술을 권하여 수酬의 예를 행한다. 대부는 자리에서 내려와 주인의 서쪽에 서는데, 빈이 주인에게 술을 권하여 수의 예를 행할 때와 동일한 절차로 한다.
賓揖, 就席. 主人以觶適西階上酬大夫. 大夫降席, 立于主人之西, 如賓酬主人之禮.

정현주

주인은 술잔에 술을 채운 후 대부 앞으로 나아가 서남쪽을 향해 대부에게 술잔을 건네주고, 서서 빈에게 수의 예를 받던 곳을 향한다. 其旣實觶, 進西南面, 立鄕所酬.

[鄕射禮05 : 經-277]

주인은 대부에게 읍을 한 후 자리로 나아가 앉는다. 만약 향사례에 참여한 대부가 없다면, 당 위에 있는 3명의 중빈衆賓이 나이의 순서대로 주인이 권하는 수酬의 술잔을 받는데, 또한 대부가 주인에게 수의 술잔을 받을 때와 동일한 절차로 한다.[10]

主人揖, 就席. 若無大夫, 則長受酬, 亦如之.

정현주

'장長'은 나이의 순서에 따라 중빈들에게 술을 권하여 수酬의 예를 행한다는 뜻이다. '長'謂以長幼之次酬衆賓.

[鄕射禮05 : 經-278]

사정司正은 서쪽 계단을 통해 당 위로 올라가서 여수旅酬의 예를 돕는데, 여수의 술잔을 받을 사람에게 명하여 "아무개(某 : 술잔을 올리는 사람의 字, 衆賓의 우두머리)가 아무개 분(某子 : 술잔을 받는 사람의 氏, 衆賓의 두 번째 우두머리)께 여수의 술잔을 올립니다!"라고 말한다.[11]

司正升自西階, 相旅, 作受酬者曰, "某酬某子."

정현주

'아무개'(某)는 자字이고, '아무개 분'(某子)은 씨氏이다. 사정司正은 술잔 올리는 사람의 자字를 칭하고, 술잔을 받는 사람을 칭할 때에는 '모자某子'라고 한다. 여수旅酬의 예에서는 아랫사람이 윗사람이 되니, 높이는 것이다.[12]『춘추전』에 "자字를 칭하는 것은 자子라고 하는 것만 못하다"[13]라고 하였다. 이곳에서 "아무개가 아무개 분께 여수의 술잔을 올립니다"라고 한 것은 사례謝禮는 음주례飮酒禮보다 간략하기 때문이다. 「향음주례」에서는 "아무개 분은 여수의 술잔을 받으시오"[14]라고 하였는데, 술 마시는 사람을 위주로 말한 것이다. '某'者, 字也, '某子'者, 氏也. 稱酬者之字, 受酬者曰某子. 旅酬下爲上, 尊之也. 『春秋傳』曰"字不若子." 此言'某酬某子'者, 射禮略於飮酒. 「飮酒」言'某子受酬', 以飮酒爲主.

[鄕射禮05 : 經-279]

여수의 술잔을 받을 사람은 자리에서 내려온다. 사정은 물러나 당 위 서쪽 벽(西序)의 남쪽 끝에 서서 동쪽을 향한다.

受酬者降席. 司正退立于西序端, 東面.

정현주

'물러나 선다'(退立)는 것은 다음으로 여수의 술잔을 받는 사람을 기다리는 것이다.[15] 처음 당 위로 올라가 여수의 예를 돕기 전에는 서쪽 계단의 서쪽에 서서 북쪽을 향한다. '退立', 俟後酬者也. 始升相, 立階西北面.

[鄕射禮05 : 經-280]

여수의 술잔을 받는 중빈衆賓들은 배례를 한 후 일어나 술을 마시는데, 모두 빈이 주인에게 술을 권하여 수酬의 예를 행할 때와 동일한 절차로 한다.[16] 당 아래에 있는 중빈들도 모두 순서에 따라 두루 여수의 술잔을 받고, 이어서 당 아래에 있는 빈 쪽의 유사(賓黨)들에게까지 여수의 예를 행한다. 유사들은 모두 당 위로 올라가 서쪽 계단 위쪽에서 여수의 술잔을 받는다.

衆受酬者拜, 興飮, 皆如賓酬主人之禮. 辯, 遂酬在下者. 皆升, 受酬于西階上.

정현주

'당 아래에 있는 사람'(在下)이란 빈 쪽의 유사를 말한다. 「향음주례」의 기문에 "주인의 찬자贊者는 서쪽을 향해 서고 북쪽을 윗자리로 삼는데, 헌주獻酒의 예가 그에게까지 미치지는 않으며, 무산작을 거행하게 된 이후에야 헌주의 예가 그에게까지 미친다"[17]고 하였다. 이는 빈 쪽의 유사와 다른 것이다. '在下', 謂賓黨也. 「鄕飮酒」記曰, '主人之贊者, 西面北上, 不與, 無算爵然後與.' 此異於賓.

[鄕射禮05 : 經-281]

마지막으로 여수의 술잔을 받은 사람은 술잔을 들고 당 아래로 내려와 대광주리 안에 넣어 둔다.

卒受者以觶降, 奠于篚.

주

1_ 물러나 ~ 돌아와서 선다 : 애초에 司正은 조금 뒤로 물러나 뜰 중앙에 진설된 술잔(觶)의 남쪽에서 북쪽을 향해 서 있었는데([經-111]), 旅酬의 예를 행하기 전 활쏘기를 할 때에 다시 司馬가 되었다가 이제 활쏘기를 마치고 旅酬의 예를 행할 때 다시 司正이 되어 여전히 술잔의 남쪽에 서서 旅酬의 예를 감독하고 살핀다. 『의례정의』, 602쪽, 학경의 설 참조.

2_ 당에서 ~ 절차로 하고 : 왼쪽 어깨로 瑟을 둘러매고 오른손으로 악공을 부축한다는 뜻이다. 학경은 "'당에서 내려올 때와 동일한 절차로 한다'는 것은 당에서 내려와 동쪽 계단으로 갈 때처럼 왼쪽 어깨로 악기를 둘러매고 오른손으로 악공을 부축하는 것을 말한다"('如其降', 謂如降往東階時, 左荷右相也)라고 하였다. 『의례정의』, 602~603쪽 및 [經-126] 참조.

3_ 서쪽 계단을 ~ 앉게 한다 : 오계공은 경문의 '反坐'는 본래 위치로 돌아가 앉는다(反坐謂反其故位而坐也)는 뜻이며, 악공들이 본래 위치(서쪽 계단 위쪽에서 조금 동쪽)에 앉은 후 제자들은 당에서 내려와 서쪽 계단 앞에 선다고 하였다. 고유는 "'反坐'는 지난번에 앉았던 위치(서쪽 계단 위쪽에서 조금 동쪽)로 돌아온다는 뜻이다. 이전에 활쏘기를 행해야 했기 때문에 악공들은 당에서 내려와 阼階 아래의 堂 앞에 앉아 있었다. 이제 旅酬의 예를 행해야 하므로 악공들은 다시 당 위로 올라가 각자 지난번에 앉았던 위치(서쪽 계단 위쪽에서 조금 동쪽)로 돌아가 음악이 연주될 때를 기다린다"('反坐', 復其舊時之坐也. 前因將射, 工降坐于阼階下之堂前矣. 此則因行旅酬, 而工復升, 各復其舊時之坐而待擧樂也)라고 하였다. 『의례정의』, 603쪽 참조. 악공들의 자리는 서쪽 계단 위쪽에서 조금 동쪽에 펼쳐 놓는다. [經-88] 참조.

4_ 악공을 ~ 것이다 : 활쏘기를 하기 전에 활 쏘는 자리를 피하기 위해 제자들이 악공을 도와 악기를 阼階 아래의 동남쪽으로 옮겨 놓았다.([經-125]~[經-126]) 이제 활쏘기가 끝났고, 旅酬의 예를 행하면서 無算樂을 시작할 것이므로 다시 악기를 당 위로 옮겨 놓는 것이다.

5_ 당에서 ~ 한다 : 처음 문 안으로 들어올 때처럼 왼쪽 어깨로 瑟을 둘러매고, 오른손으로 악공을 부축한다는 뜻이다. [經-89] 참조.

6_ 악정은 ~ 돌아온다 : 樂正은 처음에 제자들로 하여금 악공을 도와 당 위에서 阼階 아래로 악기를 옮겨서 활 쏘는 자리를 피하도록 명하였는데([經-125]~[經-126]), 이제 활쏘기가 끝났기 때문에 다시 제자들에게 명하여 악공을 도와 서쪽 계단의 동쪽을 통해 당 위로 올라가서 악기를 옮겨 놓고 북쪽을 향해 앉아 있도록 하는 것이다. 악정은 음악이 갖추어졌음을 빈에게 보고한 후 당에서 내려와 서쪽 계단의 동쪽에서 북쪽을 향해 선다. 악공들이 당 위의 본래 위치로 돌아가서 앉게 되면, 악정은 阼階 아래 악기들이 걸려 있는 곳의 사이에 선다. 『의례정의』, 603쪽, 학경의 설 참조.

7_ 희생제기의 서쪽에 놓아두었던 술잔 : 활을 쏘기 전에 擧觶者(술잔을 들어 올리는 주인의 속리)가 빈의 자리 앞으로 나아가 앉아서 말린 고기와 고기젓갈의 서쪽(薦

西)에 술잔을 내려놓았는데([經-74]), 俎(희생고기의 뼈를 잘라서 올려놓은 희생제기)는 薦(말린 고기와 고기젓갈)의 남쪽에 이어져 진설되어 있으므로 俎의 서쪽은 薦의 서쪽이 된다. 앞의 『흠정의례의소』, '鄕射請射圖' 그림 참조.

8_ 조계 위쪽 : '阼階 위쪽'은 東序(당 위 동쪽 벽)의 앞을 가리킨다.

9_ 여수의 예를 ~ 때문이다 : 주인이 빈에게 술을 올려 '獻'과 '酬'의 예를 행할 때에는 주인과 빈이 각각 阼階와 西階를 사용하였다. '主人獻賓'은 [經-22]~[經-42], '主人酬賓'은 [經-53]~[經-60] 참조.

10_ 만약 향사례에 ~ 절차로 한다 : 오계공은 대부가 많은 경우에는 주인이 대부들에게 두루 酬의 예를 행한 후에, 마지막으로 중빈의 우두머리에게 酬의 예를 행한다고 하였다. 그러나 성세좌는 대부의 우두머리가 주인에게 酬의 예를 받은 후에 대부의 우두머리 자신이 술잔에 술을 채워 중빈의 우두머리에게 酬의 예를 행하고, 다시 중빈의 우두머리가 次大夫에게 酬의 예를 행하는 식으로 번갈아가면서 두루 酬의 예를 행하는 것이라고 하여 오계공의 설을 비판한다. 또 채덕진은 주인이 대부 및 중빈의 우두머리에게 酬의 예를 행하는 것은 향음주례에서 介에게 酬의 예를 행하는 것과 동일하다고 하였다. 『의례정의』, 603~604쪽 참조.

11_ 여수의 술잔을 ~ 말한다 : 오계공은 이곳 경문의 의절은 대부가 중빈의 우두머리에게 酬의 예를 행하거나 중빈의 우두머리 3명이 서로 酬의 예를 행하는 때라고 하였다. 그러나 성세좌는, 이 경문은 대부가 없는 경우이므로 중빈의 우두머리 3명이 서로 酬의 예를 행하는 때이며, 빈·주인 및 대부의 旅酬에서는 司正이 예를 돕지 않았는데 衆賓의 경우에 비로소 예를 돕는 것이라고 하였다. 『의례정의』, 604쪽 참조.

12_ '아무개'는 자이고 ~ 것이다 : 이 경문을 중빈의 우두머리 3인이 서로 旅酬의 예를 행하는 것으로 본다면, 경문의 '某酬某子'에서 앞의 '某'는 중빈의 우두머리로서 字를 칭하고, 뒤의 '某'는 중빈의 두 번째 우두머리로서 氏를 칭한다. 정현은 중빈의 두 번째 우두머리를 '某子'라고 하여 '子'를 덧붙인 것은 존경의 뜻이 담겨 있는 것으로 보아서, "旅酬의 예에서는 아랫사람이 윗사람이 되니, 높이는 것이다"라고 한 것이다.

13_ 자를 칭하는 ~ 못하다 : 『공양전』 莊公 10년조의 문장이다.

14_ 아무개 분은 ~ 받으시오 : [鄕飮酒禮04 : 經-105] 참조.

15_ '물러나 선다'는 ~ 것이다 : 旅酬의 예를 행할 때 司正은 그 일에 참여하지 않으므로 반드시 물러나야 한다. 다음에 술잔을 받을 사람이 이르면 다시 올라가 돕는다. 『의례정의』, 605쪽 참조.

16_ 빈이 주인에게 ~ 절차로 한다 : [經-273] 참조.

17_ 주인의 찬자는 ~ 미친다 : [鄕飮酒禮04 : 記-31·32] 참조.

「무산작無算爵」

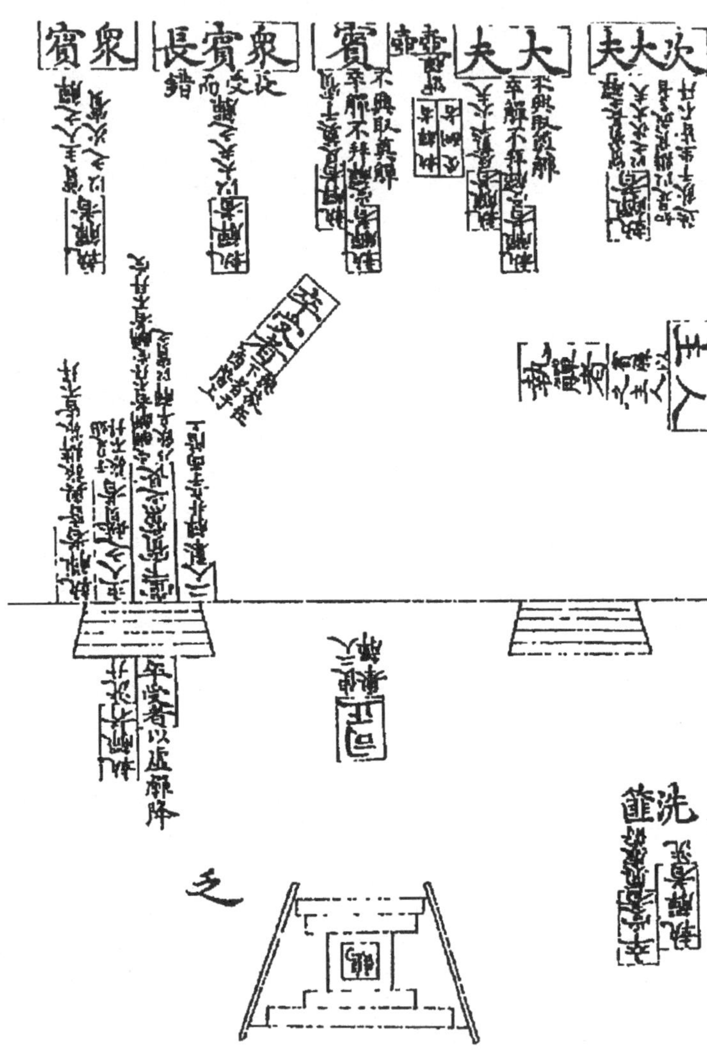

(淸),『흠정의례의소』

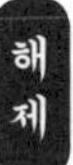
經-282에서 經-287은 사정이 주인의 찬자 두 사람에게 빈과 대부에게 술잔(觶)을 들어 올리게 함으로써 무산작無算爵을 시작하는 절차이다.

[鄕射禮05 : 經-282]

사정司正은 당에서 아래로 내려와 뜰 중앙의 본래 위치로 돌아온다.

司正降復位.

[鄕射禮05 : 經-283]

사정은 주인의 찬자贊者 두 사람을 시켜 빈과 대부에게 술잔(觶)을 들어 올리도록 한다.[1]

使二人擧觶于賓與大夫.

정현주

'두 사람'(二人)은 주인의 찬자이다. '二人', 主人之贊者.

[鄕射禮05 : 經-284]

거치자擧觶者(술잔을 들어 올리는 사람) 두 사람은 모두 술잔을 씻고, 당 위로 올라가 술잔에 술을 채운 후, 서쪽 계단 위쪽으로 가서 북쪽을 향해 앉아 술잔을 내려놓고, 빈과 대부에게 배례를 한 후 술잔을 집어 들고 일어난다. 빈과 대부는 모두 자리의 끝에서 답배를 한다. 거치자 두 사람은 모두 앉아서 술로 고수레를 한 후 그대로 앉은 채 술을 마시는데, 술잔의 술을 다 마신 후 일어나고, 다시 앉아서 술잔을 내려놓고 배례를 한 후 술잔을 집어 들고 일어난다. 빈과 대부는 모두 답배를 한다. 거치자는 당 위로 오를 때와 반대의 순서로 당에서 내려와 술잔을 씻고, 다시 당 위로 올라가 술잔에 술을 채운 후 모두 서쪽 계단 위쪽으로 가서 북쪽을 향해 서는데, 동쪽을 윗자리로 삼는다. 빈과 대부는 배례를 한다. 거치자 두 사람은 모두 빈과 대부의 자리 앞으로 나아가, 앉아서 말린 고기·고기젓갈의 오른쪽(薦右)에 술잔을 내려놓는다.

擧觶者皆洗觶, 升, 實之, 西階上北面, 皆坐奠觶, 拜, 執觶興. 賓與大夫皆席末答拜. 擧觶者皆坐祭, 遂飮, 卒觶, 興, 坐奠觶, 拜, 執觶興. 賓與大夫皆答拜. 擧觶者逆降, 洗, 升實觶, 皆立于西階上, 北面, 東上. 賓與大夫拜. 擧觶者皆進, 坐奠于薦右.

정현주 '앉아서 술잔을 내려놓는다'(坐奠之)는 것은 감히 직접 건네줄 수 없기 때문이다.[2] '坐奠之', 不敢授.

[鄕射禮05 : 經-285]

빈과 대부는 사양을 하고, 앉아서 술잔을 받아 든 후 일어난다.

賓與大夫辭, 坐受觶以興.

정현주 '사양한다'(辭)는 것은 거치자가 앉아서 술잔 내려놓는 것을 사양한다는 뜻이다.[3] '辭', 辭其坐奠觶.

[鄕射禮05 : 經-286]

거치자 두 사람은 모두 술잔을 건네준 후 물러나 서쪽 계단 위쪽의 본래 위치로 돌아와서 배례를 하고, 이어서 당에서 내려온다. 빈과 대부는 앉아서 술잔을 말린 고기와 고기젓갈의 오른쪽에 되돌려 놓은 후 일어난다.

擧觶者退反位, 皆拜送, 乃降. 賓與大夫坐, 反奠于其所, 興.

정현주 빈과 대부가 술잔을 들지 않는 것은 성대한 예가 이미 가득하기 때문이다. 고문본에는 '反奠'이 '反坐'로 되어 있다. 不擧者, 盛禮已崇. 古文曰'反坐'.

[鄕射禮05 : 經-287]

만약 대부가 참석하지 않은 경우라면, 빈에게만 술잔을 올린다.

若無大夫, 則唯賓.

정현주 2명의 거치자 가운데 우두머리 한 사람이 술잔을 들어 올리는데, 연례燕禮에서 술잔을 들어 올릴 때(媵爵)와 동일한 절차로 한다.[4] 長一人擧觶, 如燕禮媵爵之爲.

주

1_ 주인의 찬자 ~ 한다 : 경문에는 빈과 대부에게 술잔을 올리도록 시키는 사람이 누구인지 언급하지 않았지만, 오계공은 '司正'이 시키는 것이라고 하였고 양대육도 마찬가지 입장이다. 『의례정의』, 606쪽 참조.

2_ 감히 직접 ~ 때문이다 : 獻과 酬의 예를 행할 때에는 모두 직접 술잔을 건네주는데, 이곳에서 앉아서 술잔을 내려놓는 것은 贊者는 신분이 낮으므로 감히 직접 건네주지 못하기 때문이다. 『의례정의』, 606쪽 참조.

3_ '사양한다'는 ~ 뜻이다 : 빈과 대부는 자신들이 존귀하다고 자처할 수 없기 때문에 擧觶者가 술잔을 앉아서 내려놓는 것을 사양하는 것이다. 『의례정의』, 606쪽 참조.

4_ 2명의 거치자 ~ 절차로 한다 : 燕禮에서는 2명의 하대부가 술잔을 들어 올리고 旅酬의 예를 행할 때에도 다시 2명의 하대부가 술잔을 들어 올리는데, 만일 군주의 명으로 하대부 2명 가운데 우두머리 한 사람에게만 군주에게 술잔을 바치도록 할 경우 하대부의 우두머리는 그 잔을 군주의 자리 앞 말린 고기와 고기젓갈의 남쪽에서 위쪽에 내려놓는다. 향사례에서 대부가 참석하지 않았을 경우에는 이와 동일한 절차로 한다는 뜻이다. 향사례의 이곳은 無算爵을 행하는 것이고 연례의 경우는 旅酬의 예를 행한다는 차이는 있지만, 한 사람이 술잔을 바친다는 점에서 동일하므로 정현이 인용한 것이다. [燕禮06 : 經-86] 참조.

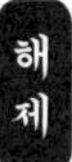
해제 經-288에서 經-295는 빈에게 앉아서 연음燕飮을 하도록 청하고, 이어서 철조徹俎를 하는 절차이다.

[鄕射禮05 : 經-288]

사정司正은 서쪽 계단을 통해 당 위로 올라간 후 조계阼階 위쪽으로 가서 주인에게 명을 받고, 다시 서쪽 계단 위쪽으로 가서 북쪽을 향해 빈에게 주인의 명을 전하여 편안히 자리에 앉아서 연회를 즐기도록 청한다.

司正升自西階, 阼階上受命于主人, 適西階上, 北面請坐于賓.

정현주 '앉아 있도록 청한다'(請坐)는 것은 빈과 더불어 연회를 즐기고자 하여 은근한 마음을 다하는 것이다. 이때에 이르러 정례正禮가 이미 끝나 맑은 술이 있어도 마음껏 마시지 못하고 마른 안주가 있어도 마음껏 먹지 못하여, 강건하여 힘이 있는 사람이라도 오히려 피곤하기 때문에[1] 앉도록 청하는 것이다. '請坐', 欲與賓燕, 盡殷勤也. 至此盛禮以[2]成, 酒淸肴乾, 強有力者猶倦焉.

[鄕射禮05 : 經-289]

빈은 자리 앞에 희생고기의 뼈가 진설되어 있음을 이유로 앉는 것을 사양한다.

賓辭以俎.

정현주 '희생고기의 뼈'(俎)[3]는 안주 가운데 귀한 것이다. 앉는 것을 사양하는 것은 감히 편안히 앉아서 귀한 안주를 친압하지 않으려는 것이다. '俎'者, 肴之貴者也. 辭之者, 不敢以燕坐褻貴肴.

[鄕射禮05 : 經-290]

사정은 빈의 사양하는 뜻을 주인에게 보고한다. 주인은 사정을 통해서 빈에게 "그렇다면 희생제기(俎)를 거두고자 합니다"라고 말한다. 빈은 허락한다. 사정은 서쪽 계단을 통해 당에서 내려와 계단 앞에서 빈 쪽의 제자弟子들에게 희생제기를 거두는 동안 기다리라고 명한다.

反命于主人. 主人曰, "請徹俎." 賓許. 司正降自西階, 階前命弟子俟徹俎.

정현주 '제자弟子'는 빈 쪽의 사람들이다. '희생제기'(俎)는 주인의 찬자贊者가 진설한 것이다. 이제 빈이 앉는 것을 사양하므로, 빈 쪽의 사람들에게 희생제기를 거두는 동안 기다리게 하여 빈의 뜻에 따르려는 것이다. 위에서는 '빈에게 편안히 자리에 앉아서 연회를 즐기도록 청한다'(請坐于賓)라고 말하였고, 이곳에서는 '주인이 말하였다'고 하여 서로 의미가 갖추어지도록 하였다.[4] '弟子', 賓黨也. '俎'者, 主人贊者設之. 今賓辭之, 使其黨俟徹, 順賓意也. 上言'請坐于賓', 此言'主人曰', 互相備耳.

[鄕射禮05 : 經-291]

사정은 당 위로 올라가 당 위 서쪽 벽의 남쪽 끝(序端)에 선다. 빈은 자리에서 내려와 자리의 남쪽에서 북쪽을 향해 선다. 주인은 자리의 남쪽으로부터 내려와 조계 위쪽에서 북쪽을 향해 선다. 대부는 자리에서 내려와 자리의 동쪽에서 남쪽을 향해 선다.

司正升, 立于序端. 賓降席, 北面. 主人降席自南方, 阼階上北面. 大夫降席, 席東南面.

정현주 빈의 제자가 희생제기(俎)를 받으러 당 위로 올라오기를 기다리는 것이다.[5] 俟弟子升受俎.

[鄕射禮05 : 經-292]

빈은 희생제기를 집어 들고, 몸을 돌려 사정에게 건네준다. 사정은 희생제기를 받아 들고 서쪽 계단을 통해 당에서 내려오는데, 빈도 사정을 따라 당에서 내려오고, 이어서 서쪽 계단의 서쪽에 서서 동쪽을 향한다. 사정은 희생제기를 들고 문 밖으로 나가서, 빈의 종자從者에게 건네준다.

賓取俎, 還授司正. 司正以降自西階, 賓從之降, 遂立于階西, 東面. 司正以俎出, 授從者.

정현주 빈의 집안에서 따라온 사람에게 건네주는 것이다. 옛날에는 다른 사람들과 마시고 먹을 때, 반드시 음식 가운데 성대한 것을 빈객에게 보내 주었는데, 이는 두텁게 예우하는 것이다.[6] 授賓家從來者也. 古者與

人飮食, 必歸其盛者, 所以厚禮之.

[鄕射禮05 : 經-293]

주인은 희생제기를 집어 들고, 몸을 돌려 빈의 제자에게 건네준다. 빈의 제자는 희생제기를 받아 들고, 서쪽 계단을 통해 당에서 내려와 동쪽으로 가서, 주인의 시자侍者에게 건네준다. 주인은 조계를 통해 당에서 내려와 서쪽을 향해 선다.

主人取俎, 還授弟子. 弟子受俎, 降自西階以東. 主人降自阼階, 西面立.

정현주 '동쪽으로 간다'(以東)는 것은 주인의 시자侍子에게 준다는 뜻이다. '以東', 授主人侍者.

[鄕射禮05 : 經-294]

대부는 희생제기를 집어 들고, 몸을 돌려 빈의 제자에게 건네준다. 제자는 희생제기를 들고 서쪽 계단을 통해 당에서 내려와 대부의 종자에게 건네준다. 대부는 빈의 제자를 따라 당에서 내려와 빈의 남쪽에 선다.[7]

大夫取俎, 還授弟子. 弟子以降自西階, 遂出授從者. 大夫從之降, 立于賓南.

정현주 무릇 '몸을 돌린다'(還)라고 말한 것은 희생제기를 집어 들 때에는 각자 자신들의 자리(席)를 향한 상태에서 한다는 뜻을 밝힌 것이다.[8] 凡言'還'者, 明取俎各自鄉其席.

[鄕射禮05 : 經-295]

중빈들도 모두 빈의 제자를 따라 당에서 내려와 대부의 남쪽에서 조금 뒤로 물러나 서는데, 북쪽을 윗자리로 삼는다.

衆賓皆降, 立于大夫之南, 少退, 北上.

정현주 중빈들이 빈의 제자를 따라 당에서 내려오는 것은 또한 연음燕飮을 행하고자 하기 때문이다. 從降, 亦爲將燕.

주

1_ 맑은 술이 있어도 ~ 때문에 : 이는『예기』「빙의」의 문장을 요약한 것이다. 그 원문은 다음과 같다. "비록 술은 맑고 사람은 목이 마르다 해도 감히 마시지 못하며, 고기가 잘 말라 있고 사람은 허기가 져도 감히 먹지 못한다. 날이 저물어 사람이 피곤해도 여전히 장중하고 가지런한 모습을 지키며 감히 나태하지 못한다. 이로써 예의 절차를 완성하고, 이로써 임금과 신하의 관계를 바르게 하고, 이로써 아버지와 아들이 서로 친애하게 하고, 이로써 어른과 아이가 서로 화목하게 한다."(酒清人渴而不敢飲也, 肉乾人飢而不敢食也. 日莫人倦, 齊莊・正齊, 而不敢解惰, 以成禮節, 以正君臣, 以親父子, 以和長幼.)

2_ 以 : 徐本과『통해』에는 '以'로 되어 있지만 毛本과『의례정의』에는 '已'로 되어 있다. 이곳에서는 '已'로 번역한다.

3_ 희생고기의 뼈 : '俎'는 원래 희생제기이지만, 이곳에서는 그 희생제기 위에 올려놓은 희생고기의 뼈를 가리킨다.

4_ 위에서는 ~ 하였다 : 위에서 '빈에게 앉아서 연음을 즐기도록 청한다'고 한 것도 司正이 주인의 말을 빈에게 전한 것이고, 아래에서 '주인이 말하였다'는 것도 司正이 빈의 말을 주인에게 전한 것이다.

5_ 빈의 제자가 ~ 것이다 : 司正이 당 위로 올라와 희생제기를 건네받을 때 빈의 제자들도 司正을 따라 함께 당 위로 올라온다. 대부와 주인의 희생제기(俎)는 이들 빈의 제자들에게 건네준다. 빈의 희생제기(俎)는 司正에게 건네준다.『의례주소』, 260쪽 및 아래 [經-292] 참조.

6_ 옛날에는 ~ 것이다 : 향음주례와 燕射에는 모두 희생제기를 거두는 '徹俎'의 절차가 있다. 희생제기(俎) 위에 올려 있는 희생고기의 뼈는 안주 가운데 귀한 것이다. 이것을 거두어 빈객들에게 보내 준다. 이 때문에 '음식 가운데 성대한 것을 보내 준다'고 한 것이다.『의례정의』, 608쪽 참조.

7_ 대부는 ~ 선다 : 위협몽에 따르면 [經-292]에서 [經-294]까지의 의절은 모두 동시에 진행되는 것으로, 빈이 희생제기(俎)를 집어 들어 司正에게 건네줄 때, 주인과 대부도 곧바로 희생제기를 집어 들어 빈의 제자들에게 건네준다.『의례정의』, 608쪽 참조.

8_ 무릇 ~ 것이다 : 희생제기(俎)는 모두 각자의 자리 앞에 진설되어 있기 때문에, 각자 자신들의 자리를 향하여 희생제기를 집어 들고, 이어서 몸을 돌려 司正이나 빈의 제자에게 건네주게 된다.

經-296에서 經-307은 편안히 앉아 무산작無算爵과 무산악無算樂을 행하고, 활을 쏜 후 벌주를 마심으로써 음주의 예禮가 끝나는 절차이다.

[鄉射禮05 : 經-296]

주인은 빈과 읍을 하고 양보를 하며, 신발을 벗은 후 당 위로 올라간다. 대부 및 중빈들도 모두 신발을 벗은 후 당 위로 올라가 앉는다.[1]

主人以賓揖讓, 說屨, 乃升. 大夫及衆賓皆說屨, 升, 坐.

정현주

'신발을 벗는다'(說屨)는 것은 장차 맨발로 앉을 것이기 때문이니, 신발은 더럽고 천한 것이므로 당 위에 두어서는 안 된다. 신발을 벗으면 옷자락을 살짝 드는데, 옷자락이 땅에 덮여 밟힐 수 있기 때문이다. '說屨'者, 將空坐, 屨褻賤, 不宜在堂也. 說屨則摳衣, 爲其被地.

[鄉射禮05 : 經-297]

저민 개고기와 고기젓갈을 올린다.

乃羞.

정현주

'수羞'는 올린다는 뜻이다. 올리는 음식은 저민 개고기와 고기젓갈이다.[2] 연음을 할 때 먹는 음식을 갖추는 것은 술맛을 돋우기 위함이다. '羞', 進也. 所進者, 狗胾·醢也. 燕設啗具, 所以案酒.

[鄕射禮05 : 經-298]

순서도 없이 횟수도 없이 서로 술잔을 권하여 술을 마시는 무산작無算爵을 행한다. 사정司正은 주인의 찬자贊者 두 사람을 시켜 술잔을 들어 올리도록 한다.[3] 빈과 대부는 일어나지 않은 채로 말린 고기와 고기젓갈의 오른쪽에 놓여 있던 술잔을 집어 들고 마시는데, 술잔의 술을 다 마신 후 배례를 하지 않는다.

無算爵. 使二人擧觶. 賓與大夫不興, 取奠觶飮, 卒觶, 不拜.

정현주

'두 사람'(二人)은 이전의 두 사람을 가리킨다.[4] 사정司正은 이들에게 당 위로 올라가 서쪽 계단 위쪽에 서 있도록 한다. 빈과 대부는 여수旅酬의 예를 행할 것이므로 술잔을 집어 들어야 한다. 술잔의 술을 다 마신 사람은 본디 배례를 하지 않는데, 이곳에서 이를 기록한 것은 앉아서 술잔의 술을 다 마신 사람이 술을 마신 후에 배례를 하는 것과 동일하게 하는 것으로 오해할 혐의가 있기 때문이다.[5] 이곳에서는 자리에 앉아서 하는 것이니, 예가 이미 감쇄하였으므로 다시 융숭하게 하지 않는 것이다.[6] '二人', 謂曏者二人也. 使之升, 立于西階上. 賓與大夫將旅, 當執觶也. 卒觶者固不拜矣, 著之者, 嫌坐卒爵者拜既爵. 此坐于席, 禮既殺, 不復崇.

[鄕射禮05 : 經-299]

집치자執觶者[7]는 빈과 대부가 비운 술잔을 받아 들고, 이어서 그 술잔에 술을 채운다. 빈의 술잔에 술을 채워서 주인에게 가서 건네주고, 대부의 술잔은 중빈의 우두머리가 받는다.
執觶者受觶, 遂實之. 賓觶以之主人, 大夫之觶, 長受.

정현주 '장長'은 중빈衆賓의 우두머리이다. '長', 衆賓長.

[鄕射禮05 : 經-300]
이렇게 하여 집치자執觶者가 번갈아가면서 술잔을 건네주는데, 술잔을 받은 사람들은 모두 배례를 하지 않는다.
而錯, 皆不拜.

정현주 '번갈아가면서 술잔을 건네준다'(錯)는 것은 집치자가 주인의 술잔에 술을 채워서 그것을 가지고 차빈次賓(중빈의 두 번째 우두머리)에게 가서 건네주고, 중빈의 우두머리의 술잔에 술을 채워서 그것을 가지고 차대부次大夫(대부의 두 번째 우두머리)에게 가서 건네준다는 뜻이다.[8] 대부나 중빈 가운데 한 쪽의 인원수가 많은 경우에는 남는 사람들끼리 앉아서 서로 번갈아가면서 술을 마실 뿐이다.[9] 배례를 하지 않고 술잔을 받는 것은 예가 더욱 감쇄하였기 때문이다. '錯'者, 實主人之觶, 以之次賓也. 實賓長之觶, 以之次大夫. 其或多者, 迭飮於坐而已. 皆不拜受, 禮又殺也.

[鄕射禮05 : 經-301]
당 위에 있는 사람들이 두루 여수의 예를 마치면, 마지막으로 술잔

을 받은 사람은 일어나 서쪽 계단 위쪽으로 가서 당 아래에 있던 사람들에게 술을 권하여 여수旅酬의 예를 행한다.
辯, 卒受者興, 以旅在下者于西階上.

정현주

중빈의 마지막 사람은 술을 마신 후 주인의 찬자贊者에게 술을 권하여 여수의 예를 행하고, 대부의 마지막 사람은 술을 마신 후 빈 쪽의 사람(賓黨)에게 술을 권하여 여수의 예를 행하는데, 또한 서로 번갈아가면서 한다. 집치자執觶者에게 술을 따르게 하지 않는 것은 여수의 예를 행하고자 할 때에는 자기의 신분이 높다는 것을 이유로 사람을 외롭게 만들어서는 안 되기 때문이다.[10] 그 마지막으로 술잔을 받은 사람이 모두 중빈이라면 먼저 주인의 찬자에게 술을 권하여 여수의 예를 행하고, 모두 대부라면 먼저 빈 쪽의 사람들에게 술을 권하여 여수의 예를 행한다. 집치자는 당 위에 있는 사람들에게 두루 술을 따라 여수의 예를 행하게 한 뒤, 당에서 내려와 본래 위치로 돌아온다.[11] 衆賓之末, 飮而酬主人之贊者, 大夫之末, 飮而酬賓黨, 亦錯焉. 不使執觶者酌, 以其將旅酬, 不以己尊孤人也. 其末若皆衆賓, 則先酬主人之贊者, 若皆大夫, 則先酬賓黨而已. 執觶者酌在上辯, 降復位.

[鄕射禮05 : 經-302]
당 아래의 사람들 가운데 우두머리[12]는 배례를 하지 않고 여수의 술잔을 받고, 여수의 술잔을 건네주는 사람[13]은 술잔을 건네준 후 배례를 하지 않는다. 술잔을 받은 우두머리는 이어서 술을 마시는데, 술잔의 술을 다 마신 후 술잔에 술을 채운다.
長受酬, 酬者不拜. 乃飮, 卒觶, 以實之.

정현주

'여수의 술잔을 건네주는 사람은 배례를 하지 않는다'(酬者不拜)고 말한 것은 당 아래 사람에게 술을 권하여 여수의 예를 행할 때에는 위치를 달리하므로 마땅히 배례를 해야 하는 것으로 오해할 혐의가 있기 때문이다.[14] 고문본에는 '여수의 술잔을 받는 사람은 배례를 하지 않는다'(受酬者不拜)라고 하였다.[15] 言'酬者不拜'者, 嫌酬堂下異位當拜也. 古文曰'受酬者不拜'.

[鄕射禮05 : 經-303]

여수의 술잔을 받는 사람[16]은 배례하지 않고 술잔을 받는다.

受酬者不拜, 受.

정현주

예가 감쇄하였으므로 나아가 존귀한 자의 술잔을 받아도 오히려 배례를 하지 않는다. 禮殺, 進受尊者之酬, 猶不拜.

[鄕射禮05 : 經-304]

우두머리 이하 당 아래의 사람들이 순서대로 두루 여수의 술잔을 받는데, 모두 배례를 하지 않고 술잔을 받는다.

辯旅, 皆不拜.

정현주

주인의 찬자贊者가 이때에 비로소 여수의 예에 참여하는데, 배례를 하는 것으로 오해할 혐의가 있기 때문에 '배례를 하지 않는다'고 밝혀둔 것이다.[17] 主人之贊者於此始旅, 嫌有拜.

[鄕射禮05 : 經-305]

집치자 두 사람도 모두 여수의 예에 참여한다.

執觶者皆與旅.

정현주

이미 술을 마셨으므로 다시 술을 마시지 않는 것으로 오해할 혐의가 있기 때문에 이를 밝혀둔 것이다. 위([經-284])에서는 이 두 사람으로 하여금 다른 사람에게 술을 들도록 권하게 한 것일 뿐, 아랫사람에게까지 은혜를 미치게 하는 것은 아니었다.[18] 또한 나이의 순서대로 여수의 예에 참여한다. 嫌已飮不復飮也. 上使之勸人耳, 非逮下之惠也. 亦自以齒與於旅也.

[鄕射禮05 : 經-306]

마지막으로 술잔을 받은 사람은 비운 술잔을 들고 당에서 내려와 대광주리 안에 넣어 둔다. 집치자는 술잔을 씻은 후 당 위로 올라가 술잔에 술을 채우고, 빈과 대부의 자리 앞으로 가서 말린 고기와 고기젓갈의 오른쪽에 되돌려 놓는다.

卒受者以虛觶降, 奠于篚. 執觶者洗, 升, 實觶, 反奠于賓與大夫.

정현주

'술잔을 다시 갖다 놓는다'(復奠之)는 것은 연회는 술 마시는 것으로 즐거움을 삼고, 술이 취한 후에 그치는 것이기 때문이니, 주인의 뜻이다. 금문본에는 '執觶'의 글자가 없고, '賓觶'와 '大夫之觶'에서의 '觶'는 모두 '爵'으로 되어 있으며,[19] '實觶'는 '觶爲之'로 되어 있다. 復奠之者, 燕以飮酒爲歡, 醉乃止, 主人之意也. 今文無'執觶', 及'賓觶'·'大夫之觶', 皆爲'爵', '實觶', '觶爲之'.

[鄕射禮05 : 經-307]

순서나 횟수를 정하지 않고 노래하고 연주하는 무산악無算樂을 행한다.[20]

無算樂.

정현주 향악鄕樂을 합주하는데, 순서와 횟수가 없다.[21] 合鄕樂無次數.

주

1_ 주인은 빈과 ~ 앉는다 : 위협몽은 빈과 주인이 신발을 벗을 때 대부 및 중빈들도 모두 신발을 벗는데, 신발을 모두 벗은 후에 비로소 주인이 빈에게 揖(맞잡은 양손을 몸 밖으로 내밀면서 하는 절)을 하고 당 위로 올라가고, 빈은 대부에게 厭(맞잡은 양손을 몸 안쪽으로 끌어당기면서 하는 절)을 하고 당 위로 올라가고, 대부는 중빈들에게 厭을 하고 당 위로 올라가고, 중빈들도 순서대로 당 위로 올라간다고 하였다. 위협몽의 설에 따르면, 경문의 '揖讓, 說屨, 乃升'은 '說屨, 揖讓, 乃升'이 되어야 한다. 즉 '신발을 벗고, 읍을 하고 양보를 한 후에 당 위로 올라간다'는 것이다. [鄕飮酒禮04 : 經-121]에도 "說屨揖讓如初, 升"으로 되어 있다. 『의례정의』, 609쪽 참조.

2_ 올리는 음식은 ~ 고기젓갈이다 : 고기젓갈(醢)은 미리 만들어서 숙성시켜야 하므로, 임시적으로 만들 수 없다. 따라서 이곳의 '고기젓갈'은 개고기로 만든 젓갈이 아니다. 『의례주소』, 261쪽.

3_ 사정은 ~ 한다 : 오계공은 司正이 두 사람에게 술잔을 집어 들고, 이어서 술을 따르게 하는 것이라고 하였다. 『의례정의』, 611쪽 참조.

4_ '두 사람'은 ~ 가리킨다 : 앞의 의절에서 술잔을 들어 올렸던 사람으로, 주인의 贊者 두 사람을 가리킨다. [經-283] 참조.

5_ 술잔의 술을 ~ 때문이다 : 주인이 빈에게 獻과 酬의 예를 행할 때 빈은 모두 앉아서 술잔의 술을 다 마시고, 술을 마신 후에는 배례를 하였다. 이곳 無算爵의 예에서도 술잔의 술을 다 마신 후 배례를 해야 하는 것으로 오해할 수 있기 때문에 이를 밝혀 둔 것이다. [經-41] 및 [經-56] 참조.

6_ 이곳에서는 ~ 것이다 : 주인이 빈에게 獻과 酬의 예를 행할 때에는 계단 아래에서 하고 술잔의 술을 다 마신 후에는 배례를 하였는데, 이곳에서는 신발을 벗고 자리(席) 위로 올라가 이미 예가 감쇄하였기에 다시 예를 높이지 않는다. 그러므로 술잔의 술을 다 마신 후 배례를 하지 않는다. 『의례주소』, 261쪽 참조.

7_ 집치자 : 이곳의 '執觶者'는 앞의 [經-298]에서 司正이 빈과 대부에게 술잔을 들어 올리도록 시켰던 두 사람 즉 '擧觶者'이다.

8_ 집치자가 주인의 ~ 뜻이다 : 양대육은 鄭注의 '술을 채운다'(實)는 것과 '가지고 간다'(以)는 것은 모두 집치자가 하는 것이라고 하였다. 『의례정의』, 611쪽 참조.

9_ 대부나 중빈 ~ 뿐이다 : 대부와 중빈의 인원수가 동등하다면 술잔을 건네줄 수 있다. 대부의 인원수가 중빈보다 많거나, 중빈의 인원수가 대부보다 많은 경우에는 남는 인원수만큼은 술잔을 건네줄 수 없기 때문에 스스로 자기 쪽의 사람들과 번갈아가면서 술을 마신다. 『의례정의』, 611쪽, 장이기의 설 참조.

10_ 자기의 신분이 ~ 때문이다 : 당 위의 사람들은 모두 앉아서 술을 마시므로 집치자를 시켜서 술을 따르게 한다. 당 아래 있는 사람들은 서쪽 계단 위쪽에서 서서 마시는데, 만일 앉아 있는 사람들은 그대로 있고 마실 사람 혼자 당 위에 오른다면 이것은 자기의 신분이 높다는 것을 이유로 사람을 외롭게 만드는 것이다. 그러므로 마지막으로 술잔을 받은 사람은 반드시 당 위로 올라가 당 아래에 있던 사람들

에게 술을 권하여 旅酬의 예를 행한다. 『의례정의』, 612쪽 참조.

11_ 집치자는 ~ 돌아온다 : 2인의 집치자는 술잔을 들어 당 위에 있는 중빈 이상의 사람들에게 두루 술을 따라 여수의 예를 행하게 하지만 당 아래에 있는 사람들은 스스로 술을 따라 서로 여수의 예를 행하기 때문에 집치자 2인은 일이 없게 된다. 그러므로 당에서 내려와 동쪽 계단 앞의 본래 위치로 돌아와 서쪽을 향하는데, 북쪽을 윗자리로 삼는다. 『의례주소』, 262쪽, 가공언의 설 참조.

12_ 우두머리 : 성세좌는 '長'은 堂 아래에 있는 '중빈의 우두머리'를 가리킨다고 하였는데, 호조흔은 중빈의 우두머리뿐 아니라 주인의 贊者 가운데 우두머리도 포함된다고 하였다. 『의례정의』, 613쪽 참조.

13_ 여수의 술잔을 건네주는 사람 : 성세좌는 당 위에 있는 3인의 중빈 가운데 마지막으로 술잔을 받은 사람을 가리킨다고 하였다. 『의례정의』, 613쪽 참조.

14_ 당 아래의 사람에게 ~ 때문이다 : 당 위에서 旅酬의 예를 행할 때에는 배례를 하지 않는데([經-300]), 堂 아래에 있는 사람들에게 旅酬의 예를 행할 때에는 위치를 바꾸게 되므로 당 위에서와는 달리 배례를 해야 한다고 오해할 수 있기 때문에 거듭 '배례를 하지 않는다'고 밝혀둔 것이다.

15_ 고문본에는 '受酬者不拜'로 되어 있다 : 아래 경문 [經-303]에서 "受酬者不拜, 受"(여수의 술잔을 받는 사람은 배례를 하지 않고 술잔을 받는다)라고 하였으니, 이곳 경문은 고문본에 '受酬者不拜'라고 되어 있지만 '受'는 衍字이다. 이 때문에 정현이 고문본을 취하지 않은 것이다. 『의례정의』, 613쪽, 호조흔의 설 참조.

16_ 여수의 술잔을 받는 사람 : 위협몽은 당 아래에 있는 사람들 가운데 우두머리를 가리켜 말한 것이라고 하였다. 『의례정의』, 613쪽 참조.

17_ 배례를 하는 ~ 것이다 : 贊者는 여러 執事들을 통솔하여 손과 술잔 씻는 일까지 담당하는 자이다. 그 신분이 더욱 낮아서 배례를 한 후에 술잔 받는 것으로 오해할 수 있다. 그러므로 '배례를 하지 않는다'고 밝혀둔 것이다. 『의례정의』, 613쪽, 호배휘의 설 참조.

18_ 이미 술을 마셨으므로 ~ 아니었다 : 앞의 [經-284]에서 擧觶者는 '서쪽 계단 위쪽에서 술잔의 술을 다 마신다'고 하였으므로 이미 술을 마신 것이지만, 그것은 여수의 예에 참여하여 술을 마신 것이 아니라 빈과 대부에게 술을 마시도록 권하기 위함이었다. 『중용』에 "旅酬의 예를 행할 때 아랫사람이 윗사람을 위하여 술잔을 올리는 것은 신분이 천한 사람에게까지 미치는 것이다"(旅酬下爲上, 所以逮賤也)라고 하였다. 이것이 이른바 '아랫사람에게까지 은혜를 미치게 한다'는 것이다.

19_ 금문본에는 ~ 되어 있으며 : 호승공은 『고금문소의』에서 이 절의 정현 주와 가공언 소는 모두 착간되어 독해가 불가능하다고 하면서, 이곳 경문의 '卒受者' 이하에 '賓觶·大夫觶'라는 글자가 없는데 정현이 왜 이런 말을 하게 되었는지 알 수 없다고 하였다. 『의례정의』, 615쪽 참조.

20_ 순서나 ~ 행한다 : 獻과 酬의 예를 행할 때에는 升歌, 奏笙, 間歌, 合樂의 순서로 노

래하고 연주하는데, 모두 세 번 노래하고 연주한다(3終). 無算樂에서는 이 순서대로 하지 않으며, 또 세 번이라는 횟수에 얽매이지도 않는다. [鄕飮酒禮04 : 經-124]의 정현 주에 "연회의 음악도 정해진 횟수가 없다. 혹 間歌를 하기도 하고 혹 合樂을 하기도 하여 즐거움을 극진히 한 뒤에 그친다"(燕樂亦無數, 或間或合, 盡歡而止也)라고 하였다. 또 같은 [鄕飮酒禮04 : 經-124]의 '無算樂'에 대해서 오계공은 "술잔이 돌면 음악을 연주하는데, 술잔 돌리는 일이 그치면 음악도 끝난다. 술잔에 정해진 횟수가 없으므로 음악에도 정해진 횟수가 없는 것이다"(爵行則奏樂, 爵止直樂闋, 故爵無算而樂亦無算也)라고 하였고, 학경 또한 "지난번 獻과 酬의 예를 행할 때에는 절차가 있었으니, 升歌·奏笙·間歌·合樂을 하여 모두 3번씩 노래하고 연주하여 마쳤다. 연회를 행할 때에는 연주되는 음악에 정해진 횟수가 없으니, 세 번하는 것에 얽매이지 않는다"(向者獻酬有節, 歌笙間合, 皆三終. 燕樂無算, 不拘於三也)라고 하였다. 『의례정의』, 407쪽 참조.

21_ 향악을 ~ 없다 : 본래 鄕樂인 「주남」과 「소남」을 合樂으로 노래하고 연주할 때에는 모두 순서와 횟수가 있어, 먼저 「관저」를 노래하고 이어서 「갈담」과 「권이」를 노래한 다음에 「작소」와 「채빈」, 「채번」을 노래하는데, 모두 세 번씩 한다. 그러나 無算樂에서는 순서와 횟수가 없이 賓이 좋아하는 대로 한다. 『의례주소』, 263쪽 참조.

經-308에서 經-309는 빈이 문 밖으로 나가고, 주인이 빈을 전송하는 절차이다.

[鄕射禮05 : 經-308]

빈이 자리에서 일어날 때, 악정樂正은 악공에게 「해陔」를 연주하도록 명한다.

賓興, 樂正命奏「陔」.

정현주

「해」는 「해하陔夏」[1]로서, 그 시는 망실되었다. 『주례』에 따르면 빈이 취하여 나갈 때, 「해하」를 연주한다.[2] 「해하」는 천자와 제후의 경우는 종과 북으로 연주하고, 대부와 사는 북으로만 연주한다. 「陔」, 「陔夏」, 其詩亡. 『周禮』賓醉而出, 奏「陔夏」. 「陔夏」者, 天子諸侯以鍾鼓, 大夫·士鼓而已.

[鄕射禮05 : 經-309]

빈이 자리에서 내려와 서쪽 계단 위쪽에 이를 때, 「해」가 연주된다. 빈은 문 밖으로 나간다. 중빈들도 모두 문 밖으로 나간다. 주인은 문 밖까지 전송하는데, 빈에게 재배를 한다.

賓降及階, 「陔」作. 賓出. 衆賓皆出. 主人送于門外, 再拜.

정현주

주인은 문 밖의 동쪽에서 빈에게 배례를 하여 전송한 후 서쪽을 향한다. 빈은 답배를 하지 않는데, 예에는 마침이 있기 때문이다. 拜送賓于門東, 西面. 賓不答拜, 禮有終.

주

1_「해하」:「해하」는 음악 이름으로, 九夏 가운데 하나이다. '陔夏'는 곧 '祴夏'로서, 빈을 전송할 때에 연주한다. 천자와 제후는 鐘과 鼓로 연주하고, 대부와 사의 경우에는 鼓를 사용한다. 『주례』「춘관·종사」에 "무릇 음악을 사용할 때에는 종과 북으로 九夏를 연주한다. '구하'는 「王夏」, 「肆夏」, 「昭夏」, 「納夏」, 「章夏」, 「齊夏」, 「族夏」, 「祴夏」, 「驁夏」이다"라고 하였다. 정현은 "'祴'는 '陔鼓'라고 할 때의 '陔'로 읽는다"('祴'讀爲'陔鼓'之陔)라고 하였다.

2_ 빈이 취하여 나갈 때, 「해하」를 연주한다 : 이 문장은 『주례』「춘관·종사」의 정현 주에 인용된 두자춘의 말이다.

經-310에서 經-311은 이튿날 빈이 주인의 은혜에 배례하는 절차이다.

[鄕射禮05 : 經-310]

이튿날, 빈은 조복朝服을 착용하고 주인 집 문 밖에서 주인이 베풀어 준 은혜에 배례를 하여 감사를 표한다.

明日, 賓朝服以拜賜于門外.

정현주

'베풀어 준 것에 배례를 한다'(拜賜)는 것은 주인의 은혜에 감사를 표한다는 뜻이다. '拜賜', 謝恩惠也.

[鄕射禮05 : 經-311]

주인은 문 밖으로 나와서 빈을 뵙지 않는다. 주인은 빈과 마찬가지로 조복을 착용하고, 드디어 빈을 따라가서 빈의 집 문 밖에서 찾아준 수고로움에 배례를 하여 감사를 표한 후에 물러난다.

主人不見. 如賓服, 遂從之, 拜辱于門外, 乃退.

정현주

'문 밖으로 나와서 빈을 뵙지 않는다'(不見)는 것은 예를 설만하게 하지 않는 것이다. '수고로움에 배례를 한다'(拜辱)는 것은 빈이 스스로 욕되게도 찾아와 준 것에 감사를 표한다는 뜻이다. '不見', 不褻禮也. '拜辱', 謝其自屈辱.

해제 : 經-312에서 經-322는 사정司正의 노고를 위로하는 절차이다

[鄕射禮05 : 經-312]

주인은 조복朝服을 벗고 현단玄端으로 갈아입은 후 사정司正을 위로한다.

主人釋服, 乃息司正.

정현주

'옷을 벗는다'(釋服)는 것은 조복을 벗고 현단玄端을 입는다는 뜻이다. '식息'은 위로한다는 뜻과 같다. '사정을 위로한다'(勞司正)는 것은 그를 빈으로 삼아 그와 함께 술 마시는 것을 가리키는데, 사정이 어제 매우 수고하고 피곤했기 때문이다.[1] 『예기』「월령月令」에 "농민을 위로하여 휴식을 취하게 한다"고 하였다.[2] '釋服', 說朝服, 服玄端也. '息'猶勞也. '勞司正', 謂賓之與之飮酒, 以其昨日尤勞倦也. 「月令」曰, "勞農以休息之."

[鄕射禮05 : 經-313]

개介(빈의 행례를 돕는 사람)를 세우지 않는다.

無介.

정현주

위로하는 예는 간략하기 때문에 향음주례보다 낮추는 것

이다.[3] 이 이하는 모두 음주의 예와 다른 것들을 기록한 것이다. 勞禮略, 貶於飮酒也. 此已下皆記禮之異者.

[鄕射禮05 : 經-314]

희생을 잡지 않는다.

不殺.

정현주 희생제기(俎)를 진설하지 않기 때문이다. 無俎故也.

[鄕射禮05 : 經-315]

주인은 사람을 보내어 빈(사정)을 초대한다.

使人速.

정현주 '속速'은 빈을 부른다는 뜻이다. '速', 召賓.

[鄕射禮05 : 經-316]

주인은 문 밖에서 빈을 맞이하는데, 배례는 하지 않는다. 빈은 문 안으로 들어간 후 당 위로 올라가는데, 주인은 빈이 와서 이르게 된 것에 배례를 하지 않는다. 주인은 빈을 위해 술잔을 씻어 주는데, 빈은 술잔을 씻어 준 것에 배례를 하지 않는다. 빈의 자리 앞에 말린 고기(脯)와 고기젓갈(醢)을 올리는데, 희생제기(俎)는 진설하지 않는다. 빈은 주인에게 술을 올려 작酢의 예를 행하는데, 주인은 술이 조악하지만 서로 가득 채워 주었다고 빈에게 사례를 표하지 않는다. 주인은 중빈에게 술을 올려 헌獻의 예를 행하는데, 배례는 하지 않는다. 중빈에게 술을 올려 헌의 예를 행한 후에, 중빈 가운데 한 사람이 술잔을 들어 올리고, 곧바로 순서도 없이 횟수도 없이 서로 술잔을 권하여 술을 마시는 무산작無算爵을 행한다.[4]
迎于門外, 不拜. 入, 升, 不拜至. 不拜洗. 薦脯·醢, 無俎. 賓酢主人, 主人不崇酒, 不拜衆賓. 旣獻衆賓, 一人擧觶, 遂無算爵.

정현주

'곧바로'(遂)라고 말한 것은 사이에 생략한 의절이 있음을 밝힌 것이다.[5] 빈이 앉아서 술잔을 자기의 자리 앞에 내려놓으면, 빈자擯者가 곧바로 주인에게 명을 받아 빈에게 편안히 자리에 앉아서 연회를 즐기도록 청하고, 빈은 당에서 내려와 신발을 벗은 후 다시 당 위로 올라가 앉는다. 이곳에서 '이어서 앉아 있도록 청한다'(遂請坐)라고 말하지 않은 것은 편안히 자리에 앉아서 연회를 즐기는 것은 무산작無算爵을 행할 때에 주로 하는 것이기 때문이다.[6] 言'遂'者, 明其間闕也. 賓坐奠觶于其所, 擯者遂受命于主人, 請坐于賓, 賓降說屨升坐矣. 不言'遂請坐'者, 請坐主於無算爵.

[鄕射禮05 : 經-317]
사정司正을 세우지 않는다.
無司正.

정현주

빈자擯者를 시킬 뿐, 사정을 세우지는 않는다.[7] 使擯者而

已, 不立之.

[鄕射禮05 : 經-318]

빈은 사정을 위로하는 예에 참여하지 않는다.

賓不與.

정현주 어제 왔으니 존귀한 이를 설만하게 대하지 못하기 때문이다.[8] 고문본에는 '與'가 '豫'로 되어 있다. 昨日至, 尊不可褻也. 古文'與'作'豫'.

[鄕射禮05 : 經-319]

초빙하는 대상은 오직 주인의 뜻에 따라 정해진다.

徵唯所欲.

정현주 '징徵'은 초빙한다는 뜻으로, 주인이 원하는 대상을 초빙한다는 뜻이다. '徵', 召也, 謂所欲請呼.

[鄕射禮05 : 經-320]

향대부鄕大夫 가운데 벼슬에서 물러난 사람과 큰 덕행을 갖추었으면서도 벼슬을 하지 않는 사람을 초빙해도 괜찮다.

以告於鄕先生·君子可也.

정현주 '고告'는 청한다는 뜻이다. '향선생鄕先生'은 향대부 가운데 벼슬에서 물러난 사람이다. '군자君子'는 큰 덕행을 갖추었으면서도 벼슬을 하지 않는 사람이다. '告', 請也. '鄕先生', 鄕大夫致仕者也. '君子', 有大德行不仕者.

[鄕射禮05 : 經-321]

음식은 있는 것을 올린다.

羞唯所有.

정현주 현재 있는 것을 사용한다는 뜻이다. 用時見物.

[鄕射禮05 : 經-322]

무산작을 행할 때에 향악鄕樂은 연주하고 싶은 것을 연주한다.

鄕樂唯欲.

정현주 「아雅」와 「송頌」을 연주하지 않고, 「주남周南」과 「소남召南」의 시 가운데에서 취하는데, 좋아하는 것을 취해서 연주한다. 不歌「雅」·「頌」, 取「周」·「召」之詩, 在所好.

주

1_ 사정이 ~ 때문이다 : 燕飮을 할 때 司正을 세웠다가 활쏘기를 할 때에 이르면 司馬의 역할을 맡게 한다. 활을 쏠 때에는 사마를 두고 다시 司射를 두는데, 두 사람은 모두 주인의 속리이다. 『의례정의』, 617쪽.

2_ 『예기』「월령」에 ~ 하였다 : 정현이 「月令」을 인용한 것은 '司正을 위로한다'는 것 역시 위로하여 휴식을 취하게 하는 것임을 밝히기 위한 것이다. 『의례정의』, 617쪽 참조.

3_ 위로하는 ~ 것이다 : '향음주례보다 낮춘다'는 것은 향음주례에서는 介를 두지만, 이곳에서는 介를 두지 않음을 말한다. 司正을 위로하는 예에서는 사정을 賓으로 삼는데, 그 예가 가볍기 때문에 介를 두어서 賓을 보좌하게 하지 않는다.

4_ 중빈 가운데 ~ 행한다 : 향음주례의 正禮에서는 두 사람이 술잔을 들어올려 無算爵의 시작을 알린다. 이곳에서는 한 사람이 술잔을 들어 올리고, 곧바로 무산작을 행한다. 따라서 旅酬의 禮로 무산작을 삼는 것임을 알 수 있다. 司正을 위로하는 예는 향음주례의 正禮보다 매우 가벼운 것이다.

5_ '곧바로'라고 ~ 것이다 : '악공이 당 위로 올라가 노래하는 것'(工升歌), '사정을 세워 여수의 예를 행하는 것'(立司正旅酬)과 '두 사람에게 술잔을 들어 올리는 것'(二人擧觶), '희생제기를 거두는 것'(徹俎) 등 몇 가지 의절을 생략하고 곧바로 無算爵을 행한다. 『의례주소』, 265쪽 참조.

6_ '이어서 앉아 있도록 청한다'라고 ~ 때문이다 : 빈에게 편안히 자리에 앉아서 연회를 즐기도록 청하는 것(請坐)은 無算爵을 행할 때에 주로 하는 것인데, 이곳에서는 뒤에 '드디어 무산작을 행한다'라고 말하였으므로 자연히 '편안히 자리에 앉아서 연회를 즐기도록 청하는 것'(請坐)임을 알 수 있다. 이 때문에 굳이 '빈에게 앉아서 있도록 청한다'라고 말할 필요가 없다는 뜻이다. 『의례주소』, 265쪽 및 앞의 [經-288] 참조.

7_ 사정(司正)을 세우지는 않는다 : 司正을 위로하는 것인데 다시 사정을 세운다면 빈을 공경하는 의리에 흠집이 생기기 때문이다. 『의례정의』, 618쪽, 방포의 설 참조.

8_ 어제 왔으니 ~ 때문이다 : 빈은 주인이 존경하는 대상이므로, 다시 초빙할 수 없다. 다시 초빙하게 되면 이 또한 함부로 대하는 것이다. 『의례주소』, 265쪽 참조.

記-01에서 記-02까지는 '빈賓'을 선택하고, 주인이 빈의 집으로 찾아가 향사례에 참여해 줄 것을 청하는 절차에 대해 기록한 것이다.

[鄕射禮05 : 記-01]

기記. 대부가 향사례에 참여할 경우에는 공사公士를 빈으로 삼는다.

記. 大夫與, 則公士爲賓.

정현주

감히 향인鄕人으로 하여금 대부보다 더 존귀하게 할 수 없기 때문이다.[1] '공사公士'는 관직에 있는 사士이다. 향례에서 빈은 주로 처사處士에게 맡긴다. 不敢使鄕人加尊於大夫也. '公士', 在官之士. 鄕賓主用處士.

[鄕射禮05 : 記-02]

능자能者를 빈으로 삼고, 한 차례만 빈의 집으로 찾아가 향사례에 참여해 줄 것을 청하고 두 차례에 걸쳐 청하지 않는다.[2]

使能, 不宿戒.

정현주

능자能者는 일에 능통하므로 두 차례에 걸쳐 거듭 청할 필요가 없기 때문이다. 能者敏於事, 不待宿戒而習之.

주

1_ 감히 향인으로 ~ 때문이다 : 가공언은 향사례에서는 爵命이 없는 處士를 빈으로 삼는데, 대부가 참여할 경우에는 처사 즉 鄕人으로 하여금 대부보다 더 존귀하게 할 수 없으므로 公士로 바꾸어서 빈을 삼는 것이라고 하였다. 오계공도 처사는 대부와 존귀함의 차이가 너무 크기 때문에 처사로 빈을 삼지 못하는 것이라고 하였다. 『의례주소』, 266쪽 및 『의례정의』, 624쪽 참조.

2_ 한 차례만 ~ 않는다 : 경문의 '宿戒'는 거듭 빈의 집으로 찾아가 예에 참여해 줄 것을 청하는 것을 말한다. '宿'이라고도 약칭한다. 첫 번째 빈의 집으로 찾아가 의례의 날짜를 알리고 참여해 줄 것을 청하는 것을 '戒' 혹은 '戒賓'이라고 하고, 다시 한 번 찾아가 빈에게 예에 참여해 줄 것을 청하는 것을 '宿' 혹은 '宿賓'이라고 한다. [鄕飮酒禮04 : 記-01]의 정현 注에 "거듭 청하는 것을 宿戒라고 한다. 예에서는 장차 일이 있을 경우 먼저 戒를 하고 나서 또 다시 宿戒를 한다"(再戒爲宿戒. 禮, 將有事, 先戒而又宿戒)라고 하였다.

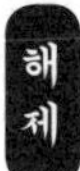

記-03에서 記-07까지는 향사례에 사용하는 희생(牲)과 자리(筵)에 대해 기록한 것이다.

[鄕射禮05 : 記-03]

그 희생으로는 개(狗)를 사용한다.

其牲, 狗也.

정현주　　개를 희생으로 사용하는 것은 개가 사람을 가려서 따르는 성정을 취한 것이다. 狗取擇人.

[鄕射禮05 : 記-04]

당 아래의 동북쪽 부뚜막에서 삶는다.

亨于堂東北.

정현주　　『예기』「향음주의」에 "양기가 발생하는 것을 본뜬 것이다"[1]라고 하였다. 「鄕飮酒義」曰, "祖陽氣之所發也."

[鄕射禮05 : 記-05]

술동이는 거친 칡베로 만든 덮개보로 덮어 두는데, 빈이 당 위에 이르면 덮개보를 걷어 낸다.
尊綌冪, 賓至, 徹之.

정현주

거친 칡베로 덮개보를 만드는 것은 그것이 질기고 깨끗함을 취한 것이다. 以綌爲冪, 取其堅絜.

[鄕射禮05 : 記-06]
부들로 만든 자리(蒲筵)를 사용하는데, 검은 베로 가선 장식을 한다.
蒲筵, 緇布純.

정현주

'연筵'은 자리이다. '준純'은 가선(緣)이다. '筵', 席也. '純', 緣.

[鄕射禮05 : 記-07]
당 위 서쪽 벽(西序) 앞에 펼쳐 놓는 자리는 북쪽을 윗자리로 삼는다.[2]
西序之席, 北上.

정현주

중빈은 빈에게 통섭되어야 하기 때문이다. 衆賓統於賓.

주

1_ 양기가 ~ 것이다 : 『예기』「향음주의」의 원문은 "동쪽에서 개고기를 삶는 것은 양기가 동쪽에서 발생하는 것을 본뜬 것이다"(亨狗於東方, 祖陽氣於東方也)이다. 陽氣는 동북쪽에서 일어나 남쪽에서 성대해진다. 개를 동북쪽 부뚜막에서 삶는 것은 술을 마시는 일이 양의 일이므로 본뜬 것이다. 『의례주소』, 266쪽 참조.

2_ 당 위 ~ 삼는다 : 향사례에서 당 위의 자리는 가장 동쪽에 遵者(대부)의 자리를 펼쳐 놓고, 그 서쪽에 2통의 술동이(壺)를 진설하고, 그 서쪽에 빈(正賓)의 자리를, 그 서쪽에 중빈(賓長) 3명의 자리를 배치하는데, 자리는 모두 남쪽을 향한다. 그런데 향사례에 참여한 대부의 인원수가 많아서 술동이의 동쪽에 대부의 자리를 펼쳐 놓을 수 없게 되면 술동이의 서쪽에 자리를 펼쳐 놓는다. 그렇게 되면 빈의 자리는 서쪽으로 이동하게 되고, 중빈 3명의 자리는 빈의 자리 서쪽에 펼쳐 놓지 못하게 되어 당 위 서쪽 벽(西序) 앞으로 이동해서 동쪽을 향하도록 펼쳐 놓는데, 북쪽의 자리를 윗자리로 삼는다. 따라서 경문의 '西序의 席'은 중빈 3명의 자리를 가리켜 말한 것인데, 그것이 평상적인 경우가 아니기 때문에 특별히 기록한 것이다. 『의례주소』, 267쪽 및 『흠정의례의소』, '鄕射請射' 그림 참조.

記－08에서 記－23까지는 '헌獻'·'작 酢'·'수酬'·'무산작無算爵'·'무산악無算樂의 예를 행할 때 음식, 음주, 음악 등의 절차에 대해 기록한 것이다.

[鄕射禮05 : 記－08]

헌獻의 예를 행할 때에는 1승 용량의 술잔(爵)을 사용하고, 그 밖에는 3승 용량의 술잔(觶)을 사용한다.[1]

獻用爵, 其他用觶.

정현주 1승 용량의 술잔(爵)은 존귀한 것이므로 함부로 사용해서는 안 되기 때문이다. 爵尊, 不可褻也.

[鄕射禮05 : 記－09]

주인에게 헌獻의 예를 받아 술잔의 술을 다 마신 후 배례를 한 자는 부질없이 일어나지 않는다.

以爵拜者, 不徒作.

정현주 '이작배以爵拜'는 술잔의 술을 다 마신 후 배례하는 것을 가리킨다. '도徒'는 부질없이(空)라는 뜻과 같다. '작作'은 일어난다는 뜻이다. '부질없이 일어나지 않는다'(不空起)는 것은 일어나면 반드시 주인에게 술을 올려 작酢의 예를 행한다는 뜻이다. '以爵拜', 謂拜旣爵. '徒'猶空也. '作', 起也.

‘不空起’, 言起必酢主人.

[鄕射禮05 : 記-10]

말린 고기(脯)를 올릴 때에는 대나무제기(籩)를 사용하는데 다섯 조각을 세로 방향으로 담고, 고수레 할 때 사용할 반 조각을 그 위에 가로 방향으로 얹는다. 고기젓갈(醢)은 나무제기(豆)에 담는데, 동쪽 방(東房)에서 꺼내 와 진상한다. 말린 고기 조각은 길이가 1척 2촌이다.

薦脯用籩, 五膱, 祭半膱, 橫于上. 醢以豆, 出自東房. 膱長尺二寸.

정현주

말린 고기를 올릴 때에 대나무제기(籩)를 사용하는 것은 대나무제기가 마른 음식을 담기에 적당하기 때문이다. 고기젓갈을 올릴 때에 나무제기(豆)를 사용하는 것은 나무제기가 젖은 음식을 담기에 적당하기 때문이다. ‘직膱’은 정脡과 같은 뜻인데, 글자를 달리한 것은 기록한 사람이 다르기 때문이다. 고수레 할 때 사용할 말린 고기를 가로 방향으로 얹는 것은 구별하기 위함이다. 사람을 기준으로 하면 가로 방향이 된다. 말린 고기 조각의 너비에 대해서는 들어 보지 못했다. 고문본에는 ‘膱’이 ‘胾’로 되어 있고, 금문본에는 ‘植’으로 되어 있기도 하다. 脯用籩, 籩宜乾物也. 醢以豆, 豆宜濡物也. ‘膱’猶脡也, 爲記者異耳. ‘祭橫于上’, 殊之也. 於人爲縮. 膱廣狹未聞也. 古文‘膱’爲‘胾’, 今文或作‘植’.

[鄕射禮05 : 記-11]

개고기를 올려놓은 희생제기(俎)는 당 아래 동쪽 담장에서 가져오는데, 서쪽 계단을 통해 당 위로 올라가 진상한다.

俎由東壁, 自西階升.

정현주 개고기는 삶은 후에 동쪽에서 희생제기(俎) 위에 올려놓는다. 狗既亨, 載于東方.

[鄕射禮05 : 記-12]

빈의 희생제기 위에는 등뼈(脊)·갈비뼈(脅)·앞다리 뼈의 위쪽부위(肩)·허파(肺)를 올려놓고, 주인의 희생제기 위에는 등뼈·갈비뼈·앞다리 뼈의 중앙부위(臂)·허파를 올려놓는다. 허파는 모두 중앙부위를 조금 남기고 자른 허파(離肺)를 진상한다. 희생의 뼈는 모두 오른쪽 몸체를 사용하는데, 고깃결의 아래쪽 부위가 앞쪽을 향하도록 하여 진설한다.[2]

賓俎, 脊·脅·肩·肺, 主人俎, 脊·脅·臂·肺. 肺皆離. 皆右體也, 進腠.

정현주 뼈를 가지고 고기의 이름을 삼은 것은 뼈를 귀하게 여기기 때문이다.[3] 빈의 희생제기에는 앞다리 뼈의 위쪽 부위(肩)를 올려놓고, 주인의 희생제기에는 앞다리 뼈의 중앙 부위(臂)를 올려놓는 것은 빈을 높이는 뜻이다.[4] '리離'는 자른다(挫)는 뜻과 같다. '주腠'는 껍질의 결이다. '결을 올린다'(進理)는 것은 아래쪽 부위가 앞쪽을 향하도록 한다는 뜻이다. '오른쪽 몸체'(右體)는 주나라에서 귀하게 여기던 것이다. 만일 존귀한 사람이 있다면 그 나머지 몸체를 희생제기 위에 올려놓는다.[5] 以骨名肉, 貴骨也. 賓俎用肩, 主人用臂, 尊賓也. '離'猶捧也. '腠', 膚理也. '進理', 謂前其本. '右體', 周所貴也. 若有尊者, 則俎其餘體也.

[鄕射禮05 : 記-13]

무릇 술잔을 들어 올리는데, 세 차례 술을 올릴 때마다 술만 올리지 않고 말린 고기와 고기젓갈도 함께 올린다.

凡擧爵, 三作而不徒爵.

정현주

빈에게 술을 올려 헌獻의 예를 행하고, 대부에게 술을 올려 헌의 예를 행하고, 악공에게 술을 올려 헌의 예를 행하는데, 모두 말린 고기와 고기젓갈도 함께 올린다는 뜻이다. 謂獻賓·獻大夫·獻工, 皆有薦.

[鄕射禮05 : 記-14]

무릇 수酬의 술잔을 받고서 마시지 않는 사람은 말린 고기와 고기젓갈의 왼쪽에 술잔을 내려놓는다.

凡奠者於左.

정현주

술을 마시지 않는 사람이 다음에 술잔을 내려놓는 사람을 방해하지 않기 위한 것이다.[6] 不飮, 不欲其妨.

[鄕射禮05 : 記-15]

술잔을 들어 올려 여수나 무산작의 시작을 알리고자 하는 사람은 말린 고기와 고기젓갈의 오른쪽에 술잔을 놓는다.[7]

將擧者於右.

정현주 술잔을 들기에 편리하도록 하는 것이다. 便其擧也.

[鄕射禮05 : 記-16]

중빈衆賓의 우두머리 가운데 한 사람이 주인이 술잔을 씻어 주는 것을 사양하는데, 빈이 사양할 때와 동일한 절차로 한다.[8]

衆賓之長, 一人辭洗, 如賓禮.

정현주 무리들 가운데에서 높여 주는 것이다. 尊之於其黨.

[鄕射禮05 : 記-17]

만약 제공諸公이 향사례에 참여하였다면 빈과 동일한 절차로 예우하고, 대부가 향사례에 참여하였다면 개介(빈의 행례를 돕는 사람)와 동일한 절차로 예우한다. 제공이 참여하지 않았다면, 빈과 동일한 절차로 대부를 예우한다.

若有諸公, 則如賓禮, 大夫如介禮. 無諸公, 則大夫如賓禮.

정현주 존비의 차이를 두는 것이다. '제공諸公'은 대국의 고孤이다. 尊卑之差. '諸公', 大國之孤也.

[鄉射禮05 : 記-18]

음악이 연주되었다면, 대부는 들어가지 않고 나중에 들어간다.

樂作, 大夫不入.

정현주 이미 현자賢者를 즐겁게 해 준 이후이기 때문이다.[9] 後樂賢也.

[鄉射禮05 : 記-19]

악정樂正과 당 아래에 서 있는 중빈衆賓들에게 나이 순서대로 말린 고기와 고기젓갈을 올린다.

樂正與立者齒.

정현주 술 마시는 차서를 말하는 것이다. 악정樂正을 높여서 빈 쪽의 사람들과 동등하게 하는 것이다. 「향음주례」의 기記에 "(악정과) 당 아래에 서 있는 중빈들에게 모두 말린 고기와 고기젓갈을 올리는데, 나이 순서대로 한다"[10]라고 하였다. 謂其飮之次也. 尊樂正同於賓黨. 「鄉飮酒」記曰, "與立者皆薦以齒."

[鄕射禮05 : 記-20]

세 사람이 생笙을 불고, 한 사람이 화和를 불어 음악을 이룬다.

三笙一和而成聲.

정현주 세 사람이 생笙을 불고 한 사람은 화和를 불어 모두 네 사람이다. 『이아』에 "생笙 가운데 작은 것을 화和라 한다"고 하였다. 三人吹笙, 一人吹和, 凡四人也. 『爾雅』曰, "笙, 小者謂之和."

[鄕射禮05 : 記-21]

슬을 타거나 노래를 부르는 악공과 생을 부는 악공(笙)에게 술을 올려 헌獻의 예를 행할 때에는 당 위의 대광주리(上篚)에서 술잔을 꺼내 온다. 헌의 예를 마치면, 당 아래의 대광주리(下篚)에 술잔을 넣어 둔다. 생을 부는 악공의 경우에는 서쪽 계단 위쪽에서 술을 올려 헌의 예를 행한다.[11]

獻工與笙, 取爵于上篚. 旣獻, 奠于下篚. 其笙則獻諸西階上.

정현주 당 아래의 대광주리에 술잔을 넣어 두는 것은 다시 사용하지 않는다는 뜻이다. 금문본에는 '與笙'의 두 글자가 없다.

'奠爵于下篚', 不復用也. 今文無'與笙'.

[鄕射禮05 : 記-22]

당 아래에 서 있는 중빈들은 문 안의 서쪽에서 동쪽을 향하는데,

북쪽을 윗자리로 삼는다.

立者, 東面北上.

정현주

빈 쪽의 무리를 가리킨다.[12] 賓黨.

[鄕射禮05 : 記-23]

사정司正은 술잔을 들어 올린 후 각자의 자리 앞에 말린 고기와 고기젓갈을 올린다.

司正旣擧觶而薦諸其位.

정현주

술잔의 남쪽에 말린 고기와 고기젓갈을 올린다. 薦於觶南.

주

1_ 헌의 예를 ~ 사용한다 : '獻' 이외에 酢의 예를 행할 때에도 爵을 사용한다. '그 밖'은 酬, 旅酬, 이기지 못한 자에게 마시게 하는 벌주의 술잔, 무산작의 경우를 말한다.

2_ 고깃결의 ~ 진설한다 : 장이기는 "살아있는 사람에게 음식을 대접하는 법은 腠를 올리는 것인데, '腠'는 뼈의 위쪽 부위이고 '下'는 뼈의 아래쪽 부위이다. '進下'는 뼈의 아래쪽 부위가 귀신을 향하도록 하는 것이다"(食生人之法進腠. '腠', 骨之本, '下', 骨之末, '進下'者, 以骨之末向神也)라고 하였고, 성세좌는 "희생의 몸체마다 각각 本과 末이 있는데, 앞다리 뼈의 중앙 부위(臂)를 기준으로 말하면 肩(앞다리 뼈의 위쪽 부위)에 가까운 곳이 本이고 臑(앞다리 뼈의 아래쪽 부위)에 가까운 곳이 末이다"라고 하였다. 『의례정의』, 2269쪽 참조.

3_ 뼈를 가지고 ~ 때문이다 : 희생제기(俎) 위에 올려 있는 말린 고기(脯)는 모두 고기(肉)이다. 그런데 등뼈(脊), 갈비뼈(脅) 등이라고 하였다. 뼈를 가지고 고기의 이름을 삼은 것이다. 가공언은, 먹는 것은 고기인데 뼈로 고기의 이름을 삼은 것을 통해서 뼈에는 고기가 붙어 있음을 알 수 있다고 하였다. 『의례주소』, 268쪽 참조.

4_ 빈의 희생제기에는 ~ 뜻이다 : 『예기』「제통」에 "주나라 사람들은 앞다리 뼈의 위쪽 부위를 귀하게 여겼다"(周人貴肩)라고 하였다. 희생의 앞다리는 세 부위로 나뉘는데, 앞다리 뼈의 위쪽 부위(肩), 앞다리 뼈의 중앙 부위(臂), 앞다리 뼈의 아래쪽 부위(臑)이다. 빈의 희생제기 위에 앞다리 뼈의 위쪽 부위(肩)를 올려놓는 것은 빈을 높이는 것이다. 『의례정의』, 628쪽, 호배휘의 설 참조.

5_ 만일 ~ 올려놓는다 : 장이기는 앞의 [經-77]에서 "대부 가운데 만약 遵者로 받들 만한 사람이 있다면"(大夫若有遵者)이라고 한 것에 의거하여 이곳 정현 注의 '尊者'는 '遵者'가 되어야 하며 대부를 가리킨다고 하였다. '나머지 몸체'(餘體)는 앞다리 뼈의 아래쪽 부위(臑), 뒷다리 뼈의 위쪽 부위(膞), 뒷다리 뼈의 중앙 부위(胳)를 가리킨다. 가공언은 "희생의 앞다리에는 세 부위가 있는데, 앞다리 뼈의 위쪽부위(肩), 앞다리 뼈의 중앙 부위(臂), 앞다리 뼈의 아래쪽 부위(臑)이니, 이 부위의 뼈들을 차례대로 사용한다. 빈과 주인의 희생제기 위에 이미 앞다리 뼈의 위쪽 부위(肩)와 앞다리 뼈의 중앙 부위(臂)를 올려놓았으므로, 한 명의 대부가 있다면 앞다리 뼈의 아래쪽 부위(臑)를 올려놓고, 두 명의 대부가 있다면 뒷다리 뼈의 위쪽 부위(膞)를 또한 올려놓고, 만약 대부가 세 명 이상이라면 뒷다리 뼈의 중앙 부위(胳)를 또한 올려놓는다. 등뼈(脊)와 갈비뼈(脅)는 빈·주인과 동일하게 사용한다"라고 하였다. 『의례정의』, 628쪽 및 『의례주소』, 269쪽 참조.

6_ 술을 마시지 ~ 것이다 : 주인이 빈에게 술을 권하여 酬의 예를 행할 때, 주인은 말린 고기와 고기젓갈의 오른쪽에 술잔을 내려놓고, 빈은 그 술잔을 취하여 마시지 않고 말린 고기와 고기젓갈의 왼쪽에 내려놓는다. 이는 뒤에 술잔을 내려놓을 사람에게 방해가 되지 않도록 하기 위한 것이다. 『의례주소』, 194쪽 참조.

7_ 술잔을 들어 올려 ~ 놓는다 : 가공언에 따르면, 한 사람이 술잔을 들어 올려 旅酬의 발단을 삼고 두 사람이 술잔을 들어 올려 無筭爵의 발단을 삼는데, 이때 모두 술잔

을 말린 고기와 고기젓갈의 오른쪽에 내려놓는다. 오른손으로 술잔을 들기에 편리하도록 하는 것이다. 『의례주소』, 194쪽 참조.

8_ 중빈의 우두머리 ~ 한다 : 당 위에 있는 3명의 중빈에게 술을 올려 獻의 예를 행할 때, 주인은 우두머리 한 사람을 위해서만 술잔을 씻어 준다. 이 때문에 중빈의 우두머리 가운데 한 사람만 주인이 술잔 씻어 주는 것을 사양한다.

9_ 이미 ~ 때문이다 : 대부는 한 사람이 술잔을 들어 올린 후, 아직 음악이 연주되기 전에 들어가서 주인이 현자를 즐겁게 해 주는 것을 돕는다. 만약 음악이 연주된 이후라면 이미 현자를 즐겁게 해 준 이후이다. 따라서 들어가지 않는다. 『의례주소』, 195쪽, 가공언의 설 참조.

10_ (악정과) ~ 순서대로 한다 : [鄉飮酒禮04 : 記-16] 참조.

11_ 생을 부는 ~ 행한다 : 슬을 타거나 노래를 부르는 악공의 경우에는 조계 위쪽에서 술을 올려 헌의 예를 행한다.

12_ 빈 쪽의 무리를 가리킨다 : 가공언은 예를 참관하러 온 자와 당 아래의 중빈을 가리킨다고 하였고, 성세좌는 당 아래의 중빈을 가리킨다고 하였다. 『의례주소』, 269쪽 및 『의례정의』, 631쪽 참조.

記-24에서 記-73까지는 과녁의 종류 및 제도, 깃발(旌)과 깃대(杠)의 제도, 화살꽂이통(楅)·산가지통(中)·종아리채(扑)의 제도 등에 대해 기록한 것이다.

[鄕射禮05 : 記-24]

삼우三耦는 빈 쪽의 제자弟子들로 충당시키는데, 사사司射가 활쏘기를 청하기 이전에 미리 삼우가 되었음을 알린다.

三耦者, 使弟子, 司射前戒之.

정현주

'제자弟子'는 빈 쪽의 나이 어린 사람들이다.[1] '미리 알린다'(前戒)는 것은 활쏘기를 청하기 이전에 삼우가 되었음을 알린다는 뜻이다. '弟子', 賓黨之少者也. '前戒', 謂先射請戒之.

[鄕射禮05 : 記-25]

사사司射의 활과 화살 및 종아리채(扑)는 서쪽 계단의 서쪽에 기대어 놓는다.

司射之弓矢與扑, 倚于西階之西.

정현주

일을 하기 편리하도록 하는 것이다.[2] 便其事也.

[鄕射禮05 : 記-26]

사사司射가 왼팔 소매를 벗어내고(袒), 오른손 엄지손가락에 활깍지(決)를 끼우고, 왼팔에 활팔찌(遂)를 착용한 후 당 위로 올라가 빈에게 활쏘기를 청할 때, 사마司馬는 서쪽 계단 앞에서[3] 제자弟子에게 과녁(侯)을 펼치도록 명하고, 이어서 획자獲者에게 깃발(旌)을 과녁의 중앙에 기대어 놓도록 명한다.[4]

司射旣袒·決·遂而升, 司馬階前命張侯, 遂命倚旌.

정현주

사사와 사마가 나란히 동시에 행하는 것임을 밝히는 것이다. 고문본에는 '遂命獲者倚旌'라고 되어 있다. 著並行也. 古文曰, '遂命獲者倚旌'.

[鄕射禮05 : 記-27]

무릇 연사燕射를 할 때의 과녁(侯)으로 천자는 웅후熊侯(곰의 머리를 그려 넣은 과녁)를 사용하는데 바탕(質)을 흰색으로 하고,[5] 제후는 미후麋侯(큰 사슴의 머리를 그려 넣은 과녁)를 사용하는데 바탕을 붉은색으로 하고, 대부는 포후布侯(베로 만든 과녁)를 사용하는데 호랑이와 표범을 그려 넣고, 사는 포후를 사용하는데 사슴과 돼지를 그려 넣는다.

凡侯, 天子熊侯, 白質, 諸侯麋侯, 赤質, 大夫布侯, 畫以虎豹, 士布侯, 畫以鹿豕.

정현주

이것들이 이른바 수후獸侯이니, 연사燕射를 할 때에 펼친

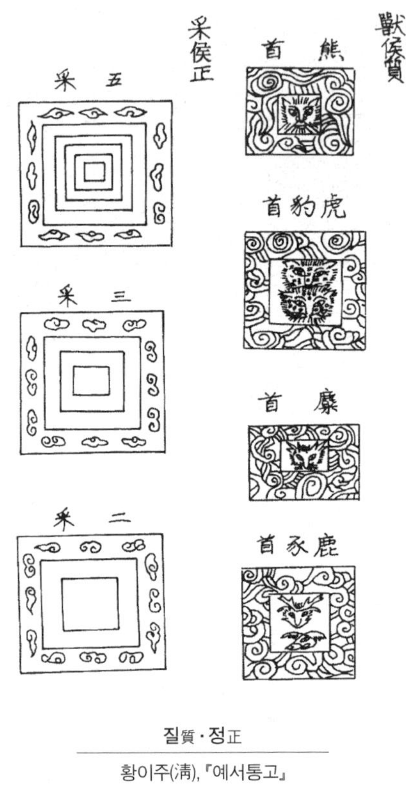

질質·정正

황이주(淸),『예서통고』

다.[6] 향사鄕射 및 빈사賓射[7]의 경우에는 채후采侯[8] 2정正을 펼쳐야 한다. 그런데도 이것을 기록한 것은 천자와 제후의 연사에서는 각각 향사의 예를 따라서 이 수후獸侯를 펼치니, 이 때문에 이를 말한 것이다. '백질白質'·'적질赤質'은 모두 그 바탕에 채색을 한다는 뜻이다. 바탕에 채색을 하지 않는 것이 백포白布이다. 곰·큰사슴·호랑이·표범·사슴·돼지는 모두 정곡正鵠에 해당하는 곳에 정면으로 머리 모양을 그려 넣는다. 군주는 한 마리를 그려 넣고, 신하는 두 마리를 그려 넣는데, 이는 양은 홀수이고 음은 짝수이기 때문이다.[9] 연사에서 곰·호랑이·표범을 쏘는 것은 아래위가 서로 무릅쓰고 간언하는 도리가 있음을 잊지 않기 위함이다.[10] 큰사슴·사슴·돼지를 쏘는 것은 군주와 신하가 서로 길러 준다는 것에 뜻이 있다.[11] 그 그리는 것은 모두 털 달린 짐승을 대상으로 한다. 此所謂獸侯也, 燕射則張之. 鄕射及賓射, 當張采侯二正. 而記此者, 天子·諸侯之燕射, 各以其鄕射之禮而張此侯, 由是云焉. '白質'·'赤質', 皆謂采其地. 其地不采者, 白布也. 熊·麋·虎·豹·鹿·豕, 皆正面畫其頭象於正鵠之處耳. 君畫一, 臣畫二, 陽奇陰偶之數也. 燕射射熊·虎·豹, 不忘上下相犯. 射麋·鹿·豕, 志在君臣相養也. 其畫之皆毛物之.

[鄕射禮05 : 記-28]

무릇 대부와 사의 포후에 짐승을 그려 넣을 때에는 바탕을 옅은 붉은색(丹色)으로 한다.

凡畫者, 丹質.

정현주

빈사賓射의 과녁과 연사燕射의 과녁은 모두 곁에 구름문양을 그려 넣어 장식한다. 반드시 먼저 단색丹色으로 바탕을 채색하는데, 단색은 적색보다 옅다. 賓射之侯, 燕射之侯, 皆畫雲氣於側以爲飾. 必先以丹采其地, 丹淺於赤.

[鄕射禮05 : 記-29]

활쏘기는 당 위의 동쪽 기둥과 서쪽 기둥 사이에서 한다. 사대(物)의 세로 길이는 화살대의 길이(3척)와 동일하게 하고, 두 사대 사이는 활의 길이(6척)만큼 간격을 둔다. 사대의 가로 길이는 발자국의 길이(1척2촌)로 한다.

射自楹間. 物長如笴, 其間容弓. 距隨長武.

정현주

'동쪽 기둥과 서쪽 기둥 사이에서 한다'(自楹間)고 한 것은 상庠(鄕學)에서 활쏘기 하는 경우를 가리켜 말한 것이다. '기둥 사이'(楹間)는 기둥의 중앙으로 동쪽과 서쪽의 기준이다. '물物'(사대)은 활을 쏠 때 서는 곳이다. '물物'이라고 한 것은 '물物'은 일(事)과 같은 뜻으로, 군자가 일삼는 바가 있다는 말이다. '길이는 화살대와 동일하게 한다'(長如笴)는 것은 세로 선의 길이를 가리킨다. '가笴'는 화살대의 뜻이니, 길이가 3척으로 반

걸음과 서로 상응하여, 활 쏘는 사람이 나아가고 물러나는 절도이다. '활의 길이 만큼 간격을 둔다'(間容弓)는 것은 상사上射와 하사下射의 거리가 6척이라는 뜻이다. '거수距隨'는 사대(物)의 가로 선이니, 앞발에서 시작하여 동쪽까지가 '거距'가 되고, 뒷발이 와서 합해져 남쪽을 향하는 것이 '수隨'가 된다. '무武'는 발자국의 뜻으로, 1척 2촌이다. '自楹間'者, 謂射於庠也. '楹間', 中央東西之節也. '物', 謂射時所立處也. 謂之物者, 物猶事也, 君子所有事也. '長如笴'者, 謂從畫之長短也. '笴', 矢幹也, 長三尺, 與跬相應, 射者進退之節也. '間容弓'者, 上下射相去六尺也. '距隨'者, 物橫畫也, 始前足至東頭爲距, 後足來合而南面爲隨. '武', 跡也, 尺二寸.

[鄕射禮05 : 記-30]

서序(州學)에서 활쏘기를 거행할 경우에는 사대(物)가 마룻대(棟)와 마주하도록 하지만, 당堂(庠 : 鄕學)에서 거행할 경우에는 들보(楣)와 마주하도록 한다.

序則物當棟, 堂則物當楣.

정현주 이는 다섯 시렁을 얹은 지붕(五架之屋)의 경우를 말한 것이다. 정중앙의 시렁이 마룻대(棟)이고, 두 번째가 들보(楣)이고, 앞쪽이 상인방(庪)이다. 是制五架之屋也. 正中曰棟, 次曰楣, 前曰庪.

[鄕射禮05 : 記-31]

사마司馬가 획자獲者에게 과녁을 등지고 서 있으라고 명할 때에는 본래 위치[12]에서 한다.

命負侯者, 由其位.

정현주 신분이 낮은 사람에 대해서는 예가 간략하기 때문이다.

於賤者, 禮略.

[鄕射禮05 : 記-32]

무릇 서당西堂 아래의 서쪽으로 갈 때에는 모두 사마司馬의 남쪽으로 출입한다.[13] 다만 빈과 대부는 서쪽 계단을 통해 당에서 내려온 후 곧바로 서쪽으로 가서 활과 화살을 집는다.[14]

凡適堂西, 皆出入于司馬之南. 唯賓與大夫降階, 遂西取弓矢.

정현주 신분이 높은 사람은 편안해야 하므로, 편리함을 따르는 것이다. 尊者宜逸, 由便也.

[鄕射禮05 : 記-33]

깃발(旌)은 장소에 따라 각각 잡색 비단의 깃발(物)을 사용한다.

旌, 各以其物.

정현주 '정旌'은 깃발의 총칭이다. 여러 색깔의 비단으로 만든 깃발을 '물物'이라고 하는데, 대부와 사가 세우는 것이다. '각자'(各)라고 말한 것은 향사는 상庠(鄕學)에서 활을 쏘기도 하고 사謝(州學)에서 활을 쏘기도 하기 때문이다.[15] '旌', 總名也. 雜帛爲'物', 大夫士之所建也. 言'各'者, 鄕射或於庠, 或於謝.

[鄕射禮05 : 記-34]

잡색 비단의 깃발이 없으면, 흰 깃털과 붉은 깃털을 섞어서 만든 깃발을 사용한다. 깃대의 길이는 3인仞(21척)이고, 깃대의 위쪽 2심尋(16척) 되는 곳에 기러기 머리 부분의 털과 가죽을 둘러 장식한다.

無物, 則以白羽與朱羽糅. 杠長三仞, 以鴻脰韜上二尋.

정현주

'잡색 비단의 깃발이 없다'(無物)는 것은 소국의 주장州長의 경우를 가리킨다. 소국의 경우 향대부는 일명一命이고, 주장은 작명을 받지 못한 사士이니, 작명을 받지 못한 경우에는 잡색 비단의 깃발이 없다. 이것은 깃털로 만든 깃발(翿旌)인데, 도翿 또한 무리를 나아가고 물러나게 하는 것이다. '유糅'는 섞는다는 뜻이다. '강杠'은 깃대이다. 7척을 '인仞'이라 한다. '홍鴻'은 새 가운데 목이 긴 것이다. 8척을 '심尋'이라 한다. 금문본에는 '糅'가 '縮'으로, '韜'가 '翿'로 되어 있다. '無物'者, 謂小國之州長也. 其鄕大夫一命, 其州長士不命, 不命者無物. 此翿旌也, 翿亦所以進退衆者. '糅', 雜也. '杠', 橦也. 七尺曰仞. '鴻', 鳥之長脰者也. 八尺曰尋. 今文'糅'爲'縮', '韜'爲'翿'.

[鄕射禮05 : 記-35]

무릇 화살을 끼울 때에는 검지와 중지 사이에 끼우고,[16] 이를 활시위와 십자형이 되도록 가로 방향으로 메운다.

凡挾矢, 於二指之間, 橫之.

정현주 '두 손가락'(二指)은 왼손과 오른손의 둘째손가락을 말하는데, 이곳에서는 검지(食指)와 중지(將指) 사이에 화살을 끼운다는 뜻이다. '二指', 謂左右手之第二指, 此以食指·將指挾之.

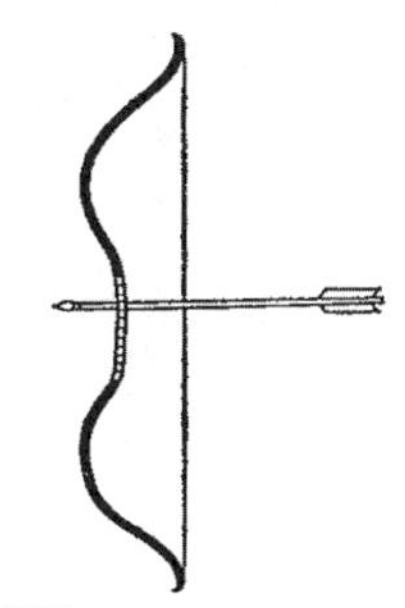

「협도挾圖」

이케다 스에토시, 『의례』(Ⅰ)

[鄕射禮05 : 記-36]

사사司射는 사마司馬의 북쪽에 위치한다.

司射在司馬之北.

[鄕射禮05 : 記-37]

사마司馬는 일이 없을 때에는 활을 잡지 않는다.

司馬無事不執弓.

정현주 활 쏘는 일을 주관하지 않기 때문이다. 以不主射故也.

[鄕射禮05 : 記-38]

삼우三耦들이 첫 번째 활을 쏠 때에는 명중시키면 획자獲者가 "명중시켰습니다"라고 외치지만, 산가지를 땅에 내려놓고 명중시킨 화살의 수는 계산하지 않고, 다시 두 번째 활을 쏠 때에는 산가지를 땅에 내려놓고 명중시킨 화살의 수를 계산하며, 다시 세 번째 활을 쏠 때에는 음악의 연주에 맞추어서 활을 쏜다.[17]

始射, 獲而未釋獲, 復, 釋獲, 復, 用樂行之.

정현주

군자는 사람을 취할 때 점진적으로 하기 때문이다. 君子取人以漸.

[鄕射禮05 : 記-39]

상사上射[18]는 오른쪽에 있다.

上射于右.

정현주

오른쪽 사대(右物)에서 활을 쏘는 것이다. 於右物射.

[鄕射禮05 : 記-40]

화살꽂이 통(楅)은 길이가 화살대와 마찬가지로 3척이고, 너비는 3촌이며 두께는 1촌 반이다. 양 끝에는 용의 머리 모양을 조각하고, 중앙에는 두 마리 뱀의 몸통이 서로 교차하는 형상을 만들어 땅에 닿게 하여 화살꽂이 통을 안정시키고, 그 위쪽에는 화살을 받도록 붉은 가죽으로 만든 등거리를 입힌다.

福, 長如笴, 博三寸, 厚寸有半, 龍首, 其中蛇交, 韋當.

정현주

'박博'은 너비이다. 양끝에는 용의 머리 모양을 조각하고, 중앙에는 뱀의 몸통이 서로 교차하는 모양을 만든다.[19] 뱀과 용은 군자의 부류이다.[20] 교차하도록 만드는 것은 군자가 화살꽂이 통 위에서 화살을 집어 드는 것을 상징한다. 가슴에서 등까지 덮는 옷을 '등거리'(當)라고 하는데, 붉은 가죽으로 만든다. 사마는 왼손과 오른손으로 화살을 매만지면서 네 대씩 헤아려 등거리 위에 나누어 놓는다.

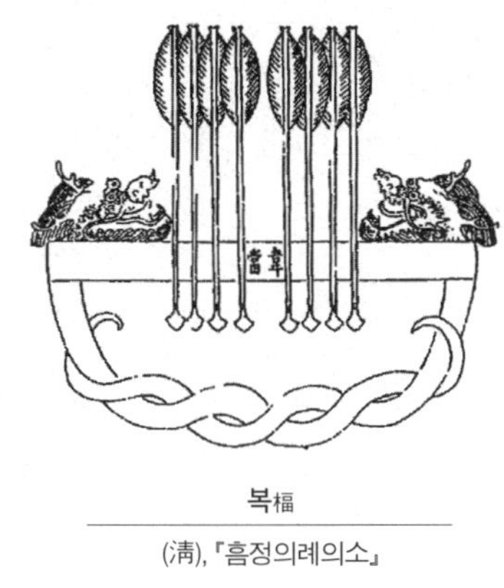

복福

(淸),『흠정의례의소』

'博', 廣也. 兩端爲龍首, 中央爲蛇身相交也. '蛇龍', 君子之類也. '交'者, 象君子取矢於福上也. 直心背之衣曰'當', 以丹韋爲之. 司馬左右撫矢而乘之, 分委於當.

[鄕射禮05 : 記-41]

화살꽂이 통(福)은 검붉은 옻칠을 하여 장식한다. 제자弟子들은 화살꽂이 통을 가로로 받들고 남쪽을 향해 앉은 후 뜰 중앙에 내려놓는데, 남북방향으로 물받이 항아리(洗)와 마주하도록 진설한다.

福, 髤. 橫而奉之, 南面坐而奠之, 南北當洗.

정현주

'휴髤'는 검붉은 옻칠을 하는 것이다. '髤', 赤黑漆也.

[鄕射禮05 : 記-42]

활을 쏘는 사람이 사람을 맞히는 잘못을 범하면 회초리로 벌을 준다.

射者有過, 則撻之.

정현주

'잘못'(過)이란 화살이 날아가 사람을 맞히는 것을 말한다. 활을 쏠 때 화살이 사람을 맞히면 처벌을 해야 한다. 이제 마을에 여러 현자들을 모아 놓고 예악으로 백성들을 권면하는데, 활을 쏘는 사람이 사람을 맞힌 것이니, 본래 의도는 과녁을 맞히고자 하는 것이어서 상해를 입히려는 마음과는 거리가 있으므로 가볍게 처리하여 뜰 가운데서 종아리채(扑)로 회초리를 때리는 것이다. 『서書』「순전舜典」에는 "종아리채(扑)로 학교의 형벌을 삼았다"고 하였다. '過', 謂矢揚中人. 凡射時矢中人, 當刑之. 今鄕會衆賢以禮樂勸民, 而射者中人, 本意在侯, 去傷害之心遠, 是以輕之, 以扑撻於中庭而已. 『書』曰, "扑作敎刑."

[鄕射禮05 : 記-43]

당 위에 있는 세 명의 중빈衆賓 가운데 활쏘기에 참여하지 않는 사람은 당에서 내려오지 않는다.

衆賓不與射者不降.

정현주

활을 쏘지 않는 사람이 활 쏘는 사람을 혼란하게 하지 않으려는 것이다. 고문본에는 '與'가 '豫'로 되어 있다. 不以無事亂有事. 古文'與'爲'豫'.

[鄕射禮05 : 記-44]

삼우三耦들은 사사司射가 시범으로 쏜 화살을 집을 때에, 먼저 번갈아 가면서 자신들이 쏜 화살을 집어 든 후 일단 본래 위치로 돌아오고, 그 후에 삼우 가운데 마지막 한 사람(下耦의 下射)이 다시 나아가서 사사가 시범으로 쏜 네 대의 화살을 함께 아울러 집는다.

取誘射之矢者, 旣拾取矢, 而后兼誘射之乘矢而取之.

정현주 본래 위치로 돌아와 예가 이미 완성되면 다시 앞으로 나아가 화살을 집는 것으로, 연이어 하지 않음을 말하는 것이다.[21] 謂反位已禮成, 乃更進取之, 不相因也.

[鄕射禮05 : 記-45]

빈과 주인이 활을 쏠 때에는 사사司射가 그들이 당을 오르고 내리는 것을 돕는다. 빈과 주인이 활쏘기를 마치고 각자의 자리로 나아가면, 사사는 본래 위치로 돌아와 돕는 일을 마친다.

賓·主人射, 則司射擯升降. 卒射卽席, 而反位卒事.

정현주 빈과 주인이 당을 오르고 내리는 것을 돕는 것은 모두 그들을 높이는 것이다. 사마에게 오르고 내리는 것을 돕도록 하지 않는 것은 사사가 활쏘기를 주관하기 때문이다.[22] 擯賓·主人升降者, 皆尊之也. 不使司馬擯其升降, 主於射.

[鄕射禮05 : 記-46]

사슴 형상의 산가지통(鹿中)은 적흑색의 옻칠을 하고, 사슴의 앞발은 꿇고 있으며, 등 위에는 구멍이 뚫려 있는데 구멍 안에는 8개의 산가지를 넣을 수 있다. 석획자釋獲者가 이 산가지 통을 받들어 진설할 때에는 머리를 앞쪽으로 놓는다.

鹿中, 髤, 前足跪, 鑿背, 容八筭. 釋獲者奉之, 先首.

정현주 앞발을 꿇고 있는 것은 길들여진 짐승이 짐을 지고 있는 것을 상징한다. 前足跪者, 象敎擾之獸受負也.

녹중鹿中

섭숭의(宋), 『삼례도』

[鄕射禮05 : 記-47]

대부는 당에서 내려와 서당西堂 아래의 서쪽에 서서 활쏘기를 기다린다.

大夫降, 立于堂西以俟射.

정현주 대부를 높이는 것으로, 사위射位(활쏘기 전에 서 있는 위치, 사마의 서남쪽)에서 오래도록 열 지어 서 있지 않도록 하는 것이다.[23] 尊大夫, 不使久列於射位.

[鄕射禮05 : 記-48]

대부는 사와 짝을 이루어 활을 쏠 경우, 왼팔의 겉옷 소매를 벗어서(袒) 붉은 색의 짧은 속옷이 드러나게 한다.

大夫與士射, 袒薰襦.

정현주 왼팔의 겉옷과 속옷을 모두 벗어서 어깨가 드러나게 하는 육단肉袒[24]을 하지 않는 것은 삼우三耦의 경우와 달리하는 것이다. 不肉袒, 殊於耦.

[鄕射禮05 : 記-49]

대부의 짝이 된 사는 화살 한 대를 쏠 때마다 사대(物)에서 조금 북쪽으로 물러나 선다.[25]

耦少退于物.

정현주 대부에게 낮추는 것으로, 활을 쏘고 난 후에 그렇게 한다. 下大夫也, 既發則然.

[鄕射禮05 : 記-50]

사사司射가 활과 화살을 풀어 놓는 것은 두 가지 경우뿐이다. 석획자釋獲者가 산가지를 계산하는 것을 살펴볼 때와 석획자에게 술을 올려 헌獻의 예를 행할 때에 활과 화살을 풀어 놓는다.

司射釋弓矢. 視筭與獻釋獲者釋弓矢.

정현주 오직 이 두 가지 일만은 무武를 쉬고 문文을 위주로 하므로 활과 화살을 풀어 놓는다. 그렇다면 빈과 주인이 당을 오르고 내리는 것을 도울 때에는 활과 화살을 풀어 놓지 않는 것이다. 唯此二事, 休武主文, 釋弓矢耳. 然則擯升降不釋.

[鄕射禮05 : 記-51]

예를 익히기 위한 활쏘기에서는 가죽 꿰뚫기를 위주로 하지 않는다. 가죽 꿰뚫기를 위주로 하는 활쏘기의 경우, 이긴 사람은 다시 활을 쏘고 이기지 못한 사람은 당에서 내려온다.

禮射不主皮. 主皮之射者, 勝者又射, 不勝者降.

정현주 '예를 익히기 위한 활쏘기'(禮射)는 예를 익히고 음악을 연주하면서 활쏘기 하는 것을 말한다. 대사大射, 빈사賓射, 연사燕射가 그것이다. '가죽 꿰뚫기를 위주로 하지 않는다'(不主皮)는 것은 그 몸가짐이 예에 걸맞고 그 절도가 음악에 걸맞은 것을 귀하게 여기는 것이니, 명중시키지 못하더라도 빼어난 것이기 때문이다. '이기지 못한 사람은 당에서 내려온다'(不勝者降)고 말하였으므로 다시 당 위로 올라가 활을 쏘지 않는다. 가죽 꿰뚫기를 위주로 할 경우 과녁이 없고 짐승의 가죽을 펼쳐 놓고 쏘는데, 짐승 잡기를 위주로 하기 때문이다. 『상서전』에 "전투는 익히지 않을 수 없다. 그 때문에 사냥을 통해 전투를 익힌다"라고 하였다. '한閑'은 꿰뚫는다는 뜻이니, 꿰뚫는다는 것은 익힌다는 뜻이다. 대개 제사를 지낼 때에는 남은 산가지(餘獲)를 취하여 택궁澤宮[26]에 늘어놓은 후 경·대부가 서로 활쏘기를 한다. 이때 명중시킨 것은 이전에 명중시키지 못했더라도 취하고, 명중시키지 못한 것은 이전에 명중시켰더라도 취하지 않는다. 왜 그런가? 읍양揖讓의 예를 갖추어 취한 것을 귀하게 여기고, 힘으로 얻은 것을 천하게 여기기 때문이다. 이전에 동산에서 잡은 것은 용기와 힘으로 잡은 것이고, 지금 택궁에서 잡은 것은 읍양의 예를 갖추고 잡은 것이다. '택澤'은 예를 익히는 곳이지 그곳에서 예를 실행하는 곳이 아니다. 그곳에서의 활쏘기는 또 명중시키는 것을 위주로 하지만 이것이 과녁을 관통하는 것을 위주로 하는 활쏘기이겠는가? 천자의 대사大射에서는 피후皮侯를 펼치고, 빈사賓射에서는 오채五彩의 과녁을 펼치며, 연사燕射에서는 수후獸侯를 펼친다. '禮射', 謂以禮樂射也. 大射·賓射·燕射是矣. '不主皮'者, 貴其容體比於禮, 其節比於樂, 不待中爲備[27]也. 言'不勝者降', 則不復升射也. 主皮者無侯, 張獸皮而射之, 主於獲也. 『尙書傳』曰, "戰鬪不可不習. 故於蒐狩以閑之也." '閑之'者, 貫之也, 貫之者, 習之也. 凡祭, 取餘獲陳於澤, 然後卿大夫相與射也. 中者, 雖不中也取, 不中者, 雖中也不取. 何以然? 所以貴揖讓之取也, 而賤勇力之取. 鄕之取也於囿中, 勇力之取也, 今之取也於澤宮, 揖讓之取也. '澤', 習禮之處, 非所於行禮. 其射又主中, 此主皮之射與? 天子大射, 張皮侯, 賓射, 張五采之侯, 燕射, 張獸侯.

[鄕射禮05 : 記-52]

주인 또한 서쪽 계단 위에서 벌주를 마신다.

主人亦飮于西階上.

정현주

벌주의 술잔이 있는 곳에 나아가 마시는데, 자기에게 빼어난 재주가 없어서 졌을 경우 벌주를 사양해서는 안 된다. 就射爵而飮也, 己無俊才, 不可以辭罰.

[鄕射禮05 : 記-53]

획자獲者의 희생제기(俎) 위에는 잘라 낸 등뼈(脊)·갈비뼈(脅)·허파(肺) 및 앞다리 뼈의 아래쪽 부위(臑)를 올려놓는다.[28]

獲者之俎, 折脊·脅·肺·臑.

정현주 앞다리 뼈의 아래쪽 부위(臑)나 뒷다리 뼈의 위쪽 부위(膞)·뒷다리 뼈의 중앙 부위(胳)·뒷다리 뼈의 아래쪽 부위(瞉)를 자른 것으로, 대부에게 올리고 난 나머지 몸체를 사용한다.

臑若膞·胳·瞉之折, 以大夫之餘體.

[鄕射禮05 : 記-54]

과녁의 동쪽(오른쪽)을 우개右个라고 한다.

東方謂之右个.

정현주 과녁은 당堂을 향하여 마주 본다. 侯, 以鄕堂爲面也.

[鄕射禮05 : 記-55]

석획자釋獲者의 희생제기(俎) 위에는 등뼈(脊)·갈비뼈(脅)·먹기 위한 허파(離肺)를 잘라서 올리는데, 석획자와 획자 모두 고수레를 위한 허파(祭肺)[29]가 따로 있다.

釋獲者之俎, 折脊·脅·肺. 皆有祭.

정현주 '모두'(皆)는 석획자를 포함한 모든 획자를 말한다. '제祭'는 제폐이다. '폐肺'라고 말함으로써 촌폐刌肺로서 중앙 부위가 끊어지지 않았음을 가리키는데, 제폐가 없다는 혐의를 피하기 위해서이다. '皆', 皆獲者也. '祭', 祭肺也. 以言'肺', 謂刌肺不離, 嫌無祭肺.

[鄕射禮05 : 記-56]

대부는 화살의 묶음을 풀 때, 앉아서 푼다.

大夫說矢束, 坐說之.

정현주 스스로를 높여 구별하지 않음을 밝히는 것이다. 明不自尊別也.

[鄕射禮05 : 記-57]

「추우騶虞」나 「채빈采蘋」을 연주하는데, 모두 다섯 번 연주한다. 중빈衆賓이 활을 쏠 때에는 정해진 수가 없다.

歌「騶虞」若「采蘋」, 皆五終. 射無筭.

정현주 중빈이 이어서 쏘는 것을 가리키는데, 당하의 중빈은 정해진 수가 없다.[30] 매 일우一耦가 쏠 때마다 다섯 번 연주를 한다. 謂衆賓繼射者, 衆賓無數也. 每一耦射, 歌五終也.

[鄕射禮05 : 記-58]

옛 사람들은 여수旅酬를 할 때 비로소 서로 말을 나눌 수 있었다.

古者於旅也語.

정현주 예가 이루어지고 음악이 갖추어져야 비로소 말을 나눌 수 있는 것이 선왕이 예악을 시행할 때의 도리였다. 지금 사람들이 지나치게 예악에 태만하고 언어에 절도가 없음을 병통으로 여겨 옛날의 일[31]을 미루어 말한 것이다. 禮成樂備, 乃可以言語, 先王禮樂之道也. 疾今人慢於禮樂之盛, 言語無節, 故追道古也.

[鄕射禮05 : 記-59]

지위가 높고 낮은 사람 모두[32] 여수旅酬의 예에서는 술잔을 씻지 않는다.

凡旅不洗.

정현주 공경함이 줄어 들었기 때문이다. 敬殺.

[鄕射禮05 : 記-60]

씻지 않은 술잔의 술로는 고수레를 하지 않는다.

不洗者不祭.

정현주 예가 성대하지 않기 때문이다. 不盛.

[鄕射禮05 : 記-61]

여수旅酬의 예가 이미 시작되었다면, 사士는 들어오지 못한다.[33]

旣旅, 士不入.

정현주

정식의 예가 시작된 이후이기 때문이다. 여수의 예가 끝나면 연회가 시작된다. 사士가 이미 들어갔다면 향인들과 나이 순서에 따른다. 後正禮也. 旣旅, 則將燕矣. 士入, 齒於鄕人.

[鄕射禮05 : 記-62]

대부는 빈과 중빈이 물러난 후에 마지막으로 나간다.

大夫後出.

정현주

향인에게 자신을 낮추어[34] 그 빈과 주인의 예에 간여하지 않는 것이다. 下鄕人, 不于[35]其賓主之禮.

[鄕射禮05 : 記-63]

주인은 대문 밖에서 대부를 전송하는데, 재배를 한다.

主人送于門外, 再拜.

정현주

대부를 전송하면서 배례하는 것은 대부를 높이는 것이다.[36] 주인이 빈을 전송하고 돌아서 대문으로 들어와 읍을 하면, 대부가 이에 떠나는데, 전송하면서 배례한다. 拜送大夫, 尊之也. 主人送賓, 還入門, 揖,

大夫乃出, 送拜之.

[鄕射禮05 : 記-64]

향사례에 사용하는 과녁에서 상개上个의 폭은 40척이다.

鄕侯, 上个五尋.

정현주

'상개上个'는 가장 윗부분의 폭을 말한다. 8척을 '심尋'이라고 하니, 윗부분의 폭은 베 4장丈을 사용한다. '上个', 謂最上幅也. 八尺曰'尋', 上幅用布四丈.

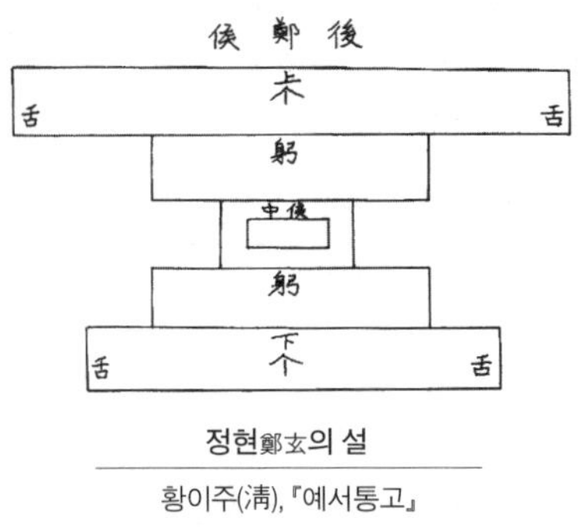

정현鄭玄의 설

황이주(淸), 『예서통고』

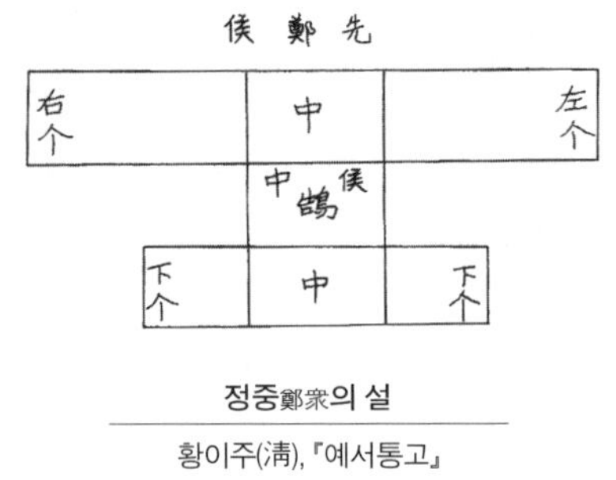

정중鄭衆의 설

황이주(淸), 『예서통고』

[鄕射禮05 : 記-65]

과녁의 중中은 사방 10척이다.

中十尺.

정현주

정방형의 것으로 베 5장丈을 사용한다. 현재 관포官布

의 폭의 너비가 2척 2촌이니, 양변을 각 1촌을 줄인 것이다. 『주례』「고공기」에 "재인梓人이 과녁을 만드는데, 너비와 높이가 정방형이다"라고 하였으니, '중中'을 가리킨다. 方者也, 用布[37]五丈. 今官布[38]幅廣二尺二寸, 旁削一寸. 「考工記」曰, "梓人爲侯, 廣與崇方", 謂'中'也.

[鄕射禮05 : 記-66]

과녁과 활 쏘는 사람 사이의 거리(侯道)는 활 50개의 길이로 한다. 50개의 활마다 각기 2촌의 비율을 취하여 과녁의 중(侯中)을 만든다.

侯道五十弓. 弓二寸, 以爲侯中.

정현주

'과녁의 중'(侯中)을 만드는 데에 필요한 수를 말한 것이다. 과녁과 활 쏘는 사람 사이의 거리(侯道)를 계산할 때는 이보貍步[39]를 사용하는데, '궁弓'이라고 말한 것은 과녁을 만드는 데에 필요한 수는 활을 쏘는 도구로 측정해야 하기 때문이다. 과녁의 정正의 수는 2촌이니, 교중骹中[40]의 너비에서 취한 것이다. 금문본에는 '弓'을 '肱'으로 고쳤다. 言侯中所取數也. 量侯道以貍步, 而云'弓'者, 侯之所取數, 宜於躬[41]器也. 正二寸, 骹中之博也. 今文改'弓'爲'肱'也.

[鄕射禮05 : 記-67]

과녁의 중中을 두 배로 하여 궁躬을 만든다.

倍中以爲躬.

정 현 주 '궁躬'은 몸의 뜻이다. 중中(과녁의 중앙 부분)의 위아래 폭을 말하는데 각각 베 2장丈을 사용한다. '躬', 身也. 謂中之上下幅也, 用布各二丈.

[鄕射禮05 : 記-68]
궁躬을 두 배로 하여 좌우의 설舌을 만든다.
倍躬以爲左右舌.

정 현 주 상개上个를 가리킨다. 양옆에 있는 것을 '개个'라고 하고, 좌우에 나와 있는 것을 '설舌'이라고 한다. 謂上个也. 居兩旁謂之'个', 左右出謂之'舌'.

[鄕射禮05 : 記-69]
하설下舌은 상설上舌의 반으로 한다.
下舌半上舌.

정 현 주 '반半'이란 궁躬에서 나온 부분을 반으로 한다는 뜻으로, 베 3장丈을 사용한다. 상설의 반으로 하는 이유는 과녁은 사람의 형체를 견준 것으로, 상개上个는 팔을 본뜨고 하개下个는 발을 본 뜬 것이기 때문이다. 보통사람의 경우 팔을 펼치면 8척이 되고 발을 벌리면 6척이 되는데, 5곱하기 8은 40이고 5곱하기 6은 30이니, 이것을 기준으로 줄여 간다. 무릇 향사례의 과녁은 베 16장을 사용하는데, 그 숫자는 과녁과 활 쏘는 사람 사이의 거리(侯道) 50궁弓에서 계산한 것이다. 과녁과 활 쏘는 사람 사이의 거리가

70궁일 경우에는 베 25장 2척을 사용하고, 과녁과 활 쏘는 사람 사이의 거리가 90궁인 경우에는 베 36장을 사용한다. '半'者, 半其出於射[42]者也, 用布三丈. 所以'半上舌'者, 侯, 人之形類也, 上个象臂, 下个象足. 中人張臂八尺, 張足六尺, 五八四十, 五六三十, 以此爲衺也. 凡鄕侯用布十六丈, 數起侯道五十弓以計. 道七十弓之侯, 用布二十五丈二尺, 道九十弓之侯, 用布三十六丈.

[鄕射禮05 : 記-70]

가는 대로 만든 산가지 80개를 마련한다.

箭籌八十.

정현주 '전箭'은 가는 대이고, '주籌'는 산가지이다. '산가지가 80개'(筭八十)라는 것은 대략 10짝(耦)을 정수로 삼는 것으로, 온전한 수를 귀하게 여기는 것이다. 그 때 산가지의 많고 적음은 빈의 수에 따라 결정된다. '箭', 篠也, '籌', 筭也. '筭八十'者, 略以十耦爲正, 貴全數. 其時衆寡從賓.

[鄕射禮05 : 記-71]

산가지의 길이는 1척 4촌인데, 4촌의 부분은 깎아서 희게 만든다.[43]

長尺, 有握, 握素.

정현주 '악握'은 손으로 잡는 부분이다. '소素'는 깎아 낸다는 뜻이다. 잡는 곳을 1부膚[44]의 길이만큼 깎아 낸다. '握', 本所持處也. '素', 謂刊之也. 刊本一膚.

[鄕射禮05 : 記-72]

종아리채(楚扑)[45]의 길이는 화살대의 길이와 같게 만드는데, 손으로 잡는 부분을 1척 깎아 낸다.

楚扑長如笴, 刊本尺.

정현주

잡는 곳을 깎아 낸다는 것이다. 刊其可持處.

[鄕射禮05 : 記-73]

군주가 활쏘기에 참여하면 하사下射가 되는데, 상사上射는 사대(物)에서 화살대 하나의 거리만큼 떨어져 선다. 상사는 활쏘기를 마치면 군주를 마주보면서 군주가 활쏘기를 기다린다.

君射則爲下射, 上射退于物一笴, 旣發則答君而俟.

정현주

'답答'은 마주하다는 뜻이다. 이 이하는 잡박하게 기록한 것이다. 금문본에는 '君射則爲下'로 되어 있다. '答', 對也. 此以下雜記也. 今文'君射則爲下'.

주

1_ '제자'는 ~ 사람들이다 : 활쏘기 시범(誘射)에는 가르친다는 의미가 있기 때문에 나이 어린 사람들을 三耦로 삼아 가르치는 것이다. 연장자에게 시키지 않는 것은 그를 박하게 대접한다는 혐의를 피하기 위한 것이다. 『의례정의』, 631쪽 참조.

2_ 일을 하기 ~ 것이다 : 경문에서는 司射가 활을 집어 들고 화살을 손가락 사이에 끼우고 종아리채를 집어 드는 것은 모두 '서쪽 계단의 서쪽'(階西)에서 한다고 하였는데, 다만 활쏘기 시범을 마친 후에 다시 화살 한 대를 손가락 사이에 끼울 때에는 '西堂 아래의 서쪽'(堂西)에서 한다고 하였다. '서쪽 계단의 서쪽'과 '서당 아래의 서쪽'은 서로 가까운 곳이기 때문에 이곳 記文에서 이를 통괄하여 말한 것이다. 『의례정의』, 631쪽 및 [經-139]~[記-141] 참조.

3_ 서쪽 계단 앞에서 : 오계공은 이곳 기문의 '階前'은 '술잔(觶)의 남쪽 자리'라고 하였지만, 성세좌는 '술잔의 남쪽 자리는 뜰 중앙(中庭)에 있으므로 잘못이라고 비판하고 '서쪽 계단의 앞'으로 해석해야 한다고 하였다. 『의례정의』, 631쪽 참조.

4_ 사사가 ~ 명한다 : [經-114] 및 [經-122]~[經-123] 참조.

5_ 천자는 웅후를 ~ 하고 : 경문의 '白質'은 대합가루(蜃灰)로 칠을 하여 흰색으로 바탕을 만드는 것을 말한다. 정면에 곰(熊)의 머리 형상을 그려 넣고, 과녁의 중앙을 3등분했을 때 그 1/3이 되는 부분이 正鵠인데 그 곁에 구름 문양을 그려 넣는다. 앞의 『흠정의례의소』, '獸侯(熊首)' 그림 참조.

6_ 연사를 할 때에 펼친다 : '燕射'는 천자나 제후가 燕禮를 행한 후에 거행하는 활쏘기를 말한다. 연례에서도 향사례와 마찬가지로 大射正을 司射로 삼는다. 이는 제후가 연사를 거행할 때 향사례의 절차에 따르는 것이다. 천자의 연사에 대해서는 명문 규정이 없지만, 이곳 記文에 의하면 천자의 연사에서도 향사례의 법을 사용한다는 것을 알 수 있다. 『의례주소』, 271쪽, 가공언의 疏 참조.

7_ 빈사 : '賓射'는 왕이 왕의 故舊 및 붕우와 燕飮의 예를 행한 후에 함께 활쏘기 하는 것을 말한다. 손이양은 왕과 제후가 조정에서 활쏘기 하는 것이라고 하였다.(『주례정의』) 오늘날 그 예의 규정은 망실되어 존재하지 않는다. 『주례』「춘관·대종백」에 "賓射의 예로 고구와 붕우를 친애한다"(以賓射之禮, 親故舊朋友)라고 한 것에 대해 정현은 "활쏘기의 예는 비록 왕의 경우라도 빈과 주인을 세운다. 왕의 고구와 붕우는 왕의 세자 시절에 함께 배우던 자이다"(射禮, 雖王, 亦立賓主也. 王之故舊朋友, 爲世子時, 共在學者)라고 하였다.

8_ 채후 : '采侯'는 채색을 한 과녁으로 賓射를 행할 때에 사용한다. 『주례』「고공기·재인」에 "다섯 가지 채색의 과녁을 펼치면, 畿外의 제후들이 와서 조회를 한다"(張五采之侯, 則遠國屬)라고 한 것에 대해 정현의 注에서는 "'다섯 가지 채색의 과녁'은 다섯 가지 채색을 正에 그려 넣은 과녁을 말한다. … 제후가 조회를 하면 왕은 이 과녁을 펼쳐서 그들과 활쏘기를 하니, 이른바 '賓射'이다. 正의 사방 밖은 鵠과 같으며, 안쪽은 사방 2尺이다. 다섯 가지 채색이란 붉은색을 안쪽에 그려 넣고, 흰색을 그 다음에 그려 넣고, 푸른색을 그 다음에 그려 넣고, 누런색을 그 다음에 그려 넣고,

검은색을 그 다음에 그려 넣는 것이다. 그 과녁의 장식은 또 다섯 가지 채색으로 구름 문양을 그려 넣는다"(五采之侯, 謂以五采畫正之侯也. … 若諸侯朝會, 王張此侯與之射, 所謂賓射也. 正之方外如鵠, 內二尺. 五采者, 內朱, 白次之, 蒼次之, 黃次之, 黑次之. 其侯之飾, 又以五采畫雲氣焉)라고 하였다. 또 『주례』「천관·사구」의 정현 注에서는 정사농의 말을 인용하여 "사방 10척이 '侯'이고, 4척이 '鵠'이고, 2척이 '正'이고, 4촌이 '質'이다"(方十尺曰侯, 四尺曰鵠, 二尺曰正, 四寸曰質)라고 하였다. 이에 따르면 '正'은 '鵠'의 안쪽에 있는 것이다. 采侯의 正을 다섯 가지 채색으로 그려 넣고, 侯의 양 곁에는 구름 문양을 그려 넣어 장식한다.

9_ 이는 양은 ~ 때문이다 : 『예기』「교특생」에 "군주가 남쪽을 향하는 것은 陽을 대하는 의리이다. 신하가 북쪽을 향해 있는 것은 군주를 대하는 의리이다"(君之南鄉, 答陽之義也. 臣之北面, 答君也)라고 하였다. 이는 군주는 양이고 신하는 음이라는 말이다. 또 天은 一로서 水를 낳고 地는 二로서 火를 낳으니, 일은 양의 수이고 이는 음의 수이다. 『의례주소』, 271쪽, 가공언의 疏 참조.

10_ 연사에서 ~ 위함이다 : 곰·호랑이·표범은 모두 맹수로서 구차하게 서로 자신을 낮추려고 하지 않는다. 군주와 신하의 도리 또한 맹수와 유사해서, 정당한 것을 간언하면 받아들이고 그렇지 않으면 구차히 따르지 않고 얼굴을 들이밀며 간언해야 하는 것이므로 이들 짐승을 그려 넣고 쏘는 것이다. 『의례주소』, 271쪽, 가공언의 疏 참조.

11_ 서로 길러 준다는 것에 뜻이 있다 : 『예기』「내칙」에 "큰사슴·사슴·멧돼지·노루는 모두 비린내 나는 음식으로 먹을 수도 있다. 꿩과 토끼국은 모두 야채를 넣어서 먹는다"(麋·鹿·田豕·麕皆有軒, 雉·兎皆有芼)라고 하였다. 모두 먹을 수 있는 것들이므로 서로 길러준다고 한 것이다. 『의례주소』, 271쪽, 가공언의 疏 참조.

12_ 본래 위치 : 오계공은 '본래 위치'는 '술잔(觶)의 남쪽'을 가리킨다고 하였지만, 성세좌는 이 경문을 司馬가 獲者에게 깃발을 들고 과녁을 등지도록 명하는 때를 가리키는 것으로 보아 '司射의 남쪽'에서 명을 하는 것이라고 해석하였다. 『의례정의』, 639쪽.

13_ 무릇 ~ 출입한다 : 오계공에 의하면 司射, 司馬, 三耦, 衆耦의 경우를 말한다. 이들은 西堂 아래의 서쪽으로 갈 때 먼저 남쪽으로 가서 사마의 남쪽에 이르고, 다시 몸을 돌려 북쪽을 향해 西堂 아래의 서쪽으로 간다. 『의례정의』, 639쪽 참조.

14_ 다만 ~ 잡는다 : 司射, 司馬, 三耦, 衆耦 등과 달리 빈과 대부는 사마의 남쪽을 거치지 않고 당에서 내려온 후 곧바로 서쪽을 향해 西堂 아래의 서쪽으로 가서 활과 화살을 잡는다는 뜻이다.

15_ 향사는 상에서 ~ 때문이다 : 가공언은 "제후의 향대부는 대부이지만 衆庶와 균평하게 庠에서 활을 쏜다. 謝와 序에서 활을 쏘는 것은 제후와 州長이다. 州長인 士는 봄가을에 謝에서 활쏘기를 한다. 대부와 사가 건물을 같이하는 데도 '각각'이라 한 것은, 건물은 비록 같지만 대부는 5仞(35尺)이고 사는 3仞(21尺)으로 같지 않기 때

문에 그렇게 말한 것이다"라고 하였다. 『의례주소』, 273쪽.

16_ 무릇 화살을 ~ 끼우고 : 오계공은 화살이 적은 경우에는 검지와 중지 사이에 끼우고, 화살이 많은 경우에는 나머지 손가락에 나누어 끼운다고 하였다. 위협몽도 한 대의 화살이라면 검지와 중지 사이에 끼우고, 네 대의 화살이라면 중지와 약지 사이에 나누어 끼우고, 다섯 대의 화살이라면 약지와 새끼손가락 사이에 나누어 끼운다고 하였다. 그러나 저인량은 화살의 숫자와 상관없이 모두 검지와 중지 사이에 끼우는 것이라고 하여 오계공과 위협몽의 설을 반박한다.

17_ 삼우들이 첫 번째 ~ 쏜다 : 三耦들이 첫 번째 활을 쏠 때에는 목적이 명중시키는 데에 있기 때문에 명중시키면 獲者는 "명중했습니다"라고 외쳐야 한다. 다만 산가지를 땅에 내려놓고 명중시킨 화살의 수를 계산하지 않는 것은 이때에는 활쏘기 연습을 하는 듯이 하여 승부를 가리는 것이 아니기 때문이다. 더욱이 삼우 이외에는 모두 아직 활을 쏘는 때가 아니므로 승부를 가려 벌주를 마시게 하기도 어렵고, 또한 쓸데없이 산가지를 풀어 놓아서도 안 되기 때문이다. 『의례정의』, 643쪽, 오계공의 설 참조.

18_ 상사 : 2명으로 구성되는 짝(耦) 가운데 尊者를 上射라 하고 卑者를 下射라 하는데, 상사는 오른쪽 사대(右物)에서 활을 쏘고 하사는 왼쪽 사대에서 활을 쏜다.

19_ 용의 머리 모양을 ~ 만든다 : 양복은 "양쪽 끝에 용의 머리를 만든 것은 화살을 제한하려는 것이다. 그 중앙에 뱀의 몸을 만들고 두 마리가 서로 교차하도록 하였으니, 땅에 놓아도 안정된다"라고 하였다. 『의례정의』, 644쪽 참조.

20_ 뱀과 용은 군자의 부류이다 : 『주역』에 "용이 들에서 싸우는데 그 피가 검고 누렇다"라고 한 것에 대하여 정현은 "성인은 용에 비유하고, 군자는 뱀에 비유한다"라고 하였다. 이에 따르면 용과 뱀은 모두 군자의 부류이다. 『의례주소』, 275쪽.

21_ 본래 위치로 ~ 것이다 : 三耦는 스스로 자신들이 쏜 네 대의 화살을 번갈아 가면서 집어 든 후 일단 본래 위치로 돌아와 동쪽과 서쪽을 서로 바라보면서 서 있다가, 上射가 다시 앞으로 나아가 司射가 시범으로 쏜 화살을 함께 집는다. 예는 변화시키는 것을 공경함으로 삼기 때문에 서로 연이어서 하지 않는 것이다. 『의례주소』, 276쪽, 가공언의 疏 참조.

22_ 사마에게 ~ 때문이다 : 司馬는 본래 司正으로 활 쏘는 일을 주관하지 않고, 司射가 활 쏘는 일을 주관하므로 사사를 시키는 것이다. 『의례주소』, 276쪽.

23_ 대부를 ~ 것이다 : 빈과 주인 및 대부가 함께 당에서 내려와 빈과 주인이 먼저 활을 쏘는데, 이때 대부는 우선 西堂 아래의 서쪽에 서 있고, 대부의 짝은 활쏘기 전에 서 있는 위치(射位)인 司馬의 서남쪽에 서서 활 쏠 때를 기다린다. 활 쏠 때가 되면 대부는 곧바로 그의 짝이 서 있는 곳으로 가서 함께 당 위로 올라가 활을 쏜다. 『의례주소』, 276쪽 참조.

24_ 육단 : '肉袒'은 왼팔의 겉옷과 속옷을 모두 벗어서 어깨가 드러나게 하는 것으로, 존경을 표현하는 최고의 예이다. '肉袒'과 '袒'은 다르다. '袒'은 왼팔의 겉옷만을 벗

는 것이고, '肉袒'은 왼팔의 겉옷과 속옷을 모두 벗는 것이다. 또 오른쪽의 肉袒을 하는 경우가 있는데, 오른팔의 속옷과 겉옷을 벗는 것으로 죄를 청하는 예를 뜻한다. 대부가 군주와 함께 활을 쏘는 경우에는 대부가 왼팔의 겉옷과 속옷을 모두 벗어 어깨가 드러나게 하는 肉袒을 한다. 『삼례사전』, 376쪽 참조.

25_ 대부의 짝이 ~ 선다 : 학경에 따르면 士는 大夫의 짝이 되면 오른쪽 사대(右物)에 위치하여 上射가 되는데, 화살 한 대를 쏠 때마다 곧바로 조금 북쪽으로 물러나 존귀한 사람을 피한다. 『의례정의』, 648쪽 참조.

26_ 택궁 : 활쏘기를 익혀 인재를 선발하는 장소를 '澤宮'이라 한다. 『주례』「하관·사궁시」의 정현 注에 "'澤'은 澤宮으로, 활쏘기를 익혀 인재를 선발하는 곳이다"('澤', 澤宮也, 所以習射選士之處也)라고 하였다.

27_ 備 : 徐本과 위료옹의 『요의』에는 '備'로 되어 있지만, 毛本에는 '寓'으로 되어 있다. 阮元의 『교감기』에도 '備'는 '寓'자의 잘못이라고 하였다. 『의례주소』, 277쪽 校勘 참조. 이에 따라 번역한다.

28_ 잘라 낸 등뼈 ~ 올려놓는다 : 경문의 '折'은 '잘라서 나눈다'(折而分之)는 뜻으로, 온전한 뼈 전체를 올리지 않는 것을 말한다. 獲者의 희생제기 위에 잘라서 나눈 뼈를 올리는 것은 그 신분이 낮기 때문이다. 또 이곳의 '折'은 '折俎'라고 할 때의 '折'과 그 의미가 다르다. '折俎'에서의 '折'은 희생의 전체 몸체를 뼈마디에 따라 잘라서 덩어리를 만드는 것이고, 이곳의 '折'은 이미 잘라서 덩어리를 만든 것을 다시 잘라서 나누는 것을 가리킨다. 또 이곳에서 희생의 몸체 중에 잘라 내는 부위는 등뼈(脊), 갈비뼈(脅), 앞다리 뼈의 아래쪽 부위(臑)이며, 허파(肺)는 자르지 않는다. 그런데 경문에서 등뼈(脊), 갈비뼈(脅), 허파(肺), 앞다리 뼈의 아래쪽 부위(臑)의 순으로 허파를 앞다리 뼈의 아래쪽 부위보다 먼저 기록한 것은, 희생제기(俎)에 올려놓은 것은 반드시 앞다리 뼈의 아래쪽 부위(臑)여야만 하는 것이 아니라 더러 뒷다리 뼈의 위쪽 부위(膊)나 중앙 부위(胳) 혹은 뒷다리 뼈의 아래쪽 부위(觳)를 올려놓을 수도 있기 때문에 그 문장의 순서를 변화시킨 것이다.

29_ 제폐 : '祭肺'는 고수레를 하기 위해 진설하는 허파로 자를 때 완전히 끊어지게 한 것을 말한다. 『예기』「소의」에 "소와 양의 허파는 가를 때 허파 중심에 이르지 않게 한다"(牛羊之肺, 離而不提心)라고 한 것이 이를 의미한다. 허파는 두 가지가 있다. 하나는 '擧肺'로서 먹기 위해 진설하는데, 가를 때 중앙 부위가 끊어지지 않고 조금 남아 있게 한다. 離肺 혹은 嚌肺라고도 한다. 다른 하나는 '祭肺'로서 고수레를 하기 위해 진설하는데, 자를 때 완전히 끊어지게 한다. 刌肺 혹은 切肺라고도 한다. 『의례정의』, 110쪽 참조.

30_ 당하의 중빈은 정해진 수가 없다 : 당상의 중빈은 3인이다. 『의례주소』, 280쪽.

31_ 옛날의 일 : 오계공은 주나라의 예는 그렇지 않았음을 근거로 '은나라 이전'을 가리키는 것으로 보았는데, 성세좌는 記文의 저술이 春秋之際임을 근거로 '주나라의 盛時'로 본다는 점에서 차이를 보인다. 『의례정의』, 652쪽 참조.

32_ 모두 : 호배휘는 經文의 '凡'을 '지위가 높고 낮은 사람 모두'(凡尊卑也)라는 뜻으로 풀이하였다. 『의례정의』, 440쪽 참조.

33_ 여수의 예가 ~ 못한다 : 오계공은 이때의 士를 '주인이 衆賓으로 초청한 사람으로서 일이 있어 賓介와 함께 오지 못한 경우'로 해석하여, 旅酬의 예를 행하기 이전이라면 모두 들어갈 수 있지만 여수에 참여하지 않았다면 主人의 贊者와 마찬가지이므로 '여수의 예가 시작된 후에는 들어가지 못한다'고 해석하였다. 『의례정의』, 441쪽 참조.

34_ 향인에게 자신을 낮추어 : 오계공은 다음과 같이 설명한다. 대부가 뒤에 떠나는 것은 뒤에 들어오는 의미와 마찬가지로 역시 주인에게는 빈과 대부를 접대하는 예를 다할 수 있도록 하고 빈과 대부는 자신들의 尊을 펼칠 수 있도록 하려는 것이다. 주인이 빈을 전송하고 대문을 들어서면 대부가 떠난다. 『의례정의』, 653쪽 참조.

35_ 于 : 『의례정의』에서는 '于'를 '干'의 잘못으로 본다. 『의례정의』, 653쪽.

36_ 대부를 전송하면서 ~ 것이다 : 오계공은 대부 가운데 오직 우두머리 한 사람에게만 전송하면서 배례하는 것이라고 하였다. 『의례정의』, 643쪽 참조.

37_ 市 : 『의례정의』 653쪽에는 '市'가 布로 되어 있다. 이에 따라 번역한다.

38_ 市 : 『의례정의』 653쪽에는 '市'가 布로 되어 있다. 이에 따라 번역한다.

39_ 이보 : 射禮에서 侯道의 거리를 재는 단위로 '弓'이라고도 하는데, 길이가 6척이다. 『삼례사전』, 1020쪽 참조.

40_ 교중 : 활 손잡이의 側骨을 움켜쥐는 곳이다.

41_ 躬 : 『의례정의』 654쪽에는 '躬'이 '射'로 되어 있다. 이에 따라 번역한다.

42_ 射 : 『의례정의』 656쪽에는 '射'가 '躬'으로 되어 있다. 이에 따라 번역한다.

43_ 산가지의 길이는 ~ 만든다 : '握'은 네 손가락의 너비를 가리키는데, 한 손가락의 너비는 1촌이므로 네 손가락의 너비는 4촌이 된다. 따라서 '尺有握'은 1척 4촌을 의미한다. 이 4촌의 부분을 깎아서 희게 만들어 손잡이 부분이 되게 하기 때문에 '握素'라고 한 것이다. 『의례정의』, 656쪽, 장이기의 설 참조.

44_ 1부 : 1膚는 손가락 네 개를 편 길이로, 손가락 하나가 1촌이므로 1부는 4촌이다. 『의례주소』, 283쪽 참조.

45_ 종아리채(楚扑) : 호조흔은 『예기』「학기」에 "夏(개오동나무)와 楚(가시나무) 두 가지는 (회초리로 사용하여) 학생들이 몸가짐을 수렴하게 한다"(夏楚二物, 收其威也)고 한 것을 인용하여, 扑과 夏楚는 대체로 동일한 물건이기 때문에 記文에서 '扑'을 '楚扑'이라 한 것이라고 하였다. 『의례정의』, 656쪽 참조.

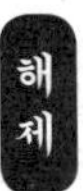
記-74에서 記-83까지는 향사례에 대한 잡다한 기록이다.

[鄕射禮05 : 記-74]

군주는 음악이 연주된 후에 사대로 나아간다. 군주는 왼팔의 겉옷 소매를 벗어서(袒) 붉은 색의 짧은 속옷이 드러나도록 하고 활을 쏜다.

君樂作而后就物. 君袒朱襦以射.

정현주

군주는 존귀하기 때문이다. 君尊.

[鄕射禮05 : 記-75]

소신小臣이 수건으로 화살을 잡아 군주에게 건네준다.

小臣以巾執矢以授.

정현주

군주는 존귀하여 화살을 허리에 꽂지 않고, 손가락 사이에 끼지도 않으며, 소신小臣이 화살을 연이어 준다. 君尊, 不搢矢, 不挾矢, 授之稍屬.

[鄕射禮05 : 記-76]

만약 빈이 군주에게 벌주를 마시게 할 때에는 연례燕禮의 경우와 마찬가지로 하니, 협작夾爵을 한다.

若飮君如燕, 則夾爵.

정현주

군주가 이기지 못한 편에 있음을 가리킨다. 빈賓이 군주에게 벌주를 마시게 하는 경우에는 연례에서처럼 하니, 빈이 술잔(觚 : 2승 용량)을 군주에게 건네주는 예가 곧 '협작夾爵'이다. 협작은 군주가 술잔을 비우고 나면, 술을 올린 사람이 다시 스스로 술을 채워 마시는 것이다. 謂君在不勝之黨也. 賓飮君如燕, 賓媵觚於公之禮則'夾爵'. 夾爵者, 君旣卒爵, 復自酌.

[鄕射禮05 : 記-77]

군주가 도성 안에서 활쏘기를 할 때에는 피수皮樹의 머리를 장식한 산가지통(皮樹中)을 사용하고, 획자獲者는 도정翿旌을 들어 올리면서 "명중시켰습니다"라고 외치는데, 도정은 흰색 깃털과 붉은 깃털을 섞어서 만든다.

君國中射, 則皮樹中, 以翿旌獲, 白羽與朱羽糅.

정현주

'국중國中'은 도성 안을 가리킨다. 연사燕射를 가리킨다.[1] '피수皮樹'는 짐승의 이름이다. 흰색 깃털에 붉은색 깃털을 섞어서 만든 깃발(翿旌)로 명중시켰음을 알리는 것은 문덕을 숭상하는 것

피수중皮樹中

섭숭의(宋), 『삼례도』

이다. 금문본에는 '皮樹'가 '繁竪'로, '糅'가 '縚'로 되어 있으며, 고문본에는 '以'가 없다. '國中', 城中也. 謂燕射也. '皮樹', 獸名. '以翿旌獲', 尙文德也. 今文'皮樹[2]' '繁竪', '糅'爲'縚', 古文無'以'.

[鄕射禮05 : 記-78]

교郊에서 활쏘기를 할 때에는 려閭의 머리를 장식한 산가지통(閭中)을 사용하고, 획자는 갈라진 깃털을 붙인 깃발(旌)을 들어 올리면서 "명중시켰습니다"라고 외친다.

於郊, 則閭中, 以旌獲.

정현주 '교郊에서 한다'(於郊)는 것은 대사大射를 가리키는데, 대사는 태학太學에서 거행한다. 『예기』「왕제」에 "소학은 공궁公宮의 왼쪽에 있고, 태학은 교郊에 있다"라고 하였다. '려閭'는 짐승의 이름으로, 나귀처럼 생기고 뿔이 하나이다. 어떤 사람은 "나귀처럼 생기고 굽이 갈라져 있다"라고 하였다. 『주서』에 "북당北唐에서는 려閭를 사용하였다"[3]라고 하였다. 깃털을 나누어 정기旌旗를 만든다. '於郊', 謂大射也, 大射於大學. 「王制」曰, "小學在公宮之左, 大學在郊." '閭', 獸名, 如驢一角. 或曰"如驢岐蹄." 『周書』曰"北唐以閭." 析羽爲旌.

려중閭中

섭숭의(宋), 『삼례도』

[鄕射禮05 : 記-79]

국경에서 활쏘기를 할 때에는 호랑이의 머리를 장식한 산가지통(虎中)을 사용하고, 획자는 용을 그려 넣은 붉은 깃발(龍旜旜)을 들어 올리면서 "명중시켰습니다"라고 외친다.

於竟, 則虎中, 龍旜.

정현주

'국경에서'(於竟)라는 것은 이웃나라의 군주와 함께 활쏘기를 하는 경우[4]를 말한다. 붉은 깃발에 용을 그려 넣는 것은 문장文章을 숭상하는 것이다. 전체를 진홍색(絳)의 비단으로 만든 것이 전旜이다. '於竟', 謂與鄰國君射也. 畫龍於旜, 尙文章也. 通帛爲'旜'.

호중虎中

섭숭의(宋), 『삼례도』

[鄕射禮05 : 記-80]

대부는 외뿔소의 머리를 장식한 산가지통(兕中)을 사용하고, 획자는 대부들의 등급에 각자 맞는 잡색 깃발(物)로 "명중시켰습니다"라고 외친다.

大夫, 兕中, 各以其物獲.

정현주

'시兕'는 짐승의 이름으로 소와 비슷한데 뿔이 하나이다. '兕', 獸名, 似牛一角.

시중兕中

섭숭의(宋), 『삼례도』

[鄕射禮05 : 記-81]

사士는 사슴의 머리를 장식한 산가지통(鹿中)을 사용하고, 획자는 흰색 깃털에 붉은 색 깃털을 섞어서 만든 깃발(翿旌)로 "명중시켰습니다"라고 외친다.

士, 鹿中, 翿旌以獲.

정현주 작은 나라의 주장州長을 가리킨다. 깃털로 깃발을 만들어 명중시켰음을 알리는 것은 자신의 신분에 해당하는 잡색의 깃발(物)이 없기 때문이다. 고문본에는 '以獲'이 없다. 謂小國之州長也. 用翿爲旌以獲, 無物也. 古文無'以獲'.

[鄕射禮05 : 記-82]

오직 군주만이 도성 안에서 활쏘기를 하며 그 나머지는 하지 못한다.

唯君有射于國中, 其餘否.

정현주 신하는 군주의 곁에서 무武에 관련된 일을 익히지 못한다. 고문본에는 '有'가 '又'로 되어 있고, 금문본에는 '其餘否'가 없다. 臣不習武事於君側也. 古文'有'作'又', 今文無'其餘否'.

[鄕射禮05 : 記-83]

군주가 계실 때 대부가 활을 쏠 경우에는 왼팔의 겉옷과 속옷을 모두 벗어서 어깨가 드러나게 하는 육단肉袒을 한다.

君在, 大夫射則肉袒.

정현주 훈색의 속옷이 보이도록 단袒을 하지 않는 것은 군주의 존귀함에 눌리기 때문이다. 금문본에는 '射'가 없다. 不袒薰襦, 厭於君也. 今文無'射'.

주

1_ 연사를 가리킨다 : 가공언에 따르면, 燕射의 아래로 賓射와 大射가 있는데 이들 의례는 도성 안에서 하지 않는다. 따라서 도성 안에서 하는 것은 연사임을 알 수 있다. 『의례주소』, 284쪽 참조.

2_ 樹 : 『의례정의』 659쪽에는 '樹'자 아래에 '爲'자가 더 있다.

3_ 북당에서는 려를 사용하였다 : 『일주서』 「왕회」의 문장이다.

4_ 이웃나라의 군주와 ~ 하는 경우 : 가공언은 군주가 빈을 전송할 일이 있어 전송하는 것을 기회로 활쏘기를 하는 것이라고 보아 賓射라고 규정한다. 이에 반해 성세좌는 "제후가 서로 조회를 하면 이에 빈사를 하게 되는데, 빈사는 국경에서 할 필요가 없다. 천자의 빈사는 조정에서 하므로 제후의 경우도 알 수 있다"라고 하여 가공언의 설을 비판하였다. 『의례정의』, 660쪽 참조.

색인

ㅇ

ㅈ

ㅎ